성공하는
하드웨어 스타트업에 대한 모든 것

THE HARDWARE STARTUP

하드웨어 스타트업

하드웨어 스타트업 : 성공하는 하드웨어 스타트업에 대한 모든 것

초판발행 2016년 10월 1일

지은이 르네 디레스타, 브레이디 포레스트, 라이언 빈야드 / **옮긴이** 정향 / **펴낸이** 김태헌
펴낸곳 한빛미디어(주) / **주소** 서울시 마포구 양화로 7길 83 한빛미디어(주) IT출판부
전화 02-325-5544 / **팩스** 02-336-7124
등록 1999년 6월 24일 제10-1779호 / **ISBN** 978-89-6848-483-4 93000

총괄 전태호 / **책임편집** 송성근 / **기획** 홍혜은 / **편집** 안윤경
디자인 강은영 / **조판** 김현미
영업 김형진, 김진불, 조유미 / **마케팅** 박상용, 송경석, 변지영 / **제작** 박성우, 김정우

이 책에 대한 의견이나 오탈자 및 잘못된 내용에 대한 수정 정보는 한빛미디어(주)의 홈페이지나 아래 이메일로
알려주십시오. 잘못된 책은 구입하신 서점에서 교환해 드립니다. 책값은 뒤표지에 표시되어 있습니다.

한빛미디어 홈페이지 www.hanbit.co.kr / 이메일 ask@hanbit.co.kr

지금 하지 않으면 할 수 없는 일이 있습니다.
책으로 펴내고 싶은 아이디어나 원고를 메일(**writer@hanbit.co.kr**)로 보내주세요.
한빛미디어(주)는 여러분의 소중한 경험과 지식을 기다리고 있습니다.

THE HARDWARE STARTUP

성공하는
하드웨어 스타트업에 대한 모든 것

하드웨어 스타트업

르네 디레스타, 브레이디 포레스트, 라이언 빈야드 지음 | 정향 옮김

IIB 한빛미디어
Hanbit Media, Inc.

서문

이 책은 하드웨어 사업을 구축하는 방법에 대한 책으로, 프로젝트 아이디어를 본격적인 사업으로 발전시키고 싶은 메이커와 하드웨어 창업자들에게 지침을 제시하는 것이 목표이다.

이 책을 쓰는 시점에서 볼 때, 지난 5년간 소프트웨어 스타트업 창업 분야는 발전을 거듭해 왔다. 일종의 템플릿이 확립되었으며, 다양한 무료 툴이 생겨났다. 창업자들은 이러한 무료 툴을 이용해 자신의 스타트업을 구축, 협업, 배포, 피벗[1]할 수 있게 되었다. 자신의 경험에 근거한 조언을 공유하는 방대한 멘토 네트워크도 생겨났다. 『더 빨리, 더 많이 하라Do More Faster』(Wiley, 2010), 『린 스타트업』 (인사이트, 2012), 『콘셉트에서 소비자까지From Concept to Consumer』(FT Press, 2008) 등 모범 사례를 전문적으로 다루는 베스트셀러도 수두룩하다. 수많은 인큐베이터와 투자자가 소프트웨어 스타트업 생태계를 완성하기 위해 노력을 기울여 왔고, 그 결과로 이제 소프트웨어 스타트업을 창업하는 것은 비교적 간단한 일이 되었고, 적은 비용으로도 가능하게 되었다.

그러나 하드웨어 스타트업 분야는 사정이 조금 다르다. 위와 같은 생태계가 이제 막 생겨나기 시작했다. 메이커들은 몇 십 년 전부터 존재했지만, 하드웨어 스타트업이 소프트웨어 스타트업과 동등한 수준의 관심과 자금을 누리기 시작한 것은 최근의 일이다. 이 책을 집필하는 시점에서 볼 때, 지난 2년 동안 큰 변화가 일어났다. 프로토타입의 제작 비용이 감소하면서 진입 장벽이 낮아졌고, 경제적인 제

---

1 역자주_ 기존 사업을 축으로 삼아 전략을 전환하는 것을 가리킨다.

약 내에서 물리적인 상품을 개발하기가 한결 쉬워졌다. 킥스타터Kickstarter와 인디고고Indiegogo의 등장은 소량 제조를 위한 자금 조달을 가능하게 했고, 얼리어답터 커뮤니티를 형성시켜 주었다. 하드웨어 스타트업의 수도 늘고 있다. 소프트웨어 외의 투자에는 관심이 없었던 벤처 캐피털리스트들이 자세를 가다듬고 관심을 보이기 시작했다. 그러나 하드웨어 스타트업 분야의 교과서와도 같은 『더 빨리, 더 많이 하라』 또는 『린 스타트업』에 견줄 만한 대표적인 지침서는 아직 출간되지 않았다. 이 책의 집필 의도는 바로 이것이다. 우리는 이 책이 그러한 지침서로 자리 잡기를 바란다.

이 책의 대상

이 책은 아이디어나 프로젝트를 그 이상으로 발전시켜 보고 싶은 취미공학자와 메이커를 대상으로 한다. 성공적인 제품을 개발한 경험이 있거나 회사를 창업하는 데 관심이 많은 프로 메이커 또한 이 책의 대상이다.

이 밖에도 가상 세계에서 물리 세계로 넘어가고자 하는 소프트웨어 엔지니어, 하드웨어 스타트업의 생태계에 대해 더 알고 싶은 투자자 등 호기심이 많은 사람들이 읽기에도 부담이 없을 것이다.

기본적으로 이 책은 누구나 읽을 수 있게 쓰였다. 하드웨어 스타트업의 창업과 창업에 따르는 특유의 난관을 이해하고 또 극복하고자 하는 마음만 있다면 남녀노소 누구에게나 유용한 책이 될 것이다.

이 책의 활용법

이 책에 수록된 각 장의 내용을 소개하자면 다음과 같다. 처음부터 읽어도 되지만 원하는 부분들을 골라 읽어도 된다.

1장. 하드웨어 스타트업 조망

1장에서는 하드웨어 스타트업 시장을 커넥티드 장치, 웨어러블 및 개인 센서, 로봇, 디자인 제품의 네 가지 제품 분류로 나누어서 살펴보고, 각 분류의 시장 현황을 소개한다. 또한, 하드웨어 스타트업 생태계의 성장을 이끈 원동력이 무엇인지에 대해 알아보고, 이러한 움직임을 이끌어 낸 메이커 운동의 역사에 대해서도 간략하게 짚어 본다.

2장. 아이디어 검증과 커뮤니티 참여

2장에서는 회사의 아이디어를 검증하는 작업의 중요성을 강조한다. 이러한 작업에서는 회사의 성공에 결정적인 역할을 할 여러 집단과 어떻게 대화를 하느냐가 중요하다. 이에 대해 알아본 다음에는 커뮤니티 구축과 고객 개발이라는 주제로 넘어가, 창업자들이 형성할 여러 가지 형태의 관계가 회사 구축에 어떻게 이바지하는지 살펴본다. 여기에는 공동 창업자 사이의 관계, 자문을 선정하는 방법, 잠재적인 얼리어답터를 찾는 방법이 포함되어 있다.

3장. 시장 알기

3장에서는 시장, 소비자, 경쟁 환경 조사의 각종 기법을 살펴본다. 여기에서는 창업자들이 자기 제품이 시장 생태계의 어느 곳에 위치해 있는지를 파악하는 방법을 알려준다. 이는 아이디어 검증, 초기 단계의 브랜드 포지셔닝, 추후의 자금 조달 결과에까지 영향을 미치기 때문에 무척 중요하다. 또한, 이 외에도 린lean 제품 개발을 염두에 둔 고객 개발 면담의 기본에 대해서도 살펴볼 것이다.

4장. 브랜딩

하드웨어 스타트업을 본격적으로 시작하기 위한 브랜드 개발 방법을 소개한다. 브랜드의 정체성, 사명, 개성을 포함하는 브랜드 마케팅의 기초, 브랜드 자산 개발 방법 등 브랜딩과 관련된 다양한 사안을 다룬다. 이 장을 통해 물리적인 상품의 핵심 성공 요소인 일관적인 회사 브랜드 정체성을 구축하는 방법을 배울 수 있게 될 것이다.

5장. 프로토타입 제작

5장에서는 머릿속에 떠오른 아이디어를 현실 세계에 존재하는 물체로 구현해내는 방법을 소개한다. 프로토타입의 종류(성능 프로토타입과 형태 프로토타입 등), 엔지니어링 및 디자인 팀 구축, 아웃소싱 대 인소싱, 칩 선정, 소프트웨어, 하드웨어 분야 특유의 용어 등을 다룬다.

6장. 양산

6장에서는 스타트업이 양산 단계로 넘어갈 때 직면하게 되는 일반적인 프로세스와 난관에 대해 이야기한다. 공장과 공급 사슬을 언제 어떻게 선정할 것인지, 양산, 테스트 및 인증 획득, 포장을 어디서 진행할 것인지를 다룬다.

7장. 가속

7장에서는 하드웨어 스타트업 인큐베이터와 액셀러레이터의 생태계를 점검해 본다. 오늘날의 창업자들을 기원하는 대표 프로그램들을 살펴보고, 각 프로그램의 내용을 비교하여 창업자들이 자기에게 맞는 프로그램을 선택할 수 있게 한다.

8장. 크라우드펀딩

크라우드펀딩 플랫폼의 등장으로, 하드웨어 스타트업 창업자가 아이디어를 시장으로 연결할 수 있는 가능성이 크게 증대되었다. 이에 따라 8장에서는 혜택 선택, 가격 책정 전략 개발, 트래픽 유도, 커뮤니티 구축 등, 크라우드펀딩 캠페인 운영의 전반을 아우르는 모범 사례를 살펴본다.

9장. 자금 조달

9장에서는 창업자들이 자금 조달 생태계에서 방향을 잡을 수 있도록 도와준다. 엔젤 투자자, 벤처 캐피털리스트, 전략적 투자자 등 자본을 통제하는 개인 및 기업을 살펴보고, 각 출처에서 자금을 지원받을 경우의 장단점을 알아본다. 언제 어떻게 연락을 취해야 하는가, 이상적인 피치 덱을 작성하려면 어떻게 해야 하는가, 라운드는 어떻게 구성해야 하는가, 성공적인 자금 조달로 이어질 가능성이 가장 높은 각종 전략은 무엇인가 등에 관한 지침을 제공한다.

10장. 출시하기

10장은 각종 사업 모델과 가격 책정 전략을 점검하는 데서 시작한다. 물류 및 주문 처리의 모범 사례를 소개하고, 이윤과 마케팅 관련 문제를 고려하여 여러 유통 채널을 평가한다. 또한 사업 성장 평가에 있어서 유의미한 각종 지표를 다룬다. 창업자들이 상품에서 회사로 옮아가는 과정을 도와주는 데 중점을 둔다.

11장. 법적 측면

하드웨어 스타트업 창업자들은 상품을 제작할 때 특유의 법적 문제에 직면한다. 지적 재산권, 배상 책임, 인증, 규제, 관세, 공급자 계약 등 여러 가지 문제를 헤쳐 나아가야 한다. 11장에서는 창업자가 경계해야 할 함정과, 제품 개발의 여러 단계에서 창업자에게 필요한 법적 지원의 유형을 살펴본다.

감사의 말

크리스 앤더슨, 데이비드 데이비드오스틴, 캐서린 베커, 마크 바로스, 아야 브데어, 데이비드 빌, 크리스 브루스, 존 브루너, 존 카버, 리암 케이시, 클로디아 세니세로스, 벤 코라도, 리자 댈리, 존 디마토스, 진과 어슐러 디레스타, 데일 도허티, 케이트 드레인, 론 에반스, 조시 피셔, 애시 폰타나, 크리스와 커밀 포레스트, 댄 골드워터, 마커스 고슬링, 캐시 헤닝, 저스틴 하일먼, 잰더 하일먼, 버니 황, 피렌 존스, 톰 킷, 에릭 클라인, 데이비드 랭, 브라이언 리, 재이슨 레멜슨, 데이비드 리온스, 팀 메이슨, 크리스티나 머칸도, 에릭 미지코프스키, 션 머피, 팀 오라일리, 데이비드 펜더가스트, 모니샤 퍼카시, 라이언 피터슨, 대니얼 로버츠, 제시 로빈스, 브라이언 소여, 제프 숙스, 지날 샤, 댄 샤피로, 데이브 샤피로, 앤디 셔먼, 에릭 스투첸버거, 잭 수팔라, 냇 토킹턴, 제시 빈센트, 존 빈야드, 존 W. 빈야드, 캐시 빈야드, 리지 빈야드 보일, 소니 뷰, 사로야 와틀리, 칼릴 가브리엘 윌리엄스에게 감사합니다.

Make

메이크는 뒷마당, 지하실, 차고에서 환상적인 프로젝트를 진행 중인 재능 있는 사람들의 모임을 결속시키고, 격려하며, 정보와 즐거움을 제공한다. 메이크는 어떤 기술이든 원하는 대로 비틀고, 뜯어 보고, 구부려 볼 수 있는 모든 이들의 권리를 지지한다. 메이크의 독자들은 성장하는 문화이자 공동체로 자리매김하고 있으며 우리 자신을 비롯해 환경, 교육 시스템, 나아가 이 세상을 더 좋게 만들어 가고 있다고 믿는다. 이는 단순히 독자의 차원을 넘어서는 것이며, 메이크가 주도하는 세계적인 운동으로 나아가고 있다고 할 수 있다. 우리는 이것을 '메이커 운동'이라고 칭한다.

메이크에 관해 더 많은 정보가 필요하다면, 다음의 온라인 홈페이지를 방문해 보자.

메이크 매거진 http://makezine.com/magazine/
메이커 페어 http://makerfaire.com
메이커 쉐드 http://makershed.com

한국 내의 메이크 도서 출간, 각종 행사 등에 관한 자세한 소식은 다음 웹사이트에서 확인할 수 있다.

홈페이지(메이크 코리아) http://make.co.kr
트위터(메이크 코리아) http://twitter.com/makekorea

사파리 북스 온라인

사파리 북스 온라인Safari Books Online은 세계적으로 유명한 기술 및 경영 분야의 작가들이 제공한 전문 콘텐츠를 엄선하여 이를 책과 동영상 등의 형태로 제공하는 주문형 디지털 도서관이다. 전문 엔지니어, 소프트웨어 개발자, 웹 디자이너, 경영 전문가, 창작 예술인 등을 총망라한 다양한 계층의 고객이 이용하며 연구와 문제 해결, 학습, 자격증 취득 등 여러 가지 목적을 위해 사용한다.

사파리 북스 온라인은 개인은 물론 단체와 정부 기관을 위해 다양한 패키지 상품과 할인 프로그램을 운영 중이다. 회원 가입 시 수천 권의 책과 동영상, 출판 전 원고 등을 단 한 번의 데이터베이스 검색만으로 이용할 수 있다. 이곳에 자료를 제공하는 출판사는 메이커 미디어, 오라일리 미디어, 프렌티스 홀 프로페셔널, 애디슨 웨슬리 프로페셔널, 마이크로소프트 프레스, 샘스, 큐, 피치핏 프레스, 포컬 프레스, 시스코 프레스, 존 윌리 앤 선스, 신그레스, 모건 카프만, IBM 레드북스, 팩트, 어도비 프레스, FT 프레스, 어프레스, 매닝, 뉴라이더스, 맥그로힐, 존스 앤 바틀릿, 코스 테크놀로지 등이 있다.

지은이 **르네 디레스타**

르네 디레스타는 해상 화물 운송 장터인 헤이븐의 사업 개발 담당 부사장이며, 엔젤리스트 사물 인터넷 신디케이트의 공동 창업자다. 그 전에는 오라일리 알파테크 벤처스^{O'Reilly AlphaTech Ventures}(OATV)에 4년 동안 벤처 캐피털리스트로 재직하며 시드 단계의 기술 스타트업에 투자했다. OATV 재직 전에는 양적 자기 자본 투자사인 뉴욕 시티의 제인 스트리트 캐피털^{Jane Street Capital}에서 7년 동안 주식 파생 상품 전문 트레이더로 근무했다. 르네는 취미로 데이터를 가지고 놀며, 메이커 맵 오픈소스 프로젝트 운영을 도와 주며, 열심히 무언가를 만든다. 르네는 스토니브룩 대학교 아너스 칼리지에서 컴퓨터공학과 정치외교학 학사 학위를 취득했다. 웹사이트 주소는 http://noupsi.de, 트위터 계정은 @noupside다.

지은이 **브레이디 포레스트**

브레이디 포레스트(@brady)는 PCH의 액셀러레이터 프로그램인 하이웨이1을 운영한다. 사이파이^{Syfy}의 드라마 버질리언 달러 클럽^{Bazillion Dollar Club}(2015년 가을 공개)에서 하드웨어 스타트업과 함께하는 그의 일상 업무를 볼 수 있다. 브레이디는 세계적인 프레젠테이션 행사인 이그나이트^{Ignite}의 공동 창업자로서 지금까지 운영에 참여하고 있으며, 현재 이그나이트 샌프란시스코를 준비 중인 팀에 소속되어 있다. 그는 500 스타트업스의 벤처 자문이며, CAST-sf.org를 통해 예술 단체를 지원한다. 그 전에는 오라일리 미디어에서 레이더^{Radar} 블로그, 웹 2.0 엑스포, 웨어 2.0, 이테크, 푸 캠프 등 여러 가지를 담당했다.

지은이 **라이언 빈야드**

라이언 빈야드는 스탠퍼드 대학에서 제품 디자인 학사 학위를 받았으며, 샌프란시스코에 위치한 PCH 인터내셔널 산하의 하드웨어 스타트업 액셀러레이터인 '하이웨이1'의 엔지니어링 리드로 일하고 있다. 그는 또한 기계 엔지니어로 다양한 경험을 가지고 있다. PCH 계열의 컨설팅 회사인 라임 랩에서는 포춘 500 브랜드의 소비자 제품을 개발한 바 있으며, 청정 기술 및 전기 차량 분야의 스타트업에서는 새로운 파워트레인, 모터 제어, 열 시스템을 개발했다.

Contents
목차

하드웨어 스타트업 조망

당신이 이 책을 읽고 있다는 것은 하드웨어 스타트업의 창업을 결심했거나, 혹은 고민하고 있기 때문일 것이다. 축하한다! 하드웨어 스타트업을 창업하는 것은 흥미진진하고 보람찬 도전이다. "하드웨어는 어렵다Hardware is hard"라는 말이 있다. 당신은 프로토타입 제작과 양산이라는 복잡한 과정, 가격 책정과 물류라는 까다로운 최적화 문제, 브랜딩과 마케팅이라는 난관을 헤쳐 나아가야 한다. 그리고 이것을 빠듯한 예산을 지키며 모두 해내야 한다.

하지만 아마도 오늘, 어쩌면 바로 지금이 회사를 시작하기에는 사상 최고의 시기일지도 모른다. 기술 발전, 경제적인 실험, 사회 연결로 생태계가 성장하면서 하드웨어 회사 창업의 장애물이 그 어느 때보다도 적어졌기 때문이다.

사업을 시작하는 요령을 구체적으로 기술하기 전에, 우선 하드웨어 스타트업의 생태계가 오늘날의 모습을 갖추는 데 이바지한 몇 가지 요인을 짚어 보고자 한다.

01 초기의 메이커들

오늘날의 하드웨어 창업자들은 초기 메이커들의 어깨 위에 서 있다고 해도 과언이 아니다. 메이커 운동은 하드웨어 스타트업 생태계에 많은 영향을 미쳤다. 메이커 운동은 호기심, 창의성, 커뮤니티라는 세 가지 특징으로 정의할 수 있으며, 프로젝트 기반의 학습, 실천을 통한 학습, 타인과의 지식 공유를 강조한다. 하지만 무엇보다도 실험과 재미가 가장 중요하다.

만들기는 인간의 본성이다. 사람들은 항상 자신의 손으로 직접 물건을 만들고자 하는 열망을 품고 있었으나, 정작 기술에 초점을 맞춘 취미 DIY 문화가 대두되기 시작한 것은 1960년대였다.

홀 어스 카탈로그

1968년에 처음 등장한 스튜어트 브랜드Stewart Brand의 「홀 어스 카탈로그Whole Earth Catalog」(http://www.wholeearth.com/index.php)는 훗날 메이커 운동이 탄생할 수 있도록 해 준 근본적인 자산 중 하나였다. 이것은 단순한 카탈로그가 아니었다. 창의적인 DIY 생활 방식을 영위하고자 하는 사람들을 위한 지침이자 1960년대 반문화의 초석이었다. 이 카탈로그에서는 도구, 기계, 책, 농축산물을 모두 상인의 이름, 가격과 함께 찾아볼 수 있었다. 고객이 제조업체에서 직접 상품을 구매할 수 있었던 것이다.

또한 여기에는 용접에서 지렁이 사육에 이르기까지, 모든 것에 대한 지침이 수록되어 있었다. 개개인의 기술 개발, 독립 교육, 그리고 지금 '라이프 해킹'이라고 불리는 것에 중점을 두고 있었는데, 「뉴욕 타임즈」의 기술 기고가인 존 마코프John Markoff는 이를 가리켜 '인터넷 이전의 인터넷'이자 '신문용지 위의 웹'이라고 표현하기도 했다(http://bit.ly/whole_earth_cat). 이 카탈로그는 반문화주의자 세대의 상상력을 사로잡았으며, 여기에 영향을 받은 많은 사람들이 훗날 기술 분야의 직업을 택했다.

이 카탈로그는 1974년에 정기 발행을 중단했고 1998년까지 간헐적으로 발행되었다. 마지막 호의 뒤표지에는 "늘 배고프게, 늘 우직하게Stay hungry. Stay foolish"라는 고별사가 실렸다. 이 유명한 문구는 흔히 애플의 창업자인 스티브 잡스의 말로 회자되고 있는데, 잡스는 유명한 2005년의 스탠퍼드 대학 졸업 축사에서 「홀 어스 카탈로그」를 '페이퍼백 형태의 구글'이라 불렀다.

신기술을 둘러싸고 우후죽순 생겨난 커뮤니티

1970년대에 들어서면서 컴퓨터는 스티브 잡스를 비롯한 초기 실리콘밸리 기술자들의 상상력을 사로잡았으며, 이 신기술을 둘러싸고 커뮤니티가 생겨나기 시작했다. 한 가지 예가 홈브루 컴퓨터 클럽Homebrew Computer Club(http://bit.ly/homebrew_cc)이다. 이 커뮤니티는 컴퓨터(특히 초기의 키트 컴퓨터)에 흥미가 있던 실리콘밸리 엔지니어들의 동호회였는데, 스티브 워즈니악과 스티브 잡스도 이 동호회의 일원이었다. 1975년부터 1986년까지 모임을 지속한 이 동호회는 개인용 컴퓨터의 개발에 중추적인 역할을 했다. 워즈니악은 애플의 설계도를 회원들에게 공개하고, 2주마다 애플 II의 변경 내역을 시연했다.

이 얼리어답터들은 「홀 어스 카탈로그」의 DIY 정신을 계승 및 발전시킨 DIWO라는 문화를 이끌어 나갔다. DIWO는 '함께 하라'라는 의미의 영어 'Do It With Others'를 줄인 말로, 등장 초기에는 소프트웨어가 이 협업 정신의 가장 큰 혜택을 입었다. 1980년대 중반 무렵, 누구나 수정할 수 있도록 소스코드를 공개한 소프트웨어를 옹호하는 프리 및 오픈소스 소프트웨어 운동이 전개되었는데, 이 덕택에 DIWO도 함께 인기를 얻을 수 있었다.

1990년대 중반에 이르자 이 트렌드는 가상 세계에서 물리 세계로 넘어갔고, 이로 인해 '오픈소스 하드웨어 운동이 성장하기 시작했다(더 자세한 정보와 예시는 8페이지의 '오픈소스 하드웨어' 항목을 참조할 것). 오픈소스 하드웨어(http://www.oshwa.org/definition/)란 '설계를 공개하여 누구나 그 설계 자체, 또는 그 설계를 기반으로 하는 하드웨어를 연구·개조·배포·제작·판매할 수 있게 한 하드웨어'다.

MIT 비츠 앤드 아톰 센터

메이커 문화 및 프로토타입 제작 기술은 1990년대 후반부터 학술 기관에서 제대로 된 격식을 갖추기 시작했다. 이후 2001년에는 '메이커 운동의 지적인 대부'라고 불리는 닐 거센펠드Neil Gershenfeld(http://ng.cba.mit.edu)에 의해 MIT 비츠 앤드 아톰 센터MIT Center for Bits and Atoms(CBA)가 창업되었다. CBA는 '디지털 세계와 물리 세계의 경계를 허무는 것'을 목적으로 모두가 공유하는 도구를 제공하는 교차학제 제조 시설을 마련하는 데 초점을 맞추었으며, 이런 제조 시설을 팹랩fab lab이라 부른다.

이러한 팹랩은 전 세계에 흩어져 있지만, 사람과 프로젝트가 그런 공간 사이를 자유롭게 움직이도록 하는 핵심적인 기능을 공유하고 있다. 프로젝트(http://fab.cba.mit.edu/about/faq/)는 현지 문제 해결에 대한 기술적인 접근에서부터 풀뿌리 연구에 이르기까지 다양하다. CBA는 고유의 메이커 철학과 강한 커뮤니티 유대를 지닌 유수의 기업들을 배출했으며, 폼랩스Formlabs, 아더랩Otherlab, 인스트럭터블스Instructables, 싱매직ThingMagic이 그 예다.

메이크 매거진

커뮤니티 중심의 혁신과 소규모 양산 실험이 학계에 뿌리를 내리는 동안, 취미 공학자 사이에서 메이커 운동이 서서히 인기를 얻기 시작했다. DIY 활동이 점점 주류 세계로 올라오기 시작한 것이다. 오라일리 미디어O'Reilly Media의 공동 창업자이자 글로벌 네트워크 내비게이터Global Network Navigator의 개발자 겸 발행인인 데일 도허티Dale Dougherty는 기술 커뮤니티의 동료 사이에서 물리적인 DIY 프로젝트에 대한 관심이 높아지고 있다는 데 주목했다.

데일은 과거 오라일리 사에서 핵스Hacks라는 이름의 도서 시리즈를 만든 적이 있었다. 핵스 시리즈는 사용자들이 자기가 쓰는 소프트웨어를 여러 가지로 실험하면서 단축키와 유용한 도구를 만들 수 있게 도와주는 책이었다. 여기에서 영향을 받은 데일은 2005년 "소프트웨어를 개조할 수 있다면 현실 세계도 개조할 수 있다."라는 단순한 전제를 바탕으로 「메이크 매거진」을 창간했다. 이때 데일에게 큰 도움을 준 것은 그와 함께 오라일리를 공동 창업한 팀 오라일리Tim O'Reilly였다. 팀은 사람들이 소프트웨어 작성 기술을 익힐 수 있도록 돕는 일에 오랫동안 공헌해

온 인물이었다. 그가 데일과 함께 메이크를 구상한 이유는, 이번에는 사람들이 물리 세계의 물건을 만들 때 필요한 기술을 익히는 데 도움을 주기 위해서였다고 한다.

메이크는 실용적인 기술을 가르치는 한편, 창의성을 강조하며 새로운 만들기 문화를 구축해 나갔다. 2006년에 이르러 메이크 팀은 최초의 메이커 페어Maker Faire(http://makerfaire.com/)를 개최하게 된다. 메이커 페어는 메이커들이 각자 만든 것을 공유하고 또 나누는 축제로, 그 목적은 메이커 커뮤니티를 한데 모으고 DIY 정신을 표출하고 기념하는 것이었다. 데일은 메이커 페어를 기획했던 당시를 다음과 같이 회고한다.

나는 실로 흥미로운 작업들이 개인적인 공간에서 벌어지고 있다는 데 주목했다. 우리는 매일 온갖 물건을 보지만, 그게 어떻게 만들어지는지에 대해서는 아무도 이야기하지 않는다. 나는 사람들이 그런 이야기를 공개적으로, 또 즐겁고 재미있게 할 수 있는 공간을 마련하고 싶었다.

첫 메이커 페어는 2006년에 미국의 산 마테오에서 열렸으며 200개의 출품작과 20,000명의 관람객이 몰려 들었다. 메이커 페어는 2006년에 개최된 이래로 10년간 해마다 열리면서 점점 규모를 키워 나가 전 세계로 확산되었다.

메이커 페어는 주관사 혹은 주관 단체의 성격에 따라 세 종류로 나뉜다. 첫 번째는 메이커 미디어에서 직접 주관하는 오리지널 플래그십Flagship 메이커 페어로, 이것은 산 마테오, 뉴욕, 디트로이트를 중심으로 개최되고 있다. 두 번째는 오라일리 미디어의 외국 지사나 파트너 사에서 진행하는 피처드Featured 메이커 페어로, 현재 유럽, 아시아, 미국 전역에서 개최되고 있다. 마지막 세 번째는 메이커 미디어의 라이선스 하에 독자적으로 꾸려지는 미니 메이커 페어(http://makerfaire.com/mini/)다. 대부분 1년에 1회씩 전 세계적으로 활발하게 열리고 있다.

한국에도 메이크 채널이 있다. 바로 메이크 코리아이다. 한빛미디어에서 운영하고 있는 메이크 코리아는 2011년 메이크 매거진 한국판 출간을 시작으로 도서를 꾸준히 출간하고 있으며, 2012년부터는 '메이커 페어 서울'을 해마다 개최하고 있다.

이러한 메이커 문화가 세계적인 인기를 얻으면서, 수천 명의 사람들이 개인적인 고충을 해결하거나 재미를 얻기 위한 자신만의 프로젝트를 만들기 시작했다. 커뮤니티 해커스페이스 창업자들은 팹랩 모델에서 영감을 얻어 동네의 공유 작업 공간을 만들었다. 이에 더해, 인터넷의 일반화와 함께 지리적인 거리에 제약을 받지 않고 커뮤니티가 생겨났다(자세한 정보와 예시는 9페이지의 '온·오프라인 커뮤니티' 항목을 참조할 것). 전 세계의 취미 공학자들이 서로 소통하고 공유할 수 있게 된 것이다.

02 기술의 발달에 따른 확장성 향상

지난 5년 동안 두각을 드러내기 시작한 대표적인 집단으로 프로 메이커들을 빼놓을 수 없다. 프로 메이커란 취미로 시작한 창작을 본격적인 수익 모델이나 사업 모델로 성장시킨 메이커 또는 창업자를 일컫는 말이다.

프로젝트와 제품의 차이는 한 개를 만드느냐 혹은 여러 개를 만드느냐에 달려 있다. 프로젝트를 사업으로 바꾸려면 제품의 확장성을 확보해야 하지만, '여러 개를 만드는 것'에서는 비용과 접근성이 항상 문제가 되어 왔다. 개인이 물건을 양산하는 것은 비싸기도 하고 어렵기도 했다. 그러나 사업을 성장시키기 위해서는 수익을 남길 수 있을 만큼 비용을 낮게 유지해야 하고, 유통 채널을 확립하고, 주문 처리를 관리해야 한다. 이러한 문제들은 지난 몇 년 동안 몇 갈래의 트렌드가 하나로 합쳐지고 기술이 발달함에 따라 점차 완화되기 시작했고, 그 결과 하드웨어 스타트업 생태계가 성장했다.

빠른 프로토타입 제작

빠른 프로토타입 제작 기술이 발달하면서, 종이 위에 있던 아이디어를 물리 세계에 구현하는 프로세스에도 근본적인 변화가 일어났다. 취미용, 프로슈머용 3D 프린터, CNC(컴퓨터 수치 제어) 라우터, 레이저 커터 등의 장치가 개인 제조의 양상을 변화시키면서, 빠르고 저렴한 반복 개발이 가능해졌다.

가장 대표적인 예가 3D 인쇄 기술이다. 이는 1980년대부터 존재해왔던 것이지만 개인이 구매할 수 있는 수준까지 가격이 떨어진 것은 최근의 일이다(http://bit.ly/rapid_prototyping). 금속, 세라믹 등의 소재를 사용하면 고해상도의 모델을 얻을 수 있으며, 포노코Ponoko와 셰이프웨이스Shapeways 같은 클라우드 기반 제조 서비스를 이용하면 일주일 내에 프로토타입을 1개만 생산하여 집으로 배송받을 수도 있다. 프린터를 직접 소유할 필요도 없는 것이다.

이 외에도 아두이노와 라즈베리 파이 같은 오픈소스 하드웨어 보드의 등장으로 누구나 저렴하게 프로젝트를 구현하고, 쉽게 프로토타입을 제작할 수 있게 되었다. 사물 인터넷에 대한 관심이 늘어난 것도 중요한 요인이다. 스타트업인 스파크코어SparkCore와 일렉트릭 임프Electric Imp 같은 상품이 출시되면서 커넥티드 장치의 프로토타입을 제작하는 것도 한결 빠르고 쉬워졌다. 동시에, CAD(컴퓨터 지원 설계) 소프트웨어가 한층 정교해졌고, 더욱 저렴해졌으며, 사용하기도 쉬워졌다.

저렴한 부품

주요 프로토타입 제작 기술의 비용이 낮아지면서 센서, 배터리, LED의 부품 가격도 훨씬 낮아졌다. 이러한 부품이나 기술들은 초기의 메이커 기업(메이커봇MakerBot, 에이다프루트Adafruit, 스파크펀SparkFun)을 통해 쉽게 구할 수 있다.

스마트 장치의 일반화 또한 하드웨어 생태계에 큰 영향을 미쳤다. 전 세계의 스마트폰 침투율은 22%이고, 미국의 경우 56.6%이며 계속 증가하고 있다. 일부 국가에서는 최대 70%에 달한다. 이런 현상으로 부품 가격이 떨어지기도 했지만, 스마트폰 자체도 하드웨어 장치에 큰 영향을 미쳤다. 스마트폰은 인간이 커넥티드 장치 및 웨어러블과 상호작용할 때 흔히 사용하는 인터페이스이기 때문이다.

소규모 배치 제조

기계의 가격이 떨어지면서, 소규모 배치batch 제조의 현실성이 높아졌다. 예전에는 하청 제조업체 확보에 필요한 최소 주문량이 수만 개였지만, 오늘날의 공장에서는 (때로는 수백 개 단위의) 소규모 배치 제조를 점점 반긴다.

소규모 배치 제조는 시작 단계의 하드웨어 회사가 효율적인 운영을 위해 택할 수 있는 하나의 방편이다. 소프트웨어 방식의 지속적이고 점진적인 반복 개발은 여전히 불가능하지만, 소규모 배치 제조 방식을 선택하면 생산품이 시원찮을 경우 낭비하게 되는 비용을 크게 줄일 수 있다. 최근에는 중국 선전(深圳, 심천) 지역의 제조 생태계가 성장하고, 알리바바Alibaba나 타오바오Taobao와 같은 사이트를 통한 간편한 소싱에 대한 인식이 확대되면서, 소규모 스타트업도 중국에 제조를 맡길 수 있게 되었다.

오픈소스 하드웨어

메이커나 창업자들이 하드웨어를 기반으로 상상력을 펼칠 수 있게 해 주는 오픈소스 하드웨어 플랫폼이 여전히 인기다. 예를 들어, 아두이노를 사용하면 개발 초기 단계에서 전용 보드를 만들 필요가 없다.

2011년을 기준으로 오픈소스 하드웨어 프로젝트는 300개가 넘으며, 이 수치는 점점 늘어나고 있다. 열정적인 사람들이 커뮤니티를 이루어 혁신 가속에 기여하고 있으며, 커뮤니티의 개방성과 지식 공유 욕구가 새로운 메이커들을 끌어들인다. 그 결과 혁신의 민주화가 일어난다.

오픈소스는 그 자체로 사업이기도 하다. 메이커봇과 아두이노는 실제로 번창하는 기업이다. 2010년에 이들 회사의 이익은 이미 각각 1백만 달러를 넘어섰다. 참고로 메이커봇은 그로부터 3년 뒤인 2013년, 6억 4백 달러에 스트라타시스Stratasys로 인수되었다.

현재 오픈소스 하드웨어 커뮤니티의 목소리를 대변하는 단체는 오픈소스 하드웨어 협회(OSHWA, http://www.oshwa.org)다. 이 협회의 활동 목표는 공동 학습이라는 목표를 추구하고 오픈소스 하드웨어 사용을 촉진하는 것이다.

온·오프라인 커뮤니티

커뮤니티를 통한 지식 공유는 하드웨어 분야에 대한 인식을 높이고 더욱 효율적인 학습을 가능하게 하는 한편, 모범 사례와 혁신적인 아이디어를 널리 퍼뜨리고 있다. 인스트럭더블스와 싱기버스Thingiverse 등의 웹 기반 커뮤니티는 지리적인 조건의 구애를 받지 않으며, 전 세계 사람들이 프로젝트를 온라인으로 공유하고 서로에게서 배울 수 있게 한다. 때로는 여러 커뮤니티가 힘을 합쳐 특정 프로젝트에 자금을 공급하기도 한다. 크라우드펀딩 플랫폼은 창업자들이 커뮤니티의 지원을 받아 상품을 출시할 수 있게 해 준다.

온라인 커뮤니티가 지원과 정보를 제공한다면, 지리적으로 가까운 현지 커뮤니티는 비싼 기계 장치를 쉽게 이용할 수 있게 함으로써 설계 및 프로토타입 제작의 난관을 극복하도록 도와준다. 오프라인에도 커뮤니티가 존재한다. 대표적인 공간이 해커스페이스(물리 장치 해킹에 중점을 두는 경우에는 메이커스페이스라고 부른다)다. 해커스페이스는 취미 공학자, 공예 작가, 프로 메이커 등 만들기를 좋아하는 사람은 누구나 이용할 수 있는 제작 공간이다 마음 편한 물리적 공간을 제공하며 우연찮은 협업을 촉진하는 데서 나아가, 도구와 기계를 공유한다(이런 면에서는 3페이지의 'MIT 비츠 앤드 아톰 센터' 항목에서 다룬 MIT 팹랩 모델과 유사하다).

일부 해커스페이스 중에는 커뮤니티 구성원이 함께 사용하는 공방이나 다름없는 곳도 있지만, 제대로 운영되고 있는 해커스페이스도 있다. 예를 들어, 유명한 해커스페이스인 테크숍TechShop은 유료 회원 제도를 운영하고 있으며, 기술 개발을 위한 교육 과정을 제공한다. 이런 공간은 공유의 힘을 발판 삼아 '소유권이 아닌 이용권' 모델을 창출하여, 비싼 전문가용 장비를 비교적 저렴하게 이용할 수 있게 한다. 지난 5년 동안 메이커스페이스와 해커스페이스는 전 세계에 널리 퍼졌다. 전세계의 공간을 기록하고 소개하는 해커스페이스 위키에는 1,600개가 넘는 공간이 등록되어 있다. 소프트웨어에 중점을 두는 공간이 많지만, 하드웨어에 초점을 맞추는 공간도 꾸준히 늘어나고 있다.

보조적인 생태계

장치를 제작하는 것은 하드웨어 사업을 성공시키기 위한 시작 단계일 뿐이다. 프로젝트를 안정적인 수익 모델 및 사업으로 바꾸려면 자금 조달, 재고 관리, 유통, 고객 서비스 등의 문제를 헤쳐 나아가야 한다.

최근에는 이러한 난관에 부딪힌 하드웨어 스타트업에게 도움을 주려는 신생 기업들이 생겨나고 있다. 전통적으로 소프트웨어 회사에 자금과 자문, 지원을 제공했던 액셀러레이터(7장)들이 하드웨어 분야로 범위를 확장하고 있다. 하드웨어만 지원하는 프로그램도 앞다투어 생겨나고 있으며, 이러한 프로그램들은 스타트업이 물리적인 상품을 효율적으로 생산하는 데 필요한 지원을 전문적으로 제공한다. 일부 프로그램 중에는 스타트업의 해외 제조 개척을 전문적으로 지원하는 것도 있다. 킥스타터나 인디고고와 같은 자금 조달 플랫폼을 활용할 수도 있다. 이를 통해 시장을 검증하고 자금을 마련하고 열정적인 커뮤니티를 성장시킬 수 있다(더 자세한 내용은 177페이지의 '크라우드펀딩 생태계' 참조).

일단 제품을 만들고 나면 '서비스로서의 주문 처리' 상점이 재고 보관, 포장, 배송에 따르는 물류의 부담을 일부 덜어 준다. 그랜드 스트리트Grand St.(최근 에치Etsy에 인수되었다), 틴디Tindie, 숍로켓ShopLocket과 같은 유통 채널을 활용하면 대형 소매업체를 뚫지 않아도 쉽게 소비자에게 다가갈 수 있다.

린 스타트업과 효율적인 창업

소프트웨어 스타트업 모범 사례가 일종의 템플릿으로 확립되면서, 창업에도 큰 변화가 일어났다. 2011년 에릭 리스Eric Ries가 창안한 린 스타트업 운동은 창업자를 꿈꾸는 사람들을 위해 창업의 실현 가능성을 높이고 위험성을 낮출 목적으로 일련의 원칙을 정립했다. 린 스타트업은 1일차부터 고객의 요구를 분명히 파악하고 제품 디자인에 고객 피드백을 반영하여, 빠른 반복 생산을 통해 실제로 유용한 제품을 생산한다. 린 스타트업은 데이터 기반 제품 진단을 강조하며, A/B 테스팅과 실행 지표(사용자 데이터를 성과와 관련짓는 지표) 모니터링 등의 기법을 사용한다. 린 하드웨어 스타트업을 운영하기란 쉬운 일이 아니지만, 이 운동을 계기로 수많은 사람들이 프로젝트를 발전시켜 회사를 창업하는 방안을 진지하게 고려하기에 이르렀다.

웹 2.0 운동의 핵심 원칙 중 하나는 누구나 '창작을 할 수 있다'는 것이다. 온라인에서 이 정신은 블로그, 사진 촬영 및 공유, 트윗, 웹 콘텐츠 창작으로 나타나고 있다. 물리적인 세계에서 '창작'이란 물리적인 상품을 만드는 것을 의미한다. 데일 도허티는 메이커에서 창업자로 변모하는 이 과정을, 웹의 초창기에 일어났던 현상에 비교한다.

초창기에 사람들은 대부분, 그저 만들 수 있다는 이유로 웹사이트를 만들었다. 어느 시점엔가 사람들은 "이걸로 돈을 벌 방법이 있겠는데. 난 웹사이트가 아니라 돈벌이 수단을 만드는 거야"라고 말하기 시작했다.

메이커 운동을 계기로 DIY 정신이 널리 퍼졌고, 정보에 접근하기가 한층 쉬워졌으며, 창업자들이 회사를 시작하는 데 도움을 주는 커뮤니티가 생겨났다. 또한 수백만의 사람들이 자기도 물리적인 세계를 개조할 수 있다는 사실을 자각하게 되었다. 사람들은 작게 시작한다. 우선 어떤 물건을 하나 만드는 방법을 배운다. 그런데 하나를 만들고 나면, 여러 개 만드는 것, 그리고 회사를 시작하는 것도 불가능하지 않다고 느껴지는 것이다.

03 오늘날의 하드웨어 회사

하드웨어 스타트업에서 만드는 제품은 대개 커넥티드 장치, 개인 센서 장치, 로봇, 디자인 제품의 네 분류 중 하나에 속한다. 물론 하드웨어 중에는 한 가지가 아닌 여러 가지 분류에 속하는 것도 있다. 예를 들어 스마트폰은 활동 측정용 가속도계와

자이로스코프를 내장하고 있기 때문에 개인 센서 장치라고 볼 수 있지만, 스마트 워치 또는 스마트 밴드(피트니스 트래커)와 연동을 시킬 경우 커넥티드 장치의 일부로도 볼 수 있다.

분류하기 까다로운 제품도 있지만, 특정 제품 유형의 출시에 따르는 난관을 이야기하려면 이 책에서는 이것이 가장 합리적인 분류라고 판단했다.

커넥티드 장치

커넥티드 장치라는 용어는 셀룰러, Wi-Fi, 또는 기타 디지털 연결을 지원하지만 휴대폰이나 개인용 컴퓨터와는 다른 장치를 포괄적으로 일컫는 말이다. 이러한 장치 중 일부(전자책 단말기, 태블릿)는 사람들이 일상에서 사용하기 위한 목적으로 설계되어 왔다. 그러나 최근 이 용어를 다른 기계와의 연결 및 통신이 가능한 장치(머신 투 머신, M2M)를 가리킬 때 사용하는 경우가 점점 많아지고 있다. 커넥티드 장치를 생산하는 하드웨어 스타트업 중에도 여기에 해당하는 회사가 점점 많아지고 있는데, 사물 인터넷을 구축하는 스타트업이 대표적이다.

사물 인터넷이라는 용어는 MIT 오토 ID 센터Auto-ID Center의 공동 창업자인 케빈 애시턴Kevin Ashton이 처음 사용한 신조어다(http://bit.ly/that_iot_thing). 애시턴은 인터넷의 데이터를 대부분 인간이 수집하거나 생성한다는 데 주목했다.

인터넷을 나타낸 도표는 일반적으로 무엇보다 중요하고 수가 많은 라우터를 빼먹는다. 바로 사람이다. 문제는, 사람은 시간과 주의력, 정확성에 한계가 있기 때문에 현실 세계의 사물에 대한 데이터를 포착하는 데 그다지 뛰어나지 않다는 점이다. 그건 정말 큰 문제다.

사물 인터넷의 거시적인 비전은 물체가 인간의 개입 없이 인터넷에 연결해서 상태 정보를 전송하는 세상이다. 이것은 점차 빠르게 현실이 되어가고 있다. 네트워크 장비 제조업체인 시스코시스템즈Cisco Systems는 2010년을 기준으로 인터넷에 연결된 장치가 125억 개에 이른다고 추정했다(http://bit.ly/iot_next_evolution).

즉, '사람보다 사물이 더 많은' 것이다. 시스코와 모건 스탠리의 추정(http://bit.ly/2020_connections)에 따르면, 2020년에는 500억~750억 개의 장치가 인터넷에 연결될 것이라고 한다.

사물 인터넷의 물체들은 네트워크에 연결된 센서로 데이터를 생성하고, 다른 기계가 이를 분석한다. 그 결과에 따라 물체를 원격으로 조작하거나 제어할 수 있다. 이런 장치는 대부분 소비자에 초점을 맞추고 있지만, 사물 인터넷은 대형 산업에도 밝은 미래를 약속한다. 제조에서 보건, 발전에 이르는 각종 산업에서 커넥티드 시스템이 산업 인터넷(http://bit.ly/industrial_internet)의 근간을 이루고, 그 안에서 식별기와 센서, 작동기가 맞물려 돌아가며 복잡한 자율 시스템을 형성하는 것이다. 실질적인 이득은 경우에 따라 달라서, 비용 절감을 노리는 산업이 있는가 하면 안전성 향상을 목표로 하는 산업도 있다. 그러나 사물 인터넷은 언제나 생산성 및 효율성 증대를 바탕으로 하는 성과 개선을 약속한다.

주택과 자동차를 '더 스마트하게' 만드는 것은 소비자에게 인기를 누리는 비전이다. 네스트Nest(최근 구글에 인수되었다), 오거스트August, 오토매틱Automatic과 같은 스타트업들이 커넥티드 화재경보기, 온도 조절 장치, 잠금장치, 차량을 개발하고 있다. 그 외에도 스마트싱스SmartThings(최근 삼성에 인수되었다)와 같은 스타트업은 가정용 커넥티드 장치 관리의 중추 역할을 하는 예쁜 대시보드를 생산하고 있다.

사물 인터넷 분야의 시장 잠재력은 어마어마하다. 여러 대기업들도 이러한 점에 이끌려 사물 인터넷 분야에 진출했다. 벨킨Belkin 사에서 개발한 위모WeMo가 대표적인 사례다. 이 장치는 전기 콘센트에 꽂기만 하면 스마트폰으로 콘센트(그리고 콘센트에 꽂힌 장치)를 제어할 수 있는 장치. 최근 가전제품 제조업체인 자든Jarden 사와 제휴를 맺음으로써 위모 스마트WeMo Smart로 자든의 크록팟Crock-Pot과 미스터 커피Mr. Coffee 제품군을 커넥티드 장치로 바꾸어 제어할 수 있게 됐다. 로우스Lowe's 사에서 생산하는 아이리스 스마트 홈 매니지먼트 시스템도 좋은 사례다. 이 시스템은 보안, 온도 제어, 전력 관리를 위해 각종 센서를 탑재하였으며, 이 센서들을 통해 읽어들인 정보를 모두 사용자의 스마트폰으로 전송한다. 때로는 사용자의 지시가 필요 없는 경우도 있다. 예를 들어 정원의 흙 상태를 감시하는 센서가 건조도를 감지하면 자동으로 분무 장치를 작동시키는 것이다.

자산 관리 또한 사물 인터넷의 용도로 인기를 끌고 있다. 뉴욕의 마운트 시나이 병원은 전파 식별(RFID) 태그를 통해 자산(예. 병상, 휠체어, 통증 관리 펌프 등)을 관리하기 시작했다. 병원뿐만이 아니다. 대형 농장에서도 여기에 뛰어들어, 젖소에 RFID 태그를 부착하여 사료 공급 시간과 젖 생산량을 파악하고 있다.

하드웨어 생태계의 사물 인터넷 분야는 저가 센서와 스마트폰의 대중화로 큰 혜택을 입었다. 대규모 데이터 처리 기술 역시 깊은 영향을 미쳤다. 인터넷에 연결된 장치가 점점 많아지면서, 방대한 양의 정보로부터 유의미한 통찰을 끌어내는 것이 점점 중요해지고 있다. 사업을 시작하기에 아주 좋은 영역이므로 살펴보지 않을 수 없다. 이번에는 보안, 표준, 전력 관리 등, 커넥티드 장치를 제작하는 하드웨어 스타트업이 겪는 특유의 난관을 집중적으로 살펴보자. 또한 매끄러운 소프트웨어 연동 경험 창출, 사용 편의성, 대기업과의 경쟁에 대해서도 짚어 보자.

개인 센서 장치(웨어러블)

'개인 센서 장치', 그리고 이보다 포괄적인 의미로 쓰이는 '커넥티드 장치'의 구별은 흐릿하다. 앞의 항목에서 이야기한 커넥티드 장치는 '자동으로 다른 장치와 통신하는 기능을 지닌 장치'로 정의할 수 있는데, 대부분의 웨어러블이 바로 그런 기능을 가지고 있기 때문이다.

이 책에서 말하는 '개인 센서 장치'는 인간에 대한 데이터를 수집하고 처리하여, 최종 사용자인 인간이 이해하기 쉬운 방식으로 표시하는 제품을 가리킨다. 이러한 장치는 보통 (대상이 착용한) 장치와 데이터 내역을 제시하거나 트렌드를 시각화한 다음, 모바일 앱 또는 대시보드를 통해 이를 표시한다. 예를 들어, 스마트 워치는 착용자의 걸음 수를 추적하여 사용자의 휴대폰에 깔린 앱에 데이터를 동기화하여 사용자에게 알려준다.

개인 센서와 웨어러블 장치 시장은 개인 데이터 추적에 초점을 맞춘 자아 정량화Quantified Self 운동으로부터 자연적으로 생겨났다. 이미 1970년대에 사람들은 웨어러블 센서로 이런저런 실험을 했지만, 이 운동이 주류 세계의 주목을 끈 것은 2007년에 들어서였다. 게리 울프Gary Wolf와 케빈 켈리Kevin Kelly가 이 주제를 기사화하여 「와이어드Wired」에 게재했으며, 2010년에 울프는 이와 관련하여 TED에서 연설을 했다. 자아 정량화는 기술적인 소양을 갖춘 얼리어답터들이 이끌어 온 운동이었던 만큼, 초창기의 활동 대부분이 스타트업에서 비롯되었는데 딱히 놀라운 사실은 아니다.

오늘날 출시 중인 웨어러블 센서 장치는 대부분 건강과 웰빙에 초점을 맞추고 있다. 그중에서도 사람들에게 본인의 피트니스 습관을 의식시키는 것을 목적으로 하는 활동 모니터가 가장 흔하다. 그 외의 웰빙 장치 스타트업은 수면 습관 추적, 체중 관리, 구강 위생, 뇌파 측정 등을 시도하고 있다.

특히 진단 분야에서는 여러 스타트업이 혈당 관찰, 스마트 온도계, 당뇨병성 족부 궤양을 경고하는 매트, 투약 여부를 감시하는 '스마트 알약' 등을 개발하고 있다. 이런 용도를 보면, 미래에는 의료 산업의 센서 의존도가 높아질 것이라 예견할 수 있다. 이런 장치의 경우 대개 미국 식품의약청(FDA)의 승인을 획득해야 하며, 이에 대해서도 뒤에서 살펴볼 것이다.

건강 및 웰빙 분야 외에서도 패션, 게임, 증강 현실, 라이프 로그 등의 분야에서 웨어러블 시장의 규모가 커지고 있다. 스마트폰의 대중화, 배터리 지속 시간 증가, 저전력 블루투스 연결, 센서 생산 비용 절감으로 인해 웨어러블이 매력적인 창업 분야로 대두되고 있는 것이다. 건강 및 웰빙 분야를 중심으로 대중이 웨어러블을 널리 받아들이면서, 소비자 시장의 매력도 한층 높아졌다. 소셜 네트워크와 상호 연결에 힘입어 사용자의 채택이 증가하고 있으며, 친구 사이의 경쟁과 데이터 공유가 목표 설정과 동기 유발에 도움을 준다.

성장하는 분야가 항상 그렇듯이, 대기업에서는 개인 센서 장치 시장에 점점 주목하고 있다. 나이키는 오래 전부터 나이키 플러스(주자의 운동화에 연결되는 센서)의 형태로 러닝 기록 측정 기술을 제공해 왔다. 2012년에는 하루의 활동량을 지속적으로 관찰하는 팔찌 형태의 퓨얼 밴드로 사업을 확장시켰다(2014년에 이 제품의 생산을 중단하겠다는 발표를 하긴 했다). 리복과 MC10은 제휴를 맺어 접촉 스포츠 선수를 위한 충격 감지 모자를 개발하기로 했다. 언더아머에서는 심장박동, 소모 열량, 전반적인 운동 강도를 측정하는 가슴 스트랩 겸 모듈(시계 추가 가능) 제품인 아머 39를 개발하기도 했다.

이런 장치는 이들 기업의 핵심 사업 분야를 벗어나지만, 전체 시장이 크다는 매력과 첨단 기업이라는 이미지 때문에 새로운 분야에 진출한 것이다. 데이터도 하나의 이유다. 사용자가 데이터의 혜택을 입는 한편으로, 장치 제조업체도 고객의 습관에 대해 배울 수 있기 때문이다.

개인 센서 스타트업을 구축할 때는 사용자 경험 및 사용자 인터페이스 디자인과 개인 정보 보호를 특히 중시해야 한다. 창업자들은 사업을 구축하는 단계부터 데이터 통제에 유념해야 한다. 이 책의 전반에서 이런 측면을 다룰 것이다.

- - - - -
로봇

하드웨어 스타트업의 세 번째 분류는 로봇이다. 자동화된 기계인 로봇은 인간의 삶을 개선하기 위한 목적으로 만들어진 것이다. 가정용 청소 로봇 또는 '애완동물' 로봇은 소비자의 일상생활에 편의와 재미를 더해 준다. 어떤 로봇은 여러 산업의 주요 작업에 투입되어, 조립 라인의 효율을 향상시키거나 폭탄 해체 등의 위험한 일을 도맡아 한다. 로봇의 광범위한 용도와 수요는 소비자, 군사, 상업 시장을 아우르므로, 이는 극히 수익성이 높은 분야라고 할 수 있다.

자율 로봇은 비교적 새로운 기술로, 20세기 후반에 처음 등장했다. 최초의 자율 로봇인 유니메이트Unimate(http://bit.ly/robot_hof_unimate)는 제너럴 모터스

General Motors의 조립 라인에 투입되었다. 이 로봇은 달아오른 다이캐스트 주물을 집어 냉각액에 넣은 다음, 이것을 차체에 용접하는 것이었다. 유니메이트는 움직이는 팔이 하나 달린 커다란 상자에 불과했지만, 인간에게는 아주 위험한 업무를 효과적으로 처리했다. 유니메이트 이후로 로봇은 산업에 세 가지 변혁을 일으켰다.

- 로봇의 정확성, 일관성, 정밀성으로 인해 제품 품질이 높아졌다.
- 인간이 해서는 안 되거나 하지 못하는 일을 로봇이 대신하면서 제조의 안전성이 높아졌다.
- 생산성 향상을 고려하면 가격 대비 가치가 높아 기업의 실적에 근본적인 변혁이 일어났다.

로봇은 이제 선회, 균형 유지, 유영, 항해, 등반, 비행(드론)을 너끈히 해낸다. 센서 기술로 촉각, 청각, 시각 입력 처리가 가능해졌다. 상호작용 전문가들은 로봇과 교류하는 사용자의 경험을 완벽하게 다듬기 위해 노력하고 있다. 작동기 기술의 발달로 가격과 크기가 줄어들었고, 연산 능력 향상으로 로봇이 수행할 수 있는 활동의 폭이 늘어나고 자율성도 높아졌다. 로봇은 여러 분야에서 끊임없이 한계에 도전하며 빠르게 성장하는 산업이다.

공장에서 사용되는 대형 로봇은 여전히 대기업이 개발하고 있지만, 산업 부문에서 활약하고 있는 스타트업도 많다. 한 예가 리싱크 로보틱스Rethink Robotics (http://www.rethinkrobotics.com/)의 백스터Baxter 로봇으로, 조립 라인에서 방호울 없이 사람과 함께 작업하도록 만들어진 로봇이다. 2013년 언바운디드 로보틱스Unbounded Robotics라는 이름으로 창업한 페치 로보틱스Fetch Robotics(http://fetchrobotics.com/)는 사람 크기의 이동형 다관절 로봇을 35,000달러에서 50,000달러의 가격대를 목표로 개발하고 있다. 비슷한 기능을 갖춘 제품에 비하면 매우 싼 가격이다.

로봇은 공장 외의 분야에서도 인기를 얻고 있다. 농업과 농사에도 로봇이 점점 많이 사용되고 있다. 좋은 사례가 스페인 스타트업 아그로봇Agrobot의 농업 로봇인데, 이 로봇은 양배추를 솎고 딸기를 따는 작업을 수행할 수 있다. 오픈 ROVOpenROV와 같은 수중 로봇이나 스타트업이나 3D 로보틱스3D Robotics와 드론디플로이DroneDeploy 같은 비행 로봇(무인 항공기, UAV) 스타트업도 많은 도움을 주었다.

소비자 시장에서는 스타트업이 원격 현전에서 아동 장난감에 이르는 다양한 사용 사례를 공략하고 있다. 보건과 가정 요양 분야에서도 로봇이 인기를 얻고 있다.

앞에서 언급한 하드웨어 분류에서와 마찬가지로 로봇 분야의 사업과 제조에도 특유의 난관이 따른다. 로봇 제품은 보통 제조비가 많이 들고, 적절한 파트너를 찾기도 어렵다. 소비자에게 매력적인 수준으로 가격을 낮추기가 어렵기 때문에, 스타트업으로서는 시장 진입 전략을 세우기가 까다로울 수 있다.

로봇 스타트업은 인수 대상으로 특히 인기가 많다. 구글의 경우, 2013년에만 로봇 스타트업을 여덟 개나 인수했다.

- - - - - - - - - -
디자인 제품

네 번째 분류인 디자인 제품은 범위가 아주 포괄적이다. 이 분류에 속하는 스타트업은 순수하게 물리적인 장치를 만들고, 주로 소프트웨어를 배제하고 하드웨어만 제작한다. 그저 만들면 끝인 상품에 지나지 않는 것도 많다. 아동을 위한 주문 제작 3D 인쇄 인형에서 베드 배스 앤드 비욘드Bed Bath & Beyond에서 판매하는 주방용품에 이르기까지, 온갖 제품을 아우르는 분류라 할 수 있다.

디자인 제품 출시의 양상에 변혁이 일어난 것은 쿼키Quirky라는 선도적인 스타트업이 커뮤니티의 의견을 받아들이면서부터였다. 쿼키의 프로세스에서는 발명가들이 아이디어를 제출하면 커뮤니티가 큐레이터의 역할을 한다. 커뮤니티에서는 아이디어를 거르고 의견을 제시하며, 일정 수준의 지지를 얻은 아이디어를 선택해 시장 잠재력을 두고 투표를 한다. 이 투표가 긍정적인 결실을 맺으면 커뮤니티가 그 후로 연구, 설계, 브랜딩을 지원하여 궁극적으로는 발명가가 최종 제품을 내놓을 수 있도록 도와준다.

제품이 제조(제조 역시 퀴키가 처리한다)된 후에는 제품이 판매 채널로 넘어간다. 직접 판매와 소셜 판매가 이루어지고, 소매업체와 제휴를 맺기도 한다. 제품 판매로 발생한 수익금은 구상에서 출시에 이르는 단계에서 각자가 얼마나 기여했느냐에 따라 커뮤니티에도 분배된다. 대체로 퀴키에서는 60%를 가져간다.

지금까지 커넥티드 장치, 개인 센서 장치, 로봇, 디자인 제품의 네 가지 분류를 살펴봤다. 이 책에서는 이러한 네 가지 분류를 바탕으로, 간혹 하나의 분류에만 해당하는 사업적, 기술적 고려 사항을 짚어 볼 것이다.

물론 전반적으로는 대대적인 자본 투자와 긴 리드 타임이라는 장벽이 사라지다시피 하면서 분류를 막론하고 하드웨어 스타트업의 수가 증가하고 있으며, 하드웨어 스타트업이 점점 쉬워지고 있는 것이 사실이다. 3D 프린터, 레이저 커터 등의 프로토타입 제작 도구(이런 제품은 그 자체가 하드웨어 스타트업의 제품인 경우가 많다)를 누구나 쉽게 사용할 수 있게 되면서, 창업자가 '린' 스타트업 원칙(10페이지의 '린 스타트업과 효율적인 창업'을 참조할 것)을 하드웨어 스타트업에 적용하기도 쉬워지고 있다. 창업을 지원하는 기업으로 이루어진 생태계가 성장하면서 복잡다단하던 마케팅, 재고 관리, 공급 사슬 물류도 점점 간단해지고 있다. 이 책에서는 하드웨어 스타트업을 위한 지침을 따라가며, 이 모든 요인에 대해 상세히 알아볼 것이다.

아이디어 검증과
커뮤니티 참여

내가 하드웨어 스타트업 창업에 대한 책을 쓰면서 느낀 한 가지 난관은, 성공에 도달하는 최선의 방법이 하나로 정해져 있지 않다는 점이다. 따라서 이 책의 각 장은 그 자체로 하드웨어 회사의 성공에 핵심적인 중점 영역의 개론이 되도록 구성했다. 예를 들어, 스타트업에 따라서는 초반에 프로토타입을 확정하는 것이 최선이라고 판단할 수도 있다. 특히 시장 영역이 B2C이고, 소비자를 위한 전자제품을 취급하는 팀이라면 브랜드 구축을 우선시해야 할 것이다.

그러나 어느 부문에서 창업을 하든, 어느 시장을 표적으로 하든 아이디어 검증은 꼭 필요하다.

2000년대 중반 린 스타트업 체계가 도입되면서 소프트웨어 스타트업 창업 프로세스에도 혁신이 일어났다. 창업자인 에릭 리스와 스티브 블랭크Steve Blank가 대중화시킨 린 방법론에서는 코드를 조금이라도 쓰기 전에 잠재 고객과 소통하여 고객의 요구를 완전히 이해하라고 창업자에게 가르친다. 블랭크는 스타트업을 여덟 번 창업하며 쌓은 전문성을 바탕으로 고객 개발 방법론을 창안하고 정리했다. 이것은 제품 개발 방법론의 일종으로, 소비자의 요구를 이해하는 것을 매우 중시한다.

리스는 고객 개발 방법론을 린 스타트업 체계에 포함시켰다. 구축-측정-학습으로 이어지는 피드백 순환(그림 2-1)이 린 스타트업의 개발 주기를 나타낸다. 이 프로세스는 실험, 반복 개발, 소비자가 진정으로 원하는 제품을 구축하기 위한 고객 의견 이해에 의존한다. 이것을 리스는 '검증을 통한 학습'이라고 부른다.

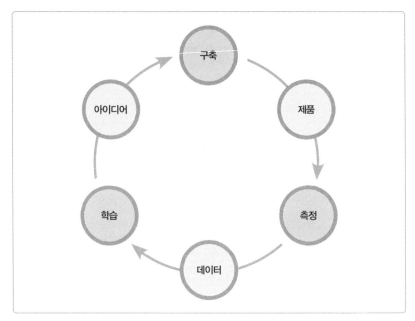

그림 2-1 구축-측정-학습 피드백 순환

　　창업자들이 창업을 결심하는 이유는 보통, 구체적인 문제를 해결하고자 하는 욕구와 최선의 해결 방안에 대한 가설이 있기 때문이다. 린 스타트업의 초창기에는 팀이 최소 기능 제품Minimum Viable Product, MVP 생산을 목표로 폭넓은 고객 면담을 진행하며 가설을 거듭 수정한다. MVP란, 문제 해결에 필요한 최소한의 기능만을 갖춘 제품을 말한다. 부가 기능은 시간이 흐르면서 점차 추가하면 된다. 이 초기 단계의 제품을 테스트할 때는 제품이 알파 단계에 있더라도 더 큰 비전을 볼 수 있는 적극적인 얼리어답터를 엄선하여 테스트를 진행한다.

　　린 스타트업 개발은 반복적이다. 팀이 표적 시장에서 끊임없이 제품을 테스트하며, 설문 조사 또는 사용 데이터를 통해 피드백을 받은 다음 릴리스마다 조금씩 수정해 나간다. 알파 또는 베타 테스트 단계를 거치며 점점 많은 사용자가 제품을 체험하고, 그 결과 고객의 요구를 더욱 깊이 이해하기에 이른다. 창업자들이 사업 모델(돈을 버는 방법)과 제품 경험을 동시에 가다듬는 셈이다.

하드웨어 스타트업을 창업하는 경우, 현실적인 제약으로 인해 소프트웨어 팀과 같은 방식으로 '린' 제품 개발을 하는 것은 불가능하다. 이상적인 세상에서라면 개발, 테스트, 수정이라는 프로세스를 똑같이 밟을 수도 있겠지만, 현실에서 물리적인 제품을 반복적으로 수정하기란 극히 어렵다.

프로토타입 제작 기술이 발달하면서, 장치의 이론적인 폼 팩터를 기본적인 수준으로 구현하는 작업, 즉 디자인 프로토타입을 만드는 작업은 아주 쉬워졌다. 이 껍데기는 모델 또는 3D 목업에 지나지 않지만, 사용자는 이것을 통해 제품의 외양이 어떠할지 감을 잡을 수 있다. 시판용 보드와 부품을 사용하면 개발 초기의 프로토타입에 MVP 기능을 일부 구현하는 것도 가능하다. 드문 경우에는 디자인 프로토타입과 기능 프로토타입이 일치할 수도 있다. 그러나 대부분의 경우에는 초기의 고객에게 잠재력을 증명해 보일 만한 프로토타입을 제작하기가 어렵다.

하드웨어 스타트업의 난관은 여기서 끝나지 않는다. 하드웨어 스타트업 창업자들은 공장에 제안을 하기 전부터 이미 규제에 빠삭해야 하고, 지적 재산권 및 특허 문제를 숙지해야 하며, 디자인의 기술적 한계를 파악하고 있어야 한다.

린 하드웨어 개발은 어렵긴 하지만, 검증을 통한 학습은 가능하다. 사실 린 스타트업 철학은 부분적으로 자동차 제조업체인 토요타의 도요다 사키치가 개발한 '린 생산 방식'(http://bit.ly/lean_mfg)을 바탕으로 하고 있다. 도요다의 프로세스는 효율을 강조하고, 최종 제품의 가치를 높이지 않는 요소는 무조건 제거하는 것을 우선시한다. 토요타 생산 방식(http://bit.ly/muda_muri_mura)에는 다음 세 가지 목표가 있다.

- 시간, 과잉^{Matt} 재고, 과잉 생산, 결함 등 온갖 낭비(일본어로 무다^{無駄})를 줄인다.
- 생산에 개입하는 사람과 장비의 과로(무리^{無理})를 예방한다.
- 생산 프로세스의 모순(무라^{無})을 제거한다.

이 생산 방식에 따르면, 하드웨어 스타트업의 창업자들은 가설에 입각한 개발을 추구하고, 최대한 이른 단계에서 고객을 대상으로 아이디어를 검증해야 한다.

검증은 프로토타입 제작 전에 진행할 수도 있고 그와 동시에 진행할 수 있으나, 공구 가공 단계로 넘어가기 전에는 반드시 마쳐야 한다. 프로토타입 단계를 넘어서면 디자인 변경이나 기술 전환에 따르는 비용이 훨씬 커지므로, 처음부터 제대로 하는 게 중요하다.

검증을 통한 학습의 기초는 대화다. 회사의 성공에 핵심적인 역할을 할 여러 집단의 사람들과 이야기를 하고, 그 사람들의 이야기를 들어야 한다. 3장과 4장에 걸쳐서 성공에 영향을 미치는 사람들이 누구인지, 그 사람들이 무엇을 도와줄 수 있는지, 그 사람들의 전문성을 어떻게 해야 가장 잘 활용할 수 있는지를 짚어 보며 검증을 통한 학습 프로세스를 살펴볼 것이다.

01 하드웨어 세계의 전우

제품 제작으로 가는 길에서 처음으로 만나는 도우미는 동료들이다. 1장에서 하드웨어 스타트업을 커넥티드 장치, 개인 센서 장치(웨어러블), 로봇, 디자인 제품의 네 가지 분류로 나누었다. 당신은 아마 자신이 속한 분야에서 일어나는 일에 대해서는 이미 빠삭할 것이다. 그렇지 않다면, 그 분야의 이론가나 창업자들과 친해지는 것이 좋다.

하드웨어 관련 커뮤니티의 일원이라고 해서 모두가 어떤 고충점의 근원을 파헤치는 데 도움을 줄 잠재 고객인 것은 아니다. 그러나 이러한 커뮤니티에는 경험이 있는 사람들이 모여 있다. 이 사람들은 폭넓은 경험을 바탕으로 다양한 문제에 대해 귀한 지침을 줄 수 있는 사람들이다. 이들은 생산 프로세스에서 낭비를 줄일 수 있게 도와준다. 또한 하청 제조업체 물색 등 개발 프로세스의 특정 단계는 입소문과 추천으로 성사되는 경우도 많다. 자신의 분야에서 상품을 제작하고 있는 창업자들과 교류하면 시행착오를 줄일 수 있다.

초보 하드웨어 스타트업 창업자들은 대개 소프트웨어 개발자 출신이거나 취미 공학자 또는 메이커로, 하드웨어 커뮤니티 내에서는 폭넓은 인맥을 형성하지 못한 경우가 대부분이다. 다행히도 요즘은 매우 쉽게 하드웨어 세계의 전우를 찾을 수 있다. 가장 쉽게 시작할 수 있는 곳은 온라인이다. 하드웨어 서브레딧, 링크드인Linkedin 그룹, 페이스북 그룹, 트위터 리스트 등을 통해 업계의 동향을 파악할 수 있다. 그냥 '하드웨어'만 검색하지 말고 접속해서 '웨어러블', '사물 인터넷', '산업 인터넷', '센서', '로봇' 등 해당하는 검색어를 구체적으로 찾아 보자.

그러나 아무리 온라인 커뮤니티의 유대가 강하더라도 현지 네트워크를 완전히 대신할 수는 없다. 특히 규모가 작은 도시에 사는 경우, 근처의 하드웨어 해커를 만나 보면 각종 시설, 공급업체, 기타 자원을 찾는 데 도움을 받을 수 있다. 이런 인연은 초창기에 특히 중요한데, 현지에서 프로토타입 제작을 할 가능성이 높기 때문이다. '현실 세계'에서 사람들을 만나기에 좋은 수단은 밋업Meetup(http://www.meetup.com)이다. 요즘은 전 세계 대부분의 대도시에서 사람들이 하드웨어 밋업을 개최하고 있다.

해커스페이스위키HackerspaceWiki(http://hackerspaces.org/wiki/) 또한 마음이 맞는 사람을 찾을 때 유용한 자료이며, 공동 작업실 또는 공작실을 찾을 때도 요긴하다는 장점이 있다. 근처에 테크숍(http://techshop.ws/)이나 팹랩(http://www.fabfoundation.org/fab-labs/)이 있는지 살펴보자. 이런 곳에서는 강좌를 운영하는 한편으로 발표회나 해피 아워 같은 커뮤니티 이벤트도 개최한다. 메이커 맵Maker Map(http://themakermap.com/)을 통해서도 현지의 커뮤니티 현황을 파악할 수 있다. 이 사이트는 부분적으로 이 책의 저자들이 관리하고 있지만, 커뮤니티의 기여에 크게 의존한다.

02 공동 창업자와 팀

이미 공동 창업자가 있거나 창업한 팀이 있다면, 잘된 일이다! 함께 흥미진진한 여행을 떠나면 된다. 그렇지 않다면 공동 창업자나 팀을 찾아야 한다. 특히 자금을 조달하기 전이라면 팀에 들어와 달라고 누군가를 설득하는 데만도 여러 달이 걸린다.

그러니까 지금 찾기 시작하자. 공동 창업자 사이의 관계는 결혼과 같다. 오랫동안 회사를 함께 만들어 갈 사람인 만큼, 처음부터 당신만큼 회사에 헌신하는 파트너를 찾고 효과적인 의사소통 채널을 확립하는 것이 중요하다.

공동 창업자를 찾고 있다면, 파운더데이팅FounderDating(http://founderdating. com/), 코파운더스랩CoFoundersLab(http://www.cofounderslab.com/), 컬랩파인더 CollabFinder(https://collabfinder.com/)처럼 공동 창업자를 서로 연결해 주는 커뮤니티에 등록해 보자. 이런 신생 커뮤니티는 항상 생겨나고 있으므로, 구글 검색을 통해 자기 지역 또는 관심 분야에 가장 잘 맞는 곳을 찾자. 하드웨어 스타트업을 창업하고 싶긴 한데 아직 마음이 끌리는 아이디어가 없다면, 현지의 스타트업 액셀러레이터 프로그램에 상주 기업인 또는 외주 해커로 참여하는 방법도 있다(기술적인 역량이 있다면 보통 후자가 바람직하다).

처음부터 균형 잡힌 팀을 구성하는 것이 필수적이다. 초기에는 함께 일하기 좋고 상호보완적인 역량을 갖춘 사람을 찾아야 한다. 또한 자기 자신이 내놓을 수 있는 능력이 무엇인지 파악하고, 필요한 능력이 무엇인지 고민해 보자.

이 책의 공동 저자이자 PCH의 하드웨어 엑셀러레이터 하이웨이Highway (http://highway1.io/) 대표인 브레이디 포레스트는 하드웨어 회사를 시작할 때 이상적인 팀은 "메이커 한 명, 해커 한 명, 수완가 한 명"이라고 말한다. 최소한 하드웨어 경험이 있는 창업자 한 명과 사업 경험이 있는 창업자 한 명이 필요하다. 두 번째 창업자가 기술 분야 출신인 경우에는 배우려는 의지라도 있어야 한다.

당신이 기술 분야 출신의 창업자라면, 아마 제품 개발에 대해서는 잘 알고 있겠지만 영업, 브랜딩, 마케팅에 대해서는 잘 이해하지 못할 것이다. 그러나 때가 오면 누군가는 사람들을 설득해서 회사의 제품을 사게끔 만들어야 한다. 당신이 될 수도 있다. 만약 사업 초기의 팀 멤버 중 사업 개발 인재가 있으면, 회사 창업에서 핵심적인 부분인 사업 개발을 방치하게 되는 일도 없을 것이다.

당신이 기술 분야 출신이 아닌 창업자라면, 기술적인 소양이 있는 파트너를 찾아야 한다. 그런 파트너가 없으면 자금을 조달하거나 (시간과 비용 양면에서) 효율적으로 제품을 출시하기가 사실상 불가능하다. 기술적인 소양을 갖춘 공동 창업자는 그저 당신의 아이디어를 바탕으로 제품을 만들기만 할 용병이어서는 안 된다. 당신의 비전을 공유하며 함께 일하고자 하는 팀원이어야 한다. 영업이나 재무 분야의 경험은 회사의 초창기에는 그다지 쓸모가 없으므로, 공동 창업자가 제품을 만드는 동안 당신이 무슨 일을 할지 구체적으로 정해 두는 것이 중요하다.

커넥티드 장치, 웨어러블, 또는 고객과 소프트웨어를 통해 상호작용하는 제품을 만들 계획이라면, 소프트웨어 엔지니어를 가급적 초반에 영입하는 것이 좋고, 특히 UI(사용자 인터페이스) 및 UX(사용자 경험) 디자인 경험이 있는 사람을 선택하는 것이 바람직하다. 소프트웨어 분야는 물리적인 상품의 배송이 끝난 후에도 하드웨어 회사가 계속 혁신을 일으킬 수 있는 영역이며, 그런 혁신이 점점 중요해지고 있다. 초창기의 소프트웨어 개발을 아웃소싱으로 해결하는 창업자도 있지만, 이 핵심적인 역할을 책임지고 맡을 사람을 가급적 초반에 확보해 두어야 한다.

처음부터 잠재적인 인재의 파이프라인을 구축해 두면 유익하다. 인재 확보는 지역 하드웨어 커뮤니티와 교류를 해야 하는 또 하나의 이유이기도 하다. 대부분의 도시에서 점점 자주 개최되고 있는 해커톤은 부담 없이 프로젝트를 진행하면서 사람을 만나기에 아주 좋은 방법이다. 동문 인맥이 강세인 대학을 졸업했다면, 모교의 페이스북 그룹이나 메일링 리스트 또는 링크드인 그룹에 가입하자.

링크드인 인맥은 막강한 자원이다. 네트워크가 넓을수록 당신이 바라는 역량을 갖춘 팀원 후보를 찾아낼 가능성도 높으므로 일찌감치 관계를 구축해 두자. 만나 보고 싶은 사람이 눈에 띄면, 지금 당장 사람을 뽑을 일이 없더라도 일단 공통의 지인에게 소개를 부탁하자. 소셜 지식 플랫폼으로 잘 알려진 쿠오라Quora(http://www.quora.com) 같은 사이트도 마음 맞는 사람을 찾기에 좋다. 쿠오라는 질의 응답 및 검색 서비스를 제공하고 있는 사이트다. 관심 영역의 질문들을 읽어 보고, 주로 대답하고 있는 사람이 있는지 찾아보면 좋은 인재를 확보할 수 있을 것이다.

사람을 만날 때는 열린 태도를 취하자. 아이디어를 비밀로 하는 것은 득이 되지 않는다. 자신의 비전에 열정이 있다면, 팀원 후보를 만날 때 터놓고 이야기를 하며 서로의 비전이 일치하는지 확인해야 한다. 최선의 경우라면 그 사람들도 상품에 대한 아이디어를 이야기해줄 것이다. 창업 팀을 구성할 때는 당신에게 의사 결정과 초기 개발을 전적으로 일임할 사람이 아닌, 함께 일할 사람을 찾아야 한다.

팀원 후보를 찾았다면 함께 소규모 프로젝트를 진행해 보며 서로 잘 맞는지 확인해 보자. 창업자 사이의 불화는 신생 회사가 무너지는 가장 흔한 이유 중 하나다. 지분과 업무 분담 문제도 최대한 일찍 논의해야 한다. 미룬다고 쉬워지는 대화도 아니다.

최초 지분 분배(http://bit.ly/founders_dilemma)도 중요하다. 인터넷에 참고할 수 있는 지분 계산기와 블로그 게시물(http://bit.ly/equity_split)이 많이 올라와 있으니 참고한다. 지분을 나눌 때는 일반적으로 초기 작업에 대한 현금 착수금, 기존의 지적 재산 기여도, 업무 분담 등을 고려해서 정해야 한다.

또 고려해야 할 사항은 헌신의 문제다. 창업자가 모두 직장을 그만두고 풀타임으로 회사에 참여할 것인가? 자금을 확보하기 전에 돈이 꼬박꼬박 나오는 직장을 그만두는 것은 위험하지만(또 아이디어만으로 자금을 조달하기는 어렵지만), 그런 창업자는 어쨌든 자기 시간과 관심을 100% 창업에 쏟을 수 있다. 나머지 창업자가 직장에 다니는 동안 창업자 한 명이 풀타임으로 스타트업 업무를 하는 경우에는 위험 부담을 한 창업자가 지분을 더 받는 것이 일반적이다. 이런 면에서는 하드웨어 회사 창업도 소프트웨어 회사 창업과 다르지 않다.

03 멘토

아이디어 단계에서 일찌감치 찾아야 하는 사람이 또 있다면, 바로 멘토다. 훌륭한 멘토는 유의미한 자문을 제공하고 난관 극복에 도움을 준다. 멘토는 보통 당신의 시장 또는 사업에 경험이 있는 사람이다. 이 사람은 특정 전문 분야(마케팅 등), 해당 부문에 대한 깊은 지식(예. 당신의 장치가 치료하는 질병을 전문으로 하는 의사), 수년의 경력, 또는 가치 있는 업계 인맥을 보유하고 있을 수 있다. 초보 하드웨어 스타트업 창업자에게는 상품 제조 프로세스를 경험해 보았으며 무슨 함정을 피해야 하는지 잘 아는 사람과 친밀한 관계를 구축하는 것이 매우 중요하다. 하드웨어 세계의 전우들과 마찬가지로, 멘토 역시 생산 프로세스에서 낭비를 줄이고 과부하를 방지하는 데 도움을 준다.

그러나 정작 마음에 정해둔 멘토에게 연락을 취하려면 엄두가 안 날지도 모른다. 특히 이메일로 무작정 연락하는 경우라면 더욱 그럴 것이다. 경험이 많은 사람은 고위 임원인 경우가 많으므로 다가가기가 어렵다고 느껴질 것이다. 이런 사람에게는 시간이 아주 귀하고 늘 부족하다. 따라서 어떻게 접근하느냐가 정말 중요하다. 무턱대고 멘토가 되어 달라고 말하는 건 마치 첫 데이트에 청혼하는 것과 마찬가지다. 끈끈한 멘토 관계를 형성하는 데는 시간이 필요하기 때문이다. 처음 연락을 취할 때는 다음의 지침을 따르자.

- 이메일 또는 메시지를 간단명료하게 작성한다. 이메일이 길면 무시당하기가 쉽고, 수신자가 편한 시간까지 읽기를 미루기도 한다.
- 대량 발송 메일이라는 인상을 주지 않도록 굳이 그 사람에게 연락하는 이유를 밝힌다.
- 부탁을 구체적으로 한다. 구체적인 질문이나 문제를 제시하며 도움을 청한다. 블로그 게시물 등의 공개적인 정보원에서 이미 다룬 문제가 아니라, 개인적인 응답이 꼭 필요한 문제를 선택하는 것이 바람직하다.
- 멘토가 선호하는 일정과 의사소통 수단에 맞추겠다고 말해서 마찰을 최소화한다.

누군가를 도와주는 수고를 한 사람들은 대개, 자기가 자문을 제공했던 일이 어떻게 풀리는지 알고 싶어 한다. 따라서 문제가 해결된 후에는 감사의 말을 보내고, 일을 진행하면서도 가끔씩이라도 소식을 전하는 것이 좋다. 물론 이런 관계가 단발적이거나 산발적인 교류에 그치는 경우도 있다. 그래도 실망하지 말자. 흥미로운 일을 하면서 그런 열정을 진정으로 공유하는 사람들에게 연락을 취하다 보면, 적극적으로 도와주고 조언해줄 사람을 찾을 수 있을 것이다.

일부 스타트업 창업자는 고문 관계를 공식화하여 회사의 지분을 조금 떼어 줌으로써 멘토의 기여를 보상하기도 한다. 그러려면 창업자와 멘토가 공식적인 계약서를 작성하여 멘토의 참여도에 대해 구체적으로 합의해야 한다. 월 1회 회의나 통화로 의견을 주고받는 정도가 일반적이다. 멘토가 특정 프로젝트에 참여하거나, 전문적인 부가 가치를 제공하거나, 채용에 참여하거나, 고객을 소개하는 등의 전략적인 지원을 제공하는 경우 보통 증여하는 지분이 많아진다.

그저 슬라이드에 유명인의 사진을 넣음으로써 투자자에게 좋은 인상을 주려는 목적으로 멘토를 선택하는 실수를 저지르지 말자. 이 사람에게 회사의 지분을 넘길 생각이라면, 그 사람이 그만큼 회사에 기여하도록 만들어야 한다. 관계가 틀어져서 고문이 약속을 지키지 않는 경우, 또는 고문의 전문 지식이 필요 없는 영역이라서 피벗을 할 경우에 대비해서 고문 계약에는 반드시 계약 종료 조건을 포함해야 한다.

고문 관계의 지분 구조는 회사마다 다르지만, 실리콘밸리의 법률 사무소 오릭 Orrick이 표 2-1(자세한 내용은 이 회사의 창업자 고문 표준 템플릿(http://bit.ly/fastemplate)을 참조할 것)의 기준을 마련해 두었다. 이 기준을 참고하면 시장 관행에 어긋나지 않는 제안을 할 수 있다.

자문 정도	아이디어 단계	스타트업 단계	성장 단계
표준: 월간 회의	0.25%	0.15%	0.10%
전략: 채용 추가	0.50%	0.40%	0.30%
전문: 인맥 및 프로젝트 추가	1.00%	0.80%	0.60%

표 2-1 회사의 성숙도

지분 보상은 (실패 위험도를 반영하는) 회사의 발전 단계와 고문의 관여 정도에 따라 정해진다. 이 보상은 보통 제한부 주식이나 보통주로 주어지며, 1~2년에 걸쳐 증여가 이루어진다.

7장에서 구조적인 멘토 관계의 한 형태인 액셀러레이터 프로그램 참여에 대해 자세히 살펴볼 것이다. 대부분 액셀러레이터 프로그램에는 다양하고 폭넓은 배경과 역량을 갖춘 멘토들이 참여한다. 이 멘토 집단은 주로 해당 액셀러레이터가 지원하는 여러 팀을 도와주기로 합의한 창업자, 투자자, 업계 전문가로 이루어진다. 액셀러레이터 프로그램 참여는 초보 창업자가 귀한 인맥을 확보하기에 좋은 방법이다.

04 열성 신봉자와 초기 커뮤니티

열성 신봉자는 최초의 전도사다. 이들은 성공으로 가는 당신의 여정을 시작부터 적극적으로 도울 만큼 당신에게 관심이 많은 사람들이다. 우리가 가장 좋아하는 '열성 신봉자'의 정의는 오픈ROV의 공동 창업자인 데이비드 랭David Lang이 저서 『제로 투 메이커』(한빛미디어, 2015)에서 내린 정의다.

열성 신봉자는 제품이나 기술 뒤에 있는 당신의 존재를 알고 있는 사람이다. 그들에게 기술을 보여 주거나 사업 계획을 설명함으로써 비밀을 털어놓을 수 있는 사람들이다. 그들은 당신이 성공하길 바라고 그렇기에 당신이 만든 제품 또한 성공하길 바란다. 단지 제품을 사는 데 그치지 않고 자신이 아는 모든 사람들에게 당신의 사업을 이야기하고 다닌다. 스스로 여기저기 홍보하고 다닌다.

이 집단의 핵심은 보통 친구와 가족이다. 멘토와 하드웨어 커뮤니티에서 만나서 친해진 사람들도 열성 신봉자가 될 수 있다.

열성 신봉자를 모으려면 개인적인 인맥을 유심히 살펴야 한다. 처음에는 작게 시작하자. 가장 친한 친구와 가족에게만 무슨 일을 하려는지 이야기하고, 꾸준히 경과를 듣고 싶은지 물어 보자. 그다음 범위를 넓혀 나가면 된다. 이미 소셜 미디어 채널에서 당신을 따르는 사람들이 있다면 그들을 활용하자. 트윗이나 게시물을 통해서 친구와 팔로워를 포럼 페이지나 이메일 리스트 등록 페이지로 유입시키면 된다.

열성 신봉자의 이상적인 숫자라는 것은 존재하지 않는다. 그러나 이 집단의 기능 중 하나는 소문을 퍼뜨리는 것이므로, 열성 신봉자가 많을수록 도달 범위도 넓어진다. 그러므로 일부러 시간을 투자해서라도 이 관계를 구축할 가치가 있다. 이 집단이 열성적일수록 나중에 크라우드펀딩 또는 예약 구매 캠페인을 성공적으로 운영하기가 쉽다. 설령 처음에는 공유할 정보가 많지 않더라도, 깊은 관계를 맺고 있는 사람들을 가급적 일찍 끌어들이는 것이 바람직하다.

열성 신봉자들은 좀 더 큰 집단, 즉 얼리어답터 커뮤니티의 부분집합이다. 커뮤니티는 대개 관심사, 취미 또는 직업, 위치(지리적 근접성)를 중심으로 형성된다. 때로는 공통의 목표를 향해 노력하는 커뮤니티도 있는데, 이는 활동 커뮤니티라고 할 수 있을 것이다. 한편 (인생에서의 단계 등) 공통의 상황을 중심으로 결속하는 커뮤니티도 있다. 당신의 초창기 얼리어답터들이 무엇 때문에 커뮤니티에 참여하며 시간을 보내는지 파악하는 것이 중요하다. 이 사람들이 커뮤니티에서 무엇을 얻는가? 물론 당신의 제품에 관심이 있기는 하겠지만, 아직 존재하지 않는 물건에 대해 끝없이 이야기하며 자유 시간을 보내려 하지는 않을 것이기 때문이다. 열성 신봉자들은 당신에게 관심이 있다. 그러나 범위가 조금 더 넓은 얼리어답터 커뮤니티에서는 보통 당신의 사업 영역에 깊은 관심이 있으므로, 초기 단계에서 나온 아이디어를 검증하고 싶다면 이러한 커뮤니티가 제격이다. 그들은 당신을 위해 가감 없는 피드백을 제공할 것이다.

커뮤니티를 성장시키는 일이 극복하기 힘든 장애물처럼 느껴질지도 모른다. 아무것도 없는 상태에서 사람들을 한데 모은다는 건 정말 어려운 일이다. 당신을 사랑하는 열성 신봉자 집단 너머로 커뮤니티를 성장시키려면, 인맥을 확장하고 강화하기 위해 어느 정도 노력을 기울여야 한다. 지인이 많지 않거나 지금까지 대중적인 소셜 채널을 기피해왔다면, 인맥을 형성하는 일에 매일 조금씩이라도 시간을 투자해 보자. 소셜 미디어의 권위자가 될 필요는 없지만, 인맥은 넓을수록 유익할 수밖에 없다.

온라인 그룹에 참여해서 관계를 맺어 보자. 트위터에 흥미로운 콘텐츠를 게시하고, 댓글을 다는 사람이나 당신의 사업 영역에 관한 기사를 공유하는 사람과 교류하자. 구글 검색창에 다양한 단어와 문구를 입력해서 어떤 블로그나 사이트가 존재하는지 찾아보고, 저작자에게 연락을 취해 보자. 오프라인 모임을 찾아보는 것도 도움이 된다. 당신이 찾는 모임이 없으면 직접 개설하자. 학교에서도 마음이 맞는 사람을 만날 수 있다. 예를 들면, 대학에는 로봇 또는 기타 하드웨어 관련 동아리가 있는 경우가 많다.

당신이 해결하려 하는 문제에 열정을 지닌 사람들을 찾는 것을 목표로 해야 한다. 오픈ROV의 데이비드 랭은 이렇게 말했다.

당신은 스스로 정말 갖고 싶은 상품을 만들고 있다. 70억 명에 달하는 지구상의 사람들을 훑어보며 당신과 똑같은 사람을 찾아라.

만약 새로운 커뮤니티를 만드는 것이 목적이라면 다음의 '사례 연구: 오픈ROV' 박스를 참조하기 바란다. 데이비드 랭의 조언을 확인할 수 있을 것이다.

MEMO 사례 연구: 오픈ROV

TED 펠로우이자 『제로 투 메이커』의 저자인 데이비드 랭은 원격 조종 수중 로봇(ROV)을 만드는 베이 에어리어 스타트업, 오픈ROV의 창업자 중 한 사람이다. 오픈ROV의 오픈소스 로봇은 누구나 수중 탐사를 할 수 있게 하려는 목적으로 제작되었다. 데이비드와 함께 오픈ROV를 공동 창업한 에릭 스택폴Eric Stackpole은 처음부터 수중 탐사 마니아로 이루어진 탄탄한 커뮤니티의 도움을 받아 프로젝트를 추진하는 것을 구상했다. 이 과정에서 데이비드가 경험했던 것들을 여기에서 공유하고자 한다.

오픈ROV는 2010년에 창업되었다. 데이비드와 에릭은 수중 동굴을 탐사하고 싶었지만, 필요한 장비는 너무 비싸고 연구 보조금은 없었다. 그래서 둘은 직접 ROV를 만들기로 했다. 데이비드는 데이비드와그와 에릭이 로봇을 개발하기 시작했을 때만 해도 "답이 없었다." 라고 데이비드는 말한다. 기술 자체가 존재하지 않았던 것이다. 이때는 라즈베리 파이 등의 단일 기판 리눅스 컴퓨터가 출시되기 전이었다.

"저희는 그냥 일이 굴러가는 대로 따라가기로 했습니다." 데이비드의 말이다. 둘은 여러 가지 해법을 실험해 보며, 비슷한 기술적 난관이 있는 프로젝트를 진행하는 사람들에게 도움을 청했다. 그리고 오픈ROV를 오픈소스로 진행하기로 결정했다. 메이커 커뮤니티와 강한 유대가 있는 프로젝트를 오픈소스로 제작하다 보면, 기술과 수중 탐사 두 영역에 열정을 품은 사람들에게서 많은 것들을 배울 수 있을 것이라고 판단했기 때문이었다.

하지만 처음에는 '사람들'이 없었다. 두 사람은 닝^{Ning}(http://www.ning.com/)을 이용해 사이트를 개설했지만, 처음 1년 동안은 포럼에 글을 쓰는 사람이 데이비드와 에릭뿐이었다. 데이비드는 이에 대해 이렇게 말한다. "사람들이 실제로 가지고 노는 하드웨어를 내놓을 때까지는 커뮤니티 성장을 촉진시키기가 무지막지하게 힘듭니다." 사람들은 상품을 직접 만져야만 흥미를 갖게 된다. 두 사람은 상품화 이전 단계에 존재하는 이러한 간극을 메우려면, 문제와 상품을 중심으로 아주 흥미로운 이야기를 만들어야 한다고 생각했다. 그들은 흥미를 자극하는 방식으로 이야기를 들려주려고 노력했고, 만질 수 있는 상품을 내놓기 전에 문제와 팀에 대한 흥미를 일으키는 데 성공했다.

"자기들이 하는 일에 대해 재미있는 이야기를 만들어 두지 않은 회사가 많습니다." 데이비드의 말이다. 데이비드와 에릭은 처음부터 스토리텔링을 중시했다. 그들은 블로그, 인터뷰, 소셜 채널을 통해 '모두를 위한 탐사 및 교육 도구'라는 오픈ROV의 비전을 공유했다. 데이비드는 「메이크진(Makezine.com)」에 '제로 투 메이커'라는 이름의 칼럼을 연재하며 자신이 생초보에서 프로 메이커이자 스타트업 창업자로 변모하기까지의 과정을 공개했다. 팀은 오픈ROV 블로그와 포럼에 꾸준히 글을 썼다. 그렇게 시간이 흐르자 사용자들이 찾아오기 시작했다.

데이비드는 초기 커뮤니티 구축을 불을 피우는 것에 비교한다. 처음에는 환경이 중요하다. 불쏘시개밖에 없기 때문이다. 그는 이렇게 말한다. "일을 시작하려면 일단 불꽃을 일으킨 다음, 불길을 키워야 하죠." 불을 피운 후에는 불길이 계속 커질 수 있도록 재료를 공급하며 불꽃을 일으켜야 한다. 또한 그 불꽃은 사람들의 마음을 사로잡아야 한다. 오픈ROV의 사례 연구에서 두 사람은 "쉽게, 저렴하게 구할 수 있는 양질의 수중 탐사 도구를 만들기 위해 함께 일하는 사람들"이라는 비전을 만들어 강조했는데, 이 비전은 초창기 팬들에게 공감을 얻었다. 그 후 이 프로젝트에 관심을 갖는 메이커들이 늘어나면서 커뮤니티에서 상품을 생산하기에 이르렀으며, 오픈소스에 기여하는 사람들이 하드웨어 개발에 적극적으로 참여했다. "사용자 중 한 사람이 새로운 전자회로 기판을 설계했습니다." 데이비드가 말한다. "또 어떤 사람은 튜브 안에서 카메라가 움직이는 방식을 연구했고, 또 어떤 사람은 새로운 배터리의 프로토타입을 만들었죠."

프로젝트가 점점 많은 사람들의 관심을 끌면서 닝으로 만든 포럼 사이트도 활기를 띠었다. "전 아직도 포럼에 올라오는 게시물을 하나하나 다 읽습니다. 사람들이 편하게 질문을 할 수 있는 분위기를 만들려고 많이 노력하죠." 데이비드는 적극적으로 기여하는 사람들에게 세심하게 마음을 쓴다. 새로운 사람이 들어와서 열심히 활동하면, 데이비드가 연락을 취해서 구글 행아웃으로 화상 통화를 하고, 때로는 적극적인 사용자들의 지속적인 기여(피드백 또는 코드)를 독려하기 위해 하드웨어를 무료로 보내 주기도 한다. 팀은 첫 탐사에서 캘리포니아 해안을 따라 내려가서 바하를 돌아 코르테스 해로 갔고, 열정적인 커뮤니티 구성원 몇 사람이 두 사람과 함께 배를 탔다. "저희에게 가장 중요한 건 오픈ROV와 상호작용한 사람들이 흥미를 느끼고 다시 돌아오는 겁니다." 데이비드가 말한다. 오픈ROV는 메이커 페어를 비롯하여, 메이커 또는 교육 주제의 행사에서 꾸준히 로봇을 전시한다. 행사에 직접 참여함으로써 인지도를 높이고 새로운 사람들에게 다가가는 것이다.

커뮤니티가 모양을 갖추어 가면서 오픈ROV의 이야깃거리도 많아졌다. 최근 데이비드는 탐험과 여행 경험을 기록하고 모험가들이 탐험 계획을 공유하도록 독려하는 사이트인 오픈익스플로러(https://openexplorer.com/)를 만들기도 했다. 이 사이트는 수중 탐사에 한하지 않으며, 탐험가와 시민 과학자로 이루어진 커뮤니티를 육성하는 것을 목표로 한다. 이것은 처음부터 오픈ROV 프로젝트의 기반이었던 '열린 협업'이라는 비전을 확장시킨 것이기도 하다.

오픈ROV 팀은 커뮤니티를 구축할 때, 우선 프로토타입을 제작한 다음 잠재적인 구매자의 커뮤니티를 성장시키는 방법을 쓰지 않았다. 이와는 반대로, 비전과 사명을 분명하게 정의하여 뜻을 같이하는 사람들을 끌어모으고, 그들을 프로젝트에 개입시키고 참여시키는 방법을 사용했다.

잠재적인 얼리어답터들을 찾았다면, 이제 대화를 통해 이 집단을 진짜 '커뮤니티'로 바꾸어야 한다. 사람들을 서로에게 소개시키고 대화의 씨앗을 뿌리자. 열성적인 사용자의 수가 늘어나서 대화가 자연적으로 일어날 때까지는 직접 대화를 이어가는 수고를 해야 한다. 여기에 따라 초기의 콘텐츠를 조절한다. 그들이 부담스럽게 느끼지 않을 선에서 진행 중인 개발 프로세스에 대해 이야기해 주고, 피드백(다시 말하지만 아이디어 검증이 중요하다)을 요청하자. 열정적인 커뮤니티 구성원은 프로세스에 참여하는 기분을 즐길 것이다. 출시에 이르는 기나긴 여정 동안 기대 수준이 떨어지지 않게 관리하며, 사람들이 계속 당신의 제품을 홍보하도록 만들어야 한다.

커뮤니티에서 자기 이야기나 제품 이야기만 하지 않도록 노력해야 한다. 그런 이야기는 금방 지루해지기 때문이다. 더 넓은 업계나 분야에 대해 이야기하자. 커뮤니티의 모두가 관심을 가지고 있는 포괄적인 주제에 대한 뉴스 기사를 공유하자. 다른 구성원들의 성취나 성공을 알리고 축하하자. 지역 모임을 개최하고 맥주나 피자를 즐기며 직접 교류하자. 무엇보다도, 열성 신봉자와 얼리어답터를 존중하고 그들의 의견을 경청한다는 느낌을 주어야 한다. 출시에 이르기까지 중간중간 감사의 마음을 표현하자. 예약 구매 주문을 받거나 크라우드펀딩 단계로 넘어갈 때 감사의 표시로 특전을 제공하는 방안을 고려해 보자.

커뮤니티를 계속 성장시키려면, 초창기 구성원들에게 믿을 만한 지인을 추천해 달라고 하는 것도 좋은 방법이다. 가장 적극적인 커뮤니티 구성원에게 개별적으로 연락을 취해서, 커뮤니티에 초대해야 할 사람이 있는지 물어 보면 된다. 처음에는 초대를 통해서만 가입을 받으면 커뮤니티의 규모와 분위기를 통제하기가 쉽고 커뮤니티 규범을 확립하기도 쉽다. 커뮤니티가 성장하면서 직접 참여를 독려할 필요가 없어지면 그때 커뮤니티를 공개하고 본격적으로 홍보하면 된다.

온라인에 공개된 무료 툴을 사용하면 커뮤니티를 쉽게 운영할 수 있다. 초창기에는 메일링 리스트로 시작해도 괜찮지만, 확장성이 좋은 방법은 아니다. 구글 또는 페이스북 그룹을 개설하는 편이 빠르고 간편하다. 닝 또는 블로그 기반의 포럼을 생성하는 경우 좀 번거롭긴 해도 폭넓은 사용자 지정이 가능하다. 또한 검색 결과에서 상위에 노출될 가능성이 높으므로, 사람들이 찾아올 확률도 높다.

3D 로보틱스(http://3drobotics.com/)의 창업자인 크리스 앤더슨Chris Anderson은 처음에는 닝에 DIY 드론(http://diydrones.ning.com/) 커뮤니티를 개설했다. 그는 이 사이트에서 공동 작업자를 만나고 얼리어답터 커뮤니티를 성장시켰다(자세한 내용은 '사례 연구: 3D 로보틱스'를 참조할 것). 아주 기술적인 사람들이나 메이

커 성향의 사람들이 흥미를 느낄 만한 프로젝트를 진행 중이라면, 인스트럭터블스(http://www.instructables.com/)에 포럼을 개설하는 방법도 있다. 어느 플랫폼을 선택하든, 당신의 커뮤니티가 쉽게 받아들일 만한 형태여야 한다. 커뮤니티를 공개한 후에는 콘텐츠를 다른 네트워크에도 편하게 공유할 수 있도록 안배해서, 다른 사람들이 커뮤니티를 찾을 수 있게 해야 한다

MEMO 사례 연구: 3D 로보틱스

크리스 앤더슨은 샌디에이고와 멕시코 기반의 무인 항공기(UAV) 스타트업인 3D 로보틱스의 창업자다. 이번에는 크리스가 열성적인 사용자로 이루어진 커뮤니티를 꾸린 것이 회사를 만들어 가는 데 어떤 영향을 미쳤는지에 대해 살펴볼 것이다.

크리스는 2007년, 아이들과 레고 마인드스톰을 가지고 놀다가 UAV에 대한 열정을 처음 깨달았다. 아이들은 상자에 든 부품에 금방 질렸고, 크리스는 이를 활용하고자 구글에서 '비행 로봇'을 검색했다. 이 검색의 결과를 토대로, 그는 마인드스톰 세트로 만든 모형 비행기에 센서를 달고 소프트웨어를 만들었다. 크리스는 이렇게 말한다. "다행히 제대로 만들었는지 비행기가 진짜 날았어요. 애들은 흥미를 잃었지만 저는 소름이 돋더군요. 장난감이 가득 놓인 식탁에서 정부가 규제하는 물건을 만든 거니까요. 뭔가 달라질 거라는 직감이 들었죠. 세상에 지각변동이 일어날 거라는 직감이요."

크리스는 닝을 이용해 소셜 네트워크(http://diydrones.ning.com/)를 개설하고, UAV에 대해 더 알기 위해 질문을 올리기 시작했다. 그리고 이 사이트에서 공동 창업자인 호르디 무뇨스Jordi Muñoz를 만났다. 둘 사이에는 공통점이 있었다. 호르디 또한 아두이노로 장난감 헬리콥터를 조종할 수 있다는 걸 알고 비슷하게 소름이 돋았던 경험이 있었던 것이다. 당시에는 웹에 관련 정보가 거의 없었기에, 이 사이트는 금세 세계 각지의 개인용 UAV 제작자들이 모여드는 구심점이 되었다.

크리스와 호르디는 DIY 드론이 일찍 성공을 거둔 이유는, 드론이 무엇보다도 신생 시장의 선도자였던 덕분이라고 말한다. 하지만 이들은 기존의 성공적인 플랫폼을 커뮤니티 운영의 모델로 삼겠다는 전략적인 결정을 내리기도 했다. 바로 오픈소스 마이크로컨트롤러인 아두이노를 참고한 것이다. (간단하고 사용하기 쉬운 플랫폼과 커뮤니티에 초점을 맞춘) 아두이노의 모델이 크리스와 호르디에게 영감을 주었다. 크리스는 이렇게 말했다. "아

두이노가 성공한 것은, 간단하고 쉬우면서 누구나 갖고 싶어 했기 때문입니다. 아두이노는 DNA에 웹과 커뮤니티가 새겨져 있는 툴이었죠." 크리스와 호르디는 아두이노의 대중성과 단순성을 받아들이고 아두파일럿^{ArduPilot}, 아두콥터^{ArduCopter}, 아두플레인^{ArduPlane} 등의 자사 제품에 그 브랜드를 활용했다.

3D 로보틱스가 DIY 드론 커뮤니티에서 독립적인 회사로 성장할 수 있었던 것은 사용자 피드백 덕분이었다. 크리스는 DIY 드론에 관심이 있는 사람들 중에는 처음부터 드론을 직접 만들려는 사람도 있지만, 드론 키트 또는 완제품을 구매하여 UAV 연구를 시작하고자 하는 사람이 대부분이라는 걸 깨달았다. 팀은 사용자의 수요를 포착하고 취미 커뮤니티를 중심으로 사업을 구상하기 시작했다.

커뮤니티 활동을 주시하는 것은 사업 모델에도 영향을 미쳤다. 팀은 오픈 하드웨어가 DIY 드론의 최초 비전에 미친 영향은 인정할 순 있지만, 실제로 사용자들이 오픈 하드웨어 개발에 참여하지는 않는다는 사실을 알게 되었다.

"EAGLE 파일을 수정해서 돌려보내는 사람도 없고 CAD 파일을 교환하는 사람도 없습니다. 하지만 소프트웨어 쪽의 활동은 대단히 활발하죠. 창업을 했다면 회사의 정체성을 알아야 합니다. 시간이 지나자, 우리는 안드로이드 폰이 아니라 안드로이드 운영체제에 가깝다는 게 분명해졌죠."

이 신호를 바탕으로 3D 로보틱스 팀은 오픈 하드웨어를 덜 중시하기 시작했다.

물론 열정적인 사용자들은 지금까지도 3D 로보틱스의 사업에 큰 영향을 미친다. 팀은 새로 가입하는 사용자와 기술적인 지식이 없는 사용자에게 특히 관심을 기울인다. 크리스가 말한다. "그런 사람들이 제일 활발하게 활동하거든요. 도움을 제일 많이 청하죠. 어떻게 보면 '잡음'이라고 할 수도 있겠지만, 전 잡음이 알고 보면 신호라고 생각합니다. 도움을 청하는 사람이 있다는 건 디자인에 결함이 있다는 뜻이니까요." 크리스는 아직도 포럼을 직접 읽으면서 기술 지원 질문에 대답한다. 그는 혼란에 빠진 사용자의 문제를 이해하면 궁극적으로 사용자 경험을 개선하고 제품을 더욱 간단하게 만드는 방법에 대한 통찰을 얻을 수 있다고 믿는다. "그런 게 바로 가감 없는 피드백이죠."

DIY 드론과 3D 로보틱스가 초창기 커뮤니티를 성장시킬 때 선도자 효과의 혜택을 본 것은 사실이지만, 중요한 점은 끊임없이 사용자와 교류해야 한다는 것이다. 크리스는 이렇게 말한다. "저희는 기본적으로 사용자 커뮤니티입니다. 우리 사용자 중에 무시하지 못할 비율이 제품에 실제로 기여합니다. 설령 문서 작성을 도와주는 정도에 그치더라도 말이죠.

저희 회사에는 참여의 문화가 있죠."

열정적인 사용자 커뮤니티를 관찰하면 제품 디자인에서 사용자 경험, 사업 자체의 구조에 이르는 온갖 문제에 대해 더욱 현명한 결정을 내릴 수 있다. 창업자는 커뮤니티 활동을 통해, 공식적인 설문 조사 또는 포커스 그룹 없이 제품에 대한 가설을 검증할 수 있다. 따라서, 일부러 시간을 내서라도 커뮤니티가 제품에 관심을 보이는 이유를 살펴보고 참여를 독려할 만한 가치가 충분하다.

피드백을 수집하고 가설을 시험하기 위해 커뮤니티를 구축하는 방식은 소비자용 제품을 생산하는 창업자에게 적합하다. 그러나 B2B 창업자도 이 프로세스에 비슷하게 접근하는 것이 가능하며 또 유용하다. 현지 하드웨어 커뮤니티와 소통하고, 멘토를 찾고, 회사를 함께 창업할 파트너를 찾는 것이 중요한 이유와 같은 맥락이다. B2B 스타트업에서 기업용 하드웨어를 만들 경우에는 친구와 가족을 활용하기가 어렵지만, 믿을 만한 얼리어답터 인맥을 구축하는 것은 도움이 되므로 중요하다.

예를 들면, 고객이 될지도 모르는 회사의 직원들에게서 매우 귀중한 제품 피드백을 받을 수 있다. 개발 초기에는 임원진에게 연락을 취하기가 부담스러울 수도 있겠지만, 그래도 잠재적인 얼리어답터를 찾아야 하므로 중요한 작업이다. 특정 회사 내에 확실한 최종 사용자들이 존재한다면, 잠재적인 전도사로 이루어진 커뮤니티를 만들어 두는 것이 좋다. 이 사람들은 제품의 콘셉트가 마음에 들면 자기 회사에 당신의 제품을 홍보해 줄지도 모르기 때문이다. 트윌리오Twilio, 스트라이프Stripe, 깃허브GitHub 같은 소프트웨어 스타트업은 개발자 커뮤니티를 활용하여 기업으로 침투하는 데 성공한 바 있다.

chapter 03 시장 알기

멘토, 열성 신봉자, 얼리어답터, 하드웨어 창업자 커뮤니티는 모두 제품의 아이디어 검증 단계에서 소중한 피드백을 제공한다. 그러나 당신의 목표는 수익성 있는 회사를 창업하는 것이므로, 누구보다도 중요한 집단은 바로 고객이다. 고객이 당신에게 돈을 주는 사람들이기 때문이다. 2장에서 이야기한 각종 집단과는 달리, 각각의 고객과 개별적인 관계를 맺는 것은 불가능하다. 그러나 고객에 대해서 알 수는 있다. 그들이 누구이며, 무엇을 필요로 하며, 무엇에 의해 움직이며, 돈을 얼마나 쓰고자 하는지에 대해 최대한 알고 있어야만 한다. 따라서 제품 개발 프로세스 초기에는 고객과 충분히 대화하는 것이 극히 중요하다.

잠재 고객을 파악하고 대화하는 시점은 양산으로 넘어가기 한참 전이어야 한다. 이 논의로부터 얻는 교훈이 제품 기획에 큰 영향을 미칠 것이다. 또한 브랜딩 및 마케팅 전략, 가격 기준 책정은 물론, 회사에 맞는 유통 채널을 찾는 데도 매우 중요하다.

고객 개발 방법론에서 프로토타입 제작 단계 전에 반드시 대답해야 하는 질문은 "누가 내 제품을 살 것인가?"이다. 모든 사람에게 모든 것을 줄 순 없으므로, 장치의 최초 버전에 돈을 쓸 가능성이 가장 높은 고객의 유형을 파악하는 것이 중요하다. 주류(主流) 시장에서의 대량 판매를 위한 수정 작업은 나중에 하면 된다.

01 누구에게, 무엇을, 왜?

하드웨어든 소프트웨어든 회사를 창업하려면 시장을 이해하고 고객을 알고 커뮤니티를 구축해야 한다. 당신의 목표는 문제/해법 적합성과 제품/시장 적합성을 모두 찾는 것이다. 『린 스타트업』(한빛미디어, 2012)을 집필한 애시 모리아Ash Maurya 는 문제/해법 적합성을 "해결할 가치가 있는 문제가 있는가?"로, 제품/시장 적합성을 "나는 사람들이 원하는 것을 만들었는가?"라는 질문을 통해 정의한다.

즉, 프로토타입을 하나라도 제작하려면, 그에 앞서 다음의 질문에 대한 대답을 고민해 보아야 한다.

- 내가 해결하려 하는 문제는 무엇인가?
- 그 문제를 겪고 있는 사람들은 누구인가?
- 그 사람들이 이미 시장에 존재하는 해법이 아닌, 내 제품을 사고자 하는 이유는 뭇엇인가?

위와 같은 질문의 목적은 시장을 파악하고 세분화하며, 고객이 당신의 영역에서 제품을 구매하는 근본적인 동인(動因)을 이해하기 위함이다. 아이디어 구체화 프로세스의 일환으로 진행하는 조사는 아주 중요하다. 이 조사는 기술과 가격 책정에 대한 기본적인 관점을 형성하는 데 참고가 되고, 추후의 자금 조달 전략에도 영향을 미친다. 또한 브랜드를 정의하는 데도 도움을 준다.

02 시장 조사하기: 트렌드와 경쟁업체

수치 측면에서 보면, 제품 아이디어에 대한 시장 조사는 시장 규모 파악과 시장 동향 예측으로 나눌 수 있다. 시장 규모는 주어진 기간 내의(또한 대개 특정 지역 내에서의) 매출액과 사용자 수의 함수다.

예를 들어, 어떤 의료 기구의 시장 규모를 어림잡으려면 해당 시장 내의 잠재적인 구매자(병원, 의원 등) 수에 각 구매자가 매년 구매하는 의료 기구의 개수를 곱한 다음, 그 수에 의료 기구 한 대의 평균 가격을 곱하는 것이 일반적이다. 이쯤에서 한 가지 예시를 들어보자.

미국 내의 병원 5,723개(http://bit.ly/hospital_facts) × 병원 1개당 10대 구매 × 기구 1대당 가격 3,000달러 = 1억 7,169만 달러

이 예시에서는 병원만 계산에 넣었고 의원 등의 기타 구매자는 고려하지 않았다. 또한, 미국 내의 모든 병원이 각각 기구를 10대씩 구매할 것으로 추정했는데, 이는 비현실적이다. 시장 규모를 제대로 알아보려면 어떻게 해야 할까? 지금부터 살펴보자.

시장 규모

창업자가 빠지기 쉬운 함정은 잠재적인 구매자의 수를 과대평가하는 것이다. 병원 대상의 의료 기구를 판매하는 경우, 잠재적인 전체 시장은 전 세계 병원의 총 개수가 아니다. (지리 또는 사업 구조의 제약을 받는) 잠재적인 판매 채널의 일부로서 실제로 제품을 구매할 가능성이 있는 병원의 개수다. 그중 일부는 경쟁업체에서 기구를 살 수도 있고, 일부는 기구를 원하거나 필요로 하지 않을 수도 있다. 그래서 마케터들은 좀 더 정확한 의사소통을 위해, 세 개의 등급을 사용하여 시장 규모를 논한다(등급 사이의 포함 관계는 그림 3-1과 같다).

전체 시장^{Total Addressable Market}(TAM) TAM은 특정 제품 또는 서비스가 지닌 잠재적인 수익 기회의 최댓값에 대한 추정치다. TAM은 경쟁이나 유통의 난점을 전혀 고려하지 않고, 이상적인 세상에서라면 제품 판매의 대상으로 삼을 수 있을 모든 사람을 나타낸다. 이때 TAM의 지리적 범위를 명확하게 정하는 것이 중요한데, 전 세계로 정하기도 하고 특정 지역으로 정하기도 한다.

유효 시장^{Serviceable Available Market}(SAM) 전체 시장의 부분집합으로, '유효'라는 용어는 특정 제품을 통해 자신의 요구를 충족하는 고객을 나타낸다. SAM 시장은 해당 시장에 경쟁이 존재한다는 점과 회사가 유통 채널의 제약을 받는다는 점을 고려한다.

수익 시장^{Serviceable Obtainable Market}(SOM) SOM은 현실적으로 수익을 올릴 수 있는 시장을 나타내며, 경쟁, 비용, 도달 범위, 유통 채널 등의 제약을 받는다. 이들은 현실적인 거래 성사 가능성이 있는 고객이다.

이러한 병원 예시에서 TAM은 전 세계의 모든 병원일 수도 있다. SAM에는 조건이 조금 있는데, 병원이 미국 내에 있거나, 심장 질환 병동에 병실에 20개 이상 있거나, 특정 운영체제를 사용하고 있어야 한다는 등이다. SOM은 현실적인 제약을 부과하여 시장을 더욱 좁힌다. 병원 중에 20퍼센트가 경쟁업체와 장기 계약을 맺고 있다면, 그런 병원은 수익 시장에 속한다고 할 수 없다. 회사를 얼마나 성장시킬 수 있을지 생각할 때 참고해야 하는 추정치는 늘 SOM이다.

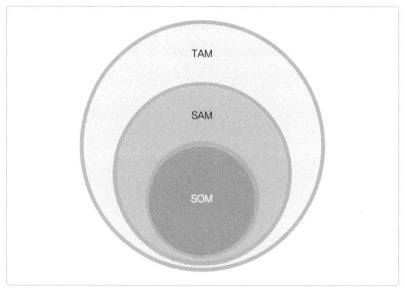

그림 3-1 TAM/SAM/SOM 시장 등급

시장 동향

시장 규모를 계산하면 주어진 시점의 전반적인 시장 잠재력을 파악할 수 있다. 한편, 시장 동향은 주어진 시장이 커지고 있는지 줄어들고 있는지를 나타낸다. 쉽게 말해 시장 동향이 곧 '트렌드'인 셈이다. 시장은 여러 가지 요인의 함수 관계로 인해 성장하거나 수축한다. 앞의 예시에서 나온 5,723개의 병원이 예산 삭감을 앞두고 있고 그다음 해에는 그중 5%가 사라질지도 모른다고 가정해 보자. 이러한 전년 대비(YOY) 트렌드가 계속된다면, 장기적으로는 병원에 제품을 판매하는 것이 좋은 전략이 아니며 이제 의원에 판매하는 것을 고려해야 할 때인 것이다.

소비자 제품의 경우, 인구 계층 구조의 변화는 시장 동향 예측의 주요 요인이다. 흔히 인용되는 예시는 빠르게 증가하고 있는 미국의 노인(65세 이상) 인구 자료 (http://bit.ly/senior_pop_trends)다. 이 자료에 따르면 2010년도의 미국의 노인 인구는 4천만 명(인구의 13%)이었는데, 2030년에는 7천 2백만 명(미국 인구의 20%)으로 증가할 것으로 추정된다. 이 정보만으로는 이 인구 계층의 구매 습관을 전혀 알 수 없지만, 인구가 성장하고 있는 만큼 이 인구 계층을 대상으로 하는 제품 (건강 관련 기구, 요양 도구, 엔터테인먼트 플랫폼 등)의 수요도 성장하리라고 기대하는 것이 합리적이다.

어떤 경우에는 잠재적인 사용자의 수가 일정하더라도, 업계 사업 관행의 변화에 따라 구매 습관이 바뀌면서 시장 확장 또는 축소가 일어나기도 한다. 좋은 예가 블랙베리다. 블랙베리의 시장 점유율이 크게 낮아진 것에 대해서는 기업이 직원의 개인 휴대 장치 사용을 허가하기 시작한 것이 원인으로 손꼽힌다.

수치와 동향에 대한 데이터는 수집하기가 쉽지 않을 수도 있다. 구글에 검색하면 시장 규모를 언급하는 뉴스 기사나 블로그 게시물을 찾을 수는 있겠지만, 이런 글은 보통 시장 조사 회사의 백서white paper에서 데이터를 뽑아 온다. 백서 자체는 풍부한 정보의 원천이지만 가격이 수백에서 수천 달러에 달한다. 가끔은 시험 사용에 등록해서 조회 권한을 얻을 수도 있다. 쿠오라에서 사람들이 관련 데이터를 게시해 두었는지 확인하거나 업계 전문가에게 직접 질문을 하는 것도 좋은 방법이다. 또 린 스타트업 운동의 창시자 중 하나인 스티브 블랭크는 블로그의 시장 조사 섹션에 시장 규모 측정과 관련한 공개 데이터와 자료를 링크해 두고 있다.

하지만 구체적인 수치를 파악하는 것보다는, 자신이 진입하려는 시장에서 회사가 버틸 수 있다고 믿는 논리적인 근거를 마련하는 것이 더 중요하다. 여러 가지 시나리오를 바탕으로 분석을 돌려 보면(이것을 민감도 분석이라 한다) 특정 변수가 결과에 영향을 얼마나 미치는지 평가할 수 있다. 시장 규모를 주먹구구로 어림잡아야 할 때는 최선의 경우와 최악의 경우에 각각 예상하는 결과를 바탕으로 수치를 계산해 보자.

시장 분석

시장 전체의 화폐 가치, 잠재적인 고객의 수, 시장 동향은 모두 중요한 변수이지만, 시장 조사는 단순히 양적인 사실과 통계의 문제는 아니다. 우리는 이 책의 도입부에서 하드웨어 스타트업 '업계'의 성장을 이끌어 낸 여러 요인(부품 가격 하락, 더 빠르고 더 나은 프로토타입 제작 기술 등)을 살펴보았다. 이러한 것들을 조사하기 위한 목표는 시장의 양상을 결정하는 힘 사이에 벌어지는 상호작용을 이해하기 위한 것이다. 시장을 움직이는 트렌드를 연구하면, 고객을 이해하고 효과적인 브랜드 포지셔닝을 개발하고 나아가 자기 아이디어의 잠재력을 투자자에게 전달하는 데 도움이 된다.

벤처 캐피털리스트이자 헌치Hunch의 공동 창업자인 크리스 딕슨Chris Dixon은 이런 유형의 시장 규모 분석을 '수치가 아닌 내러티브를 사용하는 것'이라고 부른다 (http://bit.ly/narratives_not_numbers). 시장을 내러티브로 이해하려면 시장의 성장에 영향을 미치는 경제적, 사회적, 정치적, 기술적 요인을 고려해야 한다. 예를 들어 업계 분석 전문가들은, 내년에는 사람이 생성하는 데이터보다 기계가 생성하는 데이터가 더 많을 것이라고 분석한다(http://bit.ly/data_from_iot). 이런 현상에 영향을 미치는 요인은 빅데이터 처리를 위한 분석 도구의 발전, 클라우드 컴퓨팅(분석 전용의 컴퓨터를 구입할 필요가 없으므로), 유비쿼터스 연결 등이다. 이들 트렌드를 종합하면, 기업용 사물 인터넷 하드웨어에 대한 수요가 증가할 가능성이 높다는 사실을 알 수 있다.

자기 분야의 시장 규모와 동향을 파악했다면, 이제 그 시장에서 활동하는 구체적인 회사와 브랜드를 살펴볼 차례다. 이때는 무엇보다도 시장이 얼마나 포화 상태인지를 파악해야 한다. 비교적 성숙한 시장에는 보통 참가자가 많으며, 대형 브랜드도 있다.

스마트 워치를 예로 들어 보자. 최초의 스마트 워치는 10년 전쯤 시장에 등장했고, 그 용도는 주로 시간에 민감한 정보(날씨, 주가 등)를 수신하는 것이었다. 기술이 발전하면서 시계는 피트니스 트래킹 기능을 탑재했고, 그에 따라 운동선수에게 인기를 끌었다. 시간이 흐르면서 GPS, 텍스트 메시지 및 이메일 수신, 심장박동 추적 기능이 추가되자, 시계는 주류 시장의 소비자에게 더욱 유용해졌다. 현재 미국의 전자제품 소매업체인 베스트바이Best Buy의 스마트 워치 페이지에는 수십 종의 시계가 판매되고 있다(물론 베스트바이가 취급하지 않는 제품도 있을 것이다). 그중 대부분은 삼성과 소니 등의 대기업 제품이지만, 페블Pebble처럼 스타트업에서 내놓은 제품도 있다.

포화 시장과 발달 중인 시장을 구별할 때 중요한 것은 기업의 수뿐만이 아니다. 시장에 참가하는 기업의 수가 얼마인지, 참가한 기업의 브랜드는 얼마나 강한지, 해당 영역에서 소비자가 쓰는 돈은 얼마인지 등의 다양한 정보를 종합하는 것이 중요하다. 참가자가 많은 시장 부문에서 경쟁하는 경우, 참가자에 대해 잘 알아야만 차별화 요소를 찾고 우선순위를 정할 수 있다.

차별화 요소

차별화 요소는 당신의 스타트업을 경쟁업체와 구별시켜 주는 요소로서, 앞에서 던졌던 "왜 고객이 경쟁업체의 제품이 아닌 내 제품을 사고자 할 것인가?"라는 질문에 대한 대답이다. 만약 성숙 시장에 제품을 내놓아야 할 경우, 광고 예산이 수백만 달러에 달하며 이미 물리적인 전시실을 운영하고 있는 기업의 제품과 경쟁해야하기 때문에 차별화 요소가 특히 중요하다. 스타트업이 대기업과 경쟁하는 것이 불가능하지는 않지만, 유의미한 시장 점유율을 확보할 수 있을 만큼 제품에 차별성

이 있는지를 먼저 판단해야 한다. 예를 들어, 웨어러블 장치인 조본 업Jawbone Up
과 경쟁할 활동 정보 수집 제품을 생산하려 한다고 가정해 보자. 당신의 제품은 (더
싼) 가격으로 경쟁할 것인가? 기능이 더 다양한가? 아니면 정확도가 더 높거나 디
자인이 더 깔끔한가?

경쟁 현황을 파악하는 가장 기본적인 방법은 어떤 제품이 존재하는지를 살펴본
후 기능 비교표(그림 3-2)를 작성하는 것이다. 이것은 소비자들이 장치를 구매할
때(특히 온라인 쇼핑 시) 거치는 과정과 흡사하다. 우선 온라인으로 제품 관련 핵
심 단어 또는 어구를 생각나는 대로 최대한 조사해 보는 것이 좋다. 그러면 경쟁 제
품을 파악할 수 있을 뿐만 아니라, 제품의 마케팅이 어떻게 이루어지고 있는지, 어
느 사이트(또는 물리적인 매장)에서 제품을 판매하고 있는지, 어느 출판물 또는 블
로그가 제품 리뷰를 작성하고 있는지에 대한 감을 잡을 수 있다. 제품 목록을 완성
한 후에는 리뷰를 찾아본다(Amazon.com이 특히 유용하다). 리뷰를 모두 읽어 보
고, 고객들이 칭찬하거나 불평하는 기능 또는 사용성 문제를 적어 둔다. 리뷰는 가
감 없는 피드백의 훌륭한 원천이다.

	경쟁 제품	경쟁 제품	경쟁 제품	경쟁 제품	우리
착용 가능	✓	✓	✓	✓	✓
군용 등급 보안			✓		✓
블루투스 LE			✓	✓	✓
웹 확장성	✓				✓
연동		✓	✓	✓	✓
조너선 아이브					✓

그림 3-2 기능 비교표

조사를 처음부터 끝까지 온라인으로만 하려고 하지는 말자. 당신과 경쟁업체는 물리적인 제품을 만들고 있고, 기능 비교표만으로 알 수 있는 정보에는 한계가 있다. 사용자의 경험이 얼마나 쾌적한지, 부품의 품질이 좋아 보이는지 등은 온라인으로는 알 수가 없다. 최대한 직접 나가서 경쟁업체의 상품을 만져 보아야 한다.

차별화 요소는 가격, 디자인, 기능에 한정되는 것이 아니다. 편의성, 품질, 구체적인 사용 사례 공략 등도 얼마든지 차별화 요소가 될 수 있다. 더 나은 고객 서비스를 제공할 수도 있고, 좀 더 친밀하거나 긍정적인 사용자 경험을 제공할 수도 있다. 중요한 것은 이미 존재하는 제품이 무엇이며 사람들이 왜 특정 제품을 구매하는지를 확실하게 파악하는 것이다. 그러면 시장에서 틈새, 즉 어떤 제품도 충족하지 못하는 요구를 찾아서 해결해줄 수 있다. 브랜드를 구축할 때 일찌감치 차별화 요소를 파악하면 효과적인 포지셔닝에 도움이 된다.

성숙 시장에서 경쟁하는 것이 아니라면 고민해야 하는 문제도 다르다. 당신의 장치를 진짜로 원하는 사람이 있는가? 경쟁업체가 전혀 없다면, 당신이 해결하려하는 '문제'에 아무도 관심이 없기 때문은 아닌가? 다양한 관점에서 생각해 보자. 문제를 찾아서 기술을 창안해야 한다면, 아직 제품을 출시하기에 때가 무르익지 않았다는 뜻일 수도 있다. 지식이 없는 소비자에게 제품을 설명해야 할 뿐만 아니라, 있는지도 몰랐던 문제에 대한 해법을 돈을 내고 사도록 설득해야 하기 때문이다.

하지만 반대로 생각하면, 정말 새롭고 큰 시장을 발견한 것일 수도 있다. 성공한 회사 중에 처음에는 틈새 시장처럼 보였던 영역의 요구를 충족하기 위해 출발한 회사도 많다. 예를 들어 조본은 원래 미국 군인을 위한 잡음 제거 헤드셋을 만드는 회사였으나, 처음 제품을 개발하고 몇 년 후에야 좀 더 넓은 소비자 층에 자신들의 기술이 유용할지도 모른다는 생각을 하기에 이르렀다. '커넥티드 홈' 분야도 비교적 최근에 취미 공학자를 위한 틈새 커뮤니티에서 소비자를 위한 대규모 시장으로 변화했다. 당신의 제품이 진짜 획기적인 신기술을 바탕으로 한다면 아직은 시장이 없을 수도 있다.

다양한 차별화 요소를 활용해서 남과는 다른 브랜드를 구축하는 방법과, 포화 시장과 미성숙 시장에서 마케팅을 하는 방법은 10장에서 자세히 살펴볼 것이다. 프로토타입 제작 단계인 지금은 데이터를 비판적인 시각으로 검토하며, 진입하려 하는 시장의 규모에서 고려했을 때 구상 중인 회사를 창업하는 것이 과연 합리적인지 판단할 줄 아는 안목을 기르는 것이 중요하다.

03 시장 세분화하기

시장 세분화는 대부분의 마케터와 브랜드 기획/개발자가 신제품을 긍정적으로 받아들일 만한 집단을 찾기 위해 사용하는 프로세스다. 세분화란 넓은 잠재 시장을 공통의 특징 또는 요구를 가진 부분집합으로 구분하는 작업이다. 같은 부분집합에 속한 고객들은 특정 미디어 채널 또는 광고 기법에 비슷하게 반응하는 경향이 있다. 일단 유의미한 세분 시장의 특성을 파악하면, 해당 시장에 받아들여질 가능성이 가장 높은 마케팅 믹스를 설계할 수 있다.

프로토타입을 제작하기 전에 시장 세분화를 하는 목적은, 누구를 위해 제품을 만드는지 파악하고 이해하여 제품 기능과 브랜드 포지셔닝의 첫 단추를 제대로 꿰기 위함이다. 누구를 위해 만드는지를 모르고 최소 기능 제품(MVP)을 만드는 것은 불가능하다.

시장 세분화를 통해 제품을 살 가능성이 가장 높은 고객을 찾고 그곳에 에너지를 집중할 수 있다. 세분화는 잠재적인 얼리어답터를 찾는 수단일 뿐만 아니라, 회사의 이후 단계에 중점을 둘 고객을 찾는 수단이기도 하다. 이상적인 목표 세분 시장은 측정할 수 있을 만큼 특징이 뚜렷해야 하고 규모도 커야 한다. 이 시장은 안정적이거나(한동안 비교적 변화 없이 계속 존재한다는 뜻) 성장 중이어야 하고, 회사가 수익을 낼 수 있을 만큼 구매력이 커야 한다.

고객 획득 비용(CAC)과 생애 가치(LTV)

'시장 규모'에서 논의했듯이, 표적 세분 시장이 유의미하려면 접근이 가능해야 한다. 즉, 당신이 해당 소비자에게 도달하여 제품을 판매할 수 있어야 한다. 특히 린 스타트업 방법론을 실천하는 소프트웨어 스타트업은 처음부터 고객 획득과 관련하여 두 가지 지표를 추적하게 된다. 그중 첫 번째가 고객 획득 비용Customer Acquisition Cost, CAC으로, 한 명의 고객이 제품을 구매하거나 서비스를 사용하도록 만드는 데 드는 비용을 가리킨다. 이 비용은 시장 조사, 광고, 홍보('첫 주문 시 10달러 할인' 등), 영업(영업 직원의 봉급 포함) 등에 드는 돈을 포함한다.

두 번째 지표는 생애 가치Lifetime Value, LTV다. 이 비용은 고객과 회사가 맺는 관계의 처음부터 끝까지 회사가 그 고객으로부터 이론적으로 벌 수 있는 비용을 가리킨다. 10장에서 유통 채널에 대해 다룰 때 CAC와 LTV를 더욱 자세하게 살펴보겠지만, 프로토타입을 제작하기 전부터 고객에게 도달하는 데 비용이 얼마나 드는지 감을 잡는 것이 중요하다. 특정 고객이 저렴한 마케팅 채널에 관심이 없거나 (시간 또는 돈의 측면에서) 어마어마한 노력이나 비용 없이 도달할 수 없다면, 그 고객은 현실적으로 당신의 제품에 맞는 세분 시장이 아닐지도 모른다. 특히 처음 시작하는 단계에서는 더욱 그렇다.

인구통계적 특성과 심리묘사적 특성

시장을 세분화할 때는 여러 가지 요인을 기준으로 삼을 수 있다. 그중 가장 흔한 요인 두 가지가 사용자 특성과 사용자 행동이다. 고객 특성에 따라 시장을 세분화할 때는 다음의 두 가지 측면에서 고객 정보 수집이 이루어진다.

인구통계적 특성 인구통계란 특정 인구 계층을 설명하는 양적인 통계다. 마케터가 수집하는 기본적인 인구통계 데이터는 연령, 인종, 민족, 성별 등을 포함한다. 그 외의 인구통계 데이터로는 결혼 여부, 최고 학력, 사회경제적 요인(가구 소득, 사회 계층), 직업, 세대 집단(베이비 부머, X세대 등), 자녀 수 등이 있다. 때로는 인구통계 데이터가 지리 정보를 포함하는데, 지역을 기준으로 시장을 세분화할 때는 주로 우편번호를 사용한다.

심리묘사적 특성 심리묘사는 관심사interest, 활동activity, 의견opinion에 따라 개인을 분류한다(각 단어의 머리글자를 따서 IAO 변수라고 부르기도 한다). 이 요인에는 성격 유형, 태도, 취미, 생활 방식 등이 포함될 수 있다. 전형적인 고등학생의 분류를 생각해 보자. '운동선수'나 '모범생', '펑크족' 등의 단어를 들으면 해당 집단의 일원을 머릿속에 떠올리고 그 사람이 특정한 옷이나 앨범을 살 가능성을 짐작할 수 있다.

마케터들은 보통 지리적인 경계에 따른 인구통계적 특성과 심리묘사적 특성을 조합하여 도달 전략을 세밀하게 조정한다. 소비자 정보 회사인 닐슨Nielsen(http://www.nielsen.com)에서 개발한 세분화 도구인 프리즘PRIZM(http://bit.ly/nielsen_segmentation)은 인구통계적 특성 및 심리묘사적 특성과 관련하여 미국 인구를 66가지 인간형('돈과 두뇌', '보헤미안 믹스', '미들버그 매니저' 등)으로 분류한다. 우편번호로 검색하면 특정 지역에 거주하는 다양한 인간형을 세세히 살펴볼 수 있다. 프리즘과 같은 도구는 매우 구체적인 타깃 선정에 초점을 맞추는 대형 브랜드에 더욱 적합하지만, 초보 창업자도 이런 인간형을 살펴봄으로써 경험 많은 마케터가 세분화를 연구할 때 고려하는 요인이 무엇인지 알 수 있다.

행동 세분화

행동 세분화는 잠재 고객 파악에 사용하는 또 하나의 틀이다. 포화도가 높은 분야(예. 피트니스 트래커)에서 배터리 지속 시간이나 사용 편의가 더 뛰어난 제품으로 경쟁을 하기로 마음먹은 경우, 가장 유의미한 세분 시장을 찾을 때 성별이나 가구소득이 아닌 기술적인 소양을 기준으로 삼아야 할 것이다. 자주 구매하는 사람, 대량으로 구매하는 사람, 할인 판매를 노리는 사람 등을 타깃으로 설정하고 싶을 수도 있다. 이런 경우, 주어진 사용 시나리오를 중심으로 인간형을 구축하는 등의 활동을 통해 편익 세분화 또는 행동 세분화를 시도해 볼 수 있다. 즉, 생산하고자 하는 제품의 예상 사용 사례를 그려 보고, 그다음 해당 사용 사례가 충족하는 요구를 지닌 인간형을 완성하는 것이다.

행동 세분화의 하위 분류로 구매자 동기에 따른 세분화가 있다. 이것은 사용자가 제품에서 찾고자 하는 편익을 이해하는 데서 출발한다. 예를 들어, 스웨터 구매를 고려 중인 개인은 보온성, 안락감, 내구성, 가격 또는 스타일을 우선시할 수 있다. 한두 가지의 주요 동인이 대부분의 구매 결정을 좌우한다. 자기 분야에서 가장 흔한 동인을 이해하면, 전략적인 차별화에 도움이 된다.

B2B 세계의 경우 표적 고객 파악에 사용하는 세분화의 기준이 다르지만, 개념 자체는 동일하다. 잠재적인 고객 사를 찾을 때는 업계, 표준 산업 분류(SIC), 규모, 시장 가치, 지리를 기준으로 고객 사를 분류할 수 있다. 고객 사를 개별적으로 살펴볼 때는, 구매 의사 결정자와 최종 사용자의 요구와 동기가 무엇인지 생각해 보아야 한다.

일반적으로, 구매자의 요구는 경제적이고 최종 사용자의 요구는 기술적이거나 기능적이다. B2B 고객도 행동 분석을 통해 분류할 수 있다. 예를 들어, 어떤 회사는 연중 특정 시기에만 구매한다.

4장에서 브랜딩에 대해 더욱 자세하게 살펴볼 것이고, 10장에서는 다시 마케팅 문제로 돌아갈 것이다. 지금으로서는 프로토타입 제작 전에 고객을 고려하는 일이 얼마나 중요한지 이해하는 것으로 충분하다. 그래야만 더 똑똑하게 제품을 만들 수 있기 때문이다. 시장 조사, 세분화, 브랜드 개발 마케팅의 기타 측면에 대해 자세히 알고 싶다면, 마케팅프로프스MarketingProfs(http://www.marketingprofs.com)를 참조한다. 온갖 정보와 튜토리얼을 확인할 수 있을 것이다.

04 고객 중심 개발

지금까지 시장을 세분화하고 잠재적인 고객 집단을 파악하는 방법을 살펴보았다. 그러나 회사를 창업할 때는 고객의 특성에 대한 이론적인 생각에 그쳐서는 안 된다. 특히 포화 시장을 대상으로 한다면 더욱, 직접 고객과 이야기를 해 보아야 한다.

린 스타트업의 핵심 원칙 중 소프트웨어뿐만 아니라 하드웨어 스타트업에도 적용할 수 있는 것이 하나 있다. 바로, 기능을 가진 프로토타입을 만들기 전에 고객 면담을 해야 한다는 원칙이다. 비록 잠재 고객에게 여러 단계의 알파 버전을 주고 사용해 보도록 하지는 못하더라도, 디자인이나 모델을 보여 주고 잠재적인 기능에 대해 논의하는 것이 좋다. 이러한 면담에 대한 가장 이상적인 결과는, MVP의 기능 하나하나를 고객의 요구와 연결시키는 것이다(이 프로세스의 실제 사례는 '사례 연구: 루모 보디테크'에서 확인할 수 있다).

하드웨어 제품을 개발할 때는 실수를 하면 시간과 비용 측면에서 낭비가 발생한다. 이를 막는 것이 고객 중심 개발의 목표다. 즉, 사용자의 피드백을 제품 개발 주기에 포함함으로써, 잠재적인 구매자의 요구를 충족하지 못하는 제품을 만들어 시간과 비용을 낭비하는 일이 없도록 하는 것이다. 이 프로세스의 시작 단계에서는 표적 시장으로 고려하고 있는 여러 세분 시장의 소비자들을 개별적으로 만나서 고충점을 알아보는 것이 좋다. 그러면 잠재 고객의 정서적, 인지적, 물리적 요구를 파악하고, 현재 고객이 그 요구를 어떻게 충족하고 있는지 알 수 있다.

고객 발견 면담에서 흔히 사용하는 질문은 다음과 같다.

- 문제 X를 경험하고 있나요?
- 문제 X 때문에 (시간과 돈 측면에서) 비용이 얼마나 발생하나요?
- 문제 X를 현재 어떻게 해결하고 있나요?
- 문제 X의 기존 해법과 관련하여 가장 마음에 드는 점은 무엇인가요? 가장 마음에 안 드는 점은 무엇인가요?

- 문제 X의 완벽한 해법은 무엇일까요?
- 저의 새 제품이 문제 X를 해결할 수 있을까요?
- 이유는 무엇인가요?

　마지막 질문인 "이유는 무엇인가요?"를 통해 표면적인 수준의 설문 조사였던 대화를 토론으로 발전시켜, 좀 더 세부적인 요구와 문제, 동기를 알아낼 수 있다.

　질문을 할 때는 최대한 중립적인 표현을 쓰는 것이 중요하다. 편견을 드러내는 질문이나 유도 신문을 하여 면접 대상이 특정 방향으로 대답하도록 만들어서는 안 된다. 또한 면담이 특정 시장 또는 문제에 대한 창업자의 가정에 반하는 방향으로 흘러갈 경우, 창업자가 대답을 경청하기가 어려울 수도 있다. 처음부터 끝까지 열린 마음을 유지하자.

　B2C 제품이든 B2B 제품이든, 자신이 해결하려 하는 문제에 대한 현재 해법을 표적 고객이 사용하는 모습을 가만히 관찰하는 것이 이상적인 경우가 많다. 고객에게 말로 요구를 표현해 달라고 부탁하는 것보다, 실제 사용 사례를 관찰함으로써(그리고 고객이 그 과정에서 하는 이야기를 경청함으로써) 더 많은 것을 알 수 있을지도 모른다. 당신의 목표는 통찰을 얻는 것이며, 고객이 당신의 가설을 반증하더라도 그 목표는 변하지 않는다.

MEMO 사례 연구: 루모 보디테크

모니샤 퍼카시Monisha Perkash는 웨어러블 회사 루모 보디테크Lumo BodyTech의 CEO 겸 공동 창업자다. 이 회사에서는 루모 리프트와 루모 백이라는 제품을 생산한다. 이 제품에는 센서와 소프트웨어가 탑재되어 있어, 제품 착용자가 스스로의 자세를 점검하고 더 많이 활동할 수 있다. 이번에는 이 제품을 고안한 모니샤의 사례를 정리했다. 프로토타입 제작 프로세스를 반복하는 과정에서 그들이 사용한 고객 피드백 수집 방법에 대해 자세히 살펴보자.

"공동 창업자들과 저는 어떤 회사를 시작할지 모르는 상태에서 뜻을 모았어요." 모니샤가 말했다. 이들에게는 중요한 문제를 해결해서 세상에 긍정적인 영향을 미치고 싶다는 욕심이 있었다. 모니샤의 팀은 여섯 달 동안 이런저런 아이디어를 검토했고, 간혹 매력적인 디자인을 가진 저해상도 프로토타입을 만들어 보기도 했다.

모니샤와 공동 창업자들은 실현 가능성, 자립 가능성, 바람직함이라는 세 가지 기준에 따라 아이디어를 평가했다. 첫 번째 기준인 '실현 가능성'은 기술에 대한 조사를 통해 알아볼 수 있다. 제품 제작에 필요한 기술이 존재하는지, 아니면 개발 중인지에 따라 달라진다. 두 번째 기준인 자립 가능성은 제품이 자급자족하는 사업으로 자리잡을 가능성을 가리킨다. 세 번째 기준은 바람직함이다. 여기에서는 이론적인 고객의 요구에 초점을 맞추고 여러 가지 질문을 던진다. 예를 들어, 개발하려는 장치에 어느 정도의 수요가 있는지, 고객이 이 장치에 돈이나 시간을 쏟아 가며 그 고충점을 해결하려 할지와 같은 부분들이다.

이러한 기준에 따라 아이디어를 평가하고 탐구하는 동안, 공동 창업자인 앤드류 창은 당시 그를 괴롭히던 허리 통증을 완화시키기 위해 강의를 듣기 시작했는데, 이 경험이 새로운 계기가 되었다. 그는 이 강의를 들은 후 새로운 영감을 얻었고, 자세 교정에 기술을 활용할 방안을 생각하기 시작했다. 루모 팀은 일상생활에서의 센서 사용이 점점 흔해지는 데 주목했고, 웨어러블 센서 장치를 통해 사람들의 건강 증진에 도움을 준다는 아이디어에 흥미를 느끼기 시작했다.

루모 팀은 자세 교정 장치 아이디어를 실현 가능성, 자립 가능성, 바람직함의 세 가지 기준으로 평가하기 시작했다. 그들은 착용자의 허리에 부착하면 척추 정렬에 도움을 주는 센서를 만들자는 아이디어를 냈다. 그들은 모니샤의 동문 메일링 리스트에 공고를 게시하여, 초기 피드백을 위한 실험 대상을 모집했다. 실험 대상을 선정할 때는 성별과 연령이 골고루 섞이도록 했다.

사용자에게서 피드백을 수집할 때, 루모 팀은 단답형 질문을 피하고 개방형 질문만 사용했다. "허리 통증이 있을 때 어떤 당신은 어떤 방법으로 통증을 관리하시나요?" "지금은 어떤 해결책을 사용하고 있나요?" "그 해결책의 효과는 어떤가요?" "현재 해결책에서 바꾸고 싶은 점은 무엇인가요?" 모니샤는 무엇보다도 이유를 묻는 것이 중요하다고 강조한다. "그 문제에 대한 상대방의 정서적 요구를 파악해야 하거든요."

루모 팀은 면담을 통해 파악한 고객 고충점을 바탕으로 끊임없이 아이디어를 수정했고, 종이로 저해상도 프로토타입을 제작한 다음 20명에게 피드백을 요청했다. 그 결과 몇몇 고객이 니코틴 패치나 피임 패치처럼 센서를 접착식으로 만들라고 제안했다. 루모 팀은 그 피드백을 다음 프로토타입에 반영해서 센서를 스티커에 부착했지만, 안타깝게도 그것은 실패작이었다. "사람들이 개념적으로는 허리에 스티커를 붙여도 괜찮겠다고 생각한 겁니다. 하지만 실제로는 그렇지가 않았죠. 간지러웠거든요."

접착식 루모 백은 끈적끈적했고, 자꾸 보풀이 붙었으며, 몸에 털이 많은 사용자에게는 불쾌했다. 하지만 더 중요한 점은 의료 기기라는 느낌을 준다는 것이었다. 팀은 더 매끄러운 고객 경험을 원했기 때문에 디자인을 변경할 필요성을 느꼈다. "저희는 '의료용' 제품을 원한 게 아니었습니다. 매력적인 소비자용 제품을 만들어야만 고객을 확보하고, 계속 피드백을 받고 수정을 반복하며 신제품을 내놓을 수 있다고 생각했거든요."

루모 팀은 패치 형태로는 안 되겠다는 결정을 내렸고 디자인을 누구나 착용하는 옷, 즉 속옷의 허리 부분에 부착하는 클립식 장치 형태로 바꿨다. 센서가 몸에 가까울수록 허리의 경사와 각도를 더욱 정확하게 측정할 수 있기 때문이었다. 그러나 실험 집단은 단호한 피드백을 보냈다. 그것은 바람직한 사용자 경험이 아니라는 것이었다. 사람들이 눈치챌까 봐 곤란하다고 말한 사람들도 있었고, 변기에 떨어질까 봐 걱정이라고 말한 사람들도 있었다.

결국 루모 팀은 마지막으로 심장박동 측정기에 착안한 디자인을 시험해 보기로 했다. 각자 심장박동 측정기를 구입해서 일주일 동안 직접 허리에 착용하고 생활했고, 결과는 만족스러웠다. 측정기의 밴드가 편하다는 결론을 내린 루모 팀은 다시 테스터들에게 피드백을 요청했다. 예상했던 대로 긍정적인 피드백이 나왔고, 그들은 밴드 형태로 제품을 출시하기로 결정했다.

일반적인 통념과는 달리, 모니샤는 하드웨어 스타트업에서도 린 스타트업에서 말하는 반복 수정이 가능하다고 생각한다. "저희는 이 제품을 출시하기까지 서른 가지 디자인과 저해상도 프로토타입을 테스트했습니다" 모니샤는 '잡스러운 변통'의 중요성을 강조한다.

루모 팀은 종이와 각종 공작 도구처럼 구하기 쉽고 값싼 물품을 사용해 디자인을 테스트했다. 한 번은 각종 용기를 취급하는 더 컨테이너 스토어The Container Store에 가서 센서를 넣을 상자와 크기가 비슷한 소형 용기를 구매하고, 그 용기를 고무 밴드에 부착해서 착용하기도 했다.

테스터들에게 디자인과 기능에 대해 긍정적인 피드백을 받자, 모니샤와 창업자들은 프로토타입 제작 시설을 찾아가서 50개 정도의 기능 프로토타입을 만들었다. 그 후 그들은 루모백LUMOback(지금의 루모 백) v.1의 킥스타터 캠페인을 시작했고, 그 결과는 성공이었다.

루모 보디테크의 창업자들은 의미 있는 물건을 만들겠다는 스스로의 욕심을 채우면서 시장의 실제 요구도 충족하는 아이디어를 찾기 위해 수십 가지 아이디어를 거쳤다. 그리고 딱 맞는 아이디어를 찾은 후에는 그 아이디어에 적합한 형태와 기능을 개발하는 데 오랜 시간을 투자했다. 루모는 제품군을 확장할 때도 계속 표적 시장의 목소리에 귀를 기울였다. 실제로, 루모의 신제품인 루모 리프트는 루모 백의 고객 피드백을 통해 정한 기능(상체 자세 교정)과 디자인(사용자의 구미에 따른 설정이 가능하며 좀 더 패셔너블한 장치)을 모두 반영하고 있다.

린 스타트업 원칙을 하드웨어 스타트업에 적용하기는 더 어려운 것이 사실이지만, 루모 팀의 사례처럼 반복적인 수정을 거치면 충분히 가능하다.

표적 세분 시장에 인맥이 별로 없을 때, 초보 창업자는 그 시장의 소비자에게 어떻게 다가가야 할지 갈피를 잡지 못할 때가 많다. 이때 가장 이상적인 방법은 기존의 인맥을 활용하는 것이다. 링크드인 인맥을 구축하여 2촌 관계인 사람들을 살펴보는 방법도 좋다. 주변의 동료나 지인을 통해 다가가고 싶은 사람을 소개받으면, 사람들과 약속을 잡기가 쉽다. 친구와 가족을 넘어 동문 인맥을 활용하는 방안도 고려하자. 온라인 채널도 도움이 될 것이다. 링크드인, 페이스북, 밋업 등의 온라인 사이트는 마음이 맞는 사람들을 한데 모아 준다. 블로거Blogger 네트워크에서 도움을 받을 수도 있다. 크레이그스리스트Craigslist, 레딧Reddit, 미캐니컬 터크 Mechanial Turk 사용자는 (보통 일종의 보상이 있어야 하지만) 설문 조사에 흔쾌히 응하는 편이다. 오프라인으로는 현지 동호회나 전문가 협회에 연락을 취해 보자.

대대적인 제품 가설 검증이 필요할 경우에는 온라인 마케팅 도구를 활용하면 된다. 이러한 도구를 사용하면 프로토타입을 하나도 만들지 않고서도 제품의 기능이나 가격 탄력성을 시험하고 검증할 수 있다. 그러려면 같은 제품을 소개하되 서로 다른 기능과 디자인, 가격을 강조하는 랜딩 페이지를 여러 개 만들어야 한다. 이 방법을 쓰면, 마케팅 자원이 풍족하지 않은 회사의 초창기에 추구해야 하는 시장이 어디인지 파악할 수 있다.

구글 애드워즈를 구매하고 초기 거점 시장으로 삼을 만한 잠재력이 있는 고객 세분 시장을 타깃으로 지정해서 랜딩 페이지에 트래픽을 유도하고, 구글 웹로그 분석(또는 기타 분석 대시보드)을 사용해 사람들이 어느 키워드와 소스를 통해 페이지에 들어오는지 파악하자. 페이지에 들어오는 사람의 수와 이메일 주소를 제공하거나 예약 구매에 관심을 표하는 사람의 수를 비교해 보는 것도 도움이 된다. 사용자들이 당신의 회사를 등록해서 자기 인맥에 공유할 수 있게 하는(그리고 대신 베타 참여 기회를 부여하는) 론치록LaunchRock이나 베타 리스트Beta List 같은 서비스도 관심도를 파악하고 소문을 퍼뜨리는 데 도움을 줄 것이다.

등록한 사용자를 대상으로, 제품에 관심을 갖게 된 이유에 대해 본격적인 설문 조사를 실시하는 방법도 있다. 서베이몽키SurveyMonkey는 이런 프로젝트에 아주 유용하게 사용할 수 있는 도구다. 적어도, 추후에 크라우드펀딩이나 예약 구매를 시작할 때 연락을 취할 수 있는 고객의 명단을 확보한 뒤에 시작할 수 있기 때문이다.

소프트웨어와 연동되는 제품을 만드는 경우에는 사용자들이 애용하는 기능에 대한 가설을 검증하는 데 소프트웨어를 활용하는 것이 좋다. 소프트웨어의 목업 mockup이나 개략적인 알파 버전을 만들어서 고객에게 무엇이 통하는지 알아보자.

하드웨어 MVP를 제작하기 전에는 시장 규모, 바람직한 제품 기능, 가격에 대한 가설을 최대한 검증해야 한다. 양산 단계에서는 기능을 변경하기가 어려워지기 때문이다. 출시 첫날부터 핵심 사용 사례를 완벽하게 구현하는 것을 목표로 해야 한다. 있으면 좋은 정도의 기능은 후속 제품에서 구현하면 된다.

더욱 다양한 기법을 알고 싶다면, 고객 발견과 제품 개발에 초점을 맞추는 각종 자료를 읽어 보기를 권장한다. 스티브 블랭크의 저서 『에피파니의 4단계Four Steps to Epiphany』(K&S Ranch, 2013)가 대표적인 고전이다. 그의 블로그(http://steveblank.com) 역시 효율적인 면담 진행에 도움을 주는 사례 연구(http://bit.ly/blank_customer_dev)와 워크시트(http://bit.ly/cust_discovery_skills)로 가득하다. 앨리스테어 크롤Alistair Croll과 벤저민 요스코비츠Benjamin Yoskovitz의 『린 분석』(한빛미디어, 2014)은 데이터를 활용해 고객을 찾고 그 요구에 맞는 제품을 개발하는 데 도움을 준다.

브랜딩

고객 개발 및 시장 조사를 진행하다 보면 브랜드 정체성을 확립하는 데 도움이 되는 소중한 정보를 함께 수집하게 될 것이다. 브랜드는 곧 회사의 얼굴이다. 강한 브랜드를 개발하는 것은 성공의 필수 요소인 동시에 장기적으로는 고객 관계를 구축하기 위한 기반이므로 무척 중요하다.

브랜딩branding이 추상적인 개념처럼 느껴질 수도 있다. 브랜드의 부가가치는 눈에 보이는 수치로 계량하거나 측정하기가 어렵기 때문이다. 대체로 스타트업들은 브랜드 구축의 중요성을 과소평가하는 경향이 있는데, 창업 팀의 기술적인 소양은 뛰어나지만 마케팅 또는 영업 경험이 없는 경우에는 그런 경향이 더욱 강하다. 창업 초기의 회사의 경우는 특히 더하다. 할 일은 산더미인데 그 일을 할 인력은 부족하다. 시간, 돈, 사람이 늘 부족하기 때문에 대부분의 창업자는 제품이 출시됨과 동시에 모든 자원을 투입한다. 이런 상황이니 브랜딩, 마케팅, 영업 전략은 나중으로 미룰 수밖에 없다.

이런 실수는 저지르지 말기 바란다.

하드웨어 회사가 이런 방침을 취하게 되면, 제품 진열 공간(디지털 공간이든 물리적 공간이든)을 차지하기 위해 기성 참가자와 경쟁을 해야 한다는 문제점이 발생한다. 물리적인 선반에 제품을 진열하는 경우, 글이나 비교표를 보여 주는 웹사이트가 없으므로 자사 제품의 장점을 설명하는 데에는 한계가 있다. 포장의 메시지만으로 바쁜 고객을 납득시키고 장바구니에 제품을 담게 만들어야 한다. 게다가 당신의 제품 바로 옆에 인지도가 더 높은 경쟁업체에서 제작하는 비슷한 가격대의 제품이 있다면, 당신의 제품은 더욱 불리한 입장에 처하게 된다. 사람들에게는 선택의 여지가 너무 많고 시간은 너무 부족하다. 따라서 들은 적이 있는 제품이나 충성하는 브랜드의 제품을 구입할 가능성이 높다.

스타트업이 대개 브랜드 구축에 소홀한 반면, 포춘 500대 기업은 브랜드 구축을 우선시한다. 이런 기업은 브랜딩을 사업 전략의 핵심적인 측면으로 취급한다. 인터브랜드Interbrand와 JP 모건JP Morgan의 연구에 따르면, 브랜드가 평균적으로 주주 가치의 1/3을 차지한다고 한다. 무형 자원의 가치를 평가하는 것은 어렵기로 악명이 높은데도, 이 연구에서는 다음과 같이 진술한다.

브랜드는 특별한 무형 자원으로, 브랜드를 가장 중요한 자산으로 취급하는 기업이 많다. 이것은 브랜드의 경제적인 효과 때문이다. 브랜드는 고객, 직원, 투자자와 정부 기관의 선택에 영향을 미친다. 선택의 여지가 넘쳐 나는 세상에서, 이런 영향력은 상업적인 성공에 결정적인 역할을 한다.

2013년에는 애플Apple이 세계에서 가장 가치 있는 브랜드로서, 추정 가치가 9,830억 달러에 달했다(http://bit.ly/brand_values). 당시 2위를 차지한 구글의 가치는 9,330억 달러였고, 3위인 코카콜라의 가치는 7,920억 달러였다.

브랜드 자산이란 인지도가 높은 브랜드를 보유하는 데서 비롯하는 금전적인 가치다. 마케팅 전문가들은 긍정적인 브랜드 이미지만으로도 회사가 유사 제품에 대한 가격 프리미엄을 정당화할 수 있다는 사실을 발견했다. 약국의 진열대에 놓인 여러 가지 제품에 대해 생각해 보자. 클로록스Clorox 표백제가 PB 표백제보다 나은가? 애드빌Advil이 일반 이부프로펜보다 효과적인가? 두 경우 모두 브랜드가 있는 상품이 브랜드가 없는 상품과 완전히 똑같은데도 가격은 더 비싸다. 그래도 사람들이 산다. 이런 가격 프리미엄이 바로 클로록스와 애드빌의 브랜드 순자산이다.

장치의 세계에서는 당신의 제품이 경쟁업체의 제품과 완전히 같을 수는 없다. 기능과 디자인이 조금씩은 다를 수밖에 없다. 하지만 고객이 무언가를 사려고 할 때는 특정 요구나 욕망을 충족하기 위해 구매를 한다. 당신의 장치와 경쟁업체의 장치가 모두 비슷비슷한 가격으로 고객의 목표를 충족하고 있다면, 브랜드가 강력한 차별화 요소가 될 수밖에 없다.

제품에 대한 정서적인 반응도 중요하다. 대표적인 브랜드 전략 지침서인 앨리나 휠러Alina Wheeler의 『디자이닝 브랜드 아이덴티티』(비즈앤비즈, 2012)에 따르면, 브랜드는 세 가지 주요 기능을 수행한다.

방향 설정 강한 브랜드는 고객이 다양한 선택지를 접했을 때 결정을 내릴 수 있도록 도와준다.

확신 선택의 여지가 넘쳐 나는 세상에서, 브랜드는 고객이 고른 제품이 품질이 좋고 믿을 만하다는 확신을 준다.

인식 브랜드의 시각 요소와 커뮤니케이션 요소가 고객에게 브랜드가 자신을 이해한다는 느낌을 준다. 그 결과 고객은 브랜드에 일체감을 느끼게 된다.

인지도가 높은 브랜드는 신뢰를 고취하고 품질에 대한 인식을 개선하여 회사의 시장 점유율 확대에 이바지한다. 브랜드와 일체감을 느끼는 고객을 확보하면 브랜드 충성도도 높아진다.

브랜드 충성도는 제품 교체 속도가 빠른 업계에서 특히 중요하다. 몇 년이면 신기술이 등장해 기존의 하드웨어 제품을 낙후시켜 버린다. 사람들은 몇 년마다 소비자용 전자 제품(휴대전화, 음악 재생 장치, 카메라, 스피커)을 교체한다. 고품질의 소프트웨어 제품은 고착lock-in 효과를 유발하는 방향으로 개발된다. 즉 시간이 지나면 고객이 기능에 익숙해지거나, 고급 단축키를 배우거나, 데이터를 저장하거나, 대량의 파일 라이브러리를 생성하기 시작하는 것이다. 그런 사람들은 대부분 충성 고객이 되어, 신규 버전이 출시되면 돈을 내고 소프트웨어를 업그레이드한다. 이들은 소프트웨어의 사용법을 익히는 데 시간과 기력을 투자했기 때문에 새로운 제품으로 갈아타는 것을 꺼린다. 이런 현상은 기업용 소프트웨어에서 특히 두드러진다. 이러한 기업은 데이터와 내부 문서를 중단 없이 사용하기 때문이다. 새로운 제품으로 갈아타는 과정에서 문서의 무결성을 손상시킬 위험을 감수하려 하지 않는다.

하드웨어 제품의 경우, 이 정도의 고착 효과를 달성하는 것조차 어렵다. 업데이트를 통해 신기술을 받아들일 수 있는 (그리고 사용자에게 구매를 권할 수 있는) 소프트웨어와는 달리, 하드웨어를 업그레이드하려면 필연적으로 새로운 물리 부품을 새로운 플라스틱 케이스에 담아야 하기 때문이다. 또한 온라인 진열대에서든 오프라인 진열대에서든 고객에게는 항상 대안이 존재한다. 적극적인 브랜딩을 하면 고객의 충성도를 높여서 고객에게 구매 의사가 있을 때 당신의 브랜드를 가장 먼저 떠올리도록 해 준다. 물론 적극적인 구매 의사가 없을 때에도 당신의 브랜드를 가장 먼저 떠올리게 만들어야 한다.

강한 브랜드를 구축하면 충성도가 높아질 뿐만 아니라, 제품을 새로운 분야로 확장할 때도 유리하다. 이 점은 플랫폼 구축을 꿈꾸는 커넥티드 장치 스타트업이나 웨어러블 회사에 특히 중요하다. 제품 개발 자문 회사 스마트 디자인Smart Design의 션 머피Sean Murphy는 이런 말을 했다(브랜딩 및 디자인에 대한 그의 생각을 확인하고 싶다면 '사례 연구: 구상에서 프로토타입 제작까지'를 참조한다). "커넥티드 제품이란 사실 존재하지 않으며 커넥티드 브랜드가 있을 뿐이다. 고객은 제품을 경험하는 게 아니라 생태계를 경험하는 것이다."

MEMO **사례 연구: 구상에서 프로토타입 제작까지**

션 머피는 디지털 제품과 물리 제품 두 분야에 전문성을 지닌 디자인 혁신 자문 회사인 '스마트 디자인' 사에서 디자인 엔지니어링 디렉터를 역임했다. 이 회사는 디자인 제품을 생산하는 회사(옥소Oxo)와 소비자 전자 제품을 생산하는 회사(플립Flip, 도시바Toshiba) 등 유수의 유력 기업을 클라이언트로 확보하고 있다. 구상 단계에서 프로토타입 단계까지 클라이언트를 안내할 때, 스마트 디자인 같은 회사에서는 어떤 프로세스를 사용할까? 지금부터 살펴보자.

스마트 디자인은 사용자에 대한 질적 연구로 프로세스를 시작한다. 션 머피는 이렇게 설명했다. "우리는 특정 제품에 대해 가설과 디자인 직관을 수립한 다음, 우리가 표적 고객이라고 판단하는 사람들에게 그것을 보여 줍니다." 그들은 편견이 없는 자주적인 의견을 듣고자, 종종 채용 회사를 통해 제품의 질적 연구에 참가할 인력을 보충한다. 이러한 질적 연구에는 보통 표적 고객의 인간형을 각각 대표하는 8~12명의 인력이 연구에 참가한다. 만약 클라이언트가 요구하는 특별 중점 영역(예. 청각장애인을 대상으로 하는 제품)이 있는 경우, 클라이언트가 참가자 목록을 따로 제공하기도 한다. 그들은 잠재적인 사용자의 집에 자리를 잡고, 사용자가 제품을 사용하는 모습을 관찰한다. 이 단계의 제품은 보통 아주 원초적인 상태로, 종이 프로토타입이나 도식(圖式)에 불과한 경우도 있다.

이런 초기 피드백 수집 작업의 목적은 제품이 탑재해야 하는 주요 기능 요소를 찾고 제품이 사용자의 일상생활에 어떻게 맞아 들어갈지 파악하는 것이다. 션은 이에 대해 이렇게 말한다. "그 과정을 통해 디자인 비전에 대한 내러티브를 완성하는 겁니다." 이 단계에서의 목표는 특정 기능 요소가 고객의 문제를 해결하는 데 얼마나 중요하게 작용하는지를 살피고, 이에 따라 서로 다른 기능 요소에 상대적인 가치를 매기는 것이다. 그 결과로 완성한 얼개가 디자인의 바탕이 된다. 이 얼개는 이 시점에서는 아직 유연하지만, 사용자들이 무엇을 왜 중요하게 여기는지에 대한 기준이 된다.

디자인 기획 팀은 제품의 질적 연구 과정에서 참가자들에게 브랜드 요소를 제시한 다음, 이 제품이 어떤 느낌을 주는지, 그들에게 어떤 의미가 있는지를 확인하기도 한다. 무엇이, 왜 중요한지를 파악하고자 하는 것이다. 션은 이렇게 말한다. "우리는 추상적으로 표현하려고 노력합니다. 참가자가 제품에 자신만의 내러티브를 입힐 수 있게 하는 거죠. '제가 10년 전에 사용했고, 좋아했던 제품과 비슷하네요'와 비슷한 대답을 듣고 싶은 겁니다." 그들은 또한 참가자에게 여러 경쟁 브랜드에 등급을 매겨 달라고 하거나 연상 활동을 시키기도 한다. 이 과정을 통해 클라이언트는 디테일한 브랜드의 톤과 포지셔닝에 대한 통찰을 얻을 수 있다.

스마트 디자인은 질적 연구를 통해 정보를 활용하여 제품의 디자인 방향을 한두 가지로 설정한다. 클라이언트의 일정과 예산이 허락하면 질적 연구 참가자들에게 몇 가지 프로토타입을 보여 주고 추가적인 피드백을 받는다(필요하다면 새로운 참가자를 끌어들이기도 한다). 이때의 목표는 사용자의 반응을 관찰하는 것이다. 이런 '학습과 정제' 프로세스를 통해 추후 개발의 방향을 잡을 수 있다.

그들은 사용자가 프로토타입을 제품으로 착각하지 않도록, 제품의 여러 가지 버전을 제시한다. 이에 대해 션은 이렇게 말한다. "정체성이 강한 제품들도 있지만, 현장에는 정체성보다는 사용성이 강하게 드러나는 프로토타입을 가져갑니다. 디자인 측면에서 보면, 검증보다는 학습과 정제를 위해 현장에 나가는 거죠." 이 과정은 두 번째 피드백 수집 단계이기도 하다. 이를 통해 브랜드 인식에 대해 더 깊은 이해를 얻을 수도 있다.

디자인 프로세스의 여러 단계를 거치며, 클라이언트는 표본의 크기를 확대해서 더욱 철저한 양적 연구를 진행하고 싶다는 의사를 표현하기도 한다. 양적 연구는 보통 웹 기반 설문 조사로 진행한다. 설문지는 "1에서 10까지의 기준으로 나타낸다면 다음의 세 가지 기능은 얼마나 중요합니까?", "기능 X와 기능 Y 중에 어느 기능이 있다면 더 좋겠습니까?"와 같은 질문으로 구성된다. 션은 '물리적인 제품에 대한 A/B 테스트를 하는 것'이 목표라고 한다.

양적 연구에서 얻은 데이터를 통해 디자인 요소를 확정할 수 있고, 질적 면담에서 파악한 내용을 확인할 수 있다. 이에 대해 션은 이렇게 말한다. "디자인의 난관 중 하나는 결정에서 주관성을 최대한 배제하는 것입니다. 디자인 프로세스에는 주관적인 요소가 어느 정도 있을 수밖에 없지만, 비용에 영향을 미치는 결정을 내릴 때는 확실한 근거가 있어야 하죠."

디자인의 원칙을 확립하고 나면 산업 디자인 프로세스에 따라 제품 개발을 계속 진행하며, 기능과 상호작용을 명확한 스타일링 방향과 결합한다. 디자인 프로토타입에 도달하기까지 걸리는 기간은 복잡성에 따라 다르지만, 평균적으로 한 달에서 세 달 정도다. 웨어러블과 인체공학적인 제품의 경우, 여러 차례의 반복 수정과 사용자 연구를 진행하게 된다. 대체로 이 단계에서는 아직 회사가 하청 제조업체와 계약을 하지 않은 경우가 많아서, 제품의 내부 구조가 바뀌면서 디자인에도 변경이 일어나는 일이 잦다.

기술적인 요건 때문에 디자인에 제약이 생기는 제품이 많으므로, 기술적인 제약을 제대로 이해하는 디자이너와 일하는 것이 중요하다. 하청 제조업체는 전달받은 디자인 파일대로 작업하기 위해 최선을 다하지만, 특정 시장에 경험이 없는 디자이너는 일부 요소(예. 열기를 배출하기 위한 구멍)를 빠뜨리기도 한다. 그런 경우 제조업체가 심미적인 측면을 희생해서라도 필요에 따라 구멍을 뚫는다. 제품이 작을수록 디자인이 필수적인 내부 구조를 모두 포함하지 못할 가능성도 커진다. 그런 면에서는 웨어러블 분야가 특히 까다롭다.

제품이 가공 단계로 넘어가고 나면 변경이 어렵다. 가능하긴 해도 노력과 비용이 많이 든다. 이런 문제를 완화하기 위해, 스마트 디자인은 프런트엔드와 백엔드의 요구를 모두 이해하는 기술 팀을 보유하고 있다. "누군가가 프로세스의 처음부터 끝까지 관여하게 되면 불가피한 변경이 있을 때 같은 디자이너가 처리할 수 있습니다. 물론 변경이 없는 경우는 거의 없죠."

디자인에서 생산에 이르는 전 과정을 자문 회사와 함께하려면 몇십 만 달러의 비용이 필요한데, 사실 스타트업들은 엄두도 내기 어려운 액수다. 계약 시에는 보통 단계별로 가격을 책정하므로(각 단계마다 결과물을 납품한다), 스타트업이라면 양적, 질적 연구를 마친 상태로 자문 회사에 문의를 하는 것도 좋은 방법이다. 기술, 디자인, 브랜딩 경험을 겸비한 회사와 함께 일할 때 얻을 수 있는 부가가치는, 이 세 가지 요소를 동시에 개발할 수 있다는 점이다. 어느 하나를 게을리하다가 뒤늦게 어거지로 끼워 맞추는 사태를 방지할 수 있다는 점에서도 추천할 만하다.

조본은 알리프Aliph라는 회사로 출발했다. 조본은 이 회사가 선보인 첫 무선 헤드셋의 이름에서 따온 것이다. 알리프는 이 헤드셋을 처음 선보인 후 몇 년 동안 조본 프라임, 조본 아이콘, 조본 에라 등 무선 헤드셋의 후속 모델을 계속 내놓았고, 마침내 알리프라는 이름을 버리고 조본이라는 이름으로 사명 변경을 감행했다. 조본이 성공을 거둔 뒤, 회사는 헤드셋 사업에서 휴대용 스피커(조본 잼박스)와 피트니스 장치(조본 업) 사업으로 확장했다. 각 장치의 포장에는 '조본의 에라ERA by Jawbone', '조본의 업UP by Jawbone' 등과 같은 문구가 쓰여 있다.

마케팅에는 브랜드 재인recognition이라는 개념이 있다. 브랜드 재인이란, 소비자에게 어느 브랜드를 제시했을 때, 소비자가 그것을 알아보는지 확인하는 것이다. 이를 우선시하면 회사는 신제품을 출시할 때 인지도와 품질 인식 양면에서 유리한 고지를 점할 수 있다. 어느 유통 채널을 선택하든, 브랜드가 미지수라면 장치를 많이 판매하기 어렵기 때문이다.

그렇다면 재인이 높은 브랜드를 구축하려면 어떻게 해야 할까?

01 브랜드 사명

무엇보다도 브랜드에는 사명이 있어야 한다. 이 장의 앞부분에서 이미 자신에게 동기를 부여하고 타인에게도 공감을 일으키는 문제를 찾는 것이 중요하다는 이야기를 했다. 당신의 사명은 회사가 무엇을, 왜, 누구를 위해 하느냐를 나타내는 정체성이다. 당신은 이것을 엘리베이터 피치나 사명 선언문('만트라'라고도 한다)의 형태로 간결하게 표현할 수 있어야 한다. 브랜드 만트라는 회사의 존재 이유를 천명하는 선언문이다. 다음의 예시를 살펴보자.

애플 "혁신적인 하드웨어, 소프트웨어, 인터넷 상품을 통해 전 세계의 학생, 교육자, 창작 전문가, 소비자에게 최고의 개인 컴퓨팅 경험을 선사하기 위해 노력합니다."

마이크로소프트 "전 세계 모든 사람들과 기업들이 더 많은 것을 성취할 수 있도록 힘을 실어줍니다."

나이키 "세계의 모든 운동선수*에게 영감과 혁신을 전합니다(*몸이 있다면 누구나 운동선수입니다)."

구글 "전 세계의 정보를 체계화하여 모두가 편리하게 이용할 수 있도록 하는 것입니다."

이 문장들을 살펴보면 각 회사의 창업 의도와 목적을 브랜드 정체성의 핵심을 나타내는 하나의 선언문으로 담아냈음을 알 수 있다. 개성, 자산, 경험 등 브랜딩의 나머지 측면은 모두 이 사명 선언문으로부터 뻗어 나가는 것이다.

회사의 제품 또한 이런 목적 의식을 반영한다. 애플과 마이크로소프트의 사명 선언문을 각 회사의 제품군과 관련시켜 보자. 애플은 아름다운 제품을 만들고 매끄러운 사용자의 경험을 중요하게 여기는 회사이며, 마이크로소프트는 전 세계 기업에서 널리 사용하는 모범적인 생산성 도구를 만드는 회사라는 사실을 알 수 있다.

이처럼 사명은 회사의 내적, 외적 역량에 이바지한다. 내적으로는 직원들에게 지침을 제공하여 자신이 어떤 가치를 대변하며 무엇을 위해 일하는지 알려 준다. 회사의 전략과 제품을 평가하기 위한 기준을 제공하기도 한다. 특정 활동 또는 제품 출시가 사명을 얼마나 진보시키는지, 핵심 가치와 얼마나 일치하는지를 알려 주는 것이다.

이에 대해 션 머피(브랜딩 및 디자인에 대한 그의 생각은 64페이지의 '사례 연구: 구상에서 프로토타입 제작까지'를 참조한다)는 다음과 같이 지적한다.

스타트업은 항상 지름길로 가고 싶은 압박에 시달린다. 이때 강한 브랜드 원칙이 있다면 개발 과정에서 기준으로 삼을 수 있다. 제품이 진화함에 따라 "우리의 브랜드가 무엇인가"에 대한 결정을 여러 차례 내려야 한다. 소프트웨어, 서비스 요소 등, 그 모든 것을 "우리는 누구인가?"라는 질문에 대답하는 맥락에서 보아야 한다.

외적으로 사명 선언문은 소비자의 머릿속에 브랜드에 대한 생각의 얼개를 형성하는 커뮤니케이션 도구다. 사람들에게 당신이 대변하는 가치가 무엇이며 존재 이유는 무엇인지 말해 주는 것이다. P&G의 글로벌 마케팅 부문장을 역임한 마케팅 전문가 짐 스텐겔Jim Stengel은 저서 『미래기업은 무엇으로 성장하는가』(리더스북, 2012)에서 회사에는 브랜드 이상, 즉 "브랜드가 세상에 주는 고차원적 이익"이 있어야 한다고 말한다. 그의 이상대로라면 인간의 근본 욕구를 충족하여 사람들의 삶을 개선시키는 것이 브랜드의 목표인 셈이다. 저자의 말을 빌리자면, 사람들의 삶을 개선하기 위해서는 다음의 다섯 가지 근본 욕구를 충족해야 한다.

기쁨 유도 행복, 경이, 무한한 가능성의 경험을 활성화하는 것

연결 촉진 사람들이 서로와, 또 세계와 유의미한 방식으로 소통하는 능력을 강화하는 것

탐험 독려 사람들이 새로운 지평과 새로운 경험을 탐험하도록 돕는 것

자부심 환기 사람들에게 자신감, 안정감, 용기, 활력을 주는 것

사회 감화 현상(現狀)에 도전하고 분류를 재정의하여 사회에 널리 영향을 미치는 것

이 다섯 가지 욕구는 정서적인 반응을 일으킨다. 이렇게 형성된 정서적인 유대는 좀 더 깊은 고객 관계로 이어진다. 브랜드 커뮤니케이션 기술 전문가인 카민 갤로Carmine Gallo는 수많은 CEO와 인터뷰를 하면서 각자의 브랜드가 대변하는 가

치가 무엇인지 물어 보았다.. 자포스Zappos 창업자인 토니 셰이Tony Hsieh는 그 질문에 "행복"이라는 한 단어로 답했고, 버진 그룹Virgin Group CEO 리처드 브랜슨Richard Branson은 "재미"라고 답했다.

초보 창업자는 가치와 이상이 매출액 등의 주요 지표에 미치는 실질적인 영향에 회의적일 수도 있다. 직접적인 연관성을 수치로 나타내기는 어렵지만, 스텐젤은 10년의 기간 동안 재무 성과와 고객 유대 및 충성도의 관계를 관찰했다. 연구자들이 5만 개의 브랜드를 살펴본 결과, 소비자의 머릿속에서는 상위 50개의 고성장 브랜드가 그들의 이상과 연결되어 있다는 사실을 발견했다. 이 50개의 기업('스텐젤 50대 기업'이라고 불린다)은 10년의 기간 동안 경쟁업체에 비해 세 배 빠른 속도로 성장해 왔다. 그런 기업의 한 예가 팸퍼스Pampers다(http://www.jimstengel.com/wp-content/uploads/2013/11/GrowChapterOne.pdf).

예를 들어 팸퍼스의 브랜드 이상, 즉 진짜 존재 이유는 세계에서 일회용 기저귀를 가장 많이 판매하는 것이 아니다. 팸퍼스는 어머니가 유아를 돌보아 건강하고 행복하게 발달시키는 것을 돕기 위해 존재한다. 그들의 브랜드 이상은 거래 너머를 바라봄으로써 무한한 가능성을 열어 준다. 여기에는 물론 성장과 수익의 가능성도 포함된다.

모든 사람에게 모든 것을 줄 순 없다. 가치를 잘 정의하고 진정성 있게 전달하면, 당신의 가치와 비전을 공유하는 고객, 즉 당신이 세상을 위해 하고자 하는 일에 관심이 있는 고객을 끌어들일 수 있다. 스타트업의 경우, 당신의 사명에 공감하는 투자자와 잠재적인 직원을 찾을 수도 있다.

02 브랜드의 정체성과 개성

브랜드의 가치와 사명을 속속들이 이해하기 위해 노력하다 보면, 일관된 브랜드 정체성을 정의하고 표현하는 것도 수월해진다. 브랜딩 전문가이자 『브랜드 갭』(알키, 2016)의 저자인 마티 뉴마이어Marty Neumeier의 『브랜드 사전The Dictionary of Brand』

(AIGA Center for Brand Experience, 2004)(http://bit.ly/dict_of_brand을 참조한다. 브랜드를 구축하는 사람에게 아주 훌륭한 자료다)에 따르면, 브랜드 정체성이란 '상표, 이름, 커뮤니케이션, 시각적인 외관을 포함하는 브랜드의 외적 표현'이라고 할 수 있다.

브랜드 정체성은 부분의 총합이다. 정체성은 회사가 고의적으로 조성한 것으로, 그 목표는 고객으로 하여금 브랜드를 하나의 실체로서 인식하고 경쟁 브랜드와의 차이점을 설명할 수 있게 하려는 데 있다. 이러한 정체성에 대한 고객의 인식, 즉 시장이 브랜드를 바라보는 시각이 바로 브랜드 이미지가 된다. 브랜드 정체성과 이미지의 가장 바람직한 형태는 시장의 시각이 당신이 만들고자 하는 인상과 일치하는 것이다.

뉴마이어는(http://bit.ly/the_brand_gap) "[브랜드란] 당신이 말하는 것이 아니라 사람들이 말하는 것에 따라 결정된다."라고 표현했다. 즉, 브랜드 이미지를 바꾸려면 적극적으로 브랜드 정체성을 관리해야 한다는 뜻이다.

전문적인 브랜드 전략가는 다양한 기법과 체계를 사용하여 정체성을 정의하고 형성하는 데 익숙하다. 앨리나 휠러는 저서 『디자이닝 브랜드 아이덴티티』에서 이 프로세스를 다음과 같은 다섯 단계로 구별한다.

조사 단계 시장과 이해관계자(직원, 투자자, 고객, 파트너 등 회사에 이해관계가 있는 개인) 모두를 대상으로, 브랜드에 대한 기존의 인식을 철저하게 조사한다.

전략 수립 단계 목표를 정의하고, 핵심 메시지를 확정하고, 네이밍, 브랜딩, 포지셔닝 전략을 적절히 결정한다.

정체성 디자인 단계 통일적인 '빅 아이디어'를 정의하고 시각 전략을 개발한다.

소비자와의 접점 구축 단계 각종 시각 요소를 제작하고 '룩 앤드 필'을 다듬고 상표를 보호한다.

자산 관리 단계 브랜드 요소를 공개할 때 사용할 런치 전략을 개발하여 구현하고,

브랜드 표준을 정의하고, 일관성 유지를 위한 지침을 확립한다.

자원이 늘 부족한 스타트업에게 이 프로세스는 너무 부담스럽게 느껴질지도 모른다. 어쩌면 시간이 오래 걸릴 수도 있다. 그러나 스타트업을 꾸려 나가려면 팀원들을 제외하고 이해관계자가 전혀 없는 초창기부터 이미 브랜드 정체성에 대해 생각해야 한다. 이번에는 마케팅 커뮤니케이션 회사 J. 월터 톰슨J. Walter Thompson(JWT)사의 지날 샤Jinal Shah의 사례를 준비했다. '사례 연구: 스타트업을 위한 브랜드 구축'을 통해 스타트업이 이 프로세스의 효율을 높일 수 있는 여러 가지 방법에 대해 살펴보자.

MEMO 사례 연구: 스타트업을 위한 브랜드 구축

J. 월터 톰슨의 글로벌 디지털 전략 디렉터, 지날 샤는 브랜드 및 디지털 플래너로서 10년의 경력이 있다. 그는 그동안 대형 브랜드는 물론 스타트업과도 여러 차례 함께 작업을 해왔다. 여기에서는 톰슨의 사례를 통해 브랜딩 과정의 주요 측면을 살펴보고, 한정된 자원으로 이러한 프로세스를 가장 효과적으로 진행하는 방법에 대해서도 살펴보자.

보통 회사는 브랜딩 대행사에 일을 맡기기 전에 개요서를 작성한다. 이 개요서에는 과제의 목표, 이상적인 결과, 경쟁업체 정보, 브랜딩 프로세스를 구성하는 데 도움을 줄 담당자 정보가 수록되어 있다. 톰슨은 이렇게 말한다. "일종의 기초 문서입니다. 여기에는 회사에 대한 핵심 정보도 있어야 하죠. 회사가 어떻게 시작되었는지 등의 정보 말입니다."

개요서를 전달받은 대행사는 창업자, 직원, 고객/사용자(현재 고객과 회사에서 새로 확보하고자 하는 고객 모두)를 대상으로 이해관계자 감사 및 면담을 진행한다. 이 감사의 목표는 모든 집단이 공유하는 가치가 무엇인지 파악하는 것이다. 그것이야말로 브랜드가 지닌 근본 가치의 기반이기 때문이다. 이 감사 과정에서는 개요서에 존재하는 모순을 비롯하여 각종 취약성 및 일관성 문제를 찾는다. 이는 모두 강한 브랜드를 구축하는 데 기여하는 요소이므로 초반에 미리 파악해 두고 해결해 나가야 한다.

지날은 이렇게 설명한다. "브랜드를 표현하고 설계할 때는 일관성이 매우 핵심적입니다. 모든 이해관계자의 관점이 일치하는 것이 중요하죠."

초반에 조사를 진행하다 보면 브랜드의 가치를 분명하게 이해할 수 있으며, 이 과정에서

"우리는 무엇이고, 무엇이 아닌가"를 보여 주는 문서를 작성하게 된다. 예를 들면 "우리는 세계적이지만, 기업적이지는 않다"라는 진술을 함으로써 회사의 규모와 전망을 담아내면서도 딱딱하지 않고 다가가기 쉽다는 특징을 나타낼 수 있다.

"그러다 보면 패턴이 나타나기 시작합니다. 반복적으로 등장하는 단어와 어구가 있기 마련이죠." 지날이 덧붙인다. 이런 특성이 기업 문화의 기반이다. 이 문화를 파악하여 정의하고 나면, 그 이상을 드러내는 표현으로서 브랜드의 개성, 자산, 메시지를 디자인할 수 있다.

브랜드 가치를 정의하는 과정이 끝나면, 다음 단계는 브랜드 포지셔닝이다. 지날은 이렇게 말한다. "브랜드 포지셔닝이란, 당신의 브랜드가 고객의 마음 속에서 차지하기 바라는 공간을 지정하는 작업입니다. '당신은 무엇을 하기 위해 세상에 존재하나요?'라는 질문에 대한 답을 확실히 정해야 합니다. 모든 것이 거기서 출발하거든요."

이 시점에서 JWT는 경쟁 분석 및 환경 분석을 반복적으로 수행하기 시작한다. 이 단계에서 클라이언트를 위해 정한 포지셔닝이 특징적이고 차별적인지, 미래에도 유의미할지를 확인하는 것이다.

포지셔닝은 회사가 공급하는 제품이 아니라 브랜드의 문제다. "포지셔닝의 초점을 제품에 맞추는 것은 근시안적이며, 브랜드를 상품화하는 결과를 낳기 쉽습니다." 지날이 말한다. 그의 말은 회사를 하나의 분류 안에 가두는 셈이므로, 나중에 신규 시장으로 확장하거나 피벗을 할 때 브랜드 재인을 활용하기가 어렵다는 의미다. "브랜드 구축의 목표는 브랜드에 정서적인 가치를 부가하는 것입니다. 시장에 경쟁자가 있고 선택의 여지가 있더라도, 고객이 다른 제품이 아닌 당신의 제품을 선택하게 만드는 것은 바로 정서적인 유대에 달려 있습니다."

브랜드 구축을 위한 이해관계자 감사 및 조사에는 몇 주가 걸리고 명망 있는 회사의 경우 비용이 3~5만 달러 정도 든다. 초기 스타트업에는 대개 이런 공식적인 브랜딩 프로세스의 비용을 지불하는 데 필요한 자원이 없다. 지날은 이렇게 말한다. "스타트업은 자원이 부족한 대신 민첩성은 뛰어나죠. 대기업에서는 몇 달이 걸릴 일이 스타트업에서는 몇 주만에 끝나거든요."

사실, 시작 단계의 회사에는 면담을 할 이해관계자가 거의 없다. 또한 일반적으로 스타트업이 존재하는 이유는 스타트업 창업자들이 이미 시장의 요구(또는 시장의 빈틈)를 찾았기 때문이다.

만약 당신의 스타트업에 자금이 한정적이라면 대행사에 의뢰하지 않고 브랜드를 구축하기 위한 프로세스를 직접 구축하는 것도 좋은 방법이다. 이때 브랜드의 가치와 개성을 도출하려면, 가장 먼저 '자신이 누구인가'라는 질문에서 출발하는 것이 좋다. 지날은 이렇게 조언한다. "본인이 진심으로 공감하는 문화적 특성에서 출발하세요."

무엇보다 중요한 것은 진정성이다. 초창기의 스타트업에게는 창업자(비전이 있는 사람)가 브랜드의 가장 효과적인 대변인이다. 온라인에서는 더욱 그렇다. 그러나 본모습이 아닌, 진정성 없는 모습을 보이면 아무런 효과가 없을 것이다.

"브랜드를 구축할 때 기억해야 할 점은 모든 것이 메시지를 전한다는 점입니다. 그러니까 당신이 누구이고 당신의 가치가 무엇인지 알았다면, 당신이 하는 일과 만드는 것 하나하나에 그 가치를 불어 넣으세요." 지날의 말이다. 신입 직원을 적응시키는 절차와 고객 불만을 처리하는 방식부터, 사무실 벽의 페인트 색깔과 주방의 커피 브랜드까지, 모든 것을 브랜드 가치에 따라 결정해야 한다.

커뮤니티 매니저도 브랜드를 구축하는 데 있어 중요한 인력이다. 브랜드를 정의하는 사람은 창업자이지만, 브랜드를 지속적으로 사용자에게 전할 기회를 갖는 사람은 커뮤니티 매니저이기 때문이다. 커뮤니티 매니저나 마케팅 부서장이 아직 없더라도, 팀에 커뮤니케이션에 능한 사람이 한 명 정도는 있어야 한다. 그 사람이 전담 직원을 뽑거나 대행사와 협력 관계를 맺기 전까지 브랜드 개성을 고객 접점에 불어넣는 역할을 담당해야 한다.

브랜드 정의를 마쳤다면 브랜드 자산을 구축할 차례다. 하드웨어 스타트업의 경우 특히 포장이 중요한데, 이는 제품 및 제품의 브랜드를 잘 보여 줄 수 있는 수단이기 때문이다. 만약 포장 대행사를 결정했고, 그들과 회의를 해야 한다면, 당신의 브랜드와 가장 잘 어울리면서도 브랜드의 가치를 반영하는 각종 포장 및 포장재 샘플을 가지고 가자. 지날은 이에 대해 이렇게 말한다. "창의적인 사람과 작업을 할 때는 그 사람에게 영감을 주고 숙제를 주는 한편으로 당신의 브랜드와 기호에 대해 그 사람을 교육해야만 최선의 결과물을 이끌어 낼 수 있습니다."

처음 브랜드를 구축하려면 많은 시간과 노력이 들어간다. 브랜드 구축은 프로세스 기반의 중차대한 작업이다. 스타트업 창업자는 제품을 개발하고 고객을 끌어들이는 데 많은 노력을 기울인다. 그러나 브랜드 가치를 찾고 자신이 누구인지 아는 것도 그만큼 중요하다. 당신의 궁극적인 목표는 제품이 아니라 브랜드를, 즉 가치, 비전과 정서적인 유대를 파는 것이기 때문이다.

브랜드 정체성의 기본적인 구성 요소 중 하나는 '브랜드 개성'이다. 구매 과정에는 감정이 개입하기 마련인데, 이는 고객이 구매를 통해 요구나 욕망을 충족하고자 하기 때문이다. 소비자들은 스스로의 자기 인식이나 타인에게 보이고자 하는 모습에 맞는 제품을 구매한다.

성공적인 브랜드에는 표적 고객의 관심을 끌거나 공감을 사는 개성이 있다. 마티 뉴마이어는 『브랜드 사전』에서 브랜드 개성을 '의인화한 용어를 사용해 브랜드의 특징을 정의한 것'이라고 정의했다. 브랜드는 상냥할 수도 있고, 재미있을 수도 있고, 남성적일 수도 있고, 우아할 수도 있다. 가능성은 무궁무진하다.

대행사가 클라이언트의 브랜드 개성을 찾을 때 사용하는 공통적인 체계가 몇 가지 있다. 그중 일부는 조사를 하는 데 한계가 있는 스타트업들도 따라할 수 있는 것들이다. 대표적인 것이 전형(典型) 연구다. 전형이란 성격을 나타내는 보편적인 모형으로 '조커', '반항아' 등이 그 예다. 하드웨어 스타트업인 컨투어Contour 카메라스도 이 방법을 썼는데, 창업자인 마크 바로스Marc Barros가 블로그 게시물(http://bit.ly/building_a_brand)을 통해 그 프로세스를 설명하기도 했다. "브랜드를 정의하는 것은 사람을 정의하는 것과 마찬가지다. 마치 친구를 설명하는 것처럼, 브랜드 특성이라는 형용사를 사용해서 브랜드의 개성을 정의하는 것이다."

컨투어 팀은 마거릿 마크Margaret Mark와 캐롤 피어슨Carol Pearson의 저서 『영웅과 무법자The Hero and the Outlaw』(McGraw-Hill, 2001)에서 정의한 12가지 전형을 사용하여, 창의적인 자기 표현을 촉진하고자 하는 자기들의 욕구에 맞는 인간형을 찾았다. 바로 '창작자'였다. 팀은 창작자 전형을 닻으로 삼고, 창의성에 브랜드의 초점을 맞추었다. 그리고 창작자 유형의 사람들, 즉 아티스트, 혁신가, 공상가가 좋아할 만한 제품을 만들기 위해 노력했다.

심리 연구 분야에서 5요인 모형(http://bit.ly/big_five_traits)은 인간의 성격에는 기본적인 다섯 가지의 성격 특성 요소가 있다고 말한다. 그 다섯 가지 요인은 곧 개방성, 성실성, 외향성, 친화성, 신경성이다. 비슷한 맥락에서 스탠퍼드 대학의 마케팅학과 교수인 제니퍼 아커Jennifer Aaker 박사는 브랜드 개성을 진실, 흥분, 유능, 세련, 강인이라는 다섯 가지 핵심 차원(http://bit.ly/brand_personality_dims)으로 나눌 수 있다고 생각한다. 각각의 차원에는 좀 더 구체적인 묘사를 가능하게 하는 양상과 특성이 존재하며, 그 구조는 그림 4-1과 같다. 아커의 기준은 학계에서 미국 문화에 치우쳤다는 비판을 받기도 했지만, 이런 특성 목록은 브랜드 개성을 정의하려 하는 회사에게 든든한 출발점이 되어 준다.

이 프로세스에 접근하는 또 다른 방법은 표적 고객을 설명하는 형용사를 늘어놓는 것이다. 브랜딩 대행사는 클라이언트에게 연상 활동을 시키기도 한다. 예를 들면 "당신이 자동차라면 어느 차일까요?"라든지 "당신이 동물이라면 어느 동물일까요?"와 같은 질문을 하는 것이다. 의인화를 해 보는 것도 좋은 방법이다. 브랜드가 진짜 사람이라고 가정한 다음, 그 사람이 어떻게 생겼으며 어떻게 행동할지를 머릿속에 그려 보는 것이다.

시간이 흐르고 회사가 진화하면서 제품과 메시지는 끊임없이 변하지만, 브랜드의 가치와 개성은 변하지 않는다. 지나 샤는 이렇게 말한다.

시장에 진화의 여지와 유동성을 남겨 두고 싶겠지만, 그래도 변하지 않아야 하는 핵심 가치가 있다. 당신이라는 사람에 대해 생각해 봐라. 당신이 말하거나 할 법한 것이 있는가 하면, 절대로 말하거나 할 법하지 않은 것도 있다. 당신을 아는 사람들은 아마 그 두 가지를 구별할 수 있을 것이다. 그렇게 개인 브랜드가 구축되는 것이다. 회사도 마찬가지다.

그림 4-1아커의 브랜드 차원

03 브랜드의 자산과 접점

브랜드 개성은 브랜드 자산을 통해 생명을 얻는다. 자산은 브랜드 이름, 로고, 문구, 그래픽, 컬러 팔레트, 소리는 물론, 경우에 따라서는 향기나 맛까지 포함한다.

회사의 이름을 정하는 것은 대단히 중요하다. 이름은 가장 자주 사용되는 브랜드 자산이다. 고객은 이름을 보고 듣는다. 또 친구에게 당신의 회사에 대해 이야기할 때 이름을 말한다. 소프트웨어 스타트업의 네이밍 방법에 대한 정보는 많으므로 인터넷에서 찾아보기 바란다. 일반적으로 권장하는 것은 짧은 이름, 도메인 또는 소셜 미디어 ID가 남아 있는 이름(최악의 경우 GETstartup.com이나 startupHQ.com처럼 회사 이름을 주소에 포함시킨 변형 도메인을 사용하는 방법도 있다), 발음하고 검색하기 쉬운 이름(이름이 영문일 경우 모음을 너무 많이 빼지 말자) 등이다. 이름은 독특하고 기억에 남아야 한다. 법적으로 사용이 가능한지, 다른 사람이 상표로 등록하지 않은 이름인지도 함께 고려한다.

하드웨어 스타트업(또는 제품)과 소프트웨어 스타트업이 이름을 정할 때 고려해야 하는 가장 큰 차이점은 이름을 포장과 장치에 표시해야 할 가능성이 하드웨어 스타트업 쪽이 훨씬 높다는 것이다. 따라서 명확성과 가독성이 대단히 중요하다. 이름만 보아도 제품의 기능을 알 수 있는지 생각해 보자. 추후 제품이 시리즈로 확장될 가능성도 고려하는 것이 좋다. 이러한 작업을 가장 잘 해낸 사례가 애플이다. 'I + Device'라는 규칙은 수십 년이나 애플의 하드웨어 제품(iMac, iBook, iPod, iPhone, iPad)에 쓰였고, 하드웨어와 소프트웨어의 연결 기술(iTunes)에도 쓰였다.

창업자의 이름을 사용하는 스타트업도 있다. 그렇게 하면 기업 브랜드가 카리스마 있는 창업자의 개인 브랜드(비츠 바이 드레Beats by Dre)에 의한 연상으로 혜택을 누릴 수 있지만, 창업자가 개인적인 추문이나 곤경을 겪을 경우(마사 스튜어트Martha Stewart) 부정적인 연상을 일으킬 위험도 있다.

일반 명사를 이름으로 정할 때도 신중해야 한다. 성공적인 회사 중에는 그런 이름을 사용하는 회사도 많지만(스퀘어Square와 네스트Nest 등), 그럴 경우 소비자가 그 단어를 들었을 때 당신의 회사를 떠올리게 만들기가 힘들다. 또한 도메인을 확보하는 데도 돈이 제법 들 것이다.

이름을 정할 때는 고객이 회사의 이름을 들었을 때 무엇을 상기시키기를 바라는지 생각해 보자. 브랜드의 가치와 개성을 찾을 때 했던 작업을 참고해도 좋다. 브랜드의 정수를 나타내는 단어나 문구를 여러 개 고른 다음, 브레인스토밍을 시작하자. 다음의 여러 가지 분류에서 이름을 고를 수 있다.

- 제품이 불러일으키기를 바라는 감정
- 사람들이 제품을 사용할 가능성이 높은 장소
- 제품의 독특한 물리적 특징
- 당신의 사용자 또는 제품을 나타내는 은유
- 제품의 기능과 관련이 있는 동사

이 프로세스는 여러 사람과 함께 진행하는 것이 좋다. 다른 사람의 창의성에 힘입어 단어를 연상하고 구축하면 일이 훨씬 쉽고 재미있기 때문이다.

마음에 드는 이름을 여러 개 생각하고 상표 침해 문제가 없는지 확인한 다음, 이름을 테스트해야 한다. 샌프란시스코의 네이밍 회사인 잇 마이 워즈Eat My Words 에서는 SMILE과 SCRATCH라는 테스트 기준(http://bit.ly/smile_n_scratch)을 사용한다.

먼저, SMILE 테스트는 다음과 같이 다섯 가지의 자질로 이루어져 있다. SMILE 이라는 이름은 다섯 가지 자질을 나타내는 영어 단어의 머리글자를 딴 것이다.

- 암시Suggestive : 긍정적인 브랜드 경험을 떠올리게 하는가?
- 유의미Meaningful : 고객이 이름을 이해할 수 있는가?
- 심상Imagery : 시각적인 상을 형성하여 기억에 남는가?
- 지속Legs : 오래가는 주제와 관련이 있는가?
- 정서Emotional : 고객에게 공감을 일으키는가?

SCRATCH 테스트를 통해서는 이름을 버려야 하는지 검사할 수 있다. SCRATCH도 마찬가지로 일곱 가지 특성을 나타내는 영어 단어의 머리글자를 따서 만든 것이다.

- 복잡한 철자Spelling-challenged : 오타처럼 보이지는 않는가?
- 흉내쟁이Copycat : 경쟁업체의 이름과 비슷하지 않은가?
- 제한Restrictive : 미래의 성장을 제한하지는 않는가?

- 짜증 유발^{Annoying} : 억지스럽지는 않은가?
- 무미건조^{Tame} : 밋밋하고 재미없지는 않은가?
- 지식의 저주^{Curse of knowledge} : 내부자만 이해할 수 있는 것은 아닌가?
- 어려운 발음^{Hard-to-pronounce} : 한눈에 발음을 알기가 어렵지는 않은가?

이 두 가지 테스트를 통과했다면, 이제 현장에서 테스트할 차례다. 창업자 중에는 테스트를 생략하고 자신의 판단을 믿는 사람도 있다. 그런가 하면 친구와 가족, 커뮤니티에만 피드백을 요청하는 사람도 있다. 이는 좋은 방법이 아니다. 네이밍과 브랜딩 분야의 전문가들은 현장 테스트를 권장한다. 내부자의 입장에서 판단하면 자신의 이름에 '지식의 저주' 문제가 없는지, 일반적인 소비자가 이해하기 어렵지 않은지를 판단하기가 어렵기 때문이다. 전문가들은 이름을 테스트할 때 포커스 그룹을 대상으로 이름을 테스트한다. 네이밍 전문가들이 흔히 사용하는 질문은 다음과 같다.

- 이 회사가 무슨 일을 한다고 생각하십니까?
- 이 이름의 철자를 맞힐 수 있겠습니까? (이 이름을 발음할 수 있겠습니까?)
- 이 이름을 들으면 특정 제품이 생각납니까?
- 이 이름을 읽으면 무슨 생각이 듭니까?

만약 이 프로세스를 직접 진행하는 과정에서 제품 이름에 대한 소비자의 피드백을 받고 싶다면, 온라인 설문 조사를 사용하자. 시간과 비용을 절약할 수 있으므로 추천한다. 미캐니컬 터크(https://www.mturk.com/mturk/welcome) 또는 크라우드플라워Crowdflower(http://www.crowdflower.com/) 등의 서비스를 사용하면 최소한의 요금으로 폭넓은 사용자 중에서 설문 조사 참가자를 찾을 수 있다. 창업자 가운데에는 애드워즈(http://adwords.google.com/)를 통해 랜딩 페이지로 트래픽을 유입시켜 이름에 대한 A/B 테스트를 실시하는 사람도 있다.

하지만 가장 좋은 방법은 직접 피드백을 받는 것이다. 웨어러블 카메라 제작업체인 컨투어의 창업자인 마크 바로스는 '술집 테스트'를 사용했다고 말한다(http://

bit.ly/picking_a_name). 시끄러운 술집에서 회사의 이름을 누군가에게 말하고, 상대가 회사의 성격을 이해하는지 보는 것이다. 상대가 이름을 발음하지 못하거나 철자를 말하지 못하면 실패작으로 간주한다(마크가 네이밍 및 브랜딩 경험을 통해서 깨달은 교훈을 자세히 보려면 '사례 연구: 컨투어와 모멘트의 네이밍'을 참조한다).

MEMO 사례 연구: 컨투어와 모멘트의 네이밍

마크 바로스는 2013년 8월에 문을 닫을 때까지 웨어러블/마운터블 비디오 카메라를 만든 컨투어 카메라스의 창업자다. 그는 최근 킥스타터 모금을 통해 모멘트라는 회사를 새로 창업했다. 창업자들이 하루 동안 업계 전문가들의 강연을 들으며 모범 사례를 배우고 함정을 피할 수 있게 도와주는 하드웨어 스타트업 워크숍Hardware Startup Workshop도 개최하고 있다. 마크는 성공과 실패를 모두 경험한 창업자로서, 하드웨어 스타트업의 초기 브랜드 구축에 대해 다각적인 관점을 지니고 있는 인물이기도 하다. 이번 사례에서는 마크가 컨투어에서 겪었던 난관을 소개하고, 그때 배운 교훈을 모멘트 운영에 어떻게 적용하고 있는지를 살펴볼 것이다.

마크는 컨투어에 대해 이렇게 말한다. "브랜딩을 처음부터 아주 잘못했다." 사실 컨투어는 이 회사의 세 번째 이름이었다. 첫 이름은 20/20이었는데, 이는 창업자 두 사람이 대학생이었을 때 정한 이름이었다. 둘은 이후 이 이름이 마음에 들지 않는다는 결론을 내리고, 이름을 V홀드R로 바꾸었다. 그들은 이름을 바꾼 이유를 이렇게 설명한다. "우리가 동영상과 관련하여 만들고 싶었던 카메라와 소프트웨어, 그리고 소셜 커뮤니티에 어울리는 이름을 짓고 싶었습니다." 그러나 안타깝게도 사람들은 이 이름의 철자를 알아맞히지도, 이름을 제대로 발음하지도 못했고, 심지어 팀원들도 마찬가지였다. 자금을 제품 디자인에 투자하기로 했기 때문에 네이밍 회사를 쓸 돈도 없었다.

컨투어의 창업 초기에만 해도 소셜 네트워크가 존재하지 않았기에, 회사의 마케팅 전략은 현장 이벤트에 크게 의존했다. 컨투어는 액션 스포츠 및 라이프스타일 커뮤니티를 대상으로 설정했다. "우리는 이벤트 전략을 많이 사용했습니다. 산악 자전거 이벤트, 스키 이벤트, 스노보드 이벤트를 전전했죠. 이벤트 현장 전체에서 홍보 활동을 하기 위해 직원들과 함께 RV 차량을 몰고 다녔습니다."

컨투어는 또한 영향력이 있는 운동선수를 중심으로 네트워크를 구축해서, 제품을 지급하고 후원했다. 제품이 어느 시점에는 20/20라는 이름으로, 어느 시점에는 V홀드R라는 이름으로 팔렸다. 카메라는 표적 시장 내에서 어느 정도의 가시성을 확보하기에 이르렀지만, 브랜드를 수 차례 바꾸었기 때문에 연속성이 떨어졌다. 연속성은 소비자의 머릿속에 브랜드 정체성을 구축하는 데 필수적인 요소다.

회사는 잦은 이름 변경을 거치며 시간을 낭비했고 시장 점유율도 잃었다. 결국, 컨투어는 회사를 창업한 지 5년이나 지나서 브랜딩에 진지하게 임하기 시작했다. 그런 차질에도 불구하고 회사는 어느 정도 추진력을 얻었고(물론 수익도 올렸다), 대행사를 통해 컨투어의 브랜드 전형과 이야기를 만들기 시작했다.

안타깝게도 경쟁업체인 고프로^{GoPro}는 그런 실수를 하지 않았다. 거의 같은 시기에 창업되었으며 비슷한 고객을 대상으로 비슷한 제품을 판매하는 고프로는 지속적으로 시장 점유율을 높이며 앞서갔다. 마크는 컨투어를 닫은 후, 고프로와 컨투어의 브랜딩 전략을 상세하게 비교한 사후 분석 글을 블로그에 게시했다. 이 게시물에서 그는 '브랜드가 첫째, 유통은 둘째'라는 교훈을 얻었다고 설명한다. 컨투어는 소매에 자원을 모두 소모하여, 소비자의 수요를 유발하는 데 쓸 자원이 거의 없었지만, 고프로는 고객과 정서적인 유대를 맺는 데 중점을 두고 당사 제품으로 촬영한 아슬아슬한 액션 동영상을 활용하여 진취적인 브랜드 정체성을 확립했다. 즉, 고프로가 먼저 브랜드 동향을 만들어 낸 것이다.

"컨투어는 무엇에도 세계 최고가 아니었습니다." 마크는 이렇게 회상한다. "제품은 제법 훌륭했고, 브랜드도 유통도 그럭저럭 괜찮았지만, 무엇 하나도 기막히게 잘하진 못했어요." 가치 제안이 분명하지 않고 포지셔닝도 모호했던 만큼, 강한 브랜드를 자랑하는 상대와 경쟁하는 것이 불가능해 보였다.

마크는 모멘트를 창업하며 컨투어에서 얻은 교훈을 적용했다. 이번에는 "우리가 누구이며 왜 이 일을 하는지 파악하는 데서 출발했습니다." 마크의 설명이다 그는 초반에 회사의 핵심 가치를 찾아냈고 그 가치를 회사의 기반으로 삼았다. 또한 선행했던 회사들을 이해하기 위해 노력했다. 마크는 "이 브랜드는 렌즈의 역사에 뿌리를 두고 있습니다."라고 설명했다. 결국 이 회사의 디자인 요소와 이름, 콘셉트는 모두 일관적인 비전의 일부이며, 그것은 바로 시간의 단편인 '순간^{Moment}'인 것이다.

마크는 이렇게 설명한다. "우리는 각자 사진을 찍어서 영감의 벽에 붙였습니다. 그 사진을 보고 어떤 느낌이 드는지 생각해 본 결과, 사진이란 결국 순간이라는 걸 깨달았죠." 사진은 순간을 기억하고 순간을 공유하는 것이며, 모멘트 팀은 휴대전화에 부착하는 편리하고 막강한 렌즈로 그 정서적인 경험을 촉진하고자 한다. 킥스타터 모금에 대한 반응을 보면 이

비전에 많은 사람이 공감했음을 알 수 있다. 마크는 50,000달러의 목표를 설정했고, 그 결과는 성공이었다. 451,868달러가 모인 것이다.

모멘트는 마크가 '사진 촬영자'라고 부르는 사람들에게 초점을 맞추고 있다. 사진작가는 전문가이고, 사진 촬영자는 본업이 따로 있지만 휴대전화로 일상생활과 주말의 모험, 자녀의 모습을 기록하는 것을 좋아하는 사람들이다. 인스타그램^{Instagram}의 성공 사례가 그런 사람들이 상당히 많음을 증명한다. "우리는 '이 사람은 조입니다. 여기서 일하고 이런 제품을 구매하죠'와 같은 뻔한 고객 프로필을 작성해야 한다고 생각하지 않습니다. 그보다는 본질적인 요구를 찾죠." 마크가 말한다. 사진 촬영자는 여가 시간에 사진을 찍는 창의적인 사람이므로, 모멘트 팀은 속도와 편의를 우선하여 일상적으로 사용하기에 좋은 모바일 렌즈를 만들기 시작했다.

"브랜드를 진정으로 파악하는 데는 두어 해가 걸립니다. 세부적인 내용까지 제대로 알고, 고객을 파악하고, 고객의 구매 이유를 이해하려면 말이죠." 현재 모멘트 팀은 고객에 대해 더 알기 위해 킥스타터 후원자들의 프로필을 분석하는 중이다. 모멘트를 어떻게 알게 되었는지, 왜 구매했는지 등의 데이터를 사용해서 표적 시장의 인구통계적 특성과 심리묘사적 특성을 파악하고 있다.

그러나 이들은 크라우드펀딩 캠페인을 시작하기 한참 전부터 잠재적인 얼리어답터와 인플루언서에게 연락을 취해 왔다. "회사 근처에서 사진 촬영자들을 찾았습니다. 커피를 마시며 제품을 보여 주고 피드백을 받았죠." 마크의 말이다. 마크는 이 사람들의 도움을 받아 여기까지 왔다. 마크는 이렇게 덧붙였다. "그분들은 회사의 비전을 믿는 사람들입니다. 그냥 '이 장치 좀 봐 주세요' 하는 수준하고는 전혀 다르죠. 이분들은 우리가 어떤 회사고 우리의 신념이 무엇인지에 관심이 있기 때문에 우리를 도와주는 겁니다."

모멘트 팀은 세계에서 가장 잘할 수 있는 한 가지를 찾았다. 이 회사의 사명은 최고의 모바일 사진 제품을 선보이는 것이다. 팀은 이 목표를 염두에 두고 오로지 제품 개발에만 집중한다. "우리는 소매 유통은 하지 않습니다. 그러려면 사람을 뽑고 돈과 이윤을 써야 하니까요." 마크가 말한다. "대신 제품 하나는 기막히게 잘 만드는 팀을 구축하는 중입니다."

마크는 컨투어의 고통스러운 경험을 딛고, 그 교훈을 두 번째 회사에 적용하여 브랜드 사명과 정체성을 분명하게 확립했다. 모멘트 팀은 첫날부터 브랜딩을 우선시함으로써 순조로운 출발을 해냈다.

브랜드 이름과 개성은 로고, 그래픽, 컬러 팔레트, 아이콘 등 나머지 시각 자산의 초석이며, 이와 관련하여 당신은 많은 결정을 내려야 한다. 어떤 색상은 특정 감정을 불러일으키기도 한다. 로고는 단어(예. Google)일 수도 있고 그림(예. 애플의 사과)일 수도 있으며, 둘의 조합(예. 1992~2011년의 스타벅스 로고)일 수도 있다. 이 단계의 목표는 바로 알아볼 수 있고 기억에 남으며 여러 매체에 표시해도 영향력을 잃지 않는 대표적인 시각 요소를 창안하는 것이다.

감각 경험이 브랜드 개성과 일치해야 한다. 예를 들어 브랜드 개성이 우아하고 세련되었다면, 저해상도의 만화 동물 로고는 어울리지 않을 것이다. 시각 자산은 제품의 '룩 앤드 필'과 일관적이어야 하며, 이때 제품이란 최종 사용자가 경험하는 소프트웨어 또는 앱을 포함한다. 시각 정체성 구현의 좋은 사례로 구글의 시각 자산 지침(http://bit.ly/google_visual_assets)을 들 수 있다.

양질의 브랜드 자산을 제작하는 데는 시간과 돈이 든다. 브랜딩 대행사와 함께 일할 자원이나 의사가 없다면, 아마도 사내의 디자이너가 이 프로세스를 책임지게 될 것이다. 팀에 디자인 경험이 있는 사람이 없다면 전문 외주 디자이너를 구하자. 브랜드 자산은 시간이 지나면서 변화하지만, 첫날부터 깔끔하게 마무리했다는 느낌을 주어야 한다. 인생이 다 그렇듯이, 디자인도 돈을 낸 만큼 얻을 수 있다. 전문가의 경우 시급을 50~100달러 정도로 예상해야 한다.

브랜드가 고객과 상호작용하는 지점을 접점이라고 한다. 접점을 찾으려면 매체, 포장, 광고, 환경(상점 등) 등의 홍보 채널을 생각해 보자. 접점으로는 웹사이트, 이메일, 앱, 블로그, TV, 박람회, 전시회, 인쇄물, 전단, 광고판, 동영상, 가판대, 소매점의 진열대, 소셜 미디어 등이 있을 수 있다. 오프라인 세상에서든 온라인 세상에서든 소비자가 브랜드를 접할 수 있는 곳이라면 모두 접점이다.

접점은 일시적일 수도 지속적일 수도 있고, 개인을 겨냥할 수도 대중 시장을 겨냥할 수도 있으며, 실시간으로 변할 수도 고정적일 수도 있다. 제품 디자인 자문 회사인 헬로 퓨처Hello Future에서는 그림 4-2의 표를 통해 이것을 설명한다(http://

brandtouchpointmatrix.com/). 왼쪽 하단에 있는 '캠페인'(광고)의 위치에 주목하자. 일시적이며 대중 시장을 겨냥한다. 오른쪽 상단의 '플랫폼'은 장기적이고 지속적이다.

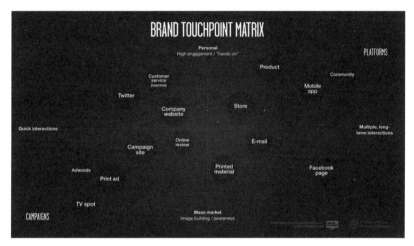

그림 4-2 헬로 퓨처의 브랜드 접점 표. 크리에이티브 커먼즈의 저작자 표시 – 동일조건변경허락 라이선스 (https://creativecommons.org/licenses/by-sa/2.5/deed.ko) 하에 사용함

소비자들은 세 단계에서 접점과 마주치게 된다. 이 세 단계가 바로 구매 전 단계, 구매 단계, 구매 후 단계다. 구매 전 단계에서의 상호작용 목표는 브랜드에 대한 소비자의 인식을 형성하고, 가치 제안을 전달하는 데 있다. 즉, 소비자의 제품 구매 가능성을 높이는 것이다. 구매 단계에서의 목표는 그저 제품을 판매하는 것뿐만 아니라, 더 깊은 관계를 형성하는 것이다. 구매 후 단계에서의 상호작용 목표는 만족을 주고 충성도를 높이고 고객을 브랜드 전도사로 변화시키는 것이다. 이러한 모든 접점과 구매 결정의 모든 단계를 거치다 보면 당신은 제품뿐만 아니라 브랜드도 판매하게 된다.

특정 접점에서 소비자가 회사와 관련하여 하는 경험을 '브랜드 경험'이라고 부르며, 일정 기간 동안 여러 접점에서 일어나는 상호작용을 모두 합친 것을 '누적 경험'이라고 한다. 브랜드 경험과 누적 경험은 모두 중요하다. 10장에서 관련 지표를 더 자세히 살펴보겠지만, 여기서는 각 접점의 고객 경험에 대한 데이터를 수집하기 위한 체계를 마련해야 한다는 점만 언급하고 넘어가겠다.

대중과 소통하기 시작하면, 가능한 모든 접점에서 브랜드를 일관적으로 제시하기 위해 노력해야 한다. 브랜드 이름이나 로고가 나타나는 곳이라면 어디서든 메시지의 내용과 어조에 일관성이 있어야 한다.

04 포지셔닝과 차별화

브랜드 포지션이란 특정 시장 안에서 당신의 브랜드가 소비자의 머릿속에서 차지하는 공간이다. 그곳은 당신만의 틈새 시장이다. 고객은 머릿속으로 브랜드에 등급을 매긴다. 당신이라면 맥도날드, 버거킹, 웬디스의 등급을 어떻게 매기겠는가? 당신의 제품이 왜 특별한지, 또 제품이 시장에서 어떤 위치를 점하는지 파악하는 것은 표적 시장에서 점유율을 높이기 위해서는 필수적인 단계다. 탄산음료 시장에서 세븐업은 코카콜라와 펩시에 이어 3위였다. 하지만 세븐업은 '언콜라Uncola'라는 이름으로 정체성을 표현하기 시작하면서, 콜라의 대안이라는 영역에서 선도자로 자리 잡았다.

포지셔닝은 고객, 경쟁업체, 특징이라는 세 요소의 함수이기도 하다. 첫 번째로 고객이란 당신이 겨냥하는 표적 시장이자 "누구에게 도달하려 하는가?"라는 질문의 대답이다. 두 번째로 경쟁업체란 이미 그 시장에 존재하는 다른 회사다. 마지막으로 특징은 당신을 남들과 구별해 주는 차별화 요소다. 마케팅에서는 이것을 차별점이라고 부른다. 당신은 시장 조사의 초기 단계에서 경쟁업체로부터 제품을 차별화하는 방법을 파악했을 것이다. 브랜드 포지셔닝 측면에서 볼 때 가장 위력적인 차별점은 방어가 쉬우면서(경쟁업체가 쉽게 따라 할 수 없어야 한다) 표적 고객에게도 의미가 있는 차별점이다. 위에서 말했듯이 모든 사람에게 모든 것을 줄 순 없으니, 차라리 특별해야 한다

마케팅 전문가 제프리 무어Geoffrey Moore는 저서인 『제프리 무어의 캐즘 마케팅』(세종서적, 2015)에서 포지셔닝 선언문 작성을 위한 템플릿을 수록하고 있다.

(제품 이름)은 (요구 또는 기회 진술)하는 (표적 고객)을 위해 (핵심 편익, 즉 매력적인 구매 이유 진술)하는 (제품 분류)이다. (경쟁업체의 주요 제품)과 달리 우리 제품은 (주요 차별점 진술)하다.

이 선언문은 우리가 2장에서 다룬 상품화 이전 단계의 온갖 고려 사항을 한 문장에 담아 하나의 메시지로 종합한다(10장에서 다시 마케팅 맥락에서의 포지셔닝 및 차별화에 대해 다시 살펴볼 것이다). 상품화 이전 단계에서는 누구를 위해 제품을 만드는지, 시장에서 어떤 위치를 점하고자 하는지를 알아야만 제품 관련 결정을 내릴 때 기준으로 삼을 체계를 세울 수 있다.

브랜드 개발은 지속적인 프로세스이며 시간을 들일 가치가 충분하다. 고객이 당신의 브랜드를 품질이나 기분 좋은 경험과 동일시한다면, 그 결과로 나타나는 충성도와 만족도는 곧 고객 유지율 상승과 수익 증대로 이어진다. 일부 스타트업은 회사의 성공에 브랜딩이 얼마나 중요한지 인식하고 처음부터 내부 직원을 뽑기도 한다. 네스트의 세 번째 직원은 영업 및 마케팅 전문가인 에릭 찰턴Erik Charlton이었다(88페이지의 '사례 연구: 네스트 브랜딩'에서 네스트가 어떻게 해서 처음부터 브랜드를 구축했는지 확인하자).

일부 스타트업은 브랜딩 대행사와 계약한다. 어느 방법을 쓰든, 브랜딩을 최대한 일찍 생각하기 시작하는 것이 중요하다. 당신이 '은신 모드'를 벗어나서 대중에게 인식되는 순간, 소비자뿐만 아니라 미래의 직원, 파트너, 투자자(!)도 당신에 대한 인식을 형성하기 시작한다. 더 적극적으로, 더 신중하게 그 인식에 영향을 미칠수록 회사의 성공 확률도 높아진다.

네스트는 가정에서 '사랑받지 못하지만' 중요한 제품을 재창조한다는 사명을 띤 커넥티드 장치 회사다. 이 회사의 첫 두 제품은 온도조절기(네스트 서모스탯[Nest Thermostat])와 연기/일산화탄소 감지기(네스트 프로텍트[Nest Protect])를 우아하게 재창조한 제품이었다. 네스트는 공식 웹사이트에서 제품을 직접 판매하고 있다. 이 외에도 베스트바이, 애플, 로우스, 홈디포[Home Depot] 등의 소매 협력업체를 통해서도 제품을 판매하고 있다. 공동 창업자이자 엔지니어링 부문 부사장인 맷 로저스[Matt Rogers]는 과거 애플 사의 펌웨어 엔지니어로 근무하며 아이포드 제작에 참여한 바 있다. 이번 사례 연구에서는 네스트의 브랜딩 사례를 살펴보고, 맷이 역설하는 브랜딩의 중요성에 대해서도 알아보자.

네스트 팀은 회사 또는 제품을 공개적으로 발표하기 한참 전부터 브랜드 정체성을 구축해 왔다. 맷은 이렇게 회상한다. "소비자 브랜드를 아주 일찍부터 구축해야 한다는 걸 알고 있었거든요. 우리는 그것을 최우선으로 했습니다. 우리 분야에서도 그렇고 전반적으로도 그렇고, 처음으로 제품을 만드는 회사는 대개 제품과 기술에 많은 시간을 쏟습니다. 하지만 브랜드와 마케팅도 그만큼 중요하죠."

네스트가 브랜딩을 얼마나 우선시했는지는 팀의 초기 채용 우선순위를 보면 알 수 있다. 첫 번째와 두 번째로 뽑은 직원은 엔지니어였는데, 세 번째로 뽑은 직원이 현재 사업 부문 부사장인 에릭 찰턴이었다. 그는 처음에는 영업 및 마케팅을 책임지기 위해 채용한 인물이었는데, 맷과 엔지니어들이 제품을 제작하고 설계하는 동안 에릭은 네스트의 공동 창업자인 토니 파델[Tony Fadell]과 함께 제품 이면의 이야기를 만들었다. "훌륭한 제품을 만든다 하더라도, 그것이 무엇이며 얼마나 간편한지를 설명하고 그것에 대한 이야기를 만들 수 없다면 제품이 팔리지 않습니다."라는 것이 맷의 설명이다. 네스트 팀은 브랜드의 심상이 어떤 모습일지, 브랜드에 대해 어떻게 이야기할지, 제품을 어떻게 제시할지에 대해 계속해서 고민했다.

네스트는 결국, 지금까지 모두가 간과하던 가정의 여러 제품을 설명하기 위해 '사랑받지 못하는 장치'라는 표현을 택했다. 시장에는 온도조절기가 아주 많다. 네스트의 온도조절기는 '사랑받는 제품'이라는 점에 포인트를 두고 차별화를 꾀하기로 했다. 이 약속을 지키기 위해 팀은 사용자 경험과 디자인에, 맷이 '사람들로 하여금 당신의 작품을 만지고 잡고 갖고 놀고 싶게 만드는 불가사의한 특성'이라 일컫는 것(http://bit.ly/ipod2thermostat)을 불어넣고자 노력했다. 그들은 깔끔한 디자인과 똑똑한 기능을 최우선으로 하고, 기능 과다를 피하려고 애썼다.

브랜드와 스토리텔링은 소비자에게 제품을 판매하는 데 있어 매우 중요한 포인트다. 만약 초창기 스타트업에 뚜렷한 브랜드 정체성이 있다면 소매업체를 대할 때도 유리할 것이다. 대형 할인점은 보통 스타트업과 거래하는 것을 경계한다. 검증되지 않은 제품을 제작하는 SKU(재고 관리 코드)가 하나뿐인 회사와 계약하는 상황은 피하고 싶어 하기 때문이다. 맷은 이에 대해 이렇게 설명한다. "소매업체에 제품을 가지고 갈 때, 제품에 대한 이야기와 마케팅 전략이 이미 완성되어 있다면 훨씬 좋은 인상을 줄 수 있죠."

네스트는 베스트바이에 먼저 접근하자는 전략적인 결정을 내렸다. 전통적인(사랑받지 못하는) 온도조절기는 주택 수리 및 철물 상점에서 주로 판매된다. 베스트바이와 네스트의 첫 대화는 회사 창업 직후, 제품을 미처 만들기도 전에 이루어졌다. 그들은 베스트바이가 온도조절기를 판매할 의향이 있는지 알아보려 했다. 그때까지 베스트바이에서 그런 제품을 판매한 적이 없었기 때문이다. "우리가 하고 있는 작업을 이야기했더니 그쪽 사람들이 웃더군요." 맷이 말했다. "그리고는 '저희는 온도조절기를 팔지도 않는데요. 왜 저희가 이 계약을 해야 하죠?'라고 했습니다."

네스트의 예상대로였다. 네스트의 첫 블로그 게시물('온도조절기요? 네, 온도조절기요 (http://bit.ly/yes_thermostats)')에서는 이러한 의심을 조롱하고, 네스트의 가치 제안과 차별화 요소를 분명히 기술하면서 회사를 소개했다. 디자인이 아름답고 똑똑하며(사용자의 온도 기호와 습관을 학습한다), 스마트폰을 통한 원격 제어가 가능하고, 전기세를 줄여 준다는 것이다. 네스트는 이런 비전을 베스트바이의 담당자에게 다시 설파했다.

네스트는 제품 개발 계획을 (소매업체 담당자를 포함하여) 누구에게도 발설하지 않았지만, 최초 제품보다 광범위하며 다른 제품으로 확장하기 쉬운 브랜드 사명('사랑받지 못하는 장치를 재창조한다')을 확립하는 것을 최우선으로 했다. 창업자들은 깔끔한 디자인, 꼼꼼하고 세심한 배려, 즐거운 사용자 경험 등, 애플 근무 당시에 익힌 가치를 제품 개발의 면면에 적용했다. 그 결과 많은 사람에게 사랑받는 제품(첫 생산품은 몇 달 동안 품절 상태였다 (http://bit.ly/nest_sold_out))과 아름다운 커넥티드 장치를 연상시키는 브랜드가 탄생했다.

이번 장에서는 팀 구성을 끝냈으며, 고객을 파악하고, 표적 시장을 정하고, 브랜드를 구축하기 시작했다. 이제부터는 본격적으로 프로토타입 제작을 시작할 때다.

chapter 05 프로토타입 제작

사용자, 시장, 브랜드를 알았으니 이제 프로토타입을 제작할 단계다. 하지만 사실 당신은 지금까지 알게 모르게 프로토타입을 만들고 있었던 것이나 마찬가지다.

많은 창업자들이 프로토타입이란 외형이나 기능이 최종 제품과 비슷해야 한다고 생각한다. 하지만 실제로 하드웨어 제품을 개발할 때는 해상도와 성공의 정도가 제각각인 수많은 프로토타입이 필요하다. 이런 반복적인 프로토타입 제작 과정에 대해 흔히 하는 이야기가 "일찍, 자주 실패하라"이다. 이 말은 프로토타입 제작뿐만 아니라 사업 측면에서도 진리다.

01 프로토타입 제작의 이유

프로토타입을 제작하는 근본적인 이유는 무엇보다도 배우기 위해서다. 프로토타입을 잠재적인 사용자에게 보여 주고 의견을 구하든, 벤처 캐피털리스트에게 시연해서 콘셉트를 전달하든, 프로토타입 과정 자체에 대해 배우든, 각 프로토타입으로부터 여러 가지를 배워야 한다.

프로토타입에서 무언가를 배우려면, 미리 가설을 세우거나 각 프로토타입에서 알고 싶어하는 내용을 미리 정의해 두는 것이 중요하다. 이것은 해당 프로토타입에 얼마만큼의 시간과 비용을 사용할지 결정하는 데 도움이 된다. 프로토타입을 벤처 캐피털 파트너와의 회의에 가져갈 예정이라면, 비용을 아끼지 말고 괜찮은 모델 제작소에 주문하자. 단, 냅킨 스케치 후에 처음으로 만드는 프로토타입이라면 공을 너무 많이 들이지 않는 것이 좋다. 이 단계에서는 아이디어를 그저 물리적인 형태로 표현하기만 하면 된다. 프로토타입 제작의 득과 실을 고려하는 것도 매우 중요하다. 제작을 외주업체에 맡길 경우, 프로토타입 제작의 프로세스와 복잡성에 따라 2주에서 10주까지도 걸리기 때문이다.

또한 프로토타입은 근본적으로 의사소통 수단이다. 프로토타입 제작을 처음 하는 경우 이 점을 간과하기 쉽다. 물리적인 프로토타입이 갖는 의미가 무엇인지 설명해 본 적이 없는 사람이라면, 자신의 프로토타입에 대해 설명하는 일이 어렵게 느껴질 수도 있다. 클라이언트에게 최종 제품 아이디어를 전달하는 한편, 그들에게 프로토타입 제작 과정을 가르쳐야 한다는 부담감에 익숙한 회사들이 꽤 많은데, 대표적인 예가 아이디오IDEO이다. 아이디오는 캘리포니아 주 팰로앨토에 본부를 두고 있는 전체론적인 제품 디자인 및 엔지니어링 회사다. 이번에는 이 회사에 대한 사례를 살펴보자.

MEMO 사례 연구: 아이디오에서의 프로토타입 제작 및 의사소통

데이브 라이언스Dave Lyons는 엔지니어링, 디자인, 제품 개발에 오랜 경력을 보유한 창업자다. 그는 2011년에 자동 주행 기술 회사인 펠로톤Peloton을 공동 창업했고, 테슬라 모터스Tesla Motors에서는 12번째 직원으로서 엔지니어링 디렉터를 역임하며 회사의 핵심 기술을 하나씩 담당하는 여러 개의 개발 팀을 꾸리고 확장했다. 또한 디자인 및 혁신 컨설팅 회사인 아이디오에서 11년 동안 다양한 직책을 맡기도 했다. 데이브는 그 후로 실리콘밸리 벤처 캐피털 회사 두 곳에서 상주 기업인(EIR)으로 근무한 바 있다.

여기에서는 데이브가 아이디오에서 클라이언트와 함께 프로토타입을 제작하면서 겪었던 난관과, 아이디오가 아닌 다른 스타트업에서 실시했거나 경험했던 모범적인 프로토타입 제작 관행에 대해 살펴보자.

데이브가 아이디오에 근무한 것은 1991년에서 1999년까지로, 그때 당시는 실리콘밸리에서 전체론적인 제품 디자인의 중요성이 커지고 있었음에도 여전히 클라이언트가 설명을 요구했던 시기였다. 데이브는 이렇게 말한다. "최종 아이디어 또는 프로토타입의 형태로 답만 내놓으라며 요구하는 클라이언트도 있었죠. 이런 클라이언트와 일을 하게 될 경우, 아이디오의 창의적인 디자인 프로세스를 납득시키고 양측이 모두 만족하는 최종 디자인을 만들어 내기 위해서는 서로가 더욱 긴밀한 관계를 맺어야 했습니다."

데이브가 아이디오에서 일하면서 배운 것은 아이디어를 물리적인 프로토타입에 담아내는 작업의 중요성이었다. 데이브는 프로토타입 제작의 근본적인 목적이 아이디어를 전달하는 데 있음에도, 프로토타입만으로는 클라이언트에게 비전을 이해시키기가 어려움을 깨달았다. 데이브는 이에 대해 이렇게 설명한다. "사람들을 모을 때마다 모종의 프로토타입을 통해 구체적인 콘셉트를 보여 주어야 합니다. 프로토타입이나 모델을 회의에 가져가면 그것이 대화의 중심이 되기 때문입니다."

한 가지 유념할 것은 당시에도 프로토타입 제작의 기술적인 수준이 현재와 비슷했다는 점이다. "1990년에도 3D 인쇄가 존재했고, 지금만큼 품질이 좋았습니다. 비용이 훨씬 많이 들었기에 사용하지 않았을 뿐이죠. 3D CAD(컴퓨터 지원 설계)도 있었고요. 물론 3차원이라는 점만 같을 뿐 렌더링 성능은 지금 같지 않았죠." 이 점은 최근 3D 인쇄가 대중화되고 접근성이 높아졌다는 점에서 특히 중요하다. 메이커봇 덕분에 FDM(압출 적층 조형) 방식의 3D 인쇄 기술을 전 세계의 메이커가 사용할 수 있게 되었지만, 그렇다고 해서 전문 엔지니어들이 사용하는 FDM의 성능이 바뀐 것은 아니었다. 원래 존재하던 기술에 대한 대중의 인식이 향상되었을 뿐이다. 앞으로도 프로토타입 제작 및 제조 분야에 새로운 유행이 계속 등장할 것이므로, 이 점을 항상 고려하는 것이 중요하다.

데이브는 프로세스 초반에 프로토타입을 제작하는 일의 가장 큰 장점으로 '여러 영역에서 디자인의 결함을 최대한 빨리 밝혀내서' 제대로 작동하지 않는 요소가 무엇인지 파악하고, '탁자 위의 물체 너머에서 그것의 가능성을 보려는 의지'라는 회사 문화를 받아들일 수 있다는 점을 꼽았다. 프로토타입을 회의에 가져가는 것은 디자인 방향을 보여 주고 대화의 물꼬를 튼다는 면에서 중요하지만, 임시 자재의 색상이나 가장자리의 마감 방식처럼 프로토타입의 사소한 부분에 시선을 빼앗기지 말고 그 디자인이 제시하는 새로운 방향을 바라보는 것 역시 중요하다.

데이브는 또한 프로토타입을 일찍 자주 제작하는 것도 중요하며, 관객에게 맞춰 만드는 것도 중요하다고 강조한다. "디자이너들이 참석하는 회의에 가져갈 거라면 폼보드로 대충 만들어도 상관없습니다. 하지만 벤처 캐피털리스트들이 참석하는 회의에 가져갈 거라면 그보다는 깔끔하게 만드는 게 좋겠죠." 즉, 누가 그 프로토타입을 볼 것인지를 반드시 고려해야 한다는 것이다(96페이지 '프로토타입의 유형' 절 참조).

가령, 데이브는 최근 POS(판매 시점 정보 관리) 시스템인 클로버^{Clover}를 만들었는데 이때 형태 프로토타입과 성능 프로토타입(98페이지의 '성능 및 형태 프로토타입' 참조)을 구별한 바 있다.

우리는 클라이언트에게 끊임없이 형태가 비슷한 모형들을 가지고 갔습니다. 아주 사실적인 렌더링, 아니 어쩌면 실제 제품보다 더 멋진 렌더링을 준비했고, 사용자와 고객 사이에서 디스플레이를 회전시키는 메커니즘을 보여 주는 성능 프로토타입을 지참했습니다.

다시 말해, 창업자는 형태 연구, 컴퓨터 렌더링, 성능 메커니즘의 세 가지 프로토타입을 모두 준비하는 과정에서 이 프로토타입이 '관객을 설득하기에 충분한지 부족한지'에 대해 판단할 수 있어야 한다. 이 과정에서 사용하는 것이 '분할 정복' 방식이며 이에 대해서는 이번 장의 뒷부분에서 살펴볼 것이다.

데이브는 여러 회사에 근무하는 동안 항상 프로토타입 제작의 중요성과 함께, 사용자와 투자자를 포함하는 이해관계자에게 프로토타입을 일찍, 자주 보여 주고 의견을 구하여 방향을 점검하는 작업 또한 중요하다고 강조했다.

저해상도 프로토타입을 제작하는 데는 여러 가지 장점이 있다. 시간과 비용을 줄일 수 있으며, 프로토타입이나 아이디어를 완전히 가공하지 않은 상태로 보여 주는 것이기 때문에 사용자에게 가공되지 않은 피드백을 받을 수 있다. 실제 제품에 가까운 구체적인 프로토타입을 제품을 보여 주면, 사용자는 색상이나 버튼 인터페이스에 대한 사소한 피드백만 줄 가능성이 높다. 가공하지 않은 프로토타입을 보여 주어야만 제품의 기본 기능 등에 대한 근본적인 피드백을 받을 수 있다.

초기의 사용자 체험에 부연 설명이 많이 필요해도 괜찮다. 사용자에게 보여 줄 최초 프로토타입은 판지, 폼보드, 심지어는 종이만으로 만들어도 된다. 폼보드는 폼의 양면에 종이를 붙인 소재로, 초기 프로토타입을 만들 때 아주 편리하며 화방에서 쉽게 구할 수 있다. 이 소재는 다양한 행사에서 전시 패널로 흔히 쓰이는 소재이므로 이미 알고 있을 것이다. 모바일 앱의 사용자 인터페이스(UI) 화면 목업을 만들거나, 제품의 대략적인 형태를 표현하거나, 그 외의 저해상도 프로토타입을 만들어 사용자에게 아이디어를 설명하고 MVP의 기능을 다듬을 때 특히 유용하다.

산업 디자이너가 디자인을 검토하기 전에 사용자에게 프로토타입을 보여 주어야 한다면, 이때의 디자인에서는 화려한 형태나 곡선을 최대한 배제하는 것이 좋다. 초기 버전 프로토타입에서는 네모난 상자나 원통 안에 부품을 모두 담자. 조금씩 다른 프로토타입을 여러 개 준비하면 사용자를 대상으로 빠르게 A/B 기능 테스트를 실시할 수도 있다. 확인해야 하는 사항이 프로토타입에 구현되어 있는 경우 질문하기가 더 쉽기 때문이다. 예를 들면, 프로토타입 A와 프로토타입 B 중에 더 좋은 것을 선택하라고만 하면 된다.

또한 프로토타입을 제작하는 것은 여러 프로세스의 역량과 한계를 파악할 수 있는 기회이기도 하다. 특히 소프트웨어 또는 사업 분야에서 하드웨어로 넘어가는 경우에는 직접 손을 움직여 프로토타입을 만들어 보아야 한다. 테크숍(또는 근처의 공방이나 작업실)에 가서 레이저 커터 사용법을 배우자. 이 밖에도 프로토타입 제작 프로세스와 역량이 비슷한 양산 규모의 프로세스에 대해 알아보고, 나중에 선택해야 하는 것과 포기해야 하는 것이 무엇인지에 대해서도 생각해 보아야 한다. 프로토타입 제작 프로세스와 양산 프로세스 사이에서 선택해야 하는 사항과 포기해야 하는 사항이 궁금하다면 125페이지의 '프로토타입 및 양산 프로세스 용어' 절에 나온 표 5-2를 참조하기 바란다.

일반적으로는 프로토타입의 해상도를 점차 높여 가며, 프로세스를 최종 양산 프로세스에 점점 가깝게 바꾸는 것이 좋다. 그러면 그동안 꾸준히 프로토타입을 접한 사용자와 투자자에게 진행 상황을 보여 주기도 쉽고, 3D 인쇄로 한두 개를 제작하는 단계를 넘어 금형으로 부품을 수백만 개씩 성형해 보며 양산 프로세스의 역량과 한계를 파악할 수도 있다.

제품에 앱이나 웹사이트가 필요하다면 프로토타입 단계에서도 준비해야 한다. 그렇다고 폼 모델와 연동되는 코드를 작성해야 한다는 뜻은 아니다. 처음에는 단순하게 시작해서, 상호작용과 사용자 흐름에 초점을 맞추어야 한다. 빠른 프로토타입 제작에 적당한 도구가 많이 있다. 그중 가장 간단한 도구가 종이로, 몇 분이면 기본적인 필수 UI 요소를 후딱 그릴 수 있다. 다음 단계는 발사믹Balsamiq이나

POP 등 템플릿을 제공하는 와이어프레임 앱을 사용하는 것이다. 방향을 정한 다음 실제로 작동하는 코드를 테스트하고 싶다면, 오픈소스인 폰갭PhoneGap(http://phonegap.com)(HTML, CSS, JavaScript 코드 지원) 또는 MIT 앱 인벤터MIT App Inventor(http://appinventor.mit.edu/) 등의 앱 저작 도구가 도움이 될 것이다.

---

02 프로토타입의 유형

하드웨어 제품을 완성하기 위한 프로토타입 개발 방법은 여러 가지다. 일단 바로 컴퓨터 앞에 앉아 CAD 시스템으로 제품 모델링을 시작하는 엔지니어가 있는가 하면, 몇 주 동안 공작실에서 스티로폼으로 형태 연구를 한 후에야 마우스를 잡는 엔지니어도 있다. 어느 도구를 먼저 사용하는 것이 좋은지는 정해지지 않았다. 제작하는 제품의 유형과 본인의 경력에 따라 달라지기 때문이다.

하드웨어 스타트업의 주력 제품인 소비자 제품을 개발할 때는 물리 프로토타입 제작을 공작실에서 시작하는 것을 권한다. 그러면 아이디어를 현실 세상에 빠르게 구현해서 사용자에게 제시하고, 피드백을 통해 배울 수 있기 때문이다. 또한, 신기술 자체보다는 전반적인 사용자 경험(UX), 제품과의 상호작용이 핵심적인 차별화 요소가 될 가능성이 높기 때문이기도 하다.

어느 시점부터는 CAD를 사용해서 디자인을 하게 될 것이다. 이때가 3D 프로토타입 제작을 시작해야 하는 시점이겠지만, 양산 단계에 다가갈 때까지는 본격적인 분석 도구는 필요하지 않다. 여기에 쓰이는 컴퓨터 디자인 소프트웨어는 크게 일반 CAD, 그리고 전자 제품에 특화된 전자 설계 자동화(EDA 또는 ECAD) 도구로 나뉜다. 이에 대해 잠시 살펴보자.

CAD 기계 또는 전기 설계도, 부품, 조립품, 도면을 만들 때 사용하는 프로그램이다. 이 프로그램은 대개 목적이나 용도에 따라 산업 디자인(ID), 기계 엔지니어링(ME), 전기 엔지니어링(EE) 도구로 나뉜다. 하드웨어 제품 개발을 위한 일반적인 기계 CAD 시스템으로는 다쏘 시스템Dassault Systèmes의 솔리드웍스SolidWorks, 오토데스크 인벤터Autodesk Inventor, 퓨전360Fusion360 등이 있다.

EDA 또는 ECAD 고급 보드 설계가 소프트웨어로 이루어진다. 알티움Altium (http://www.altium.com)은 널리 쓰이지만 가격이 비싸다. 캐드소프트CadSoft의 이글EAGLE(http://www.cadsoftusa.com/)은 커뮤니티 지원이 활발하고 여러 가지로 확장이 가능한 인기 프리웨어 패키지다.

프로토타입부터 제작하는 것이 무조건 최선인 것은 아니다. 핵심 차별화 요소가 센서 등의 신기술이라면, 작동 여부도 확실하지 않은 제품의 프로토타입을 만들기보다는 우선 컴퓨터 분석을 통해 제대로 작동하는지 확인하는 것이 중요하다. 기술을 증명하는 과정에서 배운 내용을 설계의 다른 영역에서 활용할 수도 있다. 예를 들어 정상적인 기능을 위해서는 새로운 소재나 색상을 도입해야 한다는 사실을 알게 될 경우, 산업 디자이너는 그 소재나 색상을 제품의 특징으로 포함시킬 수 있다.

프로토타입 관련 용어

프로토타입에서 프로세스의 각 요소를 나타내는 표현으로 다음과 같은 것이 있다.

개념 검증 Proof of Concept(POC) 하나의 기술적 난제를 검증하고 추후 개발의 위험을 낮추는 데 사용된다.

형식적인 프로토타입 콘셉트를 설명하거나 사용자의 피드백을 받을 때 사용하는 '대략적인 프로토타입'을 뜻하는 용어다. 이 용어를 사용할 때는 장치의 사용자 경험을 시각화하기 위해 부연 설명을 덧붙이거나 "이 물건에 X라는 기능이 있다고 상상해 보세요." 등의 가정을 한다.

브레드보드 프로토타입 기계 엔지니어들이 하부 시스템을 통합하는 빌드를 가리킬 때 사용하는 용어인데, 여기에는 혼동의 소지가 있다. 기계 엔지니어들은 프로토타입에 사용되는 배선 입력을 유연하게 배치할 수 있는 기판을 브레드보드라고 부르기 때문이다.

축소 모형 실제 제품이 너무 커서 회의가 있을 때마다 들고 다니기가 어렵다면, 실제 제품보다 작은 모형도 효과적인 커뮤니케이션 도구일 수 있다.

팀에서 프로토타입 프로세스에 대해 이야기할 때는 편한 용어를 써도 상관없지만, 모두가 기술 프로세스를 분명히 이해할 수 있도록 용어를 미리 정의하는 것이 중요하다.

성능 및 형태 프로토타입

프로토타입 하나하나에 대해 범위 또는 가설을 정하는 것이 바람직하며, 범위가 서로 다른 프로토타입 여러 가지를 동시에 진행해도 좋다. 한 가지 흔한 방법은 성능 프로토타입과 형태 프로토타입을 나누는 것이다. 성능 프로토타입이란, 제품의 핵심 기능에 초점을 맞춤으로써 통합이라는 부담을 더하기에 앞서 기술적인 문제를 해결하고 기본적인 하부 시스템이 정상적으로 작동하는지 확인하는 것이다.

성능 프로토타입에 적합한 영역의 예로는 센서, 메커니즘, 연결 솔루션이 있다. 형태 프로토타입은 제품의 내부적인 기능과는 상관없이 모양, 미관, 디자인의 언어에 초점을 맞추고 때에 따라서는 인체공학까지 고려하여 제품의 '룩 앤드 필'을 강조한다. 데이브 라이언스는 92페이지의 '사례 연구: 아이디오에서의 프로토타입 제작 및 의사소통'에서 클로버의 프로토타입 제작 프로세스를 소개하며, 형태 연구와 가상 렌더링, 메커니즘 성능 프로토타입을 구분하여 개발 중인 제품의 비전을 설명한다고 했다.

형태 프로토타입의 좋은 예로, 애플과 아이디오가 협력하여 최초의 소비자용 컴퓨터 마우스를 개발한 사례를 들 수 있다. 아이디오는 수백 차례의 형태 연구에서 주로 폼으로 빠르게 프로토타입을 제작하여, 첫 애플 마우스의 인체공학적 특징과 외관을 선택했다. 인체공학의 특정 측면은 CAD 시스템을 통해 예측할 수 있지만, 이와 같은 반복적인 프로토타입 제작 방식을 통해 제품의 질적 특질을 검증하고 일반 사용자의 채택 여부를 추측하려면 형태 프로토타입을 제작해서 사람들의 손에 쥐여 주는 방법밖에 없음을 알 수 있다.

반복적인 프로토타입 제작 주기에서 형태 프로토타입과 성능 프로토타입을 구분해야 하는 이유는 그뿐만이 아니다. 디자인 측면에서는 제품이 꼭 제대로 작동하지 않더라도 형태 프로토타입을 통해 사용자에게 제품의 모양과 느낌에 대한 피드백을 받을 수 있다. 별도의 성능 프로토타입이 있다면, 기존의 문제에 제약을 추가하는 폼 팩터 또는 CMF(색상, 소재, 마감)를 통합하기 전에 엔지니어가 테스트 벤치에서 사소한 문제들을 해결할 수 있다. 또한 개발 팀 내의 여러 부문에서 동시에 일을 진행하기도 쉽다. 스타트업의 경우 모든 직책을 창업자 혼자(대개 CTO) 담당하는 것이 현실이긴 하지만 말이다.

복잡한 제품의 프로토타입을 제작할 때는 하부 시스템을 구분하는 것도 중요하다. 그러면 사용자 체험 단계에서 특정 영역 또는 기능에 한정하여 피드백을 받을 수 있다. 또한 하부 시스템을 서로 통합하기 전에 단독으로 작동하는지를 확인할 수 있으므로, 테스트에도 도움이 된다. 개발 주기의 초반에는 보통 기계공학 프로토타입과 전기공학 프로토타입을 따로 제작하고, 펌웨어와 소프트웨어는 그보다 더 나중에 통합한다. 즉, 통합에는 늘 때와 장소가 있다. 결국에는 모든 요소가 하나의 아름다운 기계로서 함께 작동해야지만, 확신을 갖고 공구 가공 단계로 넘어가 본격적으로 양산을 시작할 수 있다.

때로는 엔지니어가 '분석 마비' 증상에 빠져 설계나 기능, 알고리즘을 완성하지 못하는 경우도 있다. 그러면 자연히 현재 버전을 마무리하고 다음으로 넘어가는 것도 불가능하다. 언제 MVP를 마무리하고 각종 기능과 개선 사항을 후속 버전으로 넘길지 잘 판단해야 한다. 첫 제품에 대한 시장의 반응을 참고하여 후속 버전에서 엔지니어링 노력을 집중해야 하는 부분이 어디인지 판단하는 방법도 있다.

분해

프로토타입 프로세스 초반에는 이미 출시 중인 경쟁업체의 제품을 뜯어 보는 것도 유익하다. 분해에 대해서는 아이픽스잇iFixit(http://iFixit.com)이 최고의 참고 자료로, 사람들이 많이 사용하는 제품의 분해 과정을 상세하게 보여 준다. 이 사이트는 수리에 초점을 맞추어 선명한 사진을 곁들여 분해 과정을 설명한다. 사진을 많이 찍고 제품에서 나오는 부품을 빠짐없이 보관해 두면, 분해 과정에서 배운 내용을 나중에 활용하는 데 도움이 된다.

분해 과정에서 유심히 보아야 사항이 몇 가지 있다. 첫째는 해당 제품의 부품 선택(특히 프로세서와 배터리 등의 고가 부품)과 구성으로, 그런 장치를 제작하는 데 비용이 얼마나 들지 예측하는 데 도움이 된다. 또한 각 부품의 제조 방식과 제품의 조립 방식도 눈여겨보는 것이 좋다. 제조 또는 조립에 특이한 방법을 사용했다면, 그로부터 배울 수 있기 때문이다. 소비자 제품의 경우 너무 크면 소비자에게 부담을 줄 수 있으므로, 대개 여러 기능을 하나의 부품으로 통합하거나 소형화 기법을 사용한다. 분해를 통해 배우되 경쟁업체의 아이디어를 그대로 베끼지 않는 것이 중요하다.

03 팀 구성하기

개발 과정에서 팀은 여러 가지 역할을 수행해야 한다. 이 부분에서는 하드웨어 개발에서 가장 중요한 부문이 무엇인지 살펴보고, 언제 어느 부문에 주력해야 하는지에 대한 지침을 제시한다. 하지만 스타트업의 경우에는 현재의 위험을 낮춰 주는 부분에 중점을 두는 것이 중요하다.

예를 들어 비전을 확립하고 가치 제안을 설명하는 데 도움이 필요하다면 브랜딩, 사용자 경험, 산업 디자인과 같은 디자인 서비스에 주력하는 것이 중요하다. 한편, 투자자나 시장으로부터 당신의 미친 아이디어가 실제로 기능하는지를 증명하라는 압박이 있는 경우에는 기계 엔지니어링, 전기 엔지니어링 또는 펌웨어 엔지니어링에 일찌감치 주력하는 것이 가장 중요할 수도 있다.

산업 디자인

산업 디자인(ID)은 제품 또는 브랜드 라인의 '룩 앤드 필'을 만드는 과정을 말한다. 산업 디자이너는 보통 기능, 사용 사례, 제품의 표적 시장 등에 대한 대략적인 정의를 전달받은 다음 그것을 바탕으로 제품의 '룩 앤드 필'을 결정한다.

MVP의 표적 시장, 브랜딩, 기능을 정의한 후에는 콘셉트를 산업 디자이너에게 가져가서 제품의 룩 앤드 필을 만들어 달라고 의뢰해야 한다. 이 작업의 일반적인 결과물은 제품의 룩 앤드 필을 상세히 기록한 CMF 문서와 CAD다. 결과물은 3차원 제품을 CAD로 상세하게 표현한 것일 수도 있고, 비전을 보여 주는 2차원 손 그림일 수도 있고, 정보량이 조금 적은 3차원 CAD 모델일 수도 있다.

산업 디자인 파트너는 보통 양산 가능성까지 고려하지는 않으므로, 기계 엔지니어나 제조 엔지니어, 프로세스 엔지니어가 설계의 까다로운 부분을 구현하는 데 관여하거나 산업 디자이너와 협력하여 확장성 있는 생산이 가능한 절충안을 찾아야 한다.

산업 디자인 콘셉트를 프로토타입으로 구현하는 과정은, 우선 위에서 살펴본 2차원 기법을 거친 후에 폼을 이용하는 3차원 형태 연구로 넘어간다. 가장 발달한 형태의 산업 디자인 프로토타입은 모델 제작소에서 생산하는 형태 프로토타입으로, 외관상으로 실제 양산 제품과 거의 비슷하다.

범위를 명확하게 정의하고 시작하는 대기업의 신제품 개발(NPI)에서는 산업 디자인이 첫 단계일 수 있지만, 현금에 쪼들리는 스타트업에게는 최적의 첫 단계가 아닐 수도 있다. 이런 서비스는 보통 비싸므로, 견적을 요청하기 전에 디자인 의뢰서를 상세하게 작성하는 것이 좋다. 이때 당신이 전달할 자료와 작업이 끝난 후에 전달받을 결과물을 명확하게 정의해야 한다. 산업 디자인은 비슷비슷한 제품 사이에서 브랜드를 차별화하는 요소로서 점점 중요성을 더해 가고 있으므로, 프로세스 초반부터 미리 생각하는 것이 중요하다.

디자인의 원칙

프로세스 초반에 고려해야 할 디자인의 원칙에는 세 가지가 있는데, 사용자 경험(UX), 사용자 인터페이스(UI), 인터랙션 디자인(IxD)이다.

UX 디자이너는 사용자의 제품 경험 전반을 이해하는 데 도움을 준다. 한 발 뒤로 물러나서 사용 사례의 흐름을 살펴보고, 물체와 모바일 또는 웹 앱, 기타 부가 소프트웨어 사이의 설계 언어를 살펴보는 것이다. 이 과정을 통해 제품이 사용자에게 일관적인 경험을 전달하고 있는지 확인할 수 있다.

IxD의 경우도 UX와 비슷한데, 보통은 물리적인 하드웨어 제품보다는 소프트웨어에 조금 더 치우치는 경향이 있다.

UI 디자이너는 제품의 인터페이스를 여러 가지로 궁리해 보는 데 도움을 준다. 모바일 앱이 유일한 상호작용 수단이어야 하는가? 장치에 로컬 UI, 적어도 빨간색과 녹색 LED라도 있어서 사용자에게 장치가 작동하고 있음을 알려야 하는가? 앱에 추세를 나타내는 슬라이더 막대, 그래프, 또는 색상이 있어야 하는가? UI 디자이너는 이런 질문에 답을 하고 제품에 그것을 구현하는 데 도움을 준다. 와이어프레임, 화면 렌더링, 스토리보드 등이 UI 디자이너가 흔히 사용하는 프로토타입 제작 도구다.

기계 및 전기 엔지니어링

기계 엔지니어링(ME)과 전기 엔지니어링(EE) 작업은 보통 산업디자인(ID)의 형태를 부여하는 시점, 즉 처음으로 제품의 형태를 잡는 작업을 진행할 때나 또는 그 직후에 이루어진다. 기계 엔지니어가 메커니즘과 케이스, 그 외에 제품을 결합하는 물리적인 요소를 다룬다면, 전기 엔지니어는 시스템의 인쇄 회로 기판(PCB)과 센서, 액추에이터를 다룬다. 이상적인 경우에는 이 두 가지를 산업 디자인과 병행해야만, ID 디자이너가 폼 팩터를 의도대로 만들어 내기가 쉽다. ID 방향을 확립하고 나면 ME 및 EE 프로토타입을 통해 기술과 센서, 제품의 전반적인 사용자 경험에 살을 붙일 수 있다.

기계공학 프로토타입을 제작할 때는 보통 폼보드와 판지로 시작해서 ID와 비슷하거나 일맥상통하는 2차원 형태를 만든다. 공작 칼로 만드는 단계를 넘어서면, 2차원 형태를 자르기에 좋은 저해상도 도구인 레이저 커터를 사용하여 좀 더 실제에 가까운 소재로 작업할 수 있다. 특히 테스트 프로토타입 및 메커니즘의 경우에는 먼저 2차원으로 프로토타입을 만들어 보는 것이 중요한데, 프로토타입을 빠르게 수정하며 사용자에게서 가공하지 않은 피드백을 받기 위해서다. 다음 단계는 보통 3D 인쇄인데, CAD 모델을 사용해 물리적인 3차원 물체를 구현하는 가장 빠른 방법이기 때문이다. 더 본격적인 프로토타입은 나중에 CNC 공구 등, 양산에 적합한 프로세스로 제작하면 된다.

위에서 언급한 도구들은 대부분의 메이커스페이스에 갖춰져 있으며, 일정 비용을 지불하면 사용할 수 있다. 도구를 사용하기 전에 메이커스페이스에서 개설한 강의를 들어야 할 수도 있지만, 그래도 직접 구매하는 것보다는 훨씬 저렴하다.

전기공학 프로토타입 제작 과정도 마찬가지다. 주문 제작 부품을 사용하거나 최종 폼 팩터에 맞춰 소형화하기에 앞서, 비교적 유연한 플랫폼을 사용해 반복적으로 프로토타입을 만들어 보아야 한다. 프로토타입 제작에는 주로 아두이노, 라즈베리 파이, 비글본 등과 같은 플랫폼이 사용된다(자세한 내용은 109페이지의 '집적 회로(IC)' 절을 참고할 것). 가장 많이 사용되는 것은 아두이노다. 많은 프로토타입이 아두이노에 센서를 연결하고 입출력 단자의 작동을 시험한다. 좀 더 향상된 처리 능력을 얻기 위해 좀 더 성능이 좋은 라즈베리 파이나 비글본을 사용하는 경우도 많다. 같은 칩 또는 하드웨어 아키텍처를 선택하지 않는 한, 자체 보드를 찍기 시작하면 대개는 펌웨어를 새로 써야 한다는 데 유의하자.

보통 펌웨어 개발은 ME 및 EE 개발에서 어느 정도 진전이 이루어진 후에 시작하지만, 보드 아키텍처를 선택할 때부터 고려해야 하는 부분이다. 펌웨어 엔지니어의 역할은 코드(일반적으로 C)를 작성하는 일이다. 이 코드는 장치에 영구적으로 탑재되며, 장치 내의 액추에이터를 제어하고 센서의 값을 읽어들이는 역할을 한다. 펌웨어 엔지니어는 전기 엔지니어링 팀과 긴밀히 협력하며, 같은 조직에서 근무하는 경우도 있다. 펌웨어 프로토타입 제작에 사용하는 도구는 전기공학 프로토타입 제작의 경우와 대동소이하지만, 전기적인 하드웨어에 로직 분석 도구를 추가하거나 계측 코드를 삽입하면 펌웨어 코드의 디버그가 용이하다.

소프트웨어

마지막으로 살펴볼 것은 소프트웨어다. 하드웨어 스타트업에는 대개 소프트웨어 팀이 필요하다. 이 팀이 모바일 앱과 서비스를 책임질 것이다. 그러나 프로토타입 단계에서 확장성을 고려할 필요는 없다. 제품에 따라서는 센서에서 데이터를 수집할 수 있다는 것, 또는 하드웨어 장치가 연결 솔루션과 연동되는 것을 확인하는 정도로 충분하다. 권장하고 싶지는 않지만, 하드웨어가 양산을 위한 디자인(DFM) 과정을 거치는 동안 소프트웨어 개발을 따로 시작하는 팀이 많다.

각 부문을 어떤 순서로 공략하든 시기가 서로 많이 겹칠수록 좋다. 그러지 않으면 특정 부문이 뒤처지거나, 현실적으로 충족이 불가능한 요건을 다른 부문에 요구하게 될 수도 있다.

04 아웃소싱 VS. 인소싱

하드웨어 스타트업에서는 사내 혹은 사외에서의 프로토타입 제작 수준에 대해서도 고려해야 한다. 자칭 하드웨어 스타트업이라면 납땜인두, 무선 드릴, 분해한 부품으로 가득한 작업대를 기본적으로 갖추고 있겠지만, 이 외의 대형 장비에 투자하는 것도 장기적으로 유리할 수 있다.

만약 시드 라운드에서 거액의 투자를 유치했다면, 3D 프린터나 PCB 장비를 사들여서 프로토타입 주기를 가속하는 것도 좋은 방법이 될 것이다. 대형 프로토타입 제작 장비를 사내에 마련해 두면 업무도 빨라지지만, 팀이 프로토타입 제작 프로세스를 익힐 수 있음은 물론 도구를 고려한 디자인을 할 수 있게 된다. 한 가지 단점은 장비 유지에 간접비용이 발생한다는 점이다. 가령, 가끔 장비가 고장 나기라도 하면 프로토타입 주기에 제동이 걸리게 될 것이다.

아웃소싱

외주업체와 협업을 할 때의 장점은 여러 가지다. 시간을 절약할 수 있으며, 믿음직하고, 그들이 보유한 프로세스에 대한 전문성을 제품에 활용할 수도 있다. 따라서 일정 상에 여유가 있다면, 외주업체에 작업을 의뢰해 보는 것도 좋은 방법이다.

단, 외주업체에 프로토타입을 보낼 때는 고려해야 할 사항이 많다. 가장 먼저 어느 외주업체가 당신의 프로토타입 프로세스와 일정, 예산에 적합한지 고려해야 한다. 특정 프로세스를 처음 쓰는 경우에는 최소한 외주업체 서너 군데에 견적을 의뢰하여 장단을 비교해 보아야 한다. 이와 같은 문의 과정을 보통 견적 요청 request for quote(RFQ)이라고 한다.

전통적으로 기계 엔지니어는 2차원 도면을 그려 설계 의도와 공차를 전달했지만, 3D CAD 도구가 일반화되고 프로토타입 제작의 공차가 표준화되면서 이 방법은 인기를 잃고 있다. 최근에는 3D CAD 전송 파일(.stp 또는 .igs)과 함께, CMF 정보와 제작이 까다로운 부분에 대한 정보를 담은 PDF 파일을 함께 보내는 것이 일반적이다. 전기 엔지니어는 보통 거버Gerber 파일과 드릴 파일을 전달한다(외주업체에 따라 보드 장착 요령을 보여 주는 패널링 정보를 보낼 때도 있다).

파일을 보낼 때는 예상 일정과 구체적인 요청 사항도 함께 전달해야 한다. 보통 외주업체에 견적을 요청하면 일정 범위 내에서 견적서를 전달하며, 담당자는 견적서에 포함된 작업 일정과 비용을 고려해서 진행 여부를 결정하게 된다. 예를 들면,

A 업체에서는 500달러의 비용을 들여 2주 뒤에 작업물을 받을 수 있고, B 업체에서는 700달러의 비용을 들여 1주 뒤에 작업물을 받을 수 있다면 비용과 시간 중에 무엇이 중요하냐에 따라 선택을 해야 할 것이다. 때로는 한 업체에서 선택의 여지를 주기도 하는데, 급행료를 지불하면 부품을 더 빨리 납품하겠다는 경우도 있다. 한 업체와 계약을 한 뒤에 정기적으로 일감을 주는 것도 하나의 요령이 될 수 있다. 이 경우, 그 업체에서도 그 일감을 고려하여 내부 계획을 수립하고 실제 일정을 좀 더 정확하게 알릴 수 있으며, 제작 및 출시를 그에 따라 적절히 계획할 수 있으므로 결과적으로는 양측 모두에 도움이 된다.

인소싱

작업의 대부분을 직접 처리하기로 결정하는 경우, 부품과 구성 요소는 물론 조립에 필요한 도구도 직접 준비해야 한다.

부품과 구성 요소

부품이나 구성 요소와 관련해서는 이미 많은 솔루션이 존재한다. 한 예가 킥스타터에서 찾을 수 있는 각종 라즈베리 파이 케이스다. 이미 만들어진 적당한 부품을 하루만에 배송받을 수 있다면 나사를 하나하나 3D 인쇄로 만들 필요가 없다. 나사 등의 고정 장치, 자재, 기타 프로토타입 재료의 대표적인 판매처로는 맥마스터 카McMaster-Carr(http://www.mcmaster.com/)가 있다. 나사나 O링과 같이 순조로운 제작을 위해 규격별로 구비해 두어야 하는 부품은 여러 종류를 한꺼번에 주문하는 것이 좋다. 철물점, 그레인저Grainger 대리점, 또는 업계별로 세분화된 자재 상점에서 직접 구입해도 된다. 자재를 구할 때 매장을 찾아가서 제품을 직접 보고, 전문적인 판매 사원에게 사용법을 배우는 것도 좋은 방법이다. 예를 들어 미국의 베이 에어리어에는 주조 자재를 취급하는 더글러스 앤드 스터지스Douglas and Sturgess라는 매장이 있다. 이 매장에는 전문적인 지식을 갖춘 판매 사원이 상주해 있으며, 그에게서 프로토타입 제작에 대한 지침을 얻을 수 있다.

가장 유명한 판매처로는 디지키digiKey(http://www.digikey.com/)와 마우서 Mouser(http://www.mouser.com/)가 있다. 개별 부품, 집적회로(IC), 센서와 같은 전자부품을 비롯한 작업실 장비 등이 필요할 때 유용하다. 이런 부품은 오프라인에서 구하기가 어려운 편이다. 큰 전기 부품(굵은 전선, 조명 스위치 등)은 동네 철물점에서도 쉽게 구할 수 있지만, 가는 전선이나 땜납과 같이 전기공학 프로토타입 제작에 필요한 부품은 잘 취급하지 않는다.

특정 부품이나 커넥터를 취급하는 공급업체를 미리 알아두면 프로토타입 제작 프로세스를 효율적으로 진행할 수 있다. 업체를 통해 데이터시트와 기타 설계 정보를 받을 수도 있고, 해당 업체에서 취급하는 대표 품목의 샘플을 주문할 수도 있다. 이 과정에서 정확한 수치를 참고하면, 해당 부품이 제대로 작동하도록 시스템을 설계하는 데 도움이 된다. 제품 출시를 준비하는 중이라고 하면 무료 샘플을 주는 업체도 많다.

프로토타입에 적합한 프로세스를 선택하는 것도 중요하다. 이때 가장 중요하게 고려해야 할 점은 일정과 예산, 각각의 프로토타입을 통해 달성하는 것이다(제작 단계와 소재에 따른 일반적인 프로세스에 대해서는 125페이지의 '프로토타입 및 양산 프로세스 용어' 절의 표 5-2를 참조하자).

오리건 주 세일럼에 위치한 엔지니어링 개발 컨설팅 회사 리가도 유한회사Rigado LLC(https://rigado.com/)의 공동 창업자인 벤 코라도Ben Corrado는 스타트업의 제품 개발을 오랫동안 지원해 왔는데, 시간이 지나면서 트렌드가 변하고 있다고 말한다. 그는 스타트업에게 개발 초기부터 최종 폼 팩터에 맞춘 소형화를 서두르지 말라고 경고한다. "제가 사람들에게 가장 먼저 하는 조언이죠. 첫 프로토타입은 크게 만드세요. 대부분의 경우 디버그 과정에서 폼 팩터는 별로 중요하지 않거든요."

또한, 벤은 최신 전자제품의 프로토타입을 내부에서 제작하기가 어려워졌다고도 덧붙였다. "부품이 너무 작아져서 이제 내부에서는 프로토타입을 예전처럼 효율적으로 제작하기가 어렵습니다. 0.4mm 피치의 BGA를 조립해야 할 경우, 조립 기계나 X선 검사 장치를 사용하지 않고 단락을 방지하는 게 현실적으로 불가능하죠."

도구

확보해 두면 편리한 도구는 다음과 같다.

휴대용 드릴 무엇이든 만들려면 꼭 있어야 하는 도구다. 큰 물체에 구멍을 뚫어야 하거나 구멍 위치를 반복적으로 잡아야 한다면 드릴 프레스로 업그레이드하는 것이 좋다.

띠톱 고리 모양의 금속 날을 사용하는 톱으로, 날의 종류에 따라 나무, 플라스틱, 금속을 자를 때 쓸 수 있다. 소재를 섬세하게 잘라야 할 때 가장 흔히 사용하는 톱이다.

테이블소 중앙에서 원형 톱날이 나오는 작업대로, 주로 얇은 판자를 크게 자를 때 쓴다. 아주 위험하다.

밀링 머신 세로 방향의 날이 달린 기계로, 부품을 재가공할 때 편리하다.

선반 작업물을 날에 대고 회전시켜 원통 모양을 만드는 기계다.

납땜 도구 손에 들고 쓰는 가열 도구로, 땜납을 가열하여 부품을 보드에 붙이거나 부품 또는 납땜 부위를 재가공할 때 쓴다. 납땜 인두는 여러 가지 형태의 금속 팁을 부품에 대서 가열하는 원리이며, 고급 납땜 도구의 경우 뜨거운 공기를 배출하여 보드 전체를 가열하는 기능도 있다..

멀티미터 가장 기본적인 전자 계측 장치다. 전압, 전류, 저항 등의 여러 속성을 측정하며, 고급 제품은 그 외의 값도 측정할 수 있다. 보통 휴대용으로 한 손에 들 수 있으며, 전선이 달린 테스트 리드가 두 개 있다. 디지털 멀티미터(DMM)라고도 한다.

오실로스코프 비교적 복잡한 전자 계측 장치로, 전기적 속성의 값만이 아니라 파형까지 보여 준다. 오실로스코프가 복잡해지면 스펙트럼 분석기와 네트워크 분석기의 영역으로 넘어가며, 이런 장치는 안테나 신호를 분석하여 인증 과정의 위험을 낮춰 준다.

픽앤플레이스^{pick-n-place} 표면 실장 기술을 적용한 조립 장치를 일컬을 때 흔히 사용하는 용어다. 말 그대로 (주로 진공 흡입을 통해) 개별 부품을 집어서 PCB 위의 위치에 정확하게 놓는 기계이기 때문이다.

리플로 오븐^{reflow oven} 부품을 올린 보드를 통째로 가열하고 납땜하여 하나의 인쇄 회로 기판 조립품(PCBA)을 완성하는 소형 오븐이다. 변통에 강한 스타트업은 리플로 오븐 대신 토스터 오븐을 쓰기도 한다.

05 집적회로(IC)

전자 회로는 커넥티드 하드웨어의 두뇌로서, 데이터를 수집해서 유용한 형태로 가공하여 사용자와 공유하는 역할을 한다. 프로토타입 제작을 처음 시작할 때는 대개, 유의미한 데이터를 수집하는 것 이상을 목표로 할 필요는 없다.

현재 많은 사람들이 오픈소스 마이크로컨트롤러인 아두이노(http://www.arduino.cc/)를 출발점으로 삼고 있다. 아두이노의 소프트웨어 환경은 아두이노를 개발하기 전에 앞서 개발한 와이어링(http://wiring.org.co/) 기술을 기반으로 제작된 것으로, 리눅스, 맥, 윈도우에서 C/C++, 프로세싱^{Processing}, 파이썬^{Python}, 자바스크립트 등 다양한 프로그래밍 언어로 프로그래밍이 가능해 무척 유용하다. 아두이노를 사용한 수천 가지 프로젝트와 코드 샘플이 온라인에 공개되어 있어서 초보자들이 배우기도 좋다. 이 모든 것은 아두이노가 이탈리아에서 학생용으로 처음 공개된 이후로 지금까지 '접근성'에 중심을 두고 있기 때문이다.

아두이노 프로젝트가 폭발적으로 증가하면서 프로토타입 제작용 보드가 속속 등장했다. 가장 대표적인 것이 라즈베리 파이다. 이 보드는 손바닥만한 크기의 작은 보드이지만, 리눅스 운영체제를 돌릴 수 있는 완전한 컴퓨터다. 말할 것도 없이 아두이노보다 훨씬 강력한 기능을 제공한다. 램 용량은 256MB 또는 512MB이고, 키보드나 마우스 등을 연결할 수 있는 USB 포트도 탑재되어 있다. 대중에게 잘 알려진 또 다른 개발 보드로는 비글본 블랙이 있다. 라즈베리 파이와 마찬가지로 리눅스를 돌릴 수 있으며 보드에는 포트, 램, 저장 장치가 탑재되어 있다.

이 밖에도 프로토타입 제작 또는 개인 프로젝트 제작에 쓰기 좋은 저렴한 보드가 많다. 그러나 단점이 있다. 이러한 개발용 보드를 출시용 제품에 사용하기에는 가격이 너무 비싸다는 것이다. 따라서 한두 개 정도의 프로토타입을 완성한 뒤에는 이런 개발용 보드를 버리고 자체 보드를 제작하는 것이 좋다. 바로 이 시점에서 마이크로컨트롤러를 사용할 것인지, 마이크로프로세서를 사용할 것인지를 결정해야 한다. 일반적으로 최종 펌웨어는 C 또는 C++(C++이 장치에서 공간을 더 많이 차지한다)로 작성한다. 결정을 내릴 때는 처리 능력, 전력 소모, 비용, 크기를 놓고 저울질을 해야 한다.

마이크로컨트롤러는 크기가 작아서 웨어러블 장치에 적합하다. 비용이 저렴하므로 가격에 민감한 제품에 적합하며, 전력 소모 또한 적어서 배터리에 의존하는 장치에도 적당하다. 그러나 보드 자체의 처리 능력이 부족해서, 데이터를 수집하고 전달하는 데는 적합하지만 장치에서 알고리즘을 실행하는 데는 적합하지 않다.

어느 실시간 운영체제real-time operating system(RTOS)를 사용할지도 선택해야 한다. 뉴클리어스Nucleus나 인테그리티Integrity 같은 상용 운영체제도 좋고, 프리RTOS^{FreeRTOS}나 μ클리눅스μClinux(리눅스를 가볍게 만든 것) 같은 오픈소스 운영체제도 좋다. 마이크로컨트롤러를 쓰기로 마음을 먹었다면 파티클Particle의 포톤Photon도 프로토타입 제작에 아주 좋은 보드다.

페블Pebble 워치(202페이지의 '사례 연구: 페블 워치' 참조)는 마이크로컨트롤러의 유연성을 보여 주는 좋은 사례다. 페블의 첫 번째 모델에는 144×168픽셀 크기의 흑백 전자종이 화면, 블루투스 2.1+ EDR와 4.0(저전력), 네 개의 버튼, 진동 모터, 3축 가속도계가 탑재되었다. 페블은 타사 앱 연동 기능 및 워치 페이스를 지원하며, 이 모든 것을 128k의 램과 512k의 프로그램 설치 공간을 지닌 마이크로컨트롤러에서 구동했다(최초의 손목시계였던 인펄스InPulse의 램은 8k, 프로그램 공간은 32k였다). 배터리 지속 시간 또한 일주일 정도로, 굉장히 효율적이었다. 페블의 CEO인 에릭 미지코프스키Eric Migicovsky는 이렇게 말한 바 있다. "생각해 보면 [페블은] 클래식 맥 수준의 처리 능력을 지닌 컴퓨터를 손목에 차고 다니는 셈입니다."

페블에 사용된 마이크로컨트롤러에는 각종 장치의 작동을 위한 ROTS인 프리RTOS(http://www.freertos.org)가 탑재되어 있다. 이 운영체제가 페블에서 돌아가는 소프트웨어의 중추 역할을 하지만, 나머지는 모두 팀이 직접 제작했다. 에릭 미지코프스키는 이렇게 설명한다. "드라이버에서 펌웨어, 전화기와 시계 사이의 통신 프로토콜에 이르기까지, 모든 것을 직접 만들었습니다. 안드로이드 앱과 iOS 앱도 만들었고, 클라우드 컴파일 시스템도 만들었죠. 사실상 모든 걸 직접 만든 셈입니다."

마이크로프로세서는 마이크로컨트롤러보다 처리 능력이 훨씬 강력하다. 램과 플래시가 내장되어 있어서, 가격도 비싸고 전력 소모도 크다. 리눅스 또는 안드로이드와 같은 본격적인 운영체제는 물론, 자바스크립트 같은 고급 언어도 구동 가능하다. 욕토Yocto(https://www.yoctoproject.org/)를 사용해 자사 제품에 맞는 실시간 리눅스 배포판을 생성하는 회사도 많다.

하지만 마이크로컨트롤러와 마이크로프로세서 사이의 거리는 시간이 흐를수록 점차 좁아지고 있다. 가장 좋은 예가 마이크로파이썬MicroPython(http://micropython.org/)이다. 이것은 마이크로컨트롤러에서 구동 가능한 파이썬 3.4버전으로, 거의 풀 버전과 동일하다. 마이크로파이썬의 제작자는 킥스타터를 이용해 Wi-Fi를 지원하는 보드를 생산했다. 또 다른 예로 테셀Tessel(https://tessel.io/)이 있다. 테셀은 자바스크립트를 구동할 수 있게 해 주는 새로운 마이크로컨트롤러다. 리눅스가 통째로 내장된 것과 비교할 수는 없겠지만, 팀에 펌웨어 관련 인력이 없더라도 보드를 내놓을 수는 있다.

어떤 하드웨어를 두뇌로 사용할지 결정했다면, 이제 물리 계층 칩을 선택할 차례다. 자세한 정보를 얻고 싶다면 칩 제조업체의 웹사이트나 근처 매장의 판매 직원을 찾자. 그들을 통해 레퍼런스 디자인을 확인하고, 전압 범위를 파악하고, 개발 키트를 구할 수 있을 것이다. TI, 프리스케일Freescale, ARM과 같은 일부 회사 중에는 개발 키트를 무료로(또는 아주 저렴하게) 보내 주는 곳도 있다. 이러한 업체들은 (운이 좋다면) 언젠가 수백, 수천 개 단위의 주문으로 이어질 수도 있으므로 당신이 자사 칩을 사용하기를 바란다. 개발 키트로 작업을 할 때 염두에 두어야 할 점은, 개발 키트는 '현실 세계'를 정확히 반영하지 않을 수도 있다는 점이다. 무엇이든 할 수 있도록 설계되었으므로 램 용량이 넉넉하거나 전압 범위가 클 수도 있다.

다음으로는 안테나와 센서 같은 부품이 필요하다. 이런 부품도 제조업체에서 샘플을 받을 수 있다. 그러나 여기에서도 비용, 전력 소모, 성능, 크기를 저울질해서 결정을 내려야 한다. 직접 제작할 것인가? 아니면 시판 중인 모듈을 사용할 것인가? 모든 것은 전적으로 선택에 달려 있다.

모듈을 사용하는 것도 추천할 만하다. 모듈은 크기가 크고, 가격도 비싸지만 시간 절약에 도움이 된다. 작동이 보장되어 있고 이미 인증을 거쳤으므로, 의도 내의 방사 잡음을 확인하는 단계는 생략해도 된다. 그러나, 의도 외의 전자파 방사 잡음(FCC 인증 A 또는 B, 자세한 내용은 153페이지의 '인증' 절 참조)은 시험해야 한다. 맞춤 무선 주파수(RF) 또는 기타 특수 기능을 개발하는데 그 분야에 경험이 없거나 시간이 부족한 경우에는 모듈이 유용하다.

모듈은 신중하게 선택해야 한다. 모듈 선택은 공급업체의 제품 범위에 따른 제약을 받는다. 즉 주문에 따른 수정이 불가능하고, 모듈에 너무 크거나 안테나의 이득이 너무 낮을 수도 있다. 결과적으로는 IC를 직접 개발하는 것이 더 저렴하고 크기를 줄이기도 쉽지만, 설계 시간과 일회성 경비(프로젝트의 초기 개발 단계에만 발생하는 경비)가 크다. 이 모델을 살짝 비튼 것이 스파크의 코어Core(그리고 신형인 포톤)다. 스파크가 만드는 보드와 펌웨어의 특징은, 프로토타입 단계에서 양산 단계로 넘어가기가 쉽다는 점이다. 스파크 제품을 사용하는 회사가 점점 늘어나고 있다. '사례 연구: 스파크'를 통해 자세한 내용을 알아보자.

MEMO **사례 연구: 스파크**

잭 수팔라[Zach Supalla]는 플랫폼 회사 스파크(http://Spark.io)(현재는 사명이 파티클로 바뀜)의 CEO다. 스파크는 개발 키트 및 클라우드 서비스를 제공하는 업체로, 커넥티드 장치를 개발하는 하드웨어 스타트업이 가장 선호하는 업체로 빠르게 성장하고 있다. 그러나 많은 회사가 그렇듯이 스파크도 처음에는 전혀 다른 사업을 했다. 잭의 아버지는 청각 장애인이기 때문에, 잭은 어머니가 아버지에게 문자 메시지를 보내면 아버지 집의 전등을 깜박이게 할 방법을 찾고 싶었다. 그래서 그들은 스파크 소켓[Spark Socket](http://bit.ly/spark_socket)의 킥스타터 캠페인을 시작했지만, 캠페인은 실패로 끝났다. 잭은 이 당시를 이렇게 회상한다. "우리는 목표액을 25만 달러로 정했습니다. 그런데 모금액은 12만 5천 달러에 그쳤죠. 뭔가 있다는 걸 확인할 정도는 되었지만 실제로 양산에 들어갈 정도는 아니었습니다. 물론 킥스타터는 성공 아니면 실패니까, 우리는 돈을 전혀 받지 못했습니다."

실패는 스파크에게 행운이었다. 초창기의 연구를 통해 커넥티드 제품을 제작하기가 얼마나 어려운지 깨달은 것이다. "우리는 예상하지 못한 난관이 많다는 걸 깨달았습니다. 어려울 거라고 예상하지 못했는데 어려운 일들 말이죠. 그러자 '커넥티드 제품을 만들려고 하다가 같은 문제에 부딪히는 사람이 많겠구나'하는 생각이 들었습니다."

그래서 스파크는 하드웨어를 인터넷에 연결하려는 사람들을 도와주는 인프라를 만들기 시작했다. 스파크 소켓의 핵심을 조금 수정해서 스파크 코어라는 개발 키트를 만들었다. 그렇게 스파크 최초의 시판 제품이 탄생했다. 아두이노와 호환되고 Wi-Fi를 지원하는 72MHz의 ARM 코텍스 M3 보드인 스파크 코어다. 스파크는 이 제품을 다시 킥스타터에 게시했고, 이번에는 10만 달러의 소박한 목표를 훌쩍 넘어 567,968달러를 모금했다.

스파크는 그 후로 5만 대의 스파크 코어를 판매하고 시리즈 A의 투자를 유치했다. 스파크는 또한 코어의 업그레이드 버전인 포톤과 두 번째 제품인 일렉트론[Electron]을 발표했다. 포톤은 코어의 메모리를 확충하고 브로드컴 Wi-Fi 칩을 탑재한 제품이고, 일렉트론은 셀룰러 커넥티드 제품에 개발 도구와 인프라를 제공한다.

스파크의 핵슬러레이터[HAXLR8R](http://www.haxlr8r.com/) 동문인 노미쿠[Nomiku](http://www.nomiku.com/)는 프로토타입을 제작하고 출시할 때 스파크를 이용한 회사 중 하나다. 노미쿠는 수비드 조리 기구를 만들고 있는데, 이 조리 기구의 두 번째 버전에 연결 기능을 추가할 때 스파크의 플랫폼이 큰 도움을 주었다.

잭은 이렇게 설명한다. "저희 고객 중에는 그냥 이것저것 건드리며 재미있는 물건을 만들고 인터넷에 제작 과정을 게시하는 해커나 취미공학자도 많습니다. 예를 들면 워키테 ^Warkitteh^라는 제품이 있습니다. 이건 고양이 목줄인데, 고양이 목에 매달린 채 동네를 샅샅이 뒤져 공개 Wi-Fi 네트워크를 찾아내죠."

이제 스파크는 웹 인프라를 넘어, 좀 더 복잡한 제품을 지원하는 단계로 영역을 확장하고 있다. 스파크는 하드웨어를 웹 서비스에 연결하는 수직 스택, 즉 스파크 OS를 만들기로 했다. 스파크 OS는 마이크로컨트롤러가 감당하기 힘든 처리 작업을 넘겨받고 관련 데이터를 사용자에게 안전하게 전송한다. 그럼으로써 단순해 보이지만 실제로는 단순하지 않은 사용 사례를 구현할 수 있다. 가령 해가 지면 자동으로 켜지는 조명 시스템을 구축하고 싶다고 한다면, 잭은 당신에게 이렇게 조언할 것이다.

"장치 자체가 그런 기능을 하기는 사실 어렵습니다. 해가 언제 지는지 판단하려면 장치가 시각과 요일, 계절, 표준 시간대를 알아야 하기 때문이죠. 이를 구현하려면 클라우드에서 그 부분을 처리하게끔 하면 됩니다. 간단해요. 애플리케이션 하나만 만들면 됩니다. 그 애플리케이션이 모든 정보를 가지고 있다가, 해가 지면 각각의 조명에게 "자, 이제 켜져. 이제 켜져. 이제 켜져."라는 메시지를 보내는 거죠."

스파크는 정보 처리 백엔드를 하드웨어에 긴밀하게 연결함으로써, 기술적인 역량이 없는 회사들이 제품을 온라인에 연결하는 데 도움을 주려고 한다.

06 연결

제품을 인터넷에 연결하는 이유는 다양하다. 데이터 업로드 및 다운로드, 명령 전송, 장치 업데이트가 가능하기 때문이다. 인터넷에 연결만 가능하다면 제품에 성능이 낮은 마이크로컨트롤러를 사용했을 경우 복잡한 데이터 처리는 휴대전화나 클라우드로 넘길 수도 있다. 만약 안테나 설계에 경험이 없다면 인증을 거친 모듈을 사용하는 편이 훨씬 빠르다.

인터넷 연결은 직접(Wi-Fi 또는 셀룰러 데이터 연결) 해도 되고, 허브(지그비 Zigbee 또는 지웨이브Z-Wave)나 휴대전화(블루투스, Wi-Fi), 케이블(보통 충전 포트를 통해)을 통해 해도 된다. 모두 이미 검증된 모델이므로, 현실적으로 지원이 가능한 시나리오를 선택하면 된다.

허브는 유연성이 뛰어나고, 여러 제품을 연결해야 할 때 유용하다. 예를 들어, 스마트싱스(삼성이 인수한 사물 인터넷 회사)는 허브를 사용한다. 허브가 이더넷 케이블을 통해 인터넷에 연결되고, 모든 스마트싱스 제품은 지그비를 통해 허브에 연결된다. 스마트싱스 모바일 앱은 제품의 백엔드에 직접 접속하여 시스템을 제어하고 데이터를 읽는다.

인터넷 연결이 가능한 시스템을 만들고자 할 때 고려해야 할 사항은 다음과 같다.

위치 이더넷 포트에 유선 연결이 가능한가, 아니면 무선 연결을 지원해야 하는가? 장치를 사용하는 사람과의 거리가 아주 가까운가, 아니면 범위가 더 넓어야 하는가?

이동 제품이 이동하지 않는가, 아니면 끊임없이 이동하는가? 제품이 이동하는 경우, 또는 이더넷 포트 연결이 불가능한 경우에는 무선 연결을 지원해야 한다.

전력 소모 제품을 전원에 연결해 둘 수 있는가? 사용자가 끊임없는 연결을 기대할 것인가? 사용자가 잦은 충전을 번거로워할 것인가?

비용 제품이 비싼가? 연결 방식에 따라 비용은 천차만별이다. 셀룰러 서비스의 경우 이용료를 지불해야 한다.

데이터 제품이 데이터를 얼마나 전송하며, 전송 속도는 얼마나 빨라야 하는가? Wi-Fi와 LTE는 데이터 전송 속도가 빠르다. 나머지 연결 방식은 모두 열 배가 넘게 느리다. 일부(지그비와 지웨이브)는 너무 느려서 제어 데이터 전용으로만 사용해야 한다.

다음의 표 5-1에서 각종 무선 연결 방식의 비교 자료를 확인할 수 있다.

무선 기술	주파수	통상 범위	전력 소모	최대 전송 속도
Wi-Fi(802.11n)	2.4GHz	90m	보통	600mbps
블루투스 2.1	2.4GHz	9m	보통	3mbps
저전력 블루투스(BLE), 블루투스 스마트	2.4GHz	9m	낮음	1mbps
셀룰러(LTE)	700, 850, 1700, 1900MHz	8km 미만	높음	1gbps
지그비	2.4GHz	18m	낮음	250kbps
지웨이브	900MHz	15m	낮음	100kbps

표 5-1 무선 연결 방식(자료 제공: 브라이언 리)

표 5-1에 등장하는 기술에 대해 더 자세히 설명하면 다음과 같다.

Wi-Fi Wi-Fi는 범위가 넓고 데이터 전송 속도가 빠르지만, 전력을 많이 소모한다. 일반적으로 장치가 Wi-Fi 네트워크에 접속한다. 일반적으로 Wi-Fi 장치는 전력 소모가 크기 때문에 상시 벽면 전원에 연결해야 한다. 카메라를 비롯하여 배터리 전원을 사용하는 제품도 있다. 카메라는 모바일 장치에 대용량의 데이터를 신속하게 동기화하기 위해 자체 Wi-Fi 네트워크를 생성한다.

블루투스 블루투스('저전력 블루투스' 또는 'BLE'라고 불리는 블루투스 스마트 포함)는 전력 소모가 낮아서 웨어러블 장치나 기타 배터리 장치에 널리 쓰인다. 대신 데이터 전송 속도도 느리다. 또한, 블루투스는 모바일 앱으로 구동하기가 까다롭기로 악명이 높다.

블루투스 연결용 도구는 점점 늘어나는 추세다. 한 사례로 샌프란시스코에 위치한 펀치 스루 디자인 유한회사Punch Through Design LLC(http://punchthrough.com/)가 각종 도구를 내놓은 바 있다. 그러한 도구 중 하나인 라이트블루 빈 LightBlue Bean(https://punchthrough.com/bean/)은 동전형 전지를 쓰는 모듈로, 프로토타입 제작에 적합하다. 라이트블루(http://bit.ly/lightblue_ble)와 iOS 앱을 통해 무선으로 프로그래밍할 수 있다는 것도 장점이다.

셀룰러 모뎀 셀룰러 모뎀은 셀룰러 인프라에 접속하여 위치 정보를 전하거나 데이터를 전송하며, Wi-Fi 범위 밖에서도 데이터 전송과 GPS를 통한 위치 검색이 가능하다. GSM(글로벌 모바일 커뮤니케이션 시스템)과 CDMA(코드 분할 다중 접속)가 대표적인 기술이다. 이것은 가장 비싼 기술이기도 한데, 칩에 특허가 걸려 있을 뿐만 아니라 월 이용료도 지불해야 하기 때문이다. 고가 제품이나 정기 이용 제품인 경우 상관이 없을지도 모르지만, 저비용을 추구하는 경우에는 비용 부담이 클수 있다. 이 방식의 좋은 예로 아마존의 전자책 단말기인 킨들Kindle이 있다. Wi-Fi 전용 제품은 가격이 Wi-Fi 및 3G를 사용할 수 있는 제품의 2/3 수준이다. 아마존이 3G 칩셋과 월 이용료를 고려해서 가격을 책정하는 것이다. 제품이 Wi-Fi 또는 블루투스 범위를 자꾸 벗어나는 경우에는 셀룰러 방식이 유일한 정답이다. 스파크('사례 연구: 스파크' 참조)는 2015년 3월, 데이터 요금을 최소화한 셀룰러 개발 키트인 스파크 일렉트론(http://bit.ly/electron_kickstrtr)의 킥스타터 캠페인을 성공시킨 바 있다.

지그비/지웨이브 지그비(http://www.zigbee.org/)는 공개 프로토콜이고, 지웨이브 (http://www.z-wave.com/)는 상용 프로토콜이다. 흔히 두 프로토콜을 묶어서 이야기하는데, 둘 다 전력 소모가 낮고 대역폭을 적게 차지하는 단거리 사용 사례에 적합하기 때문이다. 사물 인터넷 제품(스마트싱스의 허브 등)에 흔히 쓰이지만, 블루투스의 대중화로 상황이 변할지도 모른다.

그 외에도 참고할 만한 무선 연결 기술로는 다음과 같은 것이 있다.

NFC NFC는 근거리(10cm) 무선 통신 기술을 뜻하며, 많은 모바일 장치에서 NFC 기술을 지원한다. NFC 태그 또는 피어(다른 전화기)의 존재를 감지하고 데이터를 받는 데 사용되는 기술이다. 참고로 안드로이드 폰에는 대개 NFC 라디오가 내장되어 있다(NFC 지원 모바일 장치 목록(http://bit.ly/nfc_enabled)을 확인하자). 애플의 경우 최근 아이폰 6, 아이폰 6+, 애플 워치에 NFC 판독기를 추가하긴 했지만, 그 용도는 애플 페이로 한정하고 있다.

아이비콘 아이비콘iBeacon은 애플의 자체 블루투스 기술이다. 위치 기반 기술이라는 점에서 NFC와 비슷하게 기능한다. 애플의 '개발자를 위한 아이비콘' 페이지(http://developer.apple.com/ibeacon)에서 사용 사례를 확인할 수 있다.

어느 연결 방식을 선택하든, 제품의 요구에 맞는 방식을 선택해야 한다. 제품의 연결 기능은 초기 설치 단계 이후로는 뒤로 물러나서 소프트웨어의 포털 역할만 하는 것이 바람직하다.

07 소프트웨어 플랫폼

이 책은 하드웨어에 초점을 맞추고 있지만, 소프트웨어의 굴레에서 벗어나는 것은 불가능하다. 자금 조달에 성공한 스타트업을 살펴보면 자신의 플랫폼을 다른 장치에 연결하거나 웹에 직접 연결하는 방식을 선택한 경우가 대부분이다. 소비자가 그만큼의 편의성을 기대하기 때문이다. 벤처 캐피털 회사들은 소프트웨어 수준의 확장성을 확인하고 싶어 한다. 또한 신규 기능 추가와 업데이트를 통한 버그 수정이 간편하고, 앱과 데이터를 통해 고객을 파악하고 수익을 증대시킬 수 있다는 장점이 있다.

최소한 출시 시점까지는 각 분야에서 전문 지식을 보유한 팀을 꾸리는 것이 좋다. 분야에 대해서는 다음을 참조하기 바란다.

인터페이스(및 게이트웨이) 대부분의 장치에는 모바일 앱이 있다. 이 앱은 장치 구성과 인터넷 연결에 사용되며, 때로는 장치의 이력 데이터(또는 현재 데이터)를 표시하는 화면으로 쓰이기도 한다.

백엔드 소비자용 커넥티드 장치는 대개 대형 서버팜에서 연산 능력을 끌어 쓴다. 장치가 데이터를 수집하면, 백엔드 서비스가 데이터를 처리하고 사용자의 계정에 데이터를 연결해 준다.

펌웨어 펌웨어란 하드웨어 자체에 내장되는 코드로, 전력 소모와 연결을 제어한다. 펌웨어는 (보통 공급업체에서 제공받는) 통합 코드와 OS 라이브러리로 구성되며, 임베디드 리눅스나 프리RTOS 등의 실시간 OS를 탑재하는 경우가 점점 많아지고 있다. 이것도 일종의 소프트웨어지만, 하드웨어와 직접 상호작용하므로 소프트웨어 팀보다는 하드웨어 팀에서 취급하는 경우가 많다.

홈페이지 회사의 홈페이지는 어마어마하게 중요하다. 하드웨어 장치의 경우, 홈페이지는 주로 마케팅, 상거래, 고객 지원의 역할을 한다. 자체 사이트에서 제품을 판매하면 소매 마진을 가장 많이 남길 수 있고, 제품을 직접 설명할 수 있다. 연동 앱이 있다면 동일한 도메인을 사용해도 되지만, 지금 설명은 앱 디자인에 대한 이야기가 아니다.

소프트웨어는 하드웨어와 다르다. 소프트웨어 사용자는 모두 같은 비트를 받지만(단, 소스 컨트롤을 아주 잘할 경우의 이야기다), 하드웨어 사용자는 각각 서로 다른 원자 조합을 받는다. 소프트웨어는 기존의 소프트웨어를 바탕으로 하며, 따라서 프로토타입을 바로 최종 제품으로 바꿀 수도 있다.

플랫폼을 선택할 때는 팀이 잘 아는 플랫폼을 선택하는 것이 바람직하다. 또한 구현하고자 하는 기능에 적합하게 플랫폼을 수정할 수 있는지 살펴보고, 최초 사용자 수에 따른 확장이 가능한지도 확인해야 한다.

팀이 잘 아는 분야가 무엇인지를 고려하는 것도 중요하다. 백엔드의 경우 결국은 자바로 가고 싶을 수도 있지만, 팀이 이미 레일즈Rails를 잘 안다면, 레일즈 앱을 개발하여 출시하는 편이 훨씬 빠르다. 레일즈를 끝까지 사용해야 할까? 꼭 그렇지는 않지만, 초기 사용자 수만 명을 감당하기에는 레일즈로도 충분하다.

최근에는 프로토타입 제작 단계와 양산 단계에 두루 사용할 수 있는 라이브러리가 많이 나왔다. 하이브리드 그룹The Hybrid Group(http://hybridgroup.com/)에서 선보인 오픈소스 라이브러리 중에 쓸만한 것이 꽤 있다. 레일즈 개발용 라이브러리인 아투Artoo(http://artoo.io/), 브라우저 내부 제어용 자바스크립트인 Cylon.js (http://cylonjs.com), 고Go 언어 개발용 라이브러리 고봇(http://gobot.io/)이 대표적인 예다. 이 그룹에서 공개한 라이브러리를 사용하면 카메라나 버튼 같은 각종 구성 요소의 드라이버(http://artoo.io/documentation/drivers), 립모션Leap Motion 장치(http://artoo.io/documentation/platforms/leapmotion), 아두이노(http://artoo.io/documentation/platforms/arduino) 등에 빠르게 접근할 수 있다. 만약 빠른 프로토타입 제작을 원한다면 기존 제품을 사용해도 괜찮다. 이러한 라이브러리는 페블(http://artoo.io/documentation/platforms/pebble)이나 룸바(http://artoo.io/documentation/platforms/roomba) 같은 인기 제품을 제어할 수 있다.

모바일 쪽에서는 네이티브 툴체인native toolchain이 훨씬 명확하다. iOS 앱은 스위프트Swift 또는 오브젝티브-C를 사용하고, 안드로이드 앱은 보통 자바를 사용하여 개발한다. 좀 더 빠른 개발을 원한다면 폰갭PhoneGap과 같은 멀티플랫폼 환경을 사용하면 된다. 폰갭을 사용하면 하나의 앱을 안드로이드용과 iOS용으로 내보낼 수 있다. 단, 이처럼 두 가지 앱을 동시에 제작할 경우 개발 속도 측면에서는 확실히 유리하겠지만, 각 플랫폼에서의 테스트에 좀 더 시간을 쏟아야 한다. iOS와 안드로이드, 두 가지 플랫폼으로 각각 제품을 출시하고자 한다면, 프로토타입 제작 단계에서 폰갭을 쓰는 것이 가장 좋다.

개발 시간 외에도 고려해야 할 사항이 있다. 멀티플랫폼 프레임워크를 사용하면 성능이나 각 플랫폼 특유의 UX 요소는 포기해야 한다(예를 들면 안드로이드에는 메뉴 버튼이 있지만 iOS에는 없는 데서 여러 가지 차이가 발생할 수 있다). 디자인의 중요성이 점점 높아지고 있다는 점을 고려하면, 제품 출시 단계에는 이 방법이 그리 적합하지 않을 수도 있다. 하나의 플랫폼을 우선으로 개발한 뒤 다른 플랫폼 버전을 개발하는 것도 좋은 방법이다. 그러나 자원이 한정되어 있는 스타트업의 경우에는, 네이티브 앱을 하나 개발한 다음 폰갭 모바일 웹사이트를 내보내는 등의 타협이 필요할 수도 있다.

서비스에 부하가 얼마나 걸릴지도 판단해야 한다. 하드웨어의 경우에는 대개 데이터의 용량이 아주 작다. 데이터를 장치로 스트리밍하는 것이 아닌 이상, 여러 사용자가 동시에 시스템에 접속하는 경우는 드물다. 따라서 소프트웨어 제품에 비해 동시 접속자 수를 낮게 잡아야 한다. 웹 분야의 경력이 있다면 그 경험을 유용하게 쓸 수 있지만, 기존의 도구를 하드웨어에 어떻게 적용해야 할지 알아내야 한다. 구체적인 사례를 통해 알아보자. '사례 연구: 링리의 소프트웨어 개발'에서 팀 메이슨Tim Mason은 링리의 모바일 앱과 웹 앱을 개발한 경험을 이야기한다.

MEMO **사례 연구: 링리의 소프트웨어 개발**

팀 메이슨은 샌프란시스코에 사는 링리의 CTO 겸 초기 자문 위원이다. 그는 2014년 1월에 에치Etsy에서 나와 이 스타트업에 입사했다. 링리는 패션과 기술의 중간에 존재한다. 이 회사의 제품인 반지는 휴대전화에 연결하여, 사용자가 중요하게 생각하는 일(중요한 전화나 문자 메시지 등)이 일어나면 알려 준다. 알림은 모터의 진동이나 여러 가지 색의 LED 불빛을 통해 전달된다. 어떤 앱에서 보내는 알림이냐, 누구의 전화를 통지하는 알림이냐에 따른 횟수와 색상은 사용자가 결정한다.

훌륭한 팀이 대개 그렇듯이, 팀 메이슨과 뉴욕에 사는 CEO 크리스티나 메르칸도Christina Mercando는 전에도 함께 일한 적이 있었다. 스타트업이 대개 그렇듯이, 크리스티나는 개인 생활에서 문제를 발견하고 그것을 해결하려던 때에 이 아이디어를 떠올렸다. 팀은 그때 당시를 이렇게 회상한다.

2013년 1월, 크리스티나와 저는 만날 때마다 스타트업 아이디어에 대한 브레인스토밍을 했습니다. 한 번은 크리스티나가 전화기를 가방 안에 넣어 다니느라 전화와 알림을 놓친 적이 너무 많다면서, 일종의 경보 장치가 있으면 좋겠다는 아이디어를 이야기했죠. 그래서 크리스티나는 프로토타입을 제작하기 위해 하드웨어 강의를 듣기 시작했습니다. 저는 링리가 바로 마음에 들었죠. 우리는 아이디어를 더 찾을 필요가 없다는 결론을 내렸습니다. 다음에 만났을 때는 크리스티나가 앱의 디자인을 보여 줬죠. 그때 저는 아직 에치에 있었는데. "2주 정도 주말을 투자해서 앱을 같이 만들어 보면 어떨까?"라고 제안했습니다.

이 아이디어, 팀, 프로토타입을 바탕으로 링리는 2013년 9월에 퍼스트 라운드 캐피털(http://firstround.com)과 A16Z(http://a16z.com)로부터 투자를 받았다. 팀은 2013년 10월에 뉴욕에서 샌프란시스코로 옮겨서 하이웨이1의 첫 기수를 수강하고 첫 제품의 형태 프로토타입 겸 성능 프로토타입('성능 및 형태 프로토타입' 참조)을 만들기 시작했다.

팀은 웹과 모바일 분야에서 개발 경험이 많았다. 그는 1990년대에 대형 웹 컨설팅 회사의 시조 격인 오개닉^{Organic}에서 웹 개발에 입문했다. 루카스필름^{Lucasfilm}에서는 자바를 다루었다. 그리고 레일즈를 기반으로 하는 초기 금융 스타트업이었던 위사베^{Wesabe}에서는 처음으로 iOS 앱을 개발했다. 헌치^{Hunch}에서도 계속 모바일 개발을 담당했다. 에치에서는 모바일 개발 팀장으로 처음 안드로이드 앱을 개발했다. 그러나 하드웨어 쪽은 처음이었던지라 링리에서는 모바일 앱을 주로 담당했고, 투자를 받고 나서 계약직 펌웨어 개발자를 고용했다.

"제일 먼저 한 작업은 보드를 제작해서 프로토타입 앱에 연결하는 것이었습니다. 저는 앱을 통해 블루투스 기능을 추가했고, 보드에서 블루투스에 연결했죠. 그러고 앱의 기능을 살펴보면서 알림을 연구하기 시작했습니다. 앱이 전송하는 명령을 반지가 제대로 이해하는지 확인했습니다. 설정에는 일련의 명령이 있거든요. 밝기, 진동 모터, 모터의 회전 간격 등을 시험했죠."

그러나 블루투스를 작동시키려면 자재명세서(BOM)의 부품들을 그에 맞게 선택해야 했다. 다음은 그의 설명이다.

"우리는 하드웨어 연구를 계속하면서 최종적으로 어느 칩을 사용할지, 어느 진동 모터를 사용할지, 어느 배터리를 사용할지 등을 고민하고 있었죠. 프로토타입은 플렉스보드에 인쇄를 한 플라스틱에 지나지 않았습니다. 우리는 다양한 라이브러리를 갖춘 마이크로컨트롤러 하나로 시작했고, 그래서 빠르게 프로토타입을 만들어서 시험할 수 있었죠. 작동을 하긴 했지만, 블루투스 기능에 문제가 있어서 새로운 칩을 찾기 시작했습니다. 마침 노르딕^{Nordic}에서 nRF51822를 막 내놓은 참이라, 그 칩을 구해서 시험해 봤습니다. 이 칩의 블루투스 스택은 아주 탄탄해 보였고, 빠른 연결이 가능했죠. 마침 개발자의 계약 기간이 거의 끝나서, 블루투스 개발에 경험이 훨씬 많은 계약직 개발자를 새로 고용했습니다."

우리는 필요한 기능이 무엇인지에 대해서도 이야기했습니다. 그런 다음 모바일 앱에서 전송해야 하는 명령의 범위를 정했죠. 그러면 개발자는 이렇게 말했습니다. "좋아요. 이번 빌드 준비를 마쳤어요. 헥스 파일을 보내 드릴게요." 그말을 들은 저는 폰의 노르딕 도구를 사용해 헥스 파일을 업로드했습니다. 처음에는 컴퓨터를 통해 파일을 플래시에 올렸었지만, 노르딕에서 제공하는 아이폰 앱이 무척 좋았거든요. 그걸 이용하면 우리가 합의한 기능을 갖춘 최신 응용 프로그램을 곧장, 쉽게 업로드할 수 있었습니다.. 그런 다음 이를 바탕으로 코드를 작성하기 시작했습니다. 그와 동시에 최신 앱도 준비했고요.

기능에 대한 대화는 계속되었고, 그러한 과정을 통해 목표를 수립해 나갔습니다. '자, 이제 알림 기능을 추가하죠', '제가 작업을 하려면 이걸 ANCS(애플 알림 센터 서비스)에서 받아야 해요'와 같은 식의 대화였죠. 그쪽에서 데이터를 보내면 이쪽에서는 그걸 파싱하기 위한 코드를 작성했고, 이쪽에서 명령을 보내면 그쪽에서 그걸 파싱하기 위한 코드를 보냈습니다.

이런 식으로 계속 주고받으며 작업을 해나갔습니다. 우리는 그런 전송을 위한 프로토콜을 각자 가지고 있었죠. 일반 웨어러블 스타트업의 경우보다 전송이 훨씬 잦습니다. 대개는 데이터를 모두 한 군데에 저장하고 거기서 다운로드하면 끝이지만 우리는 그렇지 않았죠. 우리는 프로토콜 호출 단위가 아주 작았습니다. 배터리 절약을 위해 데이터를 최대한 작게 만들었기 때문입니다."

팀이 처리해야 했던 큰일 중의 하나는, 공간과 프로세서의 제약을 받는 장치를 개발할 때 알림 데이터의 구조를 어떻게 설계해야 하느냐의 문제였다. 당시 노르딕에서 개발한 nRF51822의 램은 16k에 불과했고, 따라서 제약이 많았다. 일반적으로 iOS에서는 알림을 모두 ANCS가 처리한다. 또한 보안상의 이유로 iOS의 앱은 다른 앱의 알림 내용을 조회할 수 없지만, 장치에서는 조회할 수 있었다. 팀은 이 특성을 활용하기로 했다. ANCS가 모든 알림을 반지로 스트리밍하고 반지에서 그것을 다시 앱으로 스트리밍하도록 시스템을 구성했다. 데이터를 다시 넘겨받은 앱은 어느 알림이 반지의 진동 모터 또는 LED를 작동시킬 만큼 중요한지 판단한다.

"저는 iOS의 알림 서비스인 ANCS에 대해 파고 들었습니다. 그 결과 ANCS를 통해 스마트폰에서 반지로 알림을 보내죠. 기본적으로 스마트폰은 중앙 관리 장치로서의 역할을 합니다. 각 장치가 저전력 블루투스를 사용해서 ANCS를 통해 스마트폰에 접속하면, 스마트폰은 장치에 알림을 전송하게 됩니다."

알림 스트림을 반지에서 디코딩하는 것이 훨씬 간단할 터였다. 하지만 장치의 램 용량이 16k였기 때문에 데이터를 처리할 공간이 없었다. 팀은 어느 알림에 우선권을 부여할지, 그리고 스마트폰과 반지가 잠시 멀어지면 어떻게 해야 할지에 대한 여러 가지 아이디어를 내놓았다. "스마트폰에서 멀어져서 연결이 끊어졌을 때 20개에서 30개 가량의 알림을 받는다고 치면, 그 알림을 어느 앱이 보냈는지를 고려합니다. 즉, 같은 앱에서 20개나 30개를 받았다면 알림 대기열을 다르게 취급하죠." 팀의 설명이다.

팀은 반지의 개선 방향을 파악하기 위해 믹스패널^{Mixpanel}을 구현했다. "우리는 분석을 통해 실패를 추적합니다. 어느 버그를 처리해야 하며, 장치 또는 소프트웨어의 어느 요소가 버그를 발생시키는지 알 수 있죠. 우리는 크게 펌웨어 빌드와 생산 배치(설계 인증 테스트 DVT, 제품 인증 테스트PVT 등)에 따라 제품을 구별합니다." 이러한 과정을 통해 팀은 실제 세계에서만 발생하는 문제가 무엇인지 파악할 수 있었다.

링리는 그 후로 제품을 출시하고 아이폰과 안드로이드 앱을 모두 공개했다. 그러나 소프트웨어 개발은 아직도 끝나지 않았다. 이 책을 집필하는 시점에도 여전히 그들은 배터리 수명을 개선하고 무선 펌웨어 업데이트를 더욱 간단하게 하기 위한 펌웨어 업데이트를 준비하고 있다.

08 소프트웨어 보안 및 개인 정보 보호

보안 및 개인 정보 침해에 대한 뉴스가 흔해졌지만, 그래도 당신과 당신의 제품이 그 뉴스의 주인공이 되면 곤란할 것이다. 보안이 취약하기로 유명한 수많은 웹 캠의 경우를 예로 들어보자. 웹 캠의 주인은 공장 출시 시점에서 카메라의 기본 비밀번호가 모두 같게 설정되어 있기 때문에 자신의 사생활이 노출되고 있다는 걸 전혀 모른다. 이는 큰 문제가 될 수 있다. 반면, 구글의 네스트Nest가 인수한 커넥티드 카메라 서비스인 드롭캠Dropcam은 제품 자체에 보안 기능을 심어 두었다. 드롭캠의 피드에 접속하려면 계정이 있어야 하고, 동영상 스트림은 암호화되어 전송된다. 즉, 보안을 고려한 제품인 것이다.

보안을 고려할 때 처음 생각해야 하는 것은 위협 모델이다. 시스템의 어느 측면이 가장 중요하다고 생각하는가? 드롭캠은 사용자들이 동영상 피드의 보안에 신경을 많이 쓰리라는 것을 알고 있었다. 에릭 스투첸버그Eric Stutzenberg의 펌웨어 클라이언트의 경우 "데이터 자체에 신경을 썼다고 하긴 어렵습니다. 하지만 누군가가 데이터를 입수하기 위해 장치에 무단으로 접근할까 봐 신경을 썼죠. 즉, 사용자가 장치에서 정보를 얻으려면 먼저 인증을 거쳐야 한다는 것이 중요합니다."

이 외에도 추가로 고려해야 할 사항을 정리해 보면 다음과 같다.

펌웨어 암호화 대부분의 칩에는 암호화 옵션이 있다. 이 기능을 활용해 자체 개발 알고리즘을 보호하는 한편으로 장치 루팅을 방지하는 것이 좋다.

트래픽 암호화 전송하는 데이터를 암호화하는 것이다. 블루투스는 암호화 옵션을 내장하고 있다. 장치가 Wi-Fi 또는 LTE를 통해 직접 인터넷에 연결하는 경우, HTTPS로 보안 연결을 유도할 수 있다.

사용자 인증 고객은 각종 서비스를 사용하기 전에 ID와 비밀번호를 생성하는 데 익숙하다. 이 인증 과정을 시스템의 일부로 삼자. 데이터를 전송하기 전에 사용자 인증 여부를 반드시 확인하자. 당연해 보일지 몰라도, 사용자들이 언제든지 비밀번호를 변경할 수 있게 해야 한다.

하드웨어를 출시한 후에는, 고객이 제품을 사용하는 한 계속 지원을 해야 한다. 그 기간은 예상보다 훨씬 길어질 수도 있다. 다행히도 소프트웨어는 훨씬 유연하기 때문에 자주, 심지어는 매일 업데이트할 수도 있다.

09 용어 정리

여기에서는 하드웨어 개발 여정에서 흔히 접하게 되는 프로세스 및 부품과 관련된 용어들을 살펴본다.

프로토타입 및 양산 프로세스 용어

프로토타입 및 양산 과정에서 흔히 접하게 되는 용어로는 다음과 같은 것이 있다.

밀링 밀링 머신으로 진행하는 프로세스다. 작업물을 고정하고 회전 커터(대부분 엔드밀이라고 부름)를 사용해 소재를 절삭하는 프로세스를 밀링이라고 부른다.

선반 가공 선반으로 진행하는 프로세스를 선반 가공이라고 한다. 작업물을 회전시키며 비회전 커터로 소재를 절삭하는 것을 말한다. 보통 원통 형태의 부품을 만들 때 사용한다.

CNC(컴퓨터 수치 제어) 프로토타입 제작 기계나 양산 기계를 자동화한 것으로, 대개 밀링 머신이나 선반을 가리킨다. 보통 가동 축의 개수(3축 또는 5축)에 따라 분류한다.

3D 인쇄 특수한 재료를 녹여서 한 층씩 쌓아나가며 형태를 만드는 기술을 가리키며, 때로는 적층 가공이라는 용어로 통칭하기도 한다. 대부분 STL(광경화성 수지 조형) 파일 포맷을 사용한다.

성형 보통 소비자 제품의 플라스틱 부품에는 사출 성형을 사용한다. 대표적인 성형 기법의 예를 들면, 이중 사출 성형(복수의 플라스틱 재료), 압축 성형, 이송 성형 등이 있다.

주조 성형과 비슷한 것 같지만 조금 다르다. 압력 없이 금속을 가공하는 공정을 주조라고 한다. 다이캐스팅, 인베스트먼트 주조, 가압 주조 등이 있다.

스탬핑 판금을 잘라 구부려서 형태를 만드는 공정을 말한다. 싱글 스테이지 다이, 프로그레시브 다이, 프로그레시브 롤링 등이 있다.

압출 소재를 다이 사이로 통과시켜 횡단면이 균일한 물체를 만드는 공정이다. 기본 자재 중에 압출로 제조되는 것이 많다.

모양 따기 보통 포장재, 종이, 그 외의 얇은 판에 사용한다. 소재를 잘라 2차원 무늬를 만든다.[1]

레이저 커팅 레이저를 집중시켜 플라스틱, 나무, 판금을 자르는 공정이다.

---

1 역자주_ 우리나라에서는 흔히 '톰슨'의 일본식 발음을 따서 '도무송'이라고 부른다.

워터 제트 가공 물줄기와 연마제를 함께 분사하여 두꺼운 금속과 플라스틱을 자르는 공정이다.

표 5-2에서는 가장 일반적인 부품 제조 프로세스를 소재와 규모에 따라 비교하였다.

	플라스틱	금속	나무
2D 프로로타입 제작	레이저 커팅	워터 제트 가공	레이저 커팅
2D 양산	성형, 압출	스탬핑	레이저 커팅, CNC 라우터 가공
3D 프로토타입 제작	3D 인쇄(FDM, SLA), CNC 머신 가공	3D 인쇄(SLS, DLMS), CNC 머신 가공	CNC 머신 가공
3D 양산	성형	주조	CNC 머신 가공

표 5-2 생산 규모에 따른 프로세스

표 5-2에서는 프로토타입을 1회 제작할 때의 생산량이 1~10개라고 가정하고, 양산의 경우 1,000개 이상이라고 가정한다. 그 중간 규모의 제작은 조금 복잡하다. 개수가 어중간하면 개당 비용이 매우 비싸지기 때문에 전략에 어느 정도의 타협이 필요하다. 이 표는 대략적인 기준일 뿐이다. 예산, 룩 앤드 필, 일정에 따라서도 프로세스는 달라질 수 있다.

전기 부품

이번에는 하드웨어 스타트업에서 흔히 사용되는 전기 부품과 관련된 용어를 살펴본다.

ASIC(application-specific integrated circuit) 주문형 집적회로. 하나의 특정 용도에 최적화한 칩을 말한다.

BGA(ball grid array) 볼 그리드 배열. 땜납 볼을 격자 모양으로 배열한 SMT 구성 요소로, 상호 연결의 수를 극대화한다. 검사는 X선으로 해야 하며, 리워크가 아주 까다롭다.

브레드보드 전자 제품 프로토타입 제작에 사용하는 보드로, 보통 양산에 쓰는 보드보다 부품이 크다.

PCB(printed circuit board) 인쇄 회로 기판. 전자 제품 조립의 중추다. 구리와 비전도 플라스틱이 층을 이룬 판으로, 부품을 받치면서 동시에 정확한 전기 연결을 가능하게 한다. 제작에는 흔히 절삭 가공 기법을 쓰며 실크스크린 인쇄, 사진 제판, 또는 PCB 밀링을 통해 구리 층을 만든다.

PCBA/PCA(printed circuit board assembly) 인쇄 회로 기판 조립품. 부품을 장착한 인쇄 회로 기판을 말한다. 픽앤플레이스 기계로 PCB에 부품을 배치하고 리플로 오븐으로 땜납을 녹여 만든다. 침적 납땜, 수동 삽입, 리워크도 흔한 프로세스다.

QFN(quad flat no-leads) 핀 노출이 없는 4평면 패키지. 핀이 패키지 면적 밖으로 튀어나오지 않는 SMT 부품이다. 부품의 크기는 작지만, 핀에 접근하기가 어려우므로 디버그와 리워크가 어렵다.

SMT(surface-mount technology)/SMD(surface-mount device) 표면 실장 기술 또는 표면 실장 장치. 현대에 가장 흔히 사용하는 전자 제품 제조 프로세스다.

스루홀(thru-hole) 중앙 또는 가장자리에 핀이 있는 전기 부품을 말한다. 예전에는 모든 전기 부품에 가장 흔히 쓰이는 폼 팩터였다. 현대 기준으로는 비교적 크기가 크고, 장착 시에 기계적인 고려가 필요하다(예. 커패시터, 변압기, 기타 전원 관련 전자 부품).

센서

제품에 가장 흔히 사용하게 될 전자부품이 바로 센서다. 센서는 폼 팩터가 매우 다양하며, 여러 가지 센서를 하나의 부품으로 결합하여 판매하는 경우도 많다.

가속도계 장치의 가속도를 감지한다. 이 센서는 중력의 방향과 그에 대한 물체의 방향을 감지하기 위해 휴대전화와 기타 장치에 사용한다. 웨어러블에서 동작 감지를 위해 흔히 사용한다.

자이로스코프 정해진 틀을 기준으로 장치의 방향과 회전을 감지한다. 위치를 더욱 정확하게 파악하기 위해 가속도와 함께 사용하는 경우가 많다.

마그네토미터 자기장의 방향을 감지한다. 근처에 인공 자기장이 없는 경우에는 보통 지구의 자기장을 기준으로 삼는다. 가속도계, 자이로스코프와 함께 사용하면 위치를 매우 정확하게 파악할 수 있다.

GPS 수신기 장치가 GPS 위성 네트워크를 통해 지구 상의 자기 위치를 파악하게 해 준다. 일반적으로 하늘이 잘 보여야 제대로 작동한다 (따라서 높은 건물이 많은 시내에서는 문제가 생기기도 한다). 휴대전화에서는 GPS와 함께 기지국이나 Wi-Fi를 사용하여 지리 위치를 파악한다.

스위치 가장 단순한 입력 장치인 스위치는 토글, 임시, 회전, 기울기, 리밋 등 종류가 매우 다양하다. 누를 필요가 없는 정전식 스위치도 점점 인기를 얻고 있지만, 전통적인 스위치보다 전력 소모가 크다.

온도 센서 시스템을 제어하거나 냉각 장치를 가동하거나, 주위 환경의 변화를 감지하는 데 사용된다. 서미스터, 열전대, 저항 온도 센서(RTD)가 대표적인 온도 센서다.

여기까지 하드웨어 제품에 사용되는 기본적인 센서에 대해 살펴보았다. 시중에는 만능 센서도 다양하게 나와 있다. 여기서 살펴보지 않은 센서로는 상대 습도 또는 압력 센서, 마이크, 카메라, 로드셀 등이 있다. 신호 발생 장치로는 LED, 화면(LCD, OLED, LED 매트릭스가 일반적임), 스피커 등이 있다.

chapter 06 제품 양산

하드웨어 스타트업을 성공시키고자 한다면 언젠가는 제품의 대규모 양산이라는 난관을 극복해야만 한다. 양산 단계에서는 프로토타입 제작 단계와는 또 다른 마음가짐이 필요하다. 프로토타입 제작 단계에서는 실험과 발명이 주를 이루고, 보통 돈을 펑펑 쓴다. 양산 단계에서는 공정이 주를 이루며, 결국에는 돈을 번다. 프로토타입 제작은 물건을 하나만 만드는 것이고, 양산은 당신이 모르는 사람들도 몇 번이고 만들 수 있는 물건을 만드는 것이다.

프로토타입 제작에서 양산 단계로 넘어가는 것은, 자금의 여유가 없는 신생 회사에게는 힘들고도 비싼 과정일 수 있다. 양산 단계에서는 일정이 늘어지는 일이 비일비재한데, 그러면 제품 판매로 수익을 올리기까지 걸리는 시간도 길어진다. 또한 제품을 양산하려면 운전자본도 필요하다. 즉 재고 자산 유지에도 돈이 필요하다.

이 장은 5장과 짝을 이루므로 따로 읽어서는 안 된다. 5장의 프로토타입 제작 단계에서는 양산 단계에 영향을 미치는 여러 가지 기술적, 사업적 결정을 내려야 하는데, 그러한 문제들을 일찌감치 해결한 뒤에 양산 단계로 넘어오는 것이 좋다.

우선 제조업체의 종류를 가리키는 용어를 몇 가지 소개하겠다.

주문자 상표 부착 생산자(OEM) 제품에 들어가는 부품과 구성 요소, 조립품을 제작하는 것을 말한다.

제조자 개발 생산자(ODM) 타 브랜드를 위한 제품을 전문적으로 제조하는 것을 말한다. 이 방식을 '화이트 라벨'이라고 부르기도 하는데, 여러 회사가 하나의 ODM에 접근하여 제품에 자기 브랜드를 붙여 판매할 수 있기 때문이다.

수탁 제조업체(CM) 다른 회사를 대신하여 제조와 공급 사슬을 관리하는 회사

전자 제품 제조 서비스(EMS) 전자 부품 및 조립품을 설계, 시험, 제조하는 회사

지역이나 업계에 따라서는 이러한 용어를 어느 정도 혼용하기도 한다는 점을 알아 두어야 한다.

01 양산 준비

일을 진행하면서 공장 또는 CM과 계약하기에 가장 좋은 시기가 언제인지를 판단해야 한다. 콘셉트 스케치와 막연한 아이디어만을 가지고 공장을 찾아가면, 공장에서는 당신의 이야기를 진지하게 듣지 않고 발을 빼려 할지도 모른다. 반대로 설계의 세부까지 확정하고 나서 공장을 찾아가면, 정작 공장에서 당신의 주문대로 제품을 제조하지 못한다고 하는 경우도 있고, 생각했던 기능을 구현하는 데 비용이 너무 많이 드는 경우도 있다.

이쯤에서 제품 양산 과정에서 접하게 될 용어를 몇 가지 소개한다.

X를 고려한 설계(DFX) 최종 프로토타입을 예산 내에서 효율적으로 제조할 수 있는지 확인하는 과정이다. 이 과정은 제조를 고려한 설계(DFM), 조립을 고려한 설계(DFA), 테스트를 고려한 설계(DFT), 비용을 고려한 설계(DFC)로 이루어진다.

엔지니어링 검증 테스트(EVT) 제조의 첫 번째 관문이다. 이 단계에서는 보통 공구 가공을 거친 부품을 손으로 조립해서 엔지니어링 기능을 확인한다.

설계 검증 테스트(DVT) 시제품 생산의 두 번째 단계다. 이 시점에는 공구 가공을 거친 부품을 모두 맞춤 조립 라인에 투입한다.

생산 검증 테스트(PVT) 본격적인 대량 생산에 들어가기 전의 마지막 단계다. 이 시점에는 제품이 아니라 생산 라인 자체에 초점을 맞춘다. 생산 라인에서 나오는 제품은 거의 완벽하므로, 대부분의 스타트업은 그것을 바로 출시한다.

표준 작업 지침서(SOP) 제조 공정의 각 단계를 자세하게 설명하는 지침이다. 때로는 제조 작업 지침서(MWI)라고 부르기도 한다.

승인 업체 목록(AVL) 공장 또는 스타트업의 적절한 심사와 감사를 거쳐 믿을 만한 공급업체로 인정받은 업체의 목록이다.

컴퓨터 지원 설계(CAD) ME 및 EE 부품을 나타내는 설계 파일이다. ME CAD는 보통 STEP 또는 IGES 3차원 파일로 전송하고, 주요 부품의 경우에는 전통적인 2차원 도면으로 전달한다. EE CAD는 보드용 거버 파일과 드릴 파일로 전송한다.

온비프OnBeep의 후신인 오라이언 랩스Orion Labs 사는 제조업체를 일찍 찾아가서 의견을 구한 스타트업의 좋은 예다. 물론 무엇을 만들고 있는지 업체에 설명할 수 있을 만큼은 작업을 진행하고 나서 찾아갔다. '사례 연구: 오라이언의 양산 준비'를 통해 좀 더 자세히 살펴보자.

MEMO **사례 연구: 오라이언의 양산 준비**

앤디 셔먼Andy Sherman과 스타 심슨Star Simpson은 둘 다 온비프의 후신인 오라이언 랩스(https://www.orionlabs.co) 사에서 생산 운영을 감독한 바 있다. 스타는 오라이언이 오닉스Onyx 제품의 제조를 준비하기 시작하던 시기에 생산을 감독했다. 준비를 하는 중에 앤디가 입사했고, 스타는 연구 개발 부서로 이동했다. 오닉스는 버튼과 마이크, 블루투스 연결 기능을 내장한 웨어러블 단체 커뮤니케이션 플랫폼이다. 오라이언은 이 제품을 제조하기 위해 PCH 액세스PCH Access(http://pchaccess.com/)에 연락해서 중국에서의 초도 생산에 대해 문의했다.

스타의 말에 따르면, 오라이언이 초도 생산을 의뢰할 파트너를 선정할 때 염두에 둔 것은 '확장성'이었다. 제조업체가 과거에 진행했던 프로젝트 내역을 살펴보는 것도 중요한 요인이었다. 해당 업체가 스타트업 분야에서 일을 해 본 적이 없거나 제조 공정을 잘 모르면 안 되기 때문이었다. 결국 오라이언은 고민 끝에 PCH 액세스를 초도 생산 파트너로 선정했으며, 파트너가 생겼으므로 오라이언은 초도 생산을 담당할 대규모 팀을 꾸릴 필요가 없게 되었다.

앤디는 오라이언에서 프로그램 매니저로 일하면서, 해외의 제조 현장에서 수탁 제조업체나 상대 팀과 제대로 협력하려면 파트너 업체를 제대로 관리하는 것이 중요하다는 사실을 깨달았다. "오라이언에는 품질 계획 및 테스트 계획을 수립하기 위해, 현장에서 전기 엔지니어링과 기계 엔지니어링을 지원할 기술 담당자와 품질 엔지니어가 필요했습니다." 앤디의 말이다. 파트너와 협력할 때는 제대로 된 기술 인력을 사내에 배치해 두고 제품의 기술 사양을 관리하는 것이 중요하다. 제품의 진짜 특장점을 아는 것은 스타트업 당사자뿐이기 때문이다.

"PCH 쪽에는 PCH의 팀을 관리하는 프로그램 매니저가 있었습니다. 우리는 그 팀의 전기 엔지니어, 조달 전문가, 그리고 두 명의 품질 엔지니어와도 아주 긴밀하게 협력했죠." 앤디의 설명이다. 오라이언은 파트너에서 지원한 인력을 활용함으로써 기술 팀의 규모를 작게 유지하면서도 현장에 있는 현지 전문가들의 도움을 받을 수 있었으며, 생산 또한 빠르게 진행할 수 있었다.

오라이언은 당시 프로토타입 제작 단계에서 생산 단계로 넘어가면서 제품 설계를 변경해야 했다. 스타의 말에 따르면, 프로토타입 제작에서 제조로 넘어가는 과정에서 필요했던 것은 '테스트 자동화가 가능하도록 보드를 재설계하는 것'이었다고 한다. 즉, 보드가 제대로 기능해야 할 뿐만 아니라, 반복적인 테스트도 가능해야 한다는 것이었다. 그들은 이 과정에서 제품의 부품과 관련된 구체적인 사실을 배울 수 있었다. 예를 들면, 장치 내의 LED에 변화를 주어 흥미로운 배치를 뽑아 내는 법 등을 터득해 나갔다. "우리는 LED 빈[bin] 코드가 제각각인 LED를 다루는 방법을 몰랐습니다. 경험이 없었죠. 제조와 SMT 관점에서 어떻게 접근해야 하는지도 몰랐고, 하나의 장치 내에 빈 코드가 같은 LED를 써야 한다는 것도 잘 몰랐습니다." 앤디의 설명이다.

오라이언은 오닉스의 DVT(설계 인증 테스트) 주기를 두 번 거치며 문제를 모두 확실하게 해결했다. 앤디는 이에 대해 이렇게 설명한다. "PVT(제품 인증 테스트) 단계에 접어들면 생산 라인의 효율을 개선하는 것이 중요합니다. 이를 위해서는 단계별로 주기 시간을 계산하여 어디서 병목 현상이 발생하는지 파악해야 합니다.".

앤디는 하드웨어 분야에 뛰어드는 창업자들에게도 조언을 아끼지 않는다. "다른 분야도 그렇지만, 제조에는 진짜로 쉬는 날이 없습니다." 앤디의 말대로다. 제조업에서는 생산 라인에서 하루가 멀다 하고 발생하는 온갖 문제를 해결해야 하기 때문이다. 스타와 앤디는 제조 과정 동안 지속적으로 발전해 나가는 것, 그리고 프로토타입 제작에서 양산으로 넘어가면서 팀과 제품을 거기에 적응시키는 것 또한 중요하다고 말한다.

양산 준비가 끝나고 제조 단계에 다다르면, 대량 생산의 요건을 반영하여 설계를 변경하는 과정을 거치게 된다. 이 과정을 DFX라고 부르는데 이는 제조를 고려한 설계(DFM), 조립을 고려한 설계(DFA) 등을 아우르는 개념이다. 이 과정에서는 표준 도구의 직경을 늘리거나 공칭치수를 바꾸는 것과 같은 사소한 설계 변경도 이루어지지만, 기능을 다른 부품으로 옮기거나 (대체할 수 있는 기능일 경우) 아예 부품을 빼는 등 불필요한 가공을 줄이기 위한 대대적인 설계 재정비도 이루어진다.

설계와 관련해 고려해야 할 또 하나의 중요 사항은 제품이 어떤 환경과 상황을 견뎌야 하느냐이다. 설계의 이러한 부분을 '강건 설계ruggedization'라고 한다. 이때 고려하는 대표적인 사항이 제품의 IPingression protection 등급인데, 이것은 두 자리의 코드를 통해 제품의 방수 및 방진 기능을 나타내는 체계로서 최고 등급은 IP 6K9K이다.

그 외에 강건 설계와 관련하여 고려해야 할 점으로는 제품이 견뎌야 하는 충격과 진동의 정도, 그리고 통상적인 세척 과정에서 제품에 닿기 쉬운 소재 또는 화학물질 등이 있다.

수탁 제조업체에 연락을 취하면, 설계 파일을 보내면 견적을 내주겠다고 할 것이다. 이 과정을 견적 요청(RFQ)이라고 하며, 이 과정을 빨리 마치려면 업체에 필요한 문서와 정보를 미리 준비해 두어야 한다. 견적 요청 시에는 일반적으로 만들고자 하는 제품의 기술적인 설계 파일뿐만 아니라 공정, 공차, 품질, 일정, 기타 요건에 대한 기대 수준을 설정하는 첨부 문서도 함께 보낸다. 턴키 방식의 수탁 제조업체와 협력하는 경우에는 ME CAD, EE CAD, 제품 요구 사항 문서(PRD), 자재명세서(BOM) 등 온갖 자료를 요구할 것이며, 해당 업체와 규모가 큰 관계를 시작하는 경우에는 사업 계획이나 재무 정보까지 요구하기도 한다.

자재명세서(BOM)는 매출원가, 즉 제품을 실제로 생산하는 데 드는 비용을 구하기 위해 제품에 들어가는 모든 요소를 목록으로 정리한 것이다. BOM에는 기본적인 ME 및 EE 부품(PCB, 보드 구성 요소, 케이스, 고정 장치 등)과 포장재는 물론, 상자에 넣을 부속품까지 빠짐없이 기재해야 한다. 매출원가란 조립, 마감, 배송, 세금, 관세, 파트너의 이윤 등을 모두 포함하는 비용을 제품 개당 비용으로 계산한 것이다. BOM과 그에 따른 매출원가는 프로젝트 초반부터 준비하는 것이 중요하다. 그래야 견적을 받을 수 있고, 어떤 요소가 비용을 발생시키는지 알 수 있기 때문이다. 그러나 현실에서는 대량 생산을 본격적으로 시작하기 전에는 최종 비용을 알기 어렵다.

이 시점에 중요해지는 또 하나의 문서는 제품 요구 사항 문서(PRD)다. 일반적으로 이 문서에는 제품의 사양과 제품이 통과해야 하는 테스트를 기재한다. 대기업의 경우 우선 마케팅 팀에서 보다 높은 수준의 마케팅 요구 사항 문서(MRD)를 작성하고 그것을 바탕으로 PRD를 작성하지만, 스타트업의 경우에는 대개 PRD가 최초의 공식적인 제품 문서다. 따라서 개발 프로세스 초반에 PRD를 준비하기 시작하는 것이 좋다. 그래야만 엔지니어링 팀이 뚜렷한 제품 목표를 가지고 작업을 진행할 수 있으며, CAD나 BOM에는 담을 수 없는 질적 요구 사항을 문서화할 수 있기 때문이다. PRD를 개발 과정에서 종합 지침으로 활용하기도 좋다. 여기에 팀의 의도를 기록해 두면 '제품이 실제로 무엇을 어떻게 하느냐'에 대해 팀 전체가 생각을 일치시킬 수 있다.

견적이 무료라고는 해도, 견적서 작성에는 양측의 시간과 자원이 필요하다는 점을 기억하자. 몇 군데에 견적을 받아 보되, 이 프로세스에 시간을 너무 많이 낭비하지는 말자. 그럴 시간을 절약해서, 최종적으로 선택하는 제조업체나 공장과 관계를 구축하는 데 투자하는 것이 좋다.

설계를 전달하고 생산을 위한 주문서를 발급하고 나면, 변경하고 싶거나 설계상의 이유로 변경해야 하는 부분에 대해서 수수료를 지불해야 한다. 그렇기 때문에 어느 시점에는 설계를 분명하게 확정하고, 공식적으로 최종 설계를 전달하는 것이 중요하다. 이 공식 전달이 이루어지고 나면, 번호를 붙인 변경 지시(보통 CO라고 하며, 설계 변경 지시의 경우 ECO라고 한다)를 통해 변경 내역을 공식적인 기록으로 남겨야 한다. 간단한 부품 번호 변경이나 문서상의 변경이 아닌 이상, 변경 지시에는 보통 수수료가 붙는다.

이런 관계 구축에서 또 중요한 점은, 특히 생산 도중에 변경 사유가 발생하는 경우에 공장과 명확하게 의사소통을 해야 한다는 점이다. 예를 들어 보자. 유명 하드웨어 해커인 앤드류 '버니' 후앙Andrew "bunnie" Huang(142페이지의 '사례 연구: 중국의 부티크 제조 프로젝트' 참조)은 다음과 같이 조언한다. "처음부터 설계를 제대로 하기는 불가능합니다. 분명히 수정이 필요하고 설계 변경 지시, 즉 ECO가 필요하기 마련입니다." 버니는 중국의 설 연휴 직전에 ECO를 보낸 적이 있었다. 중국에서는 이 연휴 기간 동안은 모든 공장이 몇 주 동안 문을 닫고, 직원의 퇴사도 잦다. 결국 그 공장에서는 변경 지시를 제대로 적용하지 못했다. 하지만 공장에서는 잘못을 순순히 인정했다. "그들은 수수료 없이 보드 200개를 몽땅 손으로 다시 작업해 주었습니다. 이 모든 것은 ECO 덕분입니다. 제가 제대로 문서를 작성해서 전달했기 때문에 공장에서 ECO를 적용하지 못한 것이 자기들 잘못이라는 걸 쉽게 인정한 것입니다."

제조 단계에서 스타트업이 흔히 간과하는 측면이 있는데, 바로 제품의 지그와 공정을 테스트하는 작업이다. 버니는 "테스트 지그의 설계에도 핵심 제품의 설계에 만큼 공을 들여야 합니다."라고 강조한 바 있다. 그는 복잡성이 제품 자체와 맞먹는다는 점에서 테스트 지그도 '하나의 제품'이라고 말한다.

테스트 계획을 수립할 때는 나무를 보느라 숲을 놓치기가 너무 쉽다. 버니는 그런 실수를 방지하기 위한 방법을 제안한다. "엔지니어링 사양을 기준으로 테스트를 진행하는 수준을 넘어서야 합니다. 마케팅의 핵심 사항을 돌아보며 '우리가 고객에게 약속하는 것이 무엇인가?'에 대해 자문해야 하죠. 그리고 고객에게 약속한 사항은 무조건 명시적으로 테스트해야 합니다." 이것은 프로세스 초반에 고려하는 것이 중요하다. 그래야만 설계에 테스트 포인트를 포함할 수 있고, 생산 테스트 결과 보장 여부가 불확실한 주장을 마케팅에 사용하는 사태를 방지할 수 있기 때문이다.

복잡한 제품의 경우, 테스트 계획을 여러 단계로 분할하는 것이 중요하다. 조립품을 구성하는 부품 중에 위험성이 가장 큰 부품을 조립하기 전에 테스트하자. 최종 제품 테스트에서 조립품 전체를 재작업하거나 버리기보다는 프로세스 초반에 작은 부품을 버리는 것이 훨씬 많은 비용을 아낄 수 있다. 마지막으로 테스트에는 시간이 걸리고 그만큼 돈이 들기 때문에 불필요한 반복 테스트에 돈을 낭비하기보다는 제품에 자신이 생길 만큼만 테스트를 하는 것이 중요하다. 이와 같은 제품 라인에서의 개별 테스트는 이번 장 후반부의 '인증' 절에서 다룰 설계 검증 및 외부 연구소 인증과는 별개다.

부품 가공과 시험 생산을 시작한 뒤에는 여러 단계와 과정을 거치게 된다. EVT(엔지니어링 검증 테스트), DVT(설계 검증 테스트), PVT(제품 검증 테스트) 같은 과정은 공장이나 제조업체에 따라 조금씩 다르지만, 대개는 시험 생산에서 본격적인 대량 생산으로 넘어가며 거치는 단계다. EVT와 DVT는 공구 가공을 마치고 최초 시험 생산 라인을 준비하는 단계다. 대체로 프로젝트가 PVT 단계에 도달할 때쯤이면, 제품이 첫 고객에게 배송해도 좋은 상태에 도달한다. 크라우드펀딩 후원자들에게 얼른 물건을 보내고 싶은 스타트업의 경우는 더욱 그렇다.

제조 과정 전반에 걸쳐 지적 재산(IP)을 보호하는 것도 중요하다. 민감한 IP가 유출될까 걱정스럽다면 견적 요청 단계에서 기밀 유지 협약(NDA)을 맺자. 이런 문제를 해결하는 전략 하나는 (특히 해외에서 제조하는 경우) 공급 사슬을 필요 이상으로 많은 공장에 분배하여, 그 어디에서도 전체 설계 의도를 알지 못하게 하는 것이다. 그러나 현실적으로 스타트업은 이런 전략을 구사하기 어렵다. 한두 군데의 주 공장을 믿고 주요 부품과 최종 조립을 맡겨야 할 가능성이 높다.

생산 라인을 구성했다면, 다음 단계는 생산량을 유지하며 생산수율을 높이고 품질 문제를 해결하는 데 집중하는 것이다. 이 단계를 보통 생산 유지 엔지니어링이라고 한다. 스타트업은 이 단계에 도달하는 시점이 언제인지 정확하게 파악해야 한다. 그래야 생산 유지라는 막중한 업무에 전담 인력을 배치하고, 한편으로는 다음 제품 또는 브랜드에 연구개발 노력을 집중할 수 있기 때문이다. 대기업에는 이런 엔지니어링만 전담하는 조직이 있지만, 스타트업의 경우 대개 처음에는 한 명의 창업자가 여러 가지 업무를 겸임해야 한다.

02 어디서 제조할 것인가?

전 세계 어느 지역에서 제조에 돌입할지에 대해서는 개발 프로세스 초기에 결정해야 한다. 확장성이 중요한 기준이긴 하지만 현지에서 제조할지, 국내에서 할지, 국외에서 할지를 결정하는 데 정해진 기준은 없다. 제품의 복잡성도 고려해야 한다. 첫 제품에 새로운 기술이나 공정, 센서 등을 적용하는 경우에는 전문 공장이나 제조업체가 필요할 수도 있다.

미국에 있는 회사가 주로 선택하는 제조 지역은 중국, 멕시코, 미국 국내의 각지역이다. 따라서 제조 지역을 고려할 때는 각 지역들의 장점과 단점을 살피고 비교하자. 미국 내 스타트업 사이에서는 멕시코가 제조 지역으로 인기가 높다. 중국보다 가깝고 언어 장벽 극복도 쉬우며, 미국보다 인건비가 싸기 때문이다. 하지만 댄 골드워터Dan Goldwater의 사례를 놓고 보면 여기에도 단점이 따른다. '사례 연구: 공급 사슬 이전하기'의 내용을 읽어보자.

MEMO **사례 연구: 공급 사슬 이전하기**

멍키렉트릭MonkeyLectric 사는 야간에 라이더의 안전을 보장하는 한편, 바퀴를 디지털 아트로 변화시키는 자전거 조명(멍키 라이트Monkey Light)을 제작하여 판매하는 회사다. 이 회사는 차고에서 만든 1세대 키트를 아마존에서 판매하면서 사업을 시작했다. 수요가 상당하다는 게 분명해지고 나서야 댄은 공장을 찾기 시작했다.

멍키렉트릭은 미국, 멕시코, 중국을 후보로 고려했다. 초보 하드웨어 창업자였기에, 주로 구글에서 단서를 찾던 초기에는 공장을 찾기가 힘들었다. 결국, 비용이 미국보다 저렴하고 중국보다 가깝다는 이유로 멕시코를 선택했다.

"회사 규모가 작고 아주 단순한 제품을 만들 때는 공장에 누군가가 직접 가야 합니다. 작은 스타트업이라면 그 비용도 무시하지 못하죠. 직원 현황에 따라서는 누군가를 여섯 달씩 중국에 체류시키기가 힘들 수도 있습니다. 저희도 그랬죠." 댄의 설명이다.

주문 단위는 보통 2,000개였다. 멕시코에 있는 공장에서는 한 번에 제품을 500개씩 배송했고, 주문을 몇 주만에 처리했다. 품질이 괜찮았고 노동자도 숙련도와 효율이 높았지만, 댄은 멕시코의 공장 환경과 경영의 면면이 점점 꺼림칙했다. "그 도시에서는 부패가 만연하고 나쁜 사업 관행이 판을 치고 있었습니다. 그걸 알고 나니 우리 제조 예산으로 그런 활동을 지원하고 싶지 않았죠."

3년 간 경험을 쌓은 멍키렉트릭 팀은 멍키 라이트 2세대를 출시하면서 제조 공정을 재고해 보기로 했다. 그들은 새로운 설계에 자금을 투자하기 전에, 킥스타터 모금을 통해 관심도를 가늠하고 시장을 검증했다. 모금이 성공하자, 그들은 제조 기반을 캘리포니아 주 버클리와 중국 선전으로 옮겼다.

현재의 멍키 라이트 키트는 크게 두 부분으로 구성되어 있다. 바로 조명의 향연을 연출하는 고무를 씌운 'LED 보드'와 바퀴 중앙에 장착하는 '배터리 홀더'로, 여기에는 각 부분마다 난관이 따로 존재했다. LED 보드는 자전거를 사용하는 과정에서 마모와 악천후에 노출되므로, 경량 설계를 유지하면서도 보드를 보호할 수 있어야 했다. 배터리 홀더는 캠핑용 헤드라이트에 착안하여 설계한 것으로, 작은 부품이 많이 들어갔다. 배터리 홀더 생산은 물류와의 전쟁이었다.

"이 부분에는 작은 금속 스프링, 커넥터, 고무 조각 등, 부품이 많이 들어갑니다. 그리고 그 부품을 대여섯 군데의 공장에서 나누어 만들죠. 미국에서는 제품 생산 생태계가 점점 세분화되고 있습니다. 그래서 각종 부품을 만드는 공장을 찾고, 그걸 조립하는 역량을 지닌 사람들을 찾아야 하죠. 중국에서는 오히려 일이 쉬웠는데, 최종 제품을 제작하는 공장과만 거래하면 됐거든요. 그 공장 사람들이 하부 부품을 어디서 구해야 할지 알고 있었습니다. 게다가 더 저렴했죠." 댄의 말이다.

이러한 이유로 멍키렉트릭은 배터리 홀더를 중국에서 생산하기로 했다. 알리바바^{Alibaba}가 이 특수 설계를 생산할 역량을 지닌 공장을 찾는 데 지대한 역할을 했다. 댄은 알리바바에서 캠핑용 헤드라이트를 검색하고 그 제품을 등록해 둔 몇몇 공장에 연락해서, 변경하고 싶은 부분을 설명했다. 그는 대부분의 제조업체가 알리바바에 등록해 둔 목록보다 훨씬 다양한 제품을 취급하며, 그의 아이디어를 바탕으로 함께 일할 의욕을 보인다는 사실을 알게 되었다(인스트럭터블스 게시물을 통해 이 과정을 상세하게 소개한 바 있다. http://bit.ly/buy_frm_china를 참조한다).

멍키렉트릭은 코팅 회로 기판까지도 중국에서 제조하는 방안을 검토했지만, 안타깝게도 그런 제품을 생산하는 공장을 찾지 못했다. 그래서 캘리포니아 주 버클리에 자체 생산 라인을 구성하기로 했다. 보드 자체는 캘리포니아 주 프리몬트에 있는 수탁 제조업체에서 생산한다. 괜한 수고를 할 필요는 없기 때문이다. 보드가 도착하면 멍키렉트릭 팀이 고무 코팅을 입히고 품질 관리, 테스트, 포장을 처리한다. 이 소규모 팀은 매일 400~700개의 제품을 생산하여, 당일 발송이 가능한 수준으로 재고를 유지한다.

"현지에서 제조하면 빠른 반복 수정이 가능합니다. 고무 코팅에 글리터를 추가한다든지, 새로운 디자인을 적용해 본다든지 하며 이것저것 시험해 볼 수 있죠. 해외 공장에서 생산하는 경우에는 이런 게 불가능합니다. 가격 경쟁력을 확보하려면 해외에서 제품을 생산해야 한다는 말이 무조건 옳지는 않습니다."

해외 제조를 선택하면 인건비는 줄일 수 있지만, 하드웨어 창업자는 제조 기반을 어디에 마련할지를 결정할 때 현실성, 반복 수정 가능성, 품질 등 생산의 모든 측면을 고려해야 한다.

한편, 테슬라 모터스도 이와 동일한 과정을 거치면서 공급 사슬에 특유의 난제가 있음을 발견했었다(92페이지의 '사례 연구: 아이디오에서의 프로토타입 제작 및 의사소통' 참조). 자동차 업계를 공략하기로 결정한 이상, 미국 중서부에 모여 있는 자동차 업계의 기존 공급 사슬 근처에 자리를 잡는 것이 바람직하기 때문이었다. 펠로톤을 창업한 데이브 라이언스는 공급 사슬을 어디에 수립할지 결정해야 하는 시기에 테슬라에 근무했다. 데이브에 따르면 테슬라는 비용 때문에, 그리고 때마침 여러 소비자 전자 제품 브랜드가 제조 기반을 중국으로 이전하고 있었던 상황 때문에 중국을 고려했었다. 그러나 테슬라는 아시아의 파트너 업체에는 아직 사람들이 완전히 이해하지 못하는 작업을 처리하는 요령이나 경험이 부족하다는 사실을 깨달았다. 다시 말해, 확장성 확보에는 뛰어나지만 신기술 구현에 뛰어나다고 하기는 어렵다는 말이다.

결국 테슬라는 중국 대신 미국 중서부의 견고한 자동차 공급 사슬을 살펴보기 시작했다. 이 지역의 공습 사슬은 전통적으로 다계층 공급업체 생태계에 의존하고 있으며, OEM(예. GM과 포드)이 자동차의 브랜딩과 마케팅을 전담하되 최고 수준의 엔지니어링만 직접 처리한다. 하부 시스템과 구성 요소의 세부 엔지니어링은

OEM이나 하위의 2계층 또는 3계층 공급업체에 제품을 직접 공급하는 1계층 공급업체(예. 보쉬Bosch, 덴소Denso, 베어Behr)가 담당한다. 이런 책임 체계는 수십 년 동안 디트로이트에서 효과를 발휘했다. 데이브 라이언스가 이 지역을 살펴보며 깨달은 것은, 이 체계 안에서 신기술 혁신을 일으키려고 해도 일반적인 2008년형 차량의 실제 엔지니어링을 누가 하는지 알아내기가 어렵다는 점이었다. 즉, 너무 많은 사람들이 설계에 관여하지만 아무도 전적으로 책임을 지지 않는 구조에서는 혁신이 일어나기 어려웠던 것이다.

중국, 디트로이트와 작업하며 교훈을 얻은 테슬라는 첫 자동차를 생산하기 위해 다소 복잡한 공급 사슬을 구성했다. 차체는 영국의 로터스Lotus에서, 부품은 세계 각지에서 조달했으며, 최종 조립은 캘리포니아 주 멘로파크에서 했다. 제조 현장을 본래의 설계 엔지니어들과 가까운 곳에 두고 디버그 주기를 단축하기 위해서였다.

공정 및 공급 사슬과 관련해서는 이미 검증된 대량 생산 규칙이 많지만, 창업자가 신중하게 저울질해서 선택해야 하는 사항도 많다. 이 문제에 대해서는 '사례 연구: 중국의 부티크 제조 프로젝트'에서 자세히 다룬다.

> **MEMO 사례 연구: 중국의 부티크 제조 프로젝트**
>
> 앤드류 '버니' 후앙은 가족이 애플 II를 처음으로 구입했을 때 하드웨어 해킹에 빠졌다. 그는 MIT에서 전기공학을 전공했고 박사 과정까지 수료했다. 인터넷에서는 엑스박스Xbox를 처음으로 해킹한 사람으로 악명을 떨치기도 했다. 그는 이때 배운 내용을 기반으로 『엑스박스 해킹Hacking the Xbox』(No Starch Press, 2013, http://hackingthexbox.com)이라는 저서를 출판했다. 이 책은 소비자 전자 제품의 리버스 엔지니어링에 대한 내용을 담고 있는 책이었다. 버니가 대량 생산을 처음으로 접한 것은, 최초의 커넥티드 오픈소스 장치 중 하나인 임베디드 컴퓨터, 첨비Chumby의 하드웨어 담당자로서였다.
>
> 현재 버니는 싱가포르에 살면서 제조 관련 프로젝트를 꾸준히 진행하고 있으며 제품의 양산은 주로 중국에서 진행한다. "중국 가까이에 살고 싶어서 일부러 미국에서 싱가포르로 이사했습니다. 그 생태계에 가까이 있는 것이 제게는 중요했기 때문에, 제가 근처로 간 거죠. 만약 제조업에서 한 군데의 현장을 선택해야 한다면, 중국을 선택해야 유리합니다."

그렇다고 해서 모든 하드웨어 창업자가 아시아로 이사해야 한다는 건 아니다. 버니는 이렇게 말한다.

"보스턴에 살면 보스턴에서 제조업체를 찾으세요. 텍사스에 살면 텍사스에서 찾으시고요. 그냥 텍사스 주 안에서가 아니라 자기 도시 안에서요. 멀리 가다 보면 이런저런 문제가 생기기 마련입니다. 의사소통의 한계, 공정 구현의 비효율성, 물류 비용, 항공권과 이동 시간 때문에 발생하는 부대 비용 등이죠."

버니는 창업자에게 타지에서 규모를 키우기에 앞서, 현지에서 새로운 공정과 제품 라인을 시험해 보라고 조언한다.

버니는 또한, 제조 현장을 다른 관점에서 바라보는 데 대단한 이점이 있다고 말한다. "대부분의 창업자는 중국에서 제품을 만든다는 이유만으로 '그냥 가격으로 경쟁하죠, 뭐'라고 말하고 싶은 유혹을 느끼지만, 그런 경우에는 마진이 너무 미미해서 끊임없이 현금에 쪼들리게 됩니다. 그러다가는 거꾸러지기 십상이고, 그러면 벤처 캐피털을 유치하거나 약속을 저버리거나, 둘 중 하나죠."

버니는 가격만 믿고 바닥으로 곤두박질치는 경쟁에 뛰어들기보다는, 중국의 제조 생태계를 다른 관점에서 바라보고 살핀다. 즉, 공정과 공급 사슬에 대한 자신만의 접근 방식을 만들어서 제품에 가치를 더할 방법을 고민하는 것이다. 버니의 최근 프로젝트인 노베나 Novena 노트북과 치비트로닉스 Chibitronics 회로 스티커가 이에 대한 좋은 사례다.

먼저, 치비트로닉스(http://chibitronics.com/) 프로젝트에서 버니는 첨단 공정을 직접 개발했다. 버니는 MIT 미디어 랩 출신의 지에 치 Jie Qi 와 함께, 일반 종이 스티커처럼 어디에나 붙일 수 있는 전자 회로 스티커를 개발했다. 버니는 이렇게 회상한다.

"전 싸구려 LED 조달의 명인이 되려고 발버둥치는 상황은 피하고 싶었습니다. 그래서 낮은 가격 외의 가치를 추가해야 했죠. 그 가치가 바로 회로를 스티커처럼 떼어 붙일 수 있다는 점이었고, 우리는 그 공정에 초점을 맞추었죠. 저는 다른 어디의 공장에도 존재하지 않는 공정을 시도하고 싶었습니다. 우리는 그 제품을 제조하기 위한 생산 라인을 바닥부터 새로 만들었죠. 그것 자체가 유일무이한 가치입니다."

버니는 공정을 한 단계씩 관찰하고, 낭비를 줄이기 위해 직접 여러 공장의 원자재 규격을 측정하러 다니며 가장 효율적인 2차원 테셀레이션 기술을 계산했다. 그 결과 버니는 중국에서든 어디에서든 남들이 쉽게 흉내낼 수 없는 가치를 제품에 추가하는 데 성공했다. 이 사례는 매우 중요하다. 이는 공장과 긴밀한 관계를 유지함으로써 기존 공정을 바탕으로 한 가치 창출에 도움을 주는 깊은 지식을 얻을 수 있음을 보여 주는 것이기 때문이다.

버니는 이 모든 것이 제조 공정에 일어나고 있는 변화의 일환이라고 말한다. 실제로 제조 현장은 변화하고 있지만, 대중의 인식만큼 빠르게 변하지는 않는다. 그는 이렇게 말한다.

"무엇보다 유의해야 할 점은, 이 방정식은 여전히 기본적으로 옳지만 상수가 변하고 있다는 점입니다. 사출 성형의 초기 비용이 내려가고 있고, CNC의 개당 비용도 내려가고 있죠. 3D 인쇄의 품질이 점점 좋아지고 있지만, 생산 공정으로서 3D 인쇄가 가진 큰 문제는 부품의 품질과 마감, 안정성이 동급의 사출 성형 부품에 미치지 못한다는 겁니다."

그럼에도 버니는 이런 융합의 시기에는 기존의 생산 공정에 비해 수준이 떨어지더라도 첨단 공정을 선택해야 하는 이유가 있다고 말한다.

"프로토타입이 생산이고 생산이 프로토타입이라고 생각하는 것도 가능합니다. 사출 성형과 CNC, 3D 인쇄를 비교하는 건 그냥 지침일 뿐입니다. 그냥 대략적이고 포괄적인 지침일 뿐이죠. 불가능은 없습니다. 규칙도 없고요. 그냥 당신의 제품에 어느 공정이 제일 적합한지 생각해 보세요. 경우에 따라서는 3D 인쇄만 사용하는 것도 가능하고, 그러면 오히려 제품이 더 많이 팔릴지도 모릅니다. 요즘 3D 인쇄는 언론이 좋아하는 주제거든요. 그런 것도 특정 생산 공정을 선택하는 데 충분한 이유입니다."

버니는 협업을 바라보는 중국 특유의 태도를 유심히 관찰하고, '공카이에서 오픈소스로'(http://bit.ly/from_gongkai_to_os)라는 블로그 글을 통해 이에 대해 논의했다. 버니는 또한 관계자 사이의 정보 흐름에 대한 아시아 특유의 공유 정신을 설명하고자 '공카이'라는 용어를 만들었다. 이것은 아이디어가 한 방향으로 흐르고 (아이디어에 대한) 보상이 반대 방향으로 흐르는 서양과는 다른 개념이다. 그는 공구 가공보다 변호사 선임에 돈을 더 쓰게 될까봐 걱정하는 서양 사람들의 지적 재산권에 대한 태도와 공카이를 대조한다. 이런 열린 태도 덕분에 중국에서는 소규모의 엔지니어링 팀으로도 제품을 더 빨리 개발할 수 있는 것이다. 버니는 휴대전화 시장을 예로 들어 설명한다. 그는 중국의 열린 체계 덕분에 서양 시장에서보다 싸고 빠르게 다양한 제품을 생산할 수 있다고 믿는다. 버니는 'IP에 대한 공카이의 관점은 관대한 IP 환경이 특히 풀뿌리 수준에서 혁신을 촉진한다는 증거'라고 말한다.

버니가 최근에 션 '좁스' 크로스^{Sean "xobs" Cross}와 함께 시작한 또 하나의 프로젝트인 노베나(http://bit.ly/novena_update)는 오픈 하드웨어 컴퓨팅 플랫폼으로, 데스크톱, 노트북, 또는 독립적인 보드로 사용할 수 있다. 버니가 노베나 프로젝트를 진행하며 중요하게 여긴 점은, 제조 공정을 프로젝트의 범위에 맞게 축소하는 것이었다. 그는 처음부터 이 것이 취미 공학자를 대상으로 하는 프로젝트라는 것을 알았기 때문에, 대량 생산에 초점을 맞춘 공정은 피했다. 예를 들어 대부분의 노트북에는 사출 성형으로 만든 주요 플라스틱 부품이 네 개 들어가지만, 노베나에는 하나뿐이다.

이 프로젝트의 또 색다른 점은 커넥터를 덮는 베젤이었다. "우린 이 부분을 포트 팜이라고 부르죠. 이 부분은 마음대로 교체할 수 있게 만들었는데, 마더보드를 업그레이드하면 케이스를 재사용할 수 있게 하기 위해서죠." 버니의 설명이다. 그의 이러한 방식은 기존의 '미래 대비' 개념을 넘어선다.

"비용 제약도 설계에 영향을 많이 미쳤습니다. 사출 성형은 진짜 비쌉니다. 그래서 큰 부품의 개수를 최소화해야 했죠. 우리 설계를 보면 모든 부품을 담는 큰 용기가 하나 있는데, 이걸 통째로 사출 성형으로 만듭니다. 일반 노트북을 보면 용기가 네 개인데, 그건 핵심 부품의 가공 비용이 우리 제품의 네 배라는 뜻이죠."

제조 공정을 생산 규모에 맞추는 것도 매우 중요하다. 특히 크라우드펀딩 캠페인의 약속을 지키기 위한 소량 생산으로 시작한다면 더욱 그렇다.

여기까지가 버니의 사례다. 버니는 여기에서 더 나아가, 제품의 설계 언어가 기술적인 철학과 일치해야 한다고 말한다.

"저는 툭 튀어나오는 육각 구멍붙이 볼트를 썼습니다. 아주 두드러지고 눈에 띄죠. 일반적인 전자제품의 마감을 생각한다면 이 볼트는 아주 공격적입니다. 그리고 이것은 제 의도대로입니다. 사용자가 볼트를 직접 조작할 것이므로 눈에 띄길 바랐거든요. 그것이 바로 이 노트북이 제공하는 사용자 경험입니다. 볼트도 설계 언어의 일부인 겁니다."

제품은 사용자 집단의 미적 감각을 충실하게 반영해야 한다. 설계 언어가 기술적이든, 튼튼하든, 우아하든, 주 사용자와 통하기만 하면 상관없다.

버니는 공장 파트너를 선택하고 항상 명확하게 의사를 전달하며 좋은 관계를 맺는 것 또한 중요하다고 말한다.

"파트너 관계의 위계를 따지자면, 저는 공장을 벤처 캐피털 회사와 동급이라고 생각합니다. 공장과 협상을 해서 진짜 파트너로 대우받을 수만 있다면, 공장에서 자기들의 현금 잔고와 구매력을 효과적으로 활용해서 당신이 제품을 출시하기 위해 모아야 하는 자금의 양을 줄여 주죠."

소프트웨어 또는 기타 비제품 분야에서 온 사람들은 이런 혜택을 곧잘 간과하곤 한다. 부품을 공장에 가져가고 제품을 만드는 데 필요한 운전자본의 액수는 어마어마하다. 고객과 빠르게 소통하는 채널이 없고 공장, 유통업체, 소매업체와 관계가 나쁘다면, 스타트업은 그 부담을 감당하지 못하고 침몰할 수도 있다.

이때 공장 주인과 좋은 관계를 맺는 것이 가장 효과적이다. 버니는 "공장에 갔는데 사장이 나오지 않는다면, 적어도 얼굴을 비치고 인사라도 하지 않는다면 그건 나쁜 징조입니다. 중간 계층의 영업 사원을 상대해야 하기 때문이죠."라고 말한다. 공장 사장이 프로젝트가 대박이라고 확신하면, 그 프로젝트를 우선으로 취급하고 최고의 직원을 붙여 준다. 이런 것은 돈으로는 살 수 없다.

버니는 파트너 공장과 구축하는 관계의 중요성 또한 강조한다. 이 관계는 명확한 의사 전달과 존중을 통해 구축할 수 있으며, 신규 역량 확보, 상대의 명확한 의사 전달, 심지어는 더 유리한 결제 조건과 그 외의 직접적인 혜택을 통해 장기적으로 당신의 스타트업에게 이익을 가져다줄 것이다.

03 공급 사슬 관리

당신은 여러 공장으로 이루어진 공급 사슬을 구성해야 한다. 예를 들어, 케이스로 쓸 플라스틱 부품은 플라스틱 전문 공장에서 사출 성형으로 제작하게 될 가능성이 높다. 전자 PCBA는 전혀 다른 공장에서 생산할 것이다. 조립은 보통 전자 제품 공장에서 한다. 환경이 더 깨끗하고 테스트 기자재도 더 다양하기 때문이다. 포장, 배터리, 각종 센서, 특수 기계 부품도 각각 다른 공장에서 취급한다. 마지막으로 포장 또는 주문 처리 센터에서 제품을 서류와 충전 코드 등의 부속물과 함께 포장한다. 여기서 소비자에게 바로 배송하기도 하지만, 소매 유통업체로 배송하는 경우도 있다. 이 경우에는 여러 개의 제품을 더 큰 상자에 한꺼번에 담는다. 이러한 설명조차도 복잡다단한 공급 사슬을 단순화한 것에 불과하다. 공급 사슬은 자재는 물론, 부품 생산을 위해 채광하는 광석까지도 거슬러 올라갈 수 있다.

공급 사슬을 관찰할 때 고려해야 할 중요 사항 중 하나는 제품의 수명 주기다. 특히 일반 쓰레기처럼 그냥 버릴 수 없는 리튬이온 배터리를 전력으로 쓰는 경우에는 더 중요하다. 제품 설명서와 온라인에 반품 및 폐기 지침을 마련해 두면 이 문제를 해결하는 데 도움이 된다. 제품이 일회용품을 포함하며 이것을 돌려받아야 하는 경우에는 관련 조항을 반드시 마련하는 것이 좋다.

또 사용자가 제품을 어떻게 수리할 것인지도 생각해 보는 것이 좋다. 그중에서도 배터리를 갈거나 부서지기 쉬운 부품을 교체하는 등의 간단한 작업에 대해 생각해 보자. 그러면 사용자의 수리 또는 교체 경험을 좀 더 편리하게 설계할 수 있고, 아이픽스잇에서 당신의 제품을 분해했을 때('분해' 절 참조) 대중이 무엇을 알게 될지 미리 짐작해 볼 수 있다.

휴대전화처럼 복잡한 제품의 경우, 생산이 여러 계층으로 이루어지며 수십 개의 공장이 관여한다. 공급 사슬이 워낙 복잡하다 보니, 대기업의 구매자들은 여러 공급업체나 공장에서 부품을 조달한다. 그렇게 하면 공급업체 하나가 약속을 못 지키더라도 공급 사슬이 영향을 받지 않고 생산을 계속할 수 있다. 이 방식은 공급 사슬의 위험을 완화하고 구매자에게 가격 협상력을 부여하는 흔한 방법인데, 같은 부품을 다른 곳에서도 구할 수 있다는 걸 서로가 알기 때문이다.

공급 사슬 관리(SCM) 회사에 공장 확보를 의뢰하는 방법도 있지만, 그럴 경우이 회사에 BOM의 일정 부분을 지불해야 하며 경우에 따라서는 선불 수수료도 지불해야 한다. 이럴 때 유용한 사이트가 알리바바(http://www.alibaba.com/)다. 알리바바는 중국에서 공장과 공급업체를 찾을 때 흔히 사용하는 웹사이트다. 단, 등록업체 중에는 실제 공장도 있지만 실제 제품을 잘 모르는 유통업체나 지주회사, 기타 중개업체도 많으니 주의해야 한다.

04 해외 제조업체에서 수입하기

외국에서 제품을 제조해서 고국으로 들여오는 경우, 당신은 수입업자로서 신고 의무와 관세 납부 책임을 져야 한다. 이 책에서는 당신이 해외에서 미국으로 제품을 수입한다고 가정하겠다.

수입은 까다로운 과정이다. 상품을 해외 공장에서 미국으로 들여올 때는 보통 항공 화물이나 해상 화물 중 하나의 수단을 사용하며(회사가 미국에 있고 멕시코에서 수입할 경우에는 트럭 운송도 가능하다), 어떤 수단을 사용하느냐에 따라 비용이 크게 달라진다. 일반적으로, 아시아에서 수입하는 경우 항공 화물이 해상 화물보다 네다섯 배 비싸다. 그러나 해상 운송은 도착하기까지 한 달이 꼬박 걸릴 수 있고 화물이 이리저리 옮겨 실리면서 지연이 생길 수도 있다. 참고로, 운송 수단을 선택할 때는 화물의 무게와 부피를 고려해야 한다. 또한 고객 수요가 얼마나 급한지도 고려해야 생각해야 한다. 경험이 있는 회사에서는 급한 수요를 충족하기 위해 화물의 일부만 항공으로 운송하고, 나머지는 해상으로 운송하기도 한다.

컨테이너가 항구에 도착하면, 이 컨테이너는 다시 트럭이나 열차에 실려 물류 센터나 창고로 이동한다. 이처럼 컨테이너가 한 종류의 운송 수단에서 다른 종류의 운송 수단으로 이동하는 것을 복합 수송이라고 한다. 항공으로 도착하는 팰릿도 트럭에 싣는다. 여러 운송 수단 사이를 매끄럽게 이동시키려면 운송주선업자가 제공하는 서비스를 사용하는 것이 좋다. 특히 당신의 회사가 작은 회사라면 더욱 그렇다. 배송 물량이 많아야만 대형 해운 회사와 직접 계약을 맺을 수 있기 때문이다.

운송주선업자를 통해 상품 운송을 예약한다. 운송을 처음 하는 경우에는 해운 컨테이너 하나를 채우기가 어려울 수도 있다. 가장 작은 크기가 20피트다. 이때 혼재업자들이 제공하는 서비스를 이용하면 LCL(컨테이너 적재량 미만의 소적화물 less than container load)도 운송할 수 있다. 혼재업자는 화물을 다른 회사의 화물과 합쳐서 더 저렴한 요금을 확보해 주는 서비스를 제공한다.

다시 본래 설명으로 돌아와서, 운송주선업자는 화물을 공장에서 출발항까지, 도착항에서 물류 센터까지 운송하는 과정에서의 복합 수송(예. 배에서 트럭으로, 또는 배에서 열차로)을 조율하는 데 도움을 준다. 따라서 운송주선업자의 수수료에는 환적항을 통과하는 화물의 보험료(환적이 없는 경우에는 적하보험에 들자), 기항 사이사이의 임시 보관에 드는 창고 비용, 도착 대리인 수수료 등이 포함되어 있다. 대개 이들은 중개인이고 이 업계에는 가격 투명성이 별로 없다. 따라서 최적의 파트너를 찾으려면 여러 회사에 문의를 해 보아야 한다. 또한 공장에 운송 예약을 도와 달라고 요청하고, 다른 회사에 문의하여 받은 견적을 공장의 견적과 비교해 볼 수도 있다. 공장에 따라서는 개당 가격에 운송료를 포함하는 곳도 있다.

사실, 운송주선업자와 함께 일할 때의 어려운 점 중 하나가 이러한 요금 문제다. 그들이 정확히 무엇에 대해 요금을 청구하는 것인지 이해하기가 어려울 때가 종종 있다. 전체 요금 중에 트럭 또는 해상 운송 비용이 어느 정도이고, 중개업자가 가져가는 비용이 어느 정도인지가 명확하지 않다. 따라서 그들이 내 준 견적을 비교하는 과정은 까다롭고 시간도 오래 걸릴 수 있다. 전화나 팩스로만 커뮤니케이션을 하는 운송주선업자가 많기 때문에 일은 더욱 복잡해진다. 운송 업계의 가격 투명성 제고를 꿈꾸는 몇몇 스타트업이 있다. 그중 하나가 헤이븐Haven(http://haveninc.com)으로, 고객이 웹 플랫폼을 통해 운송업자에게 직접 견적을 받고 변화하는 가격을 기준으로 적재 공간에 입찰할 수 있게 하고 있다.

수입과 운송에 관심이 있다면 본선인도free on board(FOB)라는 용어를 자주 접하게 될 것이다. 이것은 제품을 실제로 운송할 항구를 지정할 때 사용하는 용어다. 물류 파트너가 FOB 항구를 홍콩으로 지정하는 경우와 롱비치로 지정하는 경우는 견적에 큰 차이가 난다. 2010년에 제정된 최신 표준 인코텀스Incoterms(http://en.wikipedia.org/wiki/Incoterms)에서 이에 대해 더 자세히 규정하고 있다.

이번에는 기술 팀이 제품 양산 과정에서 주의해야 할 주요 영역에 대해 알아본다. 창의력을 발휘해 하나의 프로토타입을 만드는 단계에서 최종 설계를 여러 차례 반복하여 생산하는 단계로 넘어가다 보면 팀의 역할에도 변화가 생긴다.

개발이 이 단계에 이르면, 설계를 담당하는 팀 또는 파트너가 모든 프로젝트를 엔지니어링 부문으로 깔끔하게 넘긴 상태여야 한다. 산업 디자이너가 프로세스 후반에 관여하는 경우, 제조 엔지니어와 대화하기에는 기술적인 소양이 부족할 가능성이 높으며, 심지어는 제조에 비싼 파급 효과를 미치는 설계 변경을 제안할지도 모른다. 따라서 이 단계부터는 엔지니어링 또는 운영 팀이 일을 처리하는 것이 바람직하다.

기계 엔지니어는 보통, 맞춤 기계 부품을 위한 공구를 제작하는 데 가장 공을 들일 것이다. 공구란 금형, 지그, 픽스처 등, 순수히 제품 생산만을 위해 제조하지만 최종 제품에는 들어가지 않는 도구를 통칭하는 말이다.

하드웨어 스타트업의 경우 가장 흔히 사용하는 (그리고 비싼) 공구는 보통 사출 성형 플라스틱 부품 제작에 쓰는 강철 금형이다. 사출 성형 공구는 생산 주기 초반에 제작하는 것이 중요하다. 부품을 수백, 수천 개 단위로 만들어 낼 수 있는 전통적인 강철 금형을 만들려면 제작 기간에만 10주가 넘게 걸릴 수 있기 때문이다. 금형의 크기와 구조, 부품의 소재에 따라 제작 비용이 1만 달러에서 10만 달러까지 들 수 있다.

초도 생산의 부품 개수가 적은 스타트업의 경우, 빠른 진행을 위해 알루미늄으로 금형을 제작하는 방법도 있다. 금형 자체를 3D 인쇄(주로 직접 금속 레이저 소결DMLS 공정을 사용한다)로 찍는 기법도 현재 빠르게 발전하고 있는 실험적인 공정이다. 지그와 픽스처도 직접 제작해야 하는 공구이지만, 이 두 가지는 보통 부품 자체를 성형하는 데보다는 부품을 정렬 또는 조립하거나, 안정적인 위치에서 경화시키는 데 쓰인다.

기계 엔지니어는 설계 의도에 가깝도록 공구를 여러 차례 수정하기도 한다. 흔히, 사출 성형 금형으로 처음 만든 부품을 'T0' 부품이라고 한다. T0 부품은 최종 부품과는 텍스처도 다르고 완전히 정확하지도 않지만, 수정이 얼마나 필요할지 감을 잡는 데 도움이 된다.

공구를 한 차례 수정한 후에 생산하는 부품을 T1 부품이라 하고, 보통 이 단계에서 공구에 텍스처를 추가한다. 수정을 거친 후 나오는 부품을 차례대로 T2, T3 등으로 부르지만, 수정이 너무 잦을 경우에는 차라리 새로운 강철로 공구 제작 과정을 처음부터 다시 시작하는 것이 나을 수도 있다. 여기에는 비용이 많이 발생하므로, 제조 전문가를 일찌감치 프로세스에 참여시켜 공구 제작이 불가능한 부품을 설계하는 사태를 방지하는 것이 중요하다.

공구 또는 공정에서 나오는 부품이 만족스러우면, 공식적인 초도품 검사(FAI)에 들어간다. 이 과정에서는 디자인 엔지니어가 지정한 CTF 치수(정상적인 기능을 위해 필수적인 치수)를 빠짐없이 측정하여, 초도품 검사 보고서(FIR)를 작성하여 사양 및 일치하는 치수와 일치하지 않는 치수를 기록한다. 이 보고서는 매우 중요한데, 나중에 품질 팀이 공구가 반복 사용으로 사양을 벗어났는지를 점검할 때 이 보고서를 통해 초도품의 상태를 확인할 수 있기 때문이다.

이 시점에 참고용 표준 샘플을 정해 두는 것이 좋다. 표준 샘플이란, 사양과 완전히 일치하며 완벽하다고 평가할 수 있는 부품 또는 조립품을 가리킨다. 표준 샘플은 색상 일치 등의 질적 속성에 대한 평가가 필요한 영역에서 특히 유용하다.

개발 과정에서 디자인의 세부를 정할 때 공구의 중립성을 고려하면 좋다. 강철 공구는 만들고자 하는 부품과 요철이 반대이므로, 공구를 기계로 가공하여 부품을 키우는 편이 훨씬 쉽다는 뜻이다. 부품을 줄이려면 용접으로 공구에 소재를 덧붙여야 하기 때문이다. 촉감이 좋아야 하는 기계 부품(예. 버튼)이 처음에 작게 디자인했다가 나중에 공구의 강철을 깎아서 플라스틱을 덧붙일 수 있는 대표적인 부분이다. 이렇게 촉감을 '맞추어 가는' 과정은 아주 일반적이고, 공구에서 처음 부품이 나올 때 엔지니어가 생산 라인에 있어야 하는 이유기도 하다. 사양을 정확하게 지정하는 것만으로는 섬세한 조절이 불가능하기 때문이다.

전기 엔지니어는 보통 제조 과정에서 PCBA 제작을 관리하며, PCBA를 케이스에 넣기 전에 모든 기능이 의도대로 동작하는지를 확인한다. 여기에는 사양에 따라 PCB를 제조하는 작업, 픽앤플레이스 기계 또는 수동 삽입을 사용하여 PCB에 구성 요소를 정확하게 조립하는 작업, 리플로 오븐 또는 침적 납땜 과정을 거쳐 납땜하는 작업, 마지막으로 조립하기 전에 기판을 검사하는 작업이 포함된다.

펌웨어 엔지니어는 전기 엔지니어와 긴밀히 협력하며 생산 라인에서 기판의 한계를 테스트한다. 흔히 생산 중인 장치를 위한 테스트용 펌웨어를 따로 작성하여 무선 안테나의 한계를 시험하거나, 가속도계 등의 특정 부품에 대한 자가 테스트를 실행한다. 그러면 최종 펌웨어에 테스트용 코드를 넣을 필요가 없기 때문이다. 그런 다음 장치에 최종 펌웨어를 복사하여, 생산 라인 끝에서 최종적인 종합 테스트를 실시한다.

제조 단계에서 더욱 중요해지는 요소가 품질이다. 품질이란 부품 또는 제품이 목적에 부합하느냐를 가리킨다. 품질 프로세스는 크게 두 분야로 나뉘는데, 품질 보증(QA)과 품질 관리(QC)다.

품질 보증이란, 공정과 생산 라인을 개선하는 전반적인 기법을 가리킨다. 품질 관리란 각종 요인을 실제로 계량하여 부품이 사양과 일치하는지를 확인하는 과정이다. 품질 관리는 주로 부품이 공장으로 들어오는 단계에 이루어지는데, 망가진 칩을 멀쩡한 제품에 조립하느라 시간을 낭비하지 않도록 부품의 품질을 미리 확인하기 위해서다. 이 과정을 입고 품질 관리라 하며, 그 외에도 생산 라인의 여러 지점에서 품질 관리가 이루어진다.

품질 프로세스는 생산수율을 높이는 데 필수적이다. 생산수율이란 제조하는 부품 또는 제품 중에서 사양과 일치하며 사용이 가능한 부품 또는 제품의 수를 가리킨다. 생산수율은 공정의 특성과 복잡성에 따라 달라진다. 최종적으로는 생산수율을 95~99%로 끌어올리는 것이 바람직하지만, 초도 생산에는 그보다 훨씬 낮기 마련이라는 점은 알아 두어야 한다. 초도 생산에는 70~90%의 생산수율이 일반적이고, 공정이 복잡한 경우에는 50% 미만일 수도 있다.

생산수율은 사양과도 관련이 있다는 점도 생각해야 한다. 즉, 사양의 기준을 낮추면 90%였던 생산수율이 100%가 될 수도 있다. 고객에게 제품을 전달해야 한다는 압박이 강해지는 제조 후반에는 그런 유혹에 흔들리기 쉽다. 하지만 언제나 최초 사양을 돌이켜 보며 스스로 자랑스럽게 여길 수 있는 품질을 유지해야 한다.

양산 과정에는 대안적인 제조 공정 및 소재를 살펴보는 것도 좋다. 시간이나 돈을 절약할 수도 있고, 지속 가능 회사 또는 친환경 회사로 브랜딩을 하고 싶은 경우 마케팅 방향을 제시해 줄 수도 있기 때문이다. 새로운 공정은 언제나 혁신적이어야 하지만, 위험을 최소화하려면 누군가가 이미 제품 출시에 사용한 적이 있는 공정을 우선적으로 고려해야 한다. 또한 그저 과시 목적으로 지속 가능 공정을 선택하는 것은 피해야 한다. 회사가 '녹색 분칠'을 한다는 의심을 받으면 오히려 역효과를 낳을 수 있기 때문이다.

현실에서는 자원에 쪼들리는 스타트업에서는 한두 명이 양산 과정에서 여러 가지 역할을 도맡아야 할 수도 있다. 사무실에서 먼 지역이나 해외에서 제품을 생산하는 경우에는 더 그렇다. 해외에서 생산하는 경우에는 생산 라인 수립이나 공정 전환 등의 핵심적인 시기를 중심으로 직원들이 교대로 생산 현황을 확인하는 것이 좋다.

06 인증

양산을 시작하기 전에, 출시 지역과 제품 유형에 따라 여러 규제 기관에서 제품의 인증 과정을 거쳐야 한다.

미국에서 제품을 출시하는 경우 일반적으로 상대해야 하는 인증 기관은 FCCFederal Communications Commission와 ULUnderwriters Laboratories이다. FCC는 무선으로 정보를 전송하는 모든 제품을 규제하며, 블루투스, Wi-Fi, GSM을 통해 전보를 전송하는 하드웨어 제품이 여기 해당한다. UL 인증은 정보 기술, 의료, 전원 및 제어, 가전제품, 생활 안전, 보안 등 다양한 업계의 제품을 대상으로 한다. UL에서는 FCC 시험과 유럽 국가를 위한 CE 시험도 실시하며, 그 외에도 많은 인증을 취급한다.

UL에서는 인증 과정을 통과하는 하드웨어 창업자에게 몇 가지 지침을 제시하고 있다. 의무적인 인증을 거칠 필요가 없는 제품도 있지만, 스타트업들은 안전 문제로 인한 책임을 회피하기 위해 기타 제품에 대해서 자발적으로 인증을 받기도 한다. UL은 신규 또는 기존 제품에 대한 인증을 받고자 하는 스타트업에게 마케팅 계획을 고려하라고도 권장한다. 마케팅 계획은 규제 준수 계획과 함께 움직이기 때문이다.

이 점은 매우 중요한데, 규제 준수는 제품 마케팅에 사용하는 문구나 제품을 출시하고 배송하는 지역과도 관련이 있기 때문이다. 스타트업이 이런 사실을 미리 알아 두면 규제 준수에 올바르게 접근하는 데 도움이 된다. 규제 준수에 드는 비용은 자칫하면 어마어마하게 불어날 수도 있기 때문이다. 제품과 인증 유형, 판매 대상 국가에 따라 인증 비용은 1,000달러에서 100,000달러 이상까지 얼마든지 들 수 있다. 따라서 스타트업은 반드시 설계 및 프로토타입 제작 단계에서부터 인증을 고려해야 한다. 그래야만 비용과 재작업을 줄이고, 제품 수명 주기에서 예상 밖의 일이 발생하지 않게 함으로써 출시까지 걸리는 기간을 단축할 수 있기 때문이다.

프로세스 초반부터 현지의 시험 연구소와 협력하는 것이 바람직하다. 연구소에서는 예상 사용 사례를 함께 검토하며 어느 시험을 통과해야 하는지 판단한다. 이 과정은 설계에도 영향을 미칠 수 있으므로, 가능하면 일찍 연구소에 자문을 구하는 것이 좋다. 연구소에서는 또한 최종 프로토타입을 사전에 점검하여 규정 위반 사항이 있는 부분이나 최종 인증 시험 전에 수정해야 하는 부분을 알려 주기도 한다. 좋은 시험 연구소는 사양을 조사하고 설계 지침을 수립하는 데 걸리는 시간을 크게 절약해 주고, 사전 조사 및 점검을 통해 인증 과정이 순조롭게 이루어지도록 해 준다.

엔지니어링 컨설팅 회사 리가도의 공동 창업자인 벤 코라도는 규제 인증을 거치려는 스타트업에게 조언한다. "전자파 장해(EMI) 문제가 발생할 경우 제품에 따라 플라스틱 케이스의 안쪽 면 전체에 스프레이를 뿌려 금속화시키는 방법을 쓰기도 하는데, 기판에 층을 추가하고 구리를 덧대면 전자파를 완화할 수 있습니다."

벤은 또한 이렇게 말한다. "인증에는 반복적인 실험이 필요합니다. 우리는 3D 인쇄로 장치를 제작해서 전체를 호일로 싼 다음에, 호일을 서서히 벗겼죠." 그의 말처럼 여러 가지 케이스를 실험해 보는 것이 비싼 분석 소프트웨어를 사용하는 긴 주기를 거치는 것보다 시간과 비용 면에서 훨씬 효과적인 EMI 차단 대책이다. 벤은 또한 유럽 CE 마크 인증과 FCC 인증 간의 중요한 차이점을 지적한다. "FCC의 인증 과정에서는 방사 잡음과 전도 잡음 시험만 거치면 됩니다. 그런데 CE 인증 과정에서는 외부 전자파에 제품을 노출시키는 내성 시험도 거칩니다."

인증을 고려할 때는 업계별로 마련된 인증 기관 및 무역 협회를 통한 인증도 고려해야 한다. 예를 들면 자동차 관련 제품의 경우 국제자동차기술자협회(SAE)가 있고, 측정 제품의 경우 미국 국립표준기술연구소(NIST)가 있으며, 식품 관련 제품의 경우 미국 국립위생재단(NSF)이 있다. 애플의 MFi^Made for iPhone/iPod/iPad 프로그램은 특정 회사 장치와의 호환성에 대한 인증의 한 예다. 이런 협회의 인증은 기존의 포괄적인 소비자 제품 인증과 달리 특정 업계에 국한되어 있지만, 그 업계에서 제품을 판매하기 위해서는 반드시 준수해야 하는 표준을 제시하는 경우도 많다.

너무 복잡해서 그 주제만으로도 책을 쓰고도 남는(실제로도 수많은 책이 나와 있다) 인증의 한 분류로는, 미국 식품의약국(FDA)의 인증이다. 이것은 모든 의료 제품과 일부 식품이 의무적으로 받아야 하는 인증으로, 제품의 침습성에 따라 구체적인 분류와 규제를 마련하고 있다. 소비자 제품의 경우 대개, 최초 제품을 진단 또는 의료 기기가 아니라 측정 장치로 브랜딩을 하고 마케팅을 해서 이런 규제를 회피한다.

인증에서 가장 중요한 점은 프로세스 초반에 통과해야 하는 인증이 무엇인지 파악하고, 프로토타입 제작 단계에서 설계에 이를 반영하고, 양산 단계에서 전문적인 시험 기관과 협력하여 생산 지연을 방지하는 것이다.

07 포장

양산 단계에서 중요하게 고려해야 하는 또 하나의 요인은 포장이다. 생산에 들어가기 전부터 포장에 대해 생각해 둬야 하지만, 어떤 제품을 만들지 결정하기 전부터 걱정할 필요는 없다. 포장의 가장 큰 기능은 운송, 유통, 소매 과정에서 제품을 보호하는 것이지만, 포장으로 인한 브랜딩 기능 역시 중요한 부분이다.

제품을 소매점에서 판매하는 경우에는 포장 자체가 제품 판매의 수단이 된다. 물론 제품이 매장에 진열되기 전에도 홍보를 위해 온갖 마케팅 및 브랜딩 활동이 이루어지지만, 일단 제품이 경쟁 제품과 함께 매대에 놓이면 포장이 제품에 대한 정보를 제공하고 제품을 차별화할 책임을 진다.

소매용 포장을 디자인하기에 앞서, 제품을 공급하고 싶은 소매점을 직접 방문해서 제품이 진열되리라 예상되는 위치에 가 보는 것이 좋다. 그러면 제품의 포장이 어떻게 맞아 들어갈지 짐작할 수 있다. 예를 들어 제품이 모두 선반 위에 있는가, 아니면 고리에 걸려 있는가에 따라 포장이 달라질 것이다. 근처의 상자가 모두 파란색이라면 당신의 제품도 파란색으로 하여 어울리게 할 수도 있고, 빨간색으로 하여 차별화할 수도 있을 것이다. 결국 포장은 차별화를 위한 브랜딩, 로고, 메시지를 모두 담을 수 있어야 하지만, 재료나 운송비, 소매 공간을 낭비할 정도여서는 안 된다.

운송 중인 제품을 어떻게 포장하느냐도 중요하다. 보통 제품 패키지를 큰 종이

상자에 넣은 다음 팰릿에 싣는다. 상자에 들어가는 패키지 개수와 팰릿에 들어가는 상자 개수를 최대화하려면 치수를 신중하게 고려해야 한다. 패키지 크기를 키워 브랜딩 공간을 확보하느냐, 아니면 패키지 크기를 줄여 비용을 절감하느냐는 패키지 디자인 시에 기본적으로 해야 하는 선택이다. 당신의 제품에 맞는 답은 두 극단의 사이 어딘가에 있다.

패키지 디자인을 맡길 때는 회사 그래픽 자산(로고, 폰트 등)을 디자인한 그래픽 디자이너에게 부탁하기보다는, 다른 사람에게 맡기는 것이 바람직하다. 회사 그래픽 자산은 아마도 제품 패키지에 대한 고민을 시작하기 한참 전에 만들어 두었을 것이다. 패키지 디자인 또한 같은 디자이너에게 맡기자는 생각을 하게 될 가능성이 큰데, 이 두 영역을 구별하는 것이 중요하다. 일을 빨리 진행하는 데 도움이 될 뿐만 아니라, 각 영역이 패키지 디자인에 미치는 영향에 초점을 맞추는 데도 도움이 된다.

개봉 경험out-of-box-experience(OOBE)은 소비자 제품에서 점점 중요해지고 있다. 이와 관련해서는 애플이 아이폰과 아이패드를 통해 높은 기준을 수립하여, 패키지에 대한 고객 인식을 제고하고 회사가 패키지에 투자하고자 하는 비용을 높였다. 고객은 상자를 개봉하며 기분 좋은 경험을 해야 하고, 포장을 푸는 동안 제품 자체와 사용 방법에 대한 정보를 습득할 수 있어야 한다. 상자를 개봉하는 과정에 논리적인 흐름이 존재해야 한다. 또한, 언제나 제품 자체가 가장 먼저 드러나야 하고, 코드와 매뉴얼, 부속품은 한 층 아래에 있어야 한다. 경우에 따라서는 포장을 낭비하지 않고 제품과 함께 사용하도록 할 수도 있다. 예를 들면, 충전용 거치대 등의 자연스러운 부속품으로도 활용할 수 있을 것이다.

첫 제품을 출시할 때는 열 가지 색상과 날개, 투명 창이 있는 본격적인 소매용 패키지를 만들기 전에 '하얀 상자' 기법을 사용하는 게 좋다. 상자를 기본적인 색상(흰색 또는 중간색의 판지)으로 만들고, 인쇄는 한두 면에만 한 색상(주로 검정색)으로 하는 방법이다. 처음으로 개발한 제품은 어차피 패키지 디자인이 매출에 큰 영향을 미치는 매대에 놓일 가능성이 낮으므로, 이런 방법을 사용하면 패키지 제작 비용을 최소화할 수 있다. 또한, 이 기법은 제품이 온라인 소매의 관문을 넘어 아마존에 입성해야 하는 경우에도 효과적이다. 눈앞의 포장이 아니라 온라인 리뷰와 기타 정보를 통해 구매 결정을 내리는 고객에게는 화려한 그래픽과 다채로운 색상 따위는 아무런 소용이 없기 때문이다.

08 생산 유지

생산 유지 또한 중요하게 고려해야 하는 요인이다. 최초의 난관은 시제품 생산 라인을 수립하고 가동하는 것이지만 (특히 수량을 늘릴 때) 생산 라인을 순조롭게 운영하는 데 드는 부담을 과소평가해서는 안 된다. 보통 이 시점에 업무가 엔지니어링 팀에서 운영 팀으로 완전히 넘어간다.

제조 파트너 소속이든 회사 소속이든 예전부터 프로세스에 관여했던 운영 전담 직원을 두는 것이 중요하지만, 어느 시점에는 업무를 과감하게 운영 팀에 이관하는 것도 중요하다. 공정에서 발생하는 문제에 대처하는 역량은 운영 팀이 더 뛰어나기 쉬운데, 이런 문제는 기초 설계의 문제라기보다는 공구 마모와 공정 이탈의 문제일 가능성이 높기 때문이다. 또한 업무 이관 후에는 설계 엔지니어가 제도용 책상으로 돌아가서, 다음 제품이나 신규 브랜드 작업을 시작할 수 있다.

이제 프로토타입을 제작하고 제품 라인을 가동하여 제품을 대량으로 생산하기 시작했으니, 이제 미래의 제품을 살펴보고 다음 제품을 개발하기 시작해야 한다.

chapter 07 액셀러레이션

이 책의 앞부분에서는 아이디어를 검증하고, 얼리어답터를 모으고, 성능 및 형태 프로토타입을 제작하는 과정을 살펴보았다. 이제 아이디어에 살을 붙여 사업으로 발전시키는 방법을 이야기할 차례가 되었다.

지난 10년 동안 소프트웨어 회사들은 각종 인큐베이터 및 액셀러레이터 프로그램을 통해 아이디어를 상품으로 변화시켰다. 인큐베이터와 액셀러레이터에는 조금 차이가 있다. 인큐베이터는 보통 유능한 인재들을 고용한 다음 회사를 창업하여 인재들을 내보낸다. 대개는 대기업이 이런 회사를 운영하며, 내부의 인재 자원을 끌어다 쓰기도 한다. 이 모델은 생명공학 기술이나 청정 기술 등 신생 회사가 대기업의 인프라 또는 연구소로부터 혜택을 받을 수 있는 분야에서 가장 성행한다.

액셀러레이터는 이미 몇 달 이상 아이디어를 발전시켜 온 기존의 팀을 받아들인다. 이런 팀에 멘토와 자본, (경우에 따라서는) 고객을 제공하여 확장을 지원하는 것이 액셀러레이터의 목표다. 동급생이나 동기생이 있는 경우가 많으며, 일반적으로 정해진 일자에 졸업하여 투자자가 참석하는 '시연회'를 개최하는 것이 일반적이다. 각 기수의 회사들은 프로그램에 함께 참여하는 창업자들의 의견을 듣고 참고하기도 한다.

최근 창업이 인기를 누리면서, 전 세계에서 인큐베이터와 액셀러레이터가 꾸준히 생겨나고 있다. 시드DBSeed-DB 웹사이트(http://www.seed-db.com/accelerators#)에 따르면, 이 책을 쓰는 시점에 전 세계에 232개의 프로그램이 존재하며 이를 통해 창업에 이른 회사는 총 4,507개에 이른다.

Y 컴비네이터Y Combinator나 500 스타트업스500 Startups 등 액셀러레이터의

대부분은 스펙트럼이 광범위해서, 여러 부문과 업계를 아우르는 회사들을 받아들인다. 일부는 하나의 사명(예. 비영리 스타트업)에 집중하거나, 특정 지역 또는 도시의 창업자를 지원하기도 한다. 록 헬스Rock Health와 같은 인큐베이터는 특정 부문에 맞춰 프로그램을 기획하고, 해당 부문의 전문 지식과 인맥을 집중적으로 제공한다. 테크스타스TechStars와 같은 일부 액셀러레이터는 기수별로 중점 부문을 바꾸면서, 기업과 제휴하여 특정 기수에 특정 분야의 전문 지식을 제공한다(예. 테크스타스는 2013년에 카플란Kaplan과 손을 잡고 교육 스타트업에 초점을 맞춘 카플란 에드테크 액셀러레이터 프로그램을 운영했다).

스타트업 인큐베이터의 교육과정과 기간은 제각각이지만, 어느 정도 공통점이 있다. 우선 반복적인 개발을 매우 강조한다. 스타트업은 목표를 세우고 프로그램 자문과 정기적으로 만나 프로젝트에 대해 논의하고, 멘토는 전문 지식과 조언을 공유하는 중요한 역할을 한다. 같은 기수의 스타트업은 보통 같은 공간에서 함께 일하며, 서로 아이디어를 주고받거나 정기적으로 프레젠테이션을 하며 문제와 해법을 공유한다. 연사들이 찾아와서 하드웨어 스타트업 창업의 구체적인 면에 대해 강의를 한다. 프로그램 말미에는 자금 조달을 용이하게 할 목적으로, 투자자에 초점을 맞춘 '시연회'를 개최하여 졸업하는 스타트업을 벤처 캐피털리스트에게 소개하는 경우가 많다. 이런 액셀러레이터 경험은 특히 초보 창업자에게 매우 가치 있다.

사업 구축 기술 중에는 하드웨어와 소프트웨어 회사에 공통으로 적용할 수 있는 것도 많지만, 하드웨어 창업자는 보통 최고의 소프트웨어 액셀러레이터의 교육 과정에서도 다루지 않는 여러 가지 난관에 직면하게 된다. 예를 들면 양산, 공급 사슬, 재고 관리, 주문 처리 등에 특유의 난관이 따른다.

하드웨어 스타트업 창업의 인기가 높아지면서, 신생 하드웨어 기업 특유의 요구에 대응하기 위한 액셀러레이터도 속속 생겨나고 있다. 핵심 가치 제안은 소프트웨어 인큐베이터와 동일하지만(자금, 전문가의 멘토링, 인맥) 이들은 물리적인 상품을 성공적으로 출시하는 데 필수적인 제조업체 및 디자인 회사와의 관계도 신중하게 관리하고 있다. 프로토타입 단계를 지난 회사도 이런 프로그램으로부터 큰 가치를 얻을 수 있다. '사례 연구: 리틀비츠'에서 좀 더 자세히 살펴보자.

MEMO **사례 연구: 리틀비츠**

리틀비츠littleBits는 자석으로 연결하는 작은 회로 부품을 만드는 회사다. 이 회사의 창업자인 아야 브데어Ayah Bdeir가 제품의 아이디어를 처음 떠올렸을 때만 해도, 그것은 아이빔Eyebeam에 연구원으로 근무하던 당시 함께 일하던 디자이너들을 위한 프로토타입 제작 도구일 뿐이었다.

아야가 최초 프로토타입의 동영상을 웹사이트에 올리자마자 전 세계의 부모, 교사, 디자이너, 엔지니어에게서 주문과 문의가 밀려들기 시작했다. 제대로 감을 잡았다고 생각한 아야는 그 콘셉트를 바탕으로 제품을 만들기로 마음먹었다. 아야가 창업을 결심한 것은 그로부터 3년 반 후였다.

"저는 2008년에 리틀비츠 작업을 시작했습니다. 제가 창업을 결심한 건 2011년이었죠. 제품 설계를 마치고 캘리포니아 주 프리몬트에 있는 공장에 주문을 넣으려고 85만 달러를 조달해 둔 상태였습니다. 2011년 12월 초에 판매를 시작했는데 2주 만에 제품이 동났죠."

아야는 리틀비츠를 장난감 박람회에 출품했고, 주문이 감당하기 어려울 정도로 쏟아져 들어왔다. 프리몬트의 공장만으로는 확장성을 확보할 수가 없었기에, 아야는 해외에서 공장을 찾기로 했다. "저는 탄탄한 기반을 바탕으로 탄탄한 사업을 구축하고 싶었기 때문에, 제조의 확장성을 확보하고 확장이 용이한 팀과 인프라를 준비하는 것이 매우 중요했습니다." 아야는 2012년 6월에 PCH의 액셀러레이터 회사로 등록했다.

아야가 액셀러레이터 프로그램에 등록하기로 한 이유는 무엇보다도 실행 속도 때문이었다. 높은 수요 때문에, 6명으로 이루어진 리틀비츠 팀은 원자재를 조달하고 재고를 관리하고 양산의 난관을 헤쳐 나아가느라 밤낮없이 일해야 했다. 팀은 그저 기존의 주문을 처리하는 것만으로도 시간이 부족해서, 판매 채널을 확장하고 신규 시장에 진입하는 데는 신경을 쓸 여력이 없었다.

"저는 우리 회사가 누구도 하지 못하는 일, 즉 사람들이 노는 방식을 이해하고, 설계를 확정하고 살아 움직이는 모듈 세트의 경험을 확정하는 일에 전문성을 쌓기를 바랐습니다. 나머지 일은 우리보다 잘하는 사람들이 있으니까, 그 사람들과 파트너 관계를 맺기로 했죠." 아야의 설명이다.

그렇게 해서 PCH는 리틀비츠의 양산 및 공급 사슬 파트너가 되었다. PCH는 중국 현지에 눈과 귀를 두고 제조업체와 공급업체, 주문 처리 서비스를 관리한다. 이 파트너 관계를 맺기까지 리틀비츠는 총 4,000개 가량의 제품을 제조하고 판매했다. 그런데 2012년 11월 PCH가 처음으로 생산한 제품이 나오고 나서는, 몇 주만에 수천 개를 판매하고 45개국에 제품을 출시했다.

리틀비츠는 PCH의 액셀러레이터 회사였기 때문에 이 서비스를 할인 가격으로 이용할 수 있었다. 대형 전자제품 제조업체에 비해 물량이 적은 신생 회사로서는 꿈도 꾸지 못할 가격이었다. PCH의 동기와 리틀비츠의 동기가 서로 맞아떨어지는 덕택이었다. PCH는 주주로서 리틀비츠의 성장과 시장 점유율 확보를 지원할 동기가 있고, 또한 빠르게 성장하는 스타트업의 린 프로세스와 하드웨어 스타트업 생태계의 인맥에도 다가갈 수 있다.

아야는 탄탄한 지원 체계 없이 제품을 출시하기란 극히 어렵다고 믿는다. "PCH는 자문이자 동료입니다. 창업자는 자기에게 도움을 줄 사람들을 곁에 두어야 합니다. 한 업계가 수십 년이나 잘 알고 잘하던 일을 제가 다시 배울 필요는 없죠. 그러면 새로운 걸 만들 시간을 빼앗기니까요."

창업자에게 지분을 포기하는 건 쉬운 결정이 아니다. 결국은 액셀러레이터가 제공하는 부가 가치가 지분 희석을 정당화할 만큼 회사의 파이를 키우느냐를 판단해야 한다. "지분에 대한 제 생각은 이렇습니다. 0달러의 100%를 가지느냐, 10억 달러의 10%를 가지느냐를 선택하는 거죠." 아야의 말이다. 단, 선택은 까다롭게 해야 한다. 적절한 액셀러레이터 파트너를 찾으면 창업자가 혼자 일할 때보다 더욱 효율적으로 회사의 확장성을 확보할 수 있다.

액셀러레이터 프로그램의 참여를 고려하고 있다면, 자기 회사가 어느 기준 때문에 좋은 후보인지를 파악하는 것이 중요하다. 액셀러레이터는 대개 각 회사를 개별적으로 평가하지만, 일부는 특정 유형의 장치를 선호하거나 기술적인 소양이 없는 창업자, 또는 비전형적인 팀을 우선적으로 받아들이기도 한다. 특정 단계의 회사만 받는 곳도 있고, 프로토타입 전 단계의 아이디어도 기꺼이 받아들이는 곳도 있다. 이제부터 선택지를 살펴보자.

01 렘노스 랩스

샌프란시스코에 위치한 렘노스 랩스Lemnos Labs(http://lemnoslabs.com/)는 업계에 등장한 최초의 하드웨어 액셀러레이터 중 하나다. 제레미 콘래드Jeremy Conrad와 헬렌 젤만Helen Zelman이 많은 하드웨어 스타트업에서 생산, 설계 지연, 안전 문제로 인한 리콜 등의 난관을 겪고 있다는 사실을 알고, 2011년에 이 프로그램을 창설했다. 그들은 이런 문제를 완화하기 위한 프로세스를 두 갈래로 정의했다. 공식적인 정기 설계 검토와 양산, 물류, 신뢰성, 표준, 시험에 경험이 있는 멘토의 전문적인 지침이었다.

렘노스는 교육과 멘토링 외에도 작업 공간과 프로토타입 제작 및 테스트 설비를 제공하고, 외주 제조업체, 공급업체, 사업 운영 파트너를 소개해 주기도 한다. 스타트업이 렘노스에서 보내는 시간은 그 회사의 요구에 따라 달라진다. 렘노스에서 6개월 일한 스타트업도 있고, 1년이 넘게 일한 스타트업도 있다. 렘노스 팀은 하드웨어의 성격에 따라 작업 기간도 다르다고 생각하며, 산하의 회사들이 전통적인 액셀러레이터의 '기수' 구조에 제약을 받지 않고 차근차근 성숙하여 목표를 달성하기 바란다.

이 프로그램의 최종적인 목표는 시드 또는 시리즈 A 투자를 유치할 수 있는 기술 또는 제품을 배출하는 것이다. 지금까지 렘노스에서 투자를 받은 회사는 블로섬 커피Blossom Coffee(정밀 커피 제조 기계), 비아Bia 여성용 스포츠 시계에서 무인 항공기(UAV) 개발 플랫폼인 에어웨어Airware에 이르기까지, 20개가 넘는다.

"저희 포트폴리오에서 눈에 띄는 점은 우리 스타트업 중 소비자 지향 회사는 30%뿐이라는 겁니다. 저희는 기술적으로 복잡한 시스템을 좋아하고 항공우주, 로봇, 시스템 엔지니어링 회사를 받아들입니다. 또한 폐기물, 주차, 자판기처럼 재미없는 사업으로 손을 더럽히는 것도 마다하지 않죠." 제레미의 설명이다. 렘노스 랩스는 각 회사에 최대 20만 달러를 투자하고, 최초 투자자가 되는 것을 선호한다. 평균적으로는 지분의 10퍼센트를 받는 조건으로 10만 달러를 투자한다.

렘노스 랩스의 선발 기준은 다음과 같다.

이상적인 창업자의 경력 기술적인 소양이 있는 창업자. 기술적인 성격이 전혀 없는 팀은 받지 않는다.

팀 규모 2인 이상

단계 프로토타입 단계. 덕트 테이프로 만든 모델도 괜찮지만, 무언가 있어야 한다.

기존 하드웨어 경력 업계 또는 학계의 경력이 있을 경우 긍정적으로 고려한다. 선발되는 지원자는 대부분 졸업하고 최소한 몇 년이 지난 사람이다.

기존 투자 유무 최대 50만 달러

선호 부문 로봇, 소비자 장치(전 분야), 가전제품, 항공우주, 교통

지원 절차 이메일 지원. 팀 소개, 기술 설명, 시장 기회, 사업 모델, 대략적인 예산/개발 계획을 포함해야 한다.

02 핵슬러레이터

핵슬러레이터HAXLR8R(http://www.haxlr8r.com/)는 하드웨어 스타트업 창업자를 위한 기수 방식의 액셀러레이터다. 프로그램을 중국 선전에서 진행한다는 점이 특이하다. 25,000달러의 자금(추가 25,000달러의 태환지폐 선택 가능), 공작 공간, 회사들이 아이디어에서 제품까지 가는 과정을 돕는 111일 프로그램을 제공한다.

참가 회사는 핵슬러레이터의 창업자 시릴 에버스와일러Cyril Ebersweiler가 '세계의 공장'이라 부르는 선전에서 111일의 대부분을 보낸다. 마지막 2주(시연회 포함)는 캘리포니아 주 샌프란시스코에서 진행한다. 창업자들은 프로그램 기간 동안 프로토타입을 완성하고 합리적인 사업 모델을 구축하며, 중국 제조 생태계에 대해 배운다.

핵슬러레이터는 창업자가 공장 가까이에 있어야 한다는 점을 강조하고, 속도와 비용을 설계 및 사업의 제약으로 보는 중국 엔지니어들과 협력하여 린 제조를 실현하는 데 초점을 맞춘다. 시릴은 "공장과의 만남에서 고스란히 살아남는 하드웨어 계획이란 존재하지 않는다."라고 설명한 바 있다.

초보 창업자들은 일찌감치 공장 주인들을 만나고 현장에서 생산 과정을 지켜보며 양산의 여러 가지 난관을 이해할 수 있다. 창업자 혼자서는 이런 관계를 구축하는 데만 몇 년이 걸릴 것이다..

이 교육과정에서는 프로토타입 제작, 제품 설계, 조달, 양산, 주문 관리, 자금 유치 방법을 다루며, 핵슬러레이터는 보통 6~10%의 지분을 가져간다. 지금까지는 5개의 '기수'를 거쳐 50개의 동문 회사를 배출했다.

핵슬러레이터의 선발 기준은 다음과 같다.

이상적인 창업자의 경력 다양하다. 열정적이고 성실해야 한다.

팀 규모 2~4인

단계 프로토타입 전 단계 또는 프로토타입 단계

기존 하드웨어 경력 필수는 아니다.

기존 투자 유무 있어도 상관없다. 지원서에 밝히기만 하면 된다.

선호 부문 로봇, 소비자 장치(전 분야), 가전제품, DIY 생물학, 장난감(와해성이 있는 것)

지원 절차 온라인 지원. 소개 동영상을 포함해야 한다.

기타 요인 실제적인 문제를 해결하거나, 유의미한 기술 진보를 이루는 아이디어를 찾는다.

03 알파랩 기어

투자 펀드에서 운영하는 또 하나의 인큐베이터인 알파랩 기어AlphaLab Gear는 알파랩(http://alphalab.org/)의 한 갈래로, 하드웨어 분야만 취급한다. 이 8개월짜리 신규 프로그램은 피츠버그 최대의(그리고 미국에서 가장 적극적인) 시드 투자사인 이노베이션 워크스Innovation Works와 초창기 로봇 기업에 집중하는 펀드인 스타트봇Startbot이 함께 기획한 프로그램이다.

참가 팀은 930제곱미터의 전용 알파랩 기어 시설에서 작업하며, 피츠버그 테크숍 회원권도 받는다. 엔지니어링 및 프로토타이핑 기술을 갖춘 작업실도 이용할 수 있다. 프로그램의 광범위한 멘토 네트워크가 설계, 엔지니어링, 양산, 판매에 전문적인 지침을 제공한다. 팀은 프로그램 기간 동안 펜실베이니아 주 피츠버그에 머물러야 한다.

또한 알파랩의 파트너 네트워크는 무료 법률 및 회계 서비스, 무료 부품 및 개발 키트, 엔지니어링 지원, 산업 디자인 등 여러 가지 특전을 제공한다. 이 프로그램은 지분의 5~9%를 받는 조건으로 팀당 25,000~50,000달러의 자금을 제공한다. 프로그램의 목표는 8개월이 지난 후에 자금 조달을 시작할 수 있는 수준으로 팀을 준비시키는 것이다.

알파랩 기어의 선발 조건은 다음과 같다.

이상적인 창업자의 경력 정해진 기준은 없다. 사업 성공에 핵심적인 분야의 경력이 있기만 하면 된다. 결과적으로 주로 기술 관련 경력이 있는 창업자를 받아들이는 경향이 있다.

팀 규모 2인 이상. 예전에는 1인 창업자도 받은 적이 있지만, 그 경우 회사로서 성공을 거둘 가능성이 훨씬 낮다.

단계 아이디어 단계에서 매출 실현 이후 단계까지, 무엇이든 상관없다.

기존 하드웨어 경력 필수는 아니다.

기존 투자 유무 프로그램 시작 전에 투자 유치 경험이 있어도 상관없지만, 필수적이지는 않다.

선호 부문 물리적인 제품 요소가 있는 회사라면 상관없다. 지금까지는 로봇, 자동화 기술, 적층 및 절삭 가공 도구, 센서, 소비자 제품, 자동차 제품, 의료 제품 등이 있었다.

지원 절차 온라인 지원, 면접

최근에는 대규모 공급 사슬 관리업체에서 자체적인 하드웨어 인큐베이터 프로그램을 시작하기도 했다. 양산, 물류, 주문 처리에 핵심 역량을 지닌 이들 프로그램은 지분에 투자하는 한편으로, 스타트업이 전략적인 파트너 관계와 산업 수준 시설을 통해 확장성을 확보할 수 있도록 지원한다.

04 PCH

PCH(http://www.pchintl.com/)는 대기업과 중소기업을 위해 맞춤 양산 솔루션을 기획하는 회사다. PCH는 1996년 이후로 소비자 전자 제품 분야의 클라이언트에게 제품 엔지니어링 및 개발, 양산, 키트 제작, 유통 등 프로세스 전반에 걸친 서비스를 제공했다.

제품 개발은 PCH 라임 랩PCH Lime Lab이 담당하는데, 이 팀은 아이디오, 애플, 디자인 위딘 리치Design Within Reach의 예전 직원으로 이루어져 있으며 2012년 6월에 PCH에 인수되었다. 이 팀은 의도적으로 산업 디자인은 하지 않는다. 산업 디자인은 브랜드에 따라, 제품에 따라 달라져야 하는 요소라고 생각하며, 잘못된 서비스를 판매하고 싶지 않기 때문이다.

PCH는 수백 개의 공장과 관계를 구축하고 있으며, 선전 자유 무역 지구에 (특수 제조, 키트 생산, 주문 처리, 유통을 담당하는) 6개의 자체 시설을 보유하고 있다. PCH는 수백 명의 기계 엔지니어와 전기 엔지니어를 포함하여, 중국에서만 2,500명의 직원을 고용하고 있다. PCH는 클라이언트가 중국 제조의 이점을 극대화하도록 (또한 난관을 피하도록) 도와준다. PCH는 적극적으로 지속가능성을 추구하고 근로자에 대한 인도적인 대우를 중시한다. 노동자 권리 단체 리틀 버드Little Bird 등의 비정부기구와 긴밀히 협력하여, 공장 근로자들이 자신의 경험과 고충을 최고 경영진에게 직접 익명으로 신고할 수 있도록 공장에 핫라인을 개설하기도 했다. 더 자세한 정보가 궁금하다면 PCH의 지속가능성 페이지(http://bit.ly/pch_sustainability)에서 PCH의 지속가능성 보고서를 읽어 보자.

2015년에 PCH는 팹닷컴Fab.com을 인수하여 소매 서비스를 추가했다.

PCH는 최근 집중적인 액셀러레이터 프로그램인 하이웨이1과 PCH 액세스(예전의 'PCH 액셀러레이터')를 통해 스타트업과 더욱 긴밀하게 협력하기 시작했다.

하이웨이1

PCH의 하이웨이1(http://highway1.io/)은 초창기 스타트업에 초점을 맞추고 있다. 하이웨이1은 2013년 가을의 첫 기수에 11개 회사를 받았고, 2014년 12월까지 35개 회사를 졸업시켰다. 하이웨이1의 부사장(이자 이 책의 공동 저자)인 브레이디 포레스트Brady Forrest는 이렇게 말한다. "PCH는 기술의 한계에 도전하는 회사에 관심이 많습니다. 우리는 생태계 자체를 키우고자 합니다. 최고의 창업자가 좋은 하드웨어 회사를 창업하는 것을 돕고 싶습니다."

하이웨이1의 4개월짜리 프로그램은 캘리포니아 주 샌프란시스코에서 진행되며, 그중 2주 동안은 중국 선전에 머무르며 공장과 전자 제품 시장을 견학한다. 각 팀에는 현금 투자 50,000달러, 사무 공간, 멘토링, 마케팅 및 경영 지원이 주어지고, 기계 및 전기 엔지니어링 도구를 갖춘 프로토타입 공작실을 24시간 이용할 수 있다.

또한 하이웨이1 회사들은 PCH 엔지니어와 기타 분야의 전문가로 이루어진 전담 팀의 도움을 받아, 제품을 콘셉트 단계에서 프로토타입 단계로, 또 그 다음 단계로 발전시킬 수 있다. 하이웨이1은 회사의 단계에 따라 지분 비율을 협상하고, 대개 4~7% 사이를 가져간다.

하이웨이1의 선발 기준은 다음과 같다.

이상적인 창업자의 경력 창업자, 엔지니어, 디자이너, 사업가, 수완가, 해커, 메이커, 위험을 감수하고 크게 생각하는 사람. 이런 역량의 일부는 한 사람이 갖출 수도 있겠지만, 한 팀에서 역량을 골고루 갖춘 것이 이상적이다.

팀 규모 2~4인

단계 스케치 단계를 지난 프로토타입 단계. 성능 프로토타입(기판에 덕트 테이프를 감은 수준이라도)과 디자인의 전반적인 인상을 전달하는 모델을 제작해 두었다면 가장 좋다.

기존 경력 하드웨어 관련 경력이 있다면 좋겠지만, 꼭 있어야 하는 것은 아니다. PCH는 대학을 갓 졸업한 창업자도 받아들인다.

기존 투자 유무 투자를 받은 적이 있어도 상관없다.

선호 부문 주로 커넥티드 하드웨어와 가정용 제품에 초점이 있다. B2B 하드웨어에도 관심이 있다.

지원 절차 온라인 지원. 소개 동영상을 포함해야 한다. 투자자나 하드웨어 창업자의 소개로 들어오는 경우도 많다. 일찌감치 도움을 받고자 하는 창업자를 환영한다.

기타 요인 다국적 기업인 PCH는 창업자들도 국제적 다양성의 혜택을 누릴 수 있다고 믿는다. 그래서 전 세계에서 팀을 모집하는 것을 좋아한다.

PCH 액세스

스타트업을 위한 PCH의 두 번째 프로그램은 PCH 액세스(http://pchaccess.com/)다. 이것은 확장성을 확보하고 제품을 출시하고자 하는 작은 회사를 위한 장기적이고 종합적이며 성장 지향적인 프로그램이다. 하이웨이1 회사는 '졸업'하여 PCH 액세스에 들어갈 수 있다. PCH 액세스는 다른 액셀러레이터 출신의 회사를 바로 받아들이기도 한다.

PCH는 액세스 프로그램에 속한 회사에 '포춘 500' 클라이언트에게 제공하는 서비스를 똑같이 제공한다. 이 서비스는 디자인 및 엔지니어링, 양산, 시험, 규제 준수, 포장, 고객 배송 등을 포함한다. 즉 프로세스 전반을 아우르는 서비스를 통해, 창업자들이 확장성을 확보하고 시간 및 비용을 절약해 준다. PCH는 또한 각 회사에 신용 한도를 부여하여, 매출이 발생하고 나서 대금 결제를 받기도 한다. 운전자본에 한계가 있는 신생 기업에는 매우 중요한 점이다.

하드웨어 스타트업 창업의 인기가 높아지면서, 신생 하드웨어 기업 특유의 요구에 대응하기 위한 액셀러레이터가 속속 생겨나고 있다. 핵심 가치 제안은 소프트웨어 인큐베이터와 동일하지만(자금, 전문가의 멘토링, 인맥) 이들은 물리적인 상품을 성공적으로 출시하는 데 필수적인 제조업체 및 디자인 회사와도 관계를 맺고 있다. PCH 액세스는 이 모델을 바탕으로, 창업자가 회사를 성장시키는 과정을 지원한다. 161페이지의 '사례 연구: 리틀비츠'에서 살펴보았듯이, 프로토타입 단계를 지난 회사도 PCH 액세스와 같은 프로그램으로부터 큰 가치를 얻을 수 있다.

05 플렉스트로닉스

플렉스트로닉스Flextronics는 포춘 글로벌 500 기업에 속하는 공급 사슬 관리업체로, 30여 개국에 공장과 운영 기반을 보유하고 있다. 이 회사는 설계에서 양산, 유통, 주문 처리까지 물리적인 제품 설계의 모든 측면을 취급하며, 클라이언트로는 애플, 모토롤라, 시스코, 마이크로소프트 등이 있다.

2013년, 플렉스트로닉스는 초기 스타트업 액셀러레이션 프로그램인 랩 IX[Lab IX](http://www.labix.io/)를 발표했다. 이 프로그램에 선발된 스타트업은 양산, 시험, 공구 제작 단계에 이 회사의 엔지니어링 서비스를 받는다. 이 회사는 아이디오와도 디자인 제휴를 맺고 있으며, 빠른 프로토타입 제작을 위한 공동 작업 공간과 공작실을 보유하고 있다. 플렉스트로닉스 프로그램은 '수시 입학' 제도를 채택하고 있으므로 체계적인 '기수'는 없다.

플렉스트로닉스는 최대 500,000달러 상당의 현금과 서비스를 지원한다. 추가 서비스에 대해서는 신용 한도를 부여하며, 이 한도는 주문 처리 이력이 없을 경우 최대 200,000달러이고 스타트업이 실제로 고객의 주문을 받으면 늘어난다. 대신 스타트업의 단계에 따라 3~20%의 지분을 가져간다.

플렉스트로닉스 랩 IX의 선발 기준은 다음과 같다.

팀 규모 최소 3명에서 최대 20명까지로, 유연하다.

단계 제품의 기능을 보여 주는 베타 프로토타입 또는 성능 프로토타입과 탄탄한 사업 계획이 있어야 한다.

기존 투자 유무 플렉스트로닉스는 시드 투자를 유치한 창업자를 선호한다.

선호 부문 항공우주, 자동차, 국토 안보, 의료, 소비자

지원 절차 수시 입학. 랩 IX 웹사이트에서 지원하면 된다.

06 인큐베이터 또는 액셀러레이터 선택하기

위에서 설명한 하드웨어 액셀러레이터는 대부분 그 자체가 스타트업이다. 상당수는 벤처 투자를 받고 있으며, 전략적(기업) 벤처 캐피털 투자자와 전통적 벤처 캐피

털 투자자에게서 자금을 끌어온다. 이들은 끊임없이 모델을 수정하며, 프로그램 참여 회사의 요구를 가장 효과적으로 충족하는 서비스를 제공하기 위해 노력하고 있다. 이번 장에 최대한 최신 정보를 싣기 위해 최선을 다했으나, 변하기 쉬운 정보이므로 지원하기 전에 프로그램의 내용이 앞의 설명과 일치하는지 반드시 확인하기 바란다.

새로운 프로그램도 꾸준히 생겨나고 있다. 그중 일부는 하드웨어 업계의 틈새를 공략하기도 한다. 예를 들어, 마이크로소프트는 테크스타스와 제휴하여 키넥트Kinect와 동작 기반 인터페이스에 초점을 맞추는 액셀러레이터를 운영하고 있다. 테크스타스는 또한 R/GA와도 제휴하여(http://bit.ly/rga_connected) 커넥티드 장치를 개발하는 회사를 지원하기도 했다. 유럽 기반의 스프링보드Springboard는 사물 인터넷에 중점을 둔 프로그램을 운영했다.

로지스티카 아시아Logistica Asia와 핵스아시아HaxAsia처럼 아시아의 특정 지역에 초점을 맞춘 프로그램도 있다. 2013년 11월, 제조업계의 거인 폭스콘Foxconn이 베이징에서 액셀러레이터 프로그램을 운영하겠다는 계획을 발표했으나, 이 책을 쓰는 시점에는 구체적인 내용이 공개되지 않았다. 뉴욕 시티의 잰 센터Zahn Center (http://www.zahncenternyc.com/admission/)처럼 대학이 운영하는 프로그램은 대학생과 대학원생을 지원한다. 테크스타스와 R/GA가 함께 운영하는 광범위한 하드웨어 프로그램은 2기 모집을 준비하고 있다.

이런 프로그램이 제공하는 서비스는 끊임없이 변화하고 있으므로, 프로그램에 지원하기 몇 달 전부터 업계의 동향을 관찰하는 것이 좋다.

하드웨어 액셀러레이터 프로그램의 역사가 상대적으로 짧기 때문에, 일부 하드웨어 스타트업 창업자는 일부러 전통적인 길을 택하여 소프트웨어 중심의 액셀러레이터에 지원하기도 한다. 그런 액셀러레이터 중에 가장 역사가 길고 잘 알려진 곳이 2005년 폴 그레이엄Paul Graham이 창업한 Y 컴비네이터(YC)다. 베이 에어리어에 위치한 YC는 약 6%의 지분을 받고 시드 투자, 멘토링, 점점 불어나는 동문 네트워크를 제공한다. 이 프로그램은 지금까지 40개 시장에서 활동하는 500여 개의 회사(http://ycuniverse.com/ycombinator-companies)를 배출했다. YC는 기본적으로 소프트웨어 스타트업을 위한 프로그램이지만, 파트너들은 최근 하드웨어 스타트업의 지원을 독려하기 시작했다. 2015년 1월, Y 컴비네이터는 하드웨어 중시심의 시드 펀드인 볼트Bolt와 제휴하겠다는 발표를 했다. 볼트 팀은 Y 컴비네이터 프로그램에 선발된 스타트업을 위해 자문을 제공하며, YC 팀은 볼트의 투자자인 오토데스크Autodesk의 프로토타입 제작 시설인 피어 9 워크숍Pier 9 Workshop을 이용할 수 있다.

그 외에도 하드웨어 회사를 적극적으로 선발하기 시작한 인기 프로그램으로는 500 스타트업스와 에인절패드AngelPad가 있다.

하드웨어에 특별히 중점을 두지 않는 액셀러레이터를 졸업하는 창업자는 대부분, 이런 프로그램참여의 가치는 주로 동문 네트워크에 있다고 말한다. 동료 창업자들이 고객 획득에서 엔지니어 고용에 이르기까지 온갖 주제에 대해 조언을 주기 때문이다.

페블 워치 창업자이자 Y 컴비네이터 동문인 에릭 미지코프스키는 이렇게 말한다.

프로그램 하나에 등록했을 뿐인데 갑자기 YC 이메일 목록에 있는 500여 명의 창업자들과 연결고리가 생긴다는 건 정말 대단한 일입니다. 주어진 문제의 정답을 아는 사람은 없다 하더라도, 누군가에게는 그 분야에서 일한 적이 있는 친구나 지인, 옛 사업 파트너가 있을 확률이 높습니다. 우리는 그런 방식으로 첫 제조업체를 소개받았습니다. 정말 대단한 네트워크죠.

소프트웨어 중심의 인큐베이터가 자체 공장을 보유하고 있지는 않다 해도, 그 교육과정과 멘토는 회사의 사업적인 측면과 관련하여 유용한 지침을 제시한다. 또한 성공적인 회사를 많이 배출했고 평판이 좋은 프로그램을 졸업하면 창업자의 신뢰도가 높아지는 효과도 있다.

그렇다면 회사 지분을 포기하고라도 액셀러레이터 프로그램에 참여해야 할까? 대부분의 초보 창업자들은 이 경험에서 아주 많은 도움을 받았다고 말한다. 프로그램 자체의 혜택도 좋지만, 양질의 액셀러레이터 프로그램에 들어가기 위한 경쟁은 매우 치열하다. 프로그램에 선발되었다는 사실 하나만으로도, 초기 자금을 조달하거나 잠재적인 협력업체 또는 유통업체와 협상하는 것이 유리해진다.

그렇다고 해도, 회사 특유의 요구와 맞아떨어지는 프로그램을 선택하는 것이 매우 중요하다. 예컨대 테크스타스와 R/GA가 공동으로 운영하는 프로그램의 경우, 디지털 마케팅 전문가와 디자인 전문가의 자문을 제공한다는 측면에서 타의 추종을 불허한다. 이런 전문적인 서비스는 직접 요금을 지불하는 경우 요금이 수백 수천 달러에 달할 수 있다. 이미 제조업체를 확보했고 브랜드 또는 UX 개선이 더 시급하다면, 이 프로그램이 이상적일 수 있다.

제품의 경제성 때문에 아시아에서 양산을 해야 하는 경우에는 중국으로 당신을 데려가서 공장을 연결해 주는 프로그램이 당신의 요구에 더 적합할 것이다. 웨어러블 베이비 모니터를 개발하는 하드웨어 스타트업 스프라우틀링Sproutling의 사례를 통해 의사 결정 과정을 살펴보자. '사례 연구: 스프라우틀링'을 참조한다.

> **MEMO** 사례 연구: 스프라우틀링
>
> 스프라우틀링의 창업자 크리스 브루스Chris Bruce는 오래 전부터 성공적인 소프트웨어 스타트업을 창업하기도 했고 근무하기도 했다. 넓은 인맥을 보유하고 있으며, 성공하는 회사를 구축하기 위한 요건이 무엇인지도 안다. 그런데도 크리스는 처음으로 하드웨어 스타트업을 창업하기로 결심했을 때, 인큐베이터 프로그램을 이용하는 쪽을 선택했다. 여기에서는 크리스의 결정에 대해서, 그리고 렘노스 랩스 포트폴리오의 회사로서 겪은 경험에 대해 살펴보자.
>
> 크리스는 당시를 이렇게 회상한다. "공동 창업자 매트와 함께 스프라우틀링을 창업했을 때, 저는 세상에 긍정적인 영향을 주지 않는것은 만들고 싶지 않다고 마음먹은 상태였습니다. 저는 옛날부터 전자 제품을 가지고 놀았고, 그래서 부모를 위한 스마트 장치를 제작하는 회사를 창업하기로 결심했죠."

2012년 3월, 부모들과 집중적인 제품/시장 적합성 대화를 나눈 결과 크리스는 웨어러블 베이비 모니터의 프로토타입을 만들었다. 이 모니터는 아기의 발목 둘레에 채우는 방식으로, 심장박동과 호흡, 동작은 물론 실내 기온과 습도까지 추적하여 부모에게 정보를 전달한다. 이 장치는 부모에게 아기의 건강 상태를 경고하는 데도 유용하지만 '부모의 시간 관리'에도 유용하다. 낮잠을 자는 아기가 언제 깨어날지 예측할 수 있기 때문이다.

크리스는 자력으로 프로토타입을 제작하기로 결심했다. "하드웨어가 다시 인기를 끌기 전이었습니다. 게다가 하드웨어와 아기라니, 절대로 투자를 받지 못할 거라 생각했죠." 그가 전에 근무했던 스타트업인 소셜 게임 회사 다이버전^{Diversion Inc}에서는 제품 출시 전에 외부에서 투자를 받았는데, 그 투자로 인해 성공해야 한다는 압박이 커지고 유연성이 줄어든다는 느낌을 받았다.

그는 킥스타터에 너무 일찍 의지하고 싶지도 않았다. 소비자 제품의 크라우드펀딩 모금 사례 중에, 목표 금액에 도달했는데도 제품 제작 비용이 부족했던 팀이 너무 많았기 때문이다. 초보 하드웨어 창업자들은 자꾸 제품 가격을 잘못 책정하고 배송 일정을 어겼다. 그래서 스프라우틀링 창업자들은 액셀러레이터 프로그램에 참여하기로 했다.

"아마 모바일 회사나 소프트웨어 회사를 또 차렸다면 인큐베이터를 택하진 않았을 겁니다. 하지만 저는 양산의 난관과 제가 모른다는 사실조차 모르고 있는 온갖 문제가 너무 걱정스러웠죠." 그는 특히 하드웨어 중심의 프로그램에 관심이 있었다. 양산의 난관을 극복하고 소비자 장치를 출시한 경험을 지닌 전문가의 네트워크를 이용하고 싶었기 때문이다.

스프라우틀링은 렘노스 랩스와 핵슬러레이터에 지원해서 두 프로그램 모두에 합격했다. (훌륭한 평판, 멘토, 투자자 네트워크를 갖춘) 최고의 액셀러레이터 둘 중에 하나를 선택하는 것은 쉬운 일이 아니었다. 이들의 결정은 결국, 스프라우틀링 특유의 상황과 관련이 있는 두 요인을 바탕으로 이루어졌다.

"저희는 무엇보다도 제품의 산업 디자인에 우려가 많았습니다. 경험이 있는 디자이너가 대개 미국에 있는 상황에서, 세 달이라는 기한 안에 양질의 제품과 사용자 경험을 완벽하게 디자인할 수 있을지 확신이 없었죠. 양산에 들어가기 전에 해야 할 일이 많았기 때문에 정해진 기간이 없는 렘노스가 매력적이었습니다. 두 번째 요인은 중국산 유아용 제품에 대한 편견이었습니다. 아기가 착용해야 하는 물건인 만큼, 잠재 고객에게 우려의 여지를 주고 싶지 않았죠."

그들은 렘노스 랩스에서의 경험에 매우 만족하며, 특히 함께 사용하는 도구와 작업 공간,

온갖 분야에서 제품을 준비하는 창업자들의 커뮤니티에 감사한다. 렘노스 랩스에서는 액셀러레이터 차원에서 금요 바비큐 파티, CEO 멘토링 행사, 장치 개발과 사업 구축에 대한 각종 워크숍을 진행한다. 또 스프라우틀링은 벤처 투자 라운드를 성공적으로 마무리하여 명망 높은 투자자로부터 260만 달러 규모의 투자를 유치했다. 지금 회사는 제품을 시장에 내놓기 위해 열심히 일하고 있다.

액셀러레이터 프로그램을 선택하는 것은 어느 대학에 갈지 결정하는 것과 비슷하다. 여러 가지 방안을 놓고 고민할 때, 프로그램의 명성과 멘토 및 투자자 네트워크도 물론 중요하다. 그러나 무엇보다도 회사의 구체적인 요구를 신중하게 검토해야 한다. 회사의 성공에 영향을 미칠 요인이 무엇인지 판단하고, 그런 난관을 극복하는 데 가장 효과적인 프로그램을 선정해야 한다.

팀이 선택하는 액셀러레이터 프로그램이 궁극적으로 성공에 얼마나 영향을 미치는지 측정하는 것은 쉽지 않다. 스타트업이 기업으로 성장하는 데는 오랜 시간이 걸리기 때문이다. 그러나 크런치베이스Crunchbase와 시드DB(http://www.seed-db.com/) 등의 사이트에서는 참여 회사가 받은 투자금의 액수, 성공적인 투자 회수의 현금 가치 같은 지표를 기준으로 액셀러레이터의 품질을 평가한다.

액셀러레이터를 이용하기로 결심했다면 프로그램 운영자에게 연락해 회사가 직면하기 쉬운 여러 가지 난관에 액셀러레이터가 어떤 도움을 줄 수 있는지 확인해 보자. 액셀러레이터는 모두 프로그램 소개 세션을 진행하고 있으며, 문의에 적극적으로 응답한다. 특정 프로그램의 졸업생과 이야기해 보는 것도 그 프로그램이 회사에 적합한지 확인하는 좋은 방법이다.

chapter 08 크라우드펀딩

이 장에서 크라우드펀딩이라는 용어를 쓸 때는 기부 기반의 크라우드펀딩을 이야기하는 것이다. 즉, 개개인이 (대개 모종의 보상을 받고) 돈을 기부하여 프로젝트 기획자에게 제품을 출시하는 데 필요한 자금을 마련해 주는 것이다(팀이 대중에게 지분을 주고 투자를 받는 지분 크라우드펀딩도 있지만, 여기서는 다루지 않을 것이다). 기부 기반의 크라우드펀딩이 하드웨어 생태계의 성장에 미친 영향은 아무리 강조해도 지나치지 않다. 특히 B2C 제품을 생산하는 팀의 경우 더욱 그렇다. 창업자는 크라우드펀딩을 통해 제품의 초도 생산을 위한 자본을 마련하는 한편, 얼리어답터에게 다가가고 커뮤니티를 성장시키고 시장을 검증하고 고객 피드백과 제품 아이디어를 얻고 입소문도 퍼뜨릴 수 있다.

대중은 보통 크라우드펀딩 캠페인을 통해 당신의 제품이나 회사를 처음 접하게 되므로, 방향을 처음부터 제대로 잡는 것이 중요하다. 하드웨어 프로젝트의 크라우드펀딩을 성공으로 이끌기 위해서는 제조, 마케팅, 주문 처리(배송 및 보관), 고객 서비스 등의 전략을 계획하고 실행해야 하기 때문이다. 미니 스타트업이나 마찬가지다!

01 크라우드펀딩 생태계

크라우드펀딩은 비교적 새로운 현상이다. 대부분의 기부 기반 모금 사이트는 역사가 몇 년밖에 되지 않았다. 그 사이트 자체도 스타트업으로서, 끊임없이 서비스를 수정하고 약관을 조정하며 프로젝트 기획자를 지원할 방법을 개발하고 있다.

현재 10여 개의 크라우드펀딩 플랫폼이 존재하며, 새로운 플랫폼이 꾸준히 등장하고 있다. 우선 유수의 크라우드펀딩 플랫폼에서 제공하는 서비스를 살펴보려 한다. 특정 틈새 시장에 초점을 맞추는 플랫폼이 많아서, 과학 및 연구 프로젝트에 치우치는 플랫폼이 있는가 하면, 미술 프로젝트나 소비자 제품에 치우치는 플랫폼도 있다. 그다음으로는 어느 플랫폼에서든 모금을 성공시키는 데 도움을 줄 모범 사례를 살펴볼 것이다.

킥스타터

최초의 기부 크라우드펀딩 플랫폼 중 하나가 킥스타터다. 2009년에 시작한 킥스타터의 주요 목적은 원래 미술, 영화, 음악 프로젝트의 자금을 마련하는 것이었지만, 시간이 지나면서 자연스레 기술 및 하드웨어 프로젝트도 올라오기 시작했다. 킥스타터의 인기는 꾸준히 증가하여, 이제 매주 수백만 명의 사람들이 사이트를 방문한다.

2015년 4월까지 225,222개가 넘는 프로젝트가 킥스타터에 올라왔으며, 목표 액수 달성에 성공한 83,243개의 프로젝트가 총 10억 6,700만 달러를 모금했다. 바꾸어 말하면 성공률이 약 30%라고 할 수 있다. 킥스타터는 웹사이트에 분류별 통계(http://www.kickstarter.com/help/stats)를 게시하고 매일 업데이트한다.

킥스타터에는 이 플랫폼을 통해 모금할 수 있는 하드웨어 제품의 유형(그리고 단계)을 제한하는 일련의 규칙(http://www.kickstarter.com/rules)이 있다. 하드웨어 제품을 킥스타터에 올리려면, 먼저 프로젝트가 그 규칙을 준수하는지를 반드시 확인해야 한다. 프로토타입 제작 비용을 킥스타터에서 모금하는 것도 가능하지만, 후원자 보상에 완제품이 있는 경우에는 아이디어만으로 모금을 시작할 수 없다. 제품의 현재 상태를 보여 주는 프로토타입의 사진과 동영상을 공개해야 하고, 생산 계획과 예상 일정도 올려야 한다. 킥스타터는 설계 과정을 보여 주는 CAD 도면과 스케치를 권장하지만, 실제 제품처럼 보이는 목업(http://bit.ly/prototype_rendering)은 권장하지 않는다. 후원자에게 프로젝트가 실제보다 많이 진행되었다는 착각을 일으킬 우려가 있기 때문이다.

2014년, 킥스타터는 모금 프로세스를 더욱 간편하게 만들었다. '지금 시작하기' 기능을 추가하여, 기획자가 커뮤니티 매니저의 승인을 받지 않고 프로젝트를 올릴 수 있게 한 것이다. 그러나 특히 처음으로 캠페인을 진행하는 창업자에게는 커뮤니티 매니저의 검토가 아주 유용하다. 킥스타터의 커뮤니티 매니저는 대개 자기 분야에서 직접 프로젝트를 진행해 본 경험이 있으며, 그 경험을 바탕으로 전문적인 지침을 제공하기 때문이다.

킥스타터는 프로젝트의 모금액이 목표에 도달해야만 자금을 프로젝트 기획자에게 송금한다. 플랫폼은 모금액의 5%를 떼어 간다. 신용카드 결제 수수료인 3~5%는 별도다.

많은 유명 하드웨어 스타트업(페블, 오큘러스Oculus, 폼랩스Formlabs, OUYA 등)이 킥스타터에서 출발했다.

인디고고

인디고고(https://www.indiegogo.com/) 역시 명망이 높은 플랫폼으로, 많은 하드웨어 스타트업이 이곳을 발판 삼아 성공을 거두었다. 킥스타터보다 제약이 적기 때문에, 하드웨어 스타트업 창업자가 애용하는 플랫폼으로 자리 잡고 있다. 인디고고는 2008년의 창업 후로 꾸준히 '어디에서나, 누구나, 아무 아이디어로나 모금을 할 수 있는' 플랫폼으로 마케팅을 해 왔다.

인디고고는 프로젝트 기획자를 돕기 위해, 정보 블로그(https://blog.indiegogo.com/)를 운영하며 개별 사례 연구와 총체적인 캠페인 데이터의 분석을 포함하는 모범 사례 연구를 꾸준히 게시하고 있다. 또한 인디고고 플레이북Indiegogo Playbook에서는 크라우드펀딩 프로세스를 여러 단계(캠페인 전, 캠페인 전반, 캠페인 후반, 캠페인 후)로 분류하고 단계별로 구체적인 팁을 제시한다. 예를 들면 다음과 같이 설명한다.

인디고고의 플랫폼은 고정 캠페인과 유연 캠페인을 모두 지원한다. 고정 캠페인의 경우 프로젝트 기획자가 목표를 설정하고, 모금액이 목표에 도달하지 못하면 아무것도 받지 못한다. 유연 캠페인에서도 프로젝트 기획자가 목표를 설정할 수는 있지만, 모금액만큼은 돈을 받을 수 있다. 프로젝트의 목표 달성 여부와 상관없이 모든 후원자에게 약속 금액이 청구된다. 단, 유연 캠페인의 경우 프로젝트 기획자가 수수료를 많이 내야 한다. 고정 캠페인 또는 목표 달성에 성공하는 유연 캠페인의 경우 인디고고의 수수료가 4%인 데 반해, 목표 달성에 실패하는 유연 캠페인의 경우에는 모금액의 9%를 수수료로 내야 한다.

이런 유연성이야말로 인디고고의 가장 큰 매력이다. 기획자는 캠페인 기간을 설정할 수 있다(플레이북에 따르면 기간이 약 40일인 캠페인이 가장 성공적이라고 한다). 또한 캠페인 진행 중에 특전을 변경할 수도 있으므로, 모금을 진행하면서도 캠페인을 계속 수정하며 최적화할 수 있다.

인디고고는 최근 인디고고 아웃포스트Indiegogo Outpost(http://www.indiegogooutpost.com/)라는 기능을 추가했다. 창업자는 이 기능을 사용하여 인디고고 크라우드펀딩 캠페인을 회사 사이트에 직접 임베드할 수 있다. 즉, 브랜드에 맞춰 캠페인의 디자인을 수정하고 자사 페이지에서 직접 후원자를 끌어들이면서, 인디고고 캠페인 관리 도구도 이용하는 셈이다. 아웃포스트 캠페인은 (인디고고의 룩 앤드 필을 따라) 인디고고 사이트에도 게시되므로, 캠페인 기획자는 인디고고 사이트를 둘러보는 수많은 사용자로부터도 후원자를 끌어들일 수 있다.

DIY 방식

어떤 창업자들은 아웃포스트 개념을 한 단계 발전시키기도 한다. 처음부터 끝까지 자체적으로 크라우드펀딩 캠페인을 진행하는 스타트업이 점점 많아지고 있다. 이들은 대형 플랫폼과는 상관없이 회사 사이트에서 모금을 진행한다. 로키트론Lockitron이 이런 스타트업 중 거의 최초인데, 킥스타터 플랫폼의 요건을 충족하지 못했기 때문에 자체 크라우드펀딩 프레임워크인 셀프스타터Selfstarter(http://selfstarter.us)를 구축한 것이었다. 셀프스타터의 소스는 깃허브에 공개되어 있다.

이 방식을 쓰고 싶은데 코드를 직접 작성하기가 불안하다면, 크라우드호스터Crowdhoster(http://crowdhoster.com)라는 오픈소스 솔루션을 쓰면 된다. 이것은 말하자면 '크라우드펀딩을 위한 워드프레스WordPress'로, 현재 크라우드틸트Crowdtilt(크라우드펀딩 플랫폼의 일종)에서 개발 중이다. 크라우드호스터는 현재 무료로, 룩 앤드 필의 맞춤 설정이 가능하고 크라우드틸트의 결제 API와 연동되며, 일반적인 크라우드펀딩 플랫폼에서 제공하는 각종 고객 관리 및 운영 기능을 대부분 제공한다.

이 방식의 장점으로는 수수료가 저렴하다는 점, 브랜딩과 어울리게 캠페인의 룩 앤드 필을 조절할 수 있다는 점, 모금 조건을 유연하게 지정할 수 있다는 점 등이다. 그러나, 작업이 꽤 까다롭다. 이 방식을 택한 하드웨어 스타트업 스카우트 알람Scout Alarm의 사례를 살펴보자. '사례 연구: 스카우트 알람'을 참조한다.

MEMO 사례 연구: 스카우트 알람

크라우드펀딩 플랫폼 덕택에 하드웨어 스타트업 창업자의 자본 조달이 용이해진 것은 사실이지만, 자기 사이트에서 캠페인을 직접 운영하는 창업자도 있다. 이번에는 스카우트 알람의 공동 창업자 대니얼 로버츠Daniel Roberts와 데이비드 샤피로David Shapiro가 그 방법을 선택한 이유를 공유한다.

스카우트는 DIY 주택 방범 시스템이다. 2012년 8월, 막 시카고에 집을 산 댄은 경보 시스템을 찾으러 다녔다. 그는 이 시장이 대체로 시대에 뒤떨어졌다는 걸 깨닫고, 컴퓨터나 스마트폰 등의 개인 장치에 연결할 수 있는 좀 더 개방적이고 현대적이며 저렴한 주택 방범 시스템을 만들기로 결심했다. 댄과 공동 창업자 데이브는 샌드박스 인더스트리스Sandbox Industries라는 시카고의 인큐베이터에서 소액의 연구개발 자금을 투자 받아 프로토타입을 만들기 시작했다.

설계를 확정한 다음에는 크라우드펀딩 캠페인을 통해 아이디어를 검증하기로 했다. 그들은 예약 주문으로 돈을 받아 개발 자금으로 쓰고 최초 제조 비용을 충당하고 싶었다. 그런데 개발이 많이 진행되지 않은 상태였기 때문에 킥스타터의 등록 요건을 충족하지 못했고, 나머지 플랫폼에서도 후원자를 끌어모으기에는 시기가 너무 일렀다. 그래서 자체 크라우드펀딩을 진행하기로 결심했다.

댄과 데이브는 자체 캠페인을 진행하면 플랫폼 수수료가 없으므로 모금액에서 자기들이 차지하는 부분이 커진다는 점이 마음에 들었다. 처음부터 자체 사이트에서 커뮤니티를 구축할 수 있다는 점도 좋았다. 크라우드펀딩 캠페인이 공식적으로 끝난 다음에도 그 여세를 이어 나갈 수 있기 때문이다. 댄은 이렇게 말한다.

"우리는 사이트 구조를 그대로 유지하면서, 크라우드펀딩 페이지만 예약 주문 접수 및 이메일 주소 수집 페이지로 변경했습니다. 인디고고 또는 킥스타터 캠페인이 끝나면 그걸로 진짜 끝입니다. 캠페인이 끝난 후에 제품을 발견하는 사람들이 있다면, 스스로 우리 사이트를 찾아와서 예약 주문을 하기를 바라는 수밖에 없죠."

자체 모금 캠페인을 진행하는 데는 그 밖에도 장점이 있었다. 인큐베이터의 PR 전문가와 일할 때, 스카우트 알람의 이야기는 물론 흥미진진한 '자수성가한 사업가'의 이야기도 홍보에 이용할 수 있었던 것이다. 또한 고객을 위한 모금 특전을 매우 구체적으로 설정할 수 있었다.

크라우드펀딩 사이트의 경우 아무리 유연하다 하더라도 특전을 명확하게 정해야 하는데, 스카우트는 잠재 고객에게 무엇이 필요한지 물어보고 적절한 패키지를 제안할 수 있었다. 데이브는 이렇게 말한다.

"우리 제품에 천편일률적인 스타터 키트는 어울리지 않습니다. 우리는 가정에 있는 창과 문의 개수에 따라 제품 구성을 제안합니다. 그래서 그 정보를 처리하는 UI를 제작했고, 덕분에 후원자에게 킥스타터에서 캠페인을 진행하는 경우보다 나은 경험을 제공할 수 있었다고 믿습니다. 사용자 경험을 직접 관리할 수 있다는 점이 자체 캠페인의 큰 장점이죠."

자체 캠페인을 선택하는 경우 개발자의 인력이 많이 필요하다. 팀은 로키트론의 셀프스타터 코드를 활용했지만, 필요에 따라 여러 가지 기능을 직접 구축해야 했다. 부하 테스트 및 최적화의 부담도 전적으로 져야 했다. 팀은 구글 웹로그 분석과 애드롤^{AdRoll} 등의 기존 도구를 조합하고 리타기팅 광고를 사용해 사람들이 모금 페이지로 다시 돌아오게 만들었다. 후원자와의 커뮤니케이션에는 메일침프^{MailChimp}와 올라크^{Olark}를 사용했고, 고객 서비스에는 헬프 스카우트$^{Help\ Scout}$를 사용했으며, 영수증 관리에는 맨드릴^{Mandrill}을 사용했다.

아마존의 플렉시블 페이먼츠Flexible Payments 프로그램이 자체 크라우드펀딩에 아주 유용했다. "아마존의 플렉시블 페이먼츠를 사용하는 경우에는, 아마존이 법인 계좌 정보를 확인하는 데 며칠이 걸린다는 점을 알아 두세요. 우리는 준비를 모두 마치고 나서야 그 단계를 빼먹었다는 사실을 아는 바람에, 일을 허둥지둥 처리해야 했거든요." 댄의 설명이다.

팀은 성공적인 캠페인이 겪는 난관을 대부분 경험했는데, 그중 하나가 배송 지연이었다. 그러나 아마존의 토큰 시스템 덕분에 최대 1년까지 대금 결제가 유예되므로, 선불로 대금을 결제해야 하는 크라우드펀딩 플랫폼을 사용했을 때보다 커뮤니티가 더 끈기 있게 기다릴 수 있었다.

때로는 추가하고 싶었지만 도저히 시간이 없어서 구축하지 못한 기능도 있었다. 그래도 팀은 자체 모금 경험에 만족한다. "돌아보면 아쉬운 점이 있긴 합니다." 데이브가 말한다. "예를 들면 더 세밀한 분석 도구가 있었으면 좋겠네요. 그래도 전반적으로는 결과에 아주 만족하고, 필요하다면 또 같은 방법을 택할 것입니다."

스카우트가 자체 크라우드펀딩을 통해 얻은 교훈을 더 자세히 보려면 스카우트의 블로그(http://bit.ly/indy_crowdfunding)를 확인하자.

소규모 플랫폼이 너무 많아 하나하나 살펴보기는 어렵지만, 하드웨어 위주의 플랫폼인 드래곤 이노베이션Dragon Innovation(http://www.dragoninnovation.com/)은 짚고 넘어갈 가치가 있다. 드래곤은 모든 규모의 하드웨어 회사에게 프로젝트 관리 파트너로 인기가 높다. 공장 선정 및 심사, 설계 검토, 해외 제조 지원까지 전 과정을 도와준다. 드래곤의 서비스에는 인증 프로세스가 있는데, 잠재적인 후원자에게 배송 일정 준수를 보증하는 서비스다(이 인증 프로세스에 대해서는 195페이지의 '제조 일정 조율하기'에서 더 살펴볼 것이다).

조사를 충분히 하고 제품 유형에 가장 적합한 크라우드펀딩 사이트를 선정하자. 각 사이트의 사용자 구성과 프로젝트 분류를 조사하자. 어떤 창업자들은 크라우드펀딩 사이트 자체의 조회수가 중요하다고 생각한다. 궁극적으로는 트래픽을 스스로 발생시켜야 하지만, 열정적인 사용자가 많거나 뉴스레터 독자가 많은 플랫폼에서 캠페인을 진행하면 상승 효과가 있을 수도 있다. 킥스타터는 영화 분류의 스파이크 리(http://bit.ly/spike_lee_n_kickstrtr)와 베로니카 마스 캠페인과 같은 '블록버스터' 프로젝트의 후광 효과에 대한 블로그(http://bit.ly/blockbuster_effects)를 쓰기도 했다. 새로운 후원자들이 이런 인기 프로젝트를 통해 킥스타터를 발견하고, 내친 김에 다른 프로젝트까지 후원하는 경우도 많다는 것이다.

고려 중인 사이트의 모금 구조도 잘 이해해야 한다. 모금 목표를 달성해야만 후원자의 신용카드에 대금을 청구하고 자금을 지급하는 사이트도 있고, 모금한 만큼 자금을 지급하는 사이트도 있다. 사이트에서 받는 결제 수단이 무엇인지, 해외 후원자에게 제약이 따르지는 않는지 확인하자.

02 캠페인 계획하기

자신에게 맞는 크라우드펀딩 플랫폼과 캠페인 유형을 선택했다면, 이제 세부적인 내용으로 들어갈 차례다. 먼저 후원자에게 약속할 특전을 정해야 한다.

후원자 파악하기, 캠페인 특전 선택하기

잠재 고객이 아직 나오지도 않은 제품을 보고 회사에 돈을 내는 이유가 무엇인지 파악하는 것이 중요하다. 후원자들은 얼리어답터처럼, 멋진 신제품이 시장에 나오기 전에 발견하고 싶어 한다. 당신을 과감하게 믿고 아직 존재하지 않는 물건(최악의 경우에는 결코 존재하지 않을 물건)을 사는 것이다.

인디고고의 공동 창업자 다나에 링겔만Danae Ringelmann은 사람들이 크라우드펀딩에 참여하는 데는 네 가지 이유가 있다고 말하고, '인디고고 활용 요령'에서 그 이유를 소개한다.

MEMO **인디고고 활용 요령**

이 내용은 인디고고의 공동 창업자 다나에 링겔만과 하드웨어 프로젝트 코디네이터 케이트 드레인Kate Drane을 만나, 창업자의 하드웨어 크라우드펀딩 캠페인을 지원하기 위해 인디고고에서 어떤 노력을 했는지 직접 들어본 것이다. 인터뷰 내용을 좀 더 생생하게 전달하기 위하여, 다나에의 시점에서 대화 내용을 그대로 수록한다.

제(다나에)가 에릭, 슬라바와 함께 6년 전에 인디고고를 시작했을 때, 우리의 비전은 세상 사람들이 자기에게 중요한 무엇을 찾을 수 있도록 힘을 실어 주는 것이었습니다. 인디고고는 금융의 비효율, 그리고 불공평에 대한 좌절감에서 태어났습니다. 투자 유치에 성공하는 사람은 대개 '문지기'와 결정권자를 아는 사람이죠. 문지기를 만나지 못한다면 투자 유치는 거의 불가능합니다. 예전에는 이 문지기들이 어느 아이디어가 세상에 나오고 어느 아이디어가 묻히는지를 거의 전적으로 결정했습니다. 우리는 세상을 발전시킬 아이디어가 무엇인지를 커뮤니티가 직접 판단하는, 열린 플랫폼을 만들고 싶었습니다. 지원 절차는 따로 없고 누구나 참여할 수 있죠. 누구에게나 기회는 똑같이 주어지지만, 개인이 얼마나 노력하느냐, 사람들이 얼마나 관심을 보이느냐에 따라 성공이 판가름 납니다.

우리의 경험에 비추어 보면, 사람들이 크라우드펀딩에 참여하는 이유는 네 가지입니다. 우리는 그걸 4P라고 부르죠. 첫째는 사람people입니다. 사람이 사람에게 투자하는 거죠. 사람이 캠페인을 기획한 사람이나 팀에게 투자하는 겁니다. 둘째는 프로젝트project입니다. 특정 아이디어가 정말로 실현되기를 바라서 투자하는 거죠. 셋째는 참여participation입니다. 이것은 재미있는 일을 하고 싶은 사람, 흥미로운 단체나 기회의 참여하고 싶은 사람에게 호소한다는 면에서 조금 다릅니다. 늘 영화 제작자를 꿈꾸었지만 현실에서는 가족과 아이가 딸린 변호사인 사람이 있다고 합시다. 이 사람이 인디고고에서 어떤 영화를 발견하고 세트장을 견학하는 특전을 보았다면, 그건 직접 하지는 못할 일에 참여하는 그 나름의 방법이라 할 수 있겠죠. 넷째는 특전perk입니다. 멋진 보상을 받을 수 있으니까요! 인디고고 같은 플랫폼에서는 이타적인 동기와 이기적인 동기가 한데 섞여 매끄럽고 멋진 하나의 경험을 만들어 냅니다.

하드웨어와 소비자 제품처럼 인디고고에서 활기를 띠기 시작하는 분류에는 전담 지원 인력을 배치하여 프로젝트 기획자를 지원하고 있습니다. 예컨대 케이트 드레인과 애덤 엘스워스Adam Ellsworth는 하드웨어 담당자로서 근무 시간 동안 문의를 받고 지침을 작성하죠. 창업자들은 우리에게 "어떤 동영상을 제작해야 하나요?"라든지 "어떤 특전을 제공해야 하나요?"라는 질문을 합니다. 그런데 크라우드펀딩은 아직도 새로운 경험이기 때문에 정해진 '모범 사례'가 없죠. 그래서 저희는 데이터에 기반하여 인디고고를 운영하기 위해 노력하며, 어떤 것이 효과적이고 어떤 것이 효과적이지 않은지 끊임없이 연구하고 있습니다.

성공의 첫 번째 비결은 캠페인 소개를 훌륭하게 하는 것이고, 그러려면 무엇보다도 동영상이 중요합니다. 필수는 아니지만, 동영상이 있는 캠페인은 동영상이 없는 캠페인에 비해 모금액이 110퍼센트 많습니다. 인디고고에서는 2분 또는 3분 길이의 동영상이 최적이라는 걸 알아냈죠.

저희가 프로젝트 기획자에게 이야기하는 두 번째 비결은 아주 구체적인 모금 목표를 정하고 자금 사용 계획을 투명하게 제시하는 것입니다. 자금을 한꺼번에 다 모을 필요는 없습니다. 프로젝트를 진행시킬 수 있을 정도만 모으면 되죠. 약속 이행 실적이 있는 팀은 돌아와서 추가 모금을 하기도 하는데, 이런 팀은 이미 후원자와 관계를 구축하고 프로젝트에 대한 애착을 증명했으므로 모금에 성공하기 쉽습니다. 모금 모델을 적절하게 선정하는 것도 중요하죠. 인디고고에는 고정과 유연의 두 가지 모델이 있습니다. 고정 캠페인의 경우 목표 금액을 달성해야만 돈을 받을 수 있습니다. 유연 캠페인이 훨씬 인기가 많고, 대부분의 사람들에게 더 적합합니다. 목표 금액을 달성하지 못하더라도 프로젝트를 진행시킬 수 있고, 그 돈으로 작업을 하고 나중에 돌아와서 추가 모금을 할 수도 있으니까요.

세 번째 비결은 자기만의 특전을 제공하는 것입니다. 하드웨어 메이커들이 창의력을 발휘할 수 있는 부분이죠. 크라우드펀딩을 통해 전에는 기회가 주어지지 않았던 사람들을 발상과 창작의 장에 참여시킬 수 있습니다. 보통 소비자가 장치를 발견하는 것은 구매 결심을 한 후입니다. 특전을 통해서 이 사람들을 창작과 발상 과정에 참여시키세요. 장치의 정식 출시 후에 매장에서 구할 수 없는 특별한 물건이나 경험을 창출하세요.

인디고고만의 특징이 있다면, 특전 변경을 권장한다는 점입니다. 선택을 많이 받지 못한 특전을 새로운 특전으로 바꿀 수 있죠. 우리 플랫폼은 매우 유연합니다. 수많은 메이커들이 특전을 바꾸면서 가격 정책을 실험하거나, 각종 특징과 기능을 비교합니다. 언제든지 변경이 가능하니까요.

창업자가 규칙을 모두 준수해도 캠페인이 실패하는 경우가 있습니다. 그 이유는 대개 둘 중 하나입니다. 캠페인 기획자가 노력하지 않았거나, 세상이 관심을 보이지 않았기 때문이죠. 창업자가 좋은 특전을 제공하고 각종 매체를 통해 적극적으로 홍보해도 아이디어가 공감을 얻지 못할 때도 있습니다. 이런 실패는 오히려 창업자에게도 바람직합니다. 사람들이 원치 않는 제품을 개발하느라 시간을 낭비하고 평생 모은 목돈을 날릴 필요 없이 아이디어가 별로 좋지 않다는 걸 알았으니까요. 그 피드백을 받아들인 다음, 나중에 새로운 캠페인으로 돌아와서 성공을 거둘 수 있죠. 크라우드펀딩 과정에서 가장 중요한 부분은 바로 그런 시장 검증 기능입니다.

크라우드펀딩 캠페인을 진행할 때는, 캠페인 페이지로 트래픽을 끌어들이고 조회수를 자금으로 바꾸는 것을 목표로 해야 한다. 의미 있는 이야기를 사용하여 홍보를 하면 사람들을 캠페인으로 끌어들일 수 있고, 특전을 적절히 제공하면 사람들의 투자를 이끌어 낼 수 있다. 하드웨어 창업자는 대부분 얼리어답터의 피드백을 원하므로, 가장 큰 특전은 아마도 출시하고자 하는 그 제품 자체일 것이다.

특전 가격 책정하기

좋은 캠페인은 여러 단계의 후원 옵션을 제시한다. 성공한 킥스타터 캠페인 75,000건을 대상으로 한 연구(http://bit.ly/kickstrtr_campaigns)에 따르면, 특전의 가격으로는 25달러가 단연 인기가 많으며 50달러, 100달러, 10달러도 제법 인기가 많다고 한다. 인디고고에서는 가장 인기가 많은 특전이 25달러와 100달러 수준이다. 주력 제품의 가격이 비싸다면(100달러 이상), 브랜드 스티커나 기본 티셔츠처럼 쉽고 저렴하게 제작할 수 있는 하위 특전을 한두 단계 추가하는 방법도 있다. 그러면 당신을 후원하려 하는 사람들에게 참여 기회를 줄 수 있다. 하지만 그런 특전을 정말 쉽고 빠르게 제작할 수 있는지 신중하게 검토해야 한다.

성공한 크라우드펀딩 프로젝트의 기획자들이 공통적으로 하는 이야기가 하나 있는데 "간단하게 하라."라는 것이다. 정말 프로젝트 진행에 도움이 된다는 확신이 없다면 티셔츠나 자질구레한 기념품을 특전으로 제시하지 말자. 도움이 되지 않는다면 방해 요소일 뿐이다. 제시하려 하는 특전 하나하나의 개당 제작 비용에 빠삭해야 하고, 실제로 만들고 싶은 제품을 제조하면서 동시에 티셔츠 주문도 관리해야

할 것이기 때문이다. 미스핏 웨어러블스Misfic Wearables의 창업자 소니 뷰Sonny Vu
는 이에 대해 다음과 같이 말한다(미스핏 웨어러블의 크라우드펀딩 전략에 대해서
는 '사례 연구: 미스핏 웨어러블스'에서 자세히 소개한다).

*저희는 저가 특전이나 보상은 제시하지 않기로 했습니다. 사람들이 캠페인을 찾는 이유는 분명
합니다. 소문으로 듣던 제품을 사기 위해서죠. 디자이너가 아닌 이상 그 제품이란 것은 로고 티
셔츠가 아닙니다. 굳이 작은 특전을 제공하겠다면 제품을 보완하면서 기억에도 남는 물건으로
정하세요. 즉, 생활을 기록하는 웹캠 프로젝트의 일부로 브랜드 로고가 찍힌 USB 케이블을 제
공하는 것이 한 예입니다."*

로고가 찍힌 특전을 제공하려면, 가치에 비해 합리적인 가격을 책정해야 한다.
정서적인 유대가 느껴지는 팀 또는 아이디어를 후원하기 위해 기꺼이 큰돈을 투자
하는 사람도 있지만, 25달러짜리 스티커나 50달러짜리 머그잔을 특전으로 제시하
면 상당수의 사용자는 등을 돌릴 것이다. 그럴 경우 나머지 특전의 가격도 거품처
럼 보일 수 있다.

MEMO **사례 연구: 미스핏 웨어러블스**

미스핏 웨어러블스의 CEO 소니 뷰는 이전에, 당뇨병자를 위한 첨단 혈당계를 생산하는
모바일 보건 회사 애거매트릭스AgaMatrix의 창업자였다. 지금 그는 미스핏 웨어러블스를 통
해 '웨어러블을 착용하고 싶게' 만들겠다는 사명을 실천하고 있다. 즉, 첨단의 주변 감지 기
능을 갖춘 예쁘고 기능적인 장치를 생산하는 것이다. 이 사례 연구는 2012년 11월 인디
고고에서 캠페인을 시작하여 현재 매장에서 시판 중인 미스핏의 첫 제품, 샤인Shine 피트니
스 트래커에 대한 것이다. 소니는 크라우드펀딩 모금의 면면에 대해 철두철미한 전략을 수
립하는 것이 얼마나 중요한지 자세히 이야기한다.

발표하지는 않았지만, 미스핏 웨어러블스는 인디고고 캠페인을 시작하기 몇 달 전인
2012년 4월에 벤처 투자 라운드를 성공적으로 마무리한 적이 있었다. 그런데 굳이 크라
우드펀딩 모집을 통해 세상에 나오기로 결심한 이유는, 소니가 이 플랫폼을 효과적인 실시
간 시장 검증 수단으로 활용할 수 있다고 믿기 때문이었다. 미스핏은 여러 가지 방안을 검

토한 끝에, 유연하고 창업자에게 편리하다는 이유로 결국 인디고고를 선택했다.

"크라우드펀딩 사이트의 커뮤니티 규모가 중요하다는 생각은 미신입니다. 당신이 직접 확보해야 하는 고객의 수에 비하면 커뮤니티의 규모는 아무것도 아니기 때문이죠. 자기만의 챔피언이 있어야 합니다." 소니의 설명이다.

챔피언이란 사람들에게 당신의 크라우드펀딩 모금에 대해 이야기하는 사람을 말한다. 이런 사람은 열정과 탄탄한 인맥을 통해 입소문을 퍼뜨리고 트래픽을 끌어들이고 주문을 유도한다. 미스핏은 얼른 친구를 사귀기 시작했다. 그들은 각각 10명에게 이야기를 하리라 믿을 수 있는 수백 사람의 명단을 작성했다. 또한 집중적인 언론 홍보도 준비했다. 이에 대해 소니는 다음과 같이 설명한다.

"한 달 동안 다섯 편의 기사가 드문드문 뜨는 것과 이틀 동안 다섯 편의 기사가 뜨는 것의 차이는 아주 큽니다! 어떤 사람들은 사람들이 계속 우리 이야기를 들을 수 있게 기사를 분산하고 싶다고 말하죠. 그렇지 않습니다. 첫날 이야기를 못 들으면 며칠 후에도 못 듣습니다. 아무리 여러 번 반복해도 똑같죠."

언론 보도가 집중되면 이야기에 지속력이 생긴다. 이틀 동안 다섯 편의 기사가 뜨면 20개의 블로그 게시물이 생길 가능성이 훨씬 높으며, 그러한 관심은 페이스북과 트위터, 기타 소셜 네트워크로 번지면서 더욱 널리 퍼진다. 미스핏은 PR 팀을 꾸릴 여유가 없었기에 친구와 투자자에게서 소개를 받아 언론과 관계를 구축하기 시작했다. 미스핏에서 연락을 취한 기자와 블로거는 대부분 캠페인 개시일까지 엠바고를 지켜 주겠다고 했다. 미스핏은 일반적인 기술 및 기기 블로그를 넘어서서, 표적 세분 시장(프리미엄 브랜드를 구매하는 소비자)을 대상으로 하는 주류 간행물에도 연락을 취했다.

언론에 연락하고 챔피언을 확보한 후에는 타이밍 조절에 힘을 썼다. 미스핏은 두 집단 모두에 특별 대우를 받는다는 느낌을 주고 싶었기 때문에, 크라우드 캠페인을 공개하고 챔피언들에게 우선적으로 참여 기회를 부여했다. 그런 다음 엠바고를 해제하자 기사가 한꺼번에 나갔다. 미스핏은 그 후에야 전 세계로 보도 자료를 내보냈다. 소니는 이렇게 덧붙인다. "3천 달러 가량의 어마어마한 돈이 들었지만, 우리와 거래하는 홍보 대행사에서 보도 자료를 10개 국어로 번역했습니다. 나중에 알고 보니 기사의 32%를 해외 매체에서 작성했더군요. 그러니까 해외 시장도 소홀히하지 마세요!"

인디고고 캠페인 자체도 그만큼 세심하게 설계했다. PR에는 돈을 쓰지 않겠다고 결심하고서도 고품질 동영상을 제작하기 위해 팀을 고용했고, 그 동영상으로 65만 건의 조회수를 달성했다. 미스핏은 (성공한 캠페인과 실패한 캠페인을 모두 포함하는) 예전 캠페인 페이지를 연구하여, 일반적인 모니터에 인디고고 사이트를 띄우면 특전이 보통 두 개 정도 보인다는 사실을 알아냈다. 그래서 가장 중요한 특전인 샤인을 제일 위에 게시하기로 했다.

인디고고에서는 프로젝트 기획자가 특전을 유연하게 변경할 수 있으므로(가격, 수량, 캠페인 전체의 특전을 올리거나 내릴 수 있다), 미스핏은 캠페인을 진행하면서 여러 가지 특전을 시험해 볼 수 있었다. 특정 색상에 더 높은 가격을 책정하는 등 가격으로 실험을 하기도 하고, 기존 특전에 대한 사용자의 댓글을 읽고 새로운 특전을 추가하기도 했다(인기를 끈 목걸이 줄 등).

미스핏의 성공적인 크라우드펀딩 캠페인은 몇 달에 걸친 계획과 전략 수립의 산물이었다 (그림 8-1의 인디고고 캠페인 일정과 그림 8-2의 캠페인 개시일 세부 일정을 참고하자). 한편 미스핏은 최고의 캠페인을 완성하기 위해 어마어마한 시간과 노력을 쏟으면서도, 샤인을 소개하고 판매한다는 궁극적인 목표를 한순간도 잊지 않았다.

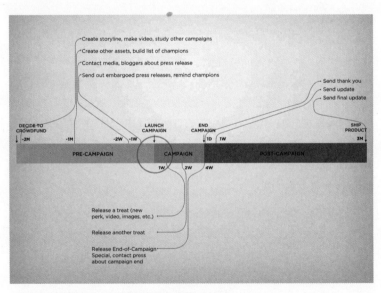

그림 8-1 미스핏의 인디고고 캠페인 일정. 자료 제공: 소니 뷰

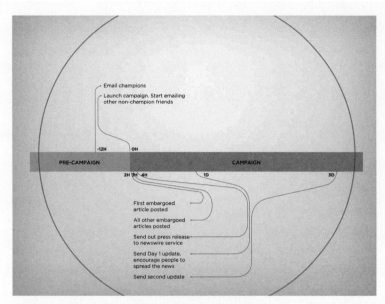

그림 8-2 그림 8-1에서 동그라미로 표시한 캠페인 개시일의 세부 일정

특전에 적절한 가격을 책정하는 것은 크라우드펀딩 캠페인의 성공뿐만 아니라 사업 전체의 성공에도 중요하다. 10장에서 제품 가격 책정에 대해 더 자세하게 살펴본다. 크라우드펀딩 캠페인을 통해 제품을 최초로 공개하는 경우에는 10장의 '가격 책정' 절을 읽어 보자.

크라우드펀딩 플랫폼에서 캠페인을 진행하는 하드웨어 창업자는 흔히, 제품 가격을 지나치게 낮게 책정한다. 캠페인이 끝난 후 판매가 이루어질 여타 유통 채널에서 수익을 남기기 위한 마진을 고려하지 않기 때문이다. 대중이 처음에는 낮은 가격에 제품을 접하고, 두어 달 후에 매장이나 회사 웹사이트에서 25~50% 높은 가격에 판매하는 걸 본다고 가정하자. 그러면 최초 후원자들은 할인 가격에 물건을 산 기분이겠지만, 나머지 사람들에게는 가격을 올렸다는 인상을 준다. 위험을 감수하고 아직 존재하지 않는 물건을 산 크라우드펀딩 후원자들에게 보상을 주는 것은 좋지만, 전략을 신중하게 선택해야 한다. 캠페인을 시작하기 전부터 크라우드펀딩 후의 가격이 얼마일지 반드시 생각해 보아야 한다.

캠페인에 특전을 추가하는 방법은 자질구레한 기념품뿐만이 아니다. 최고 등급의 특전에는 특별 대우를 추가해 보자. 후원자를 직접 프로세스에 참여시키는 최고 등급 보상이 있으면, 개발에 개입하고 싶은 후원자에게 매력적일 수 있다. 후원자와 함께 제품군의 이름을 정하는 방법도 있고, 후원자를 초도 생산품의 베타테스터 목록에 추가하는 방법도 있다. 또한 오프라인 또는 스카이프 시연회, 제품 사용법을 안내하는 워크숍, 사무실 또는 공작실 견학 등의 경험을 제시하는 방법도 있다. 보상 지급을 위한 비용을 제대로 계산하기만 하면 무엇이든 상관없다. 물론 비용에는 본인의 시간도 반드시 포함해야 한다!

일부 하드웨어 회사는 제품을 키트(저가 특전) 형태와 완제품(고가 특전) 형태로 판매하기도 한다. 주력 제품의 한정판 또는 한정 색상을 제시하거나, 캠페인 한정 부속품을 제시해도 좋다. 희귀성은 언제나 아주 강한 동기가 된다. 어떤 캠페인에서는 추가 목표를 제시하기도 하는데, 모금액이 일정 액수에 도달하면 이 목표까지 달성하겠다고 약속하는 것을 말한다.

아더밀Othermill(탁상용 CNC 밀링 머신)의 제작자인 아더팹Otherfab은 5만 달러를 목표로 킥스타터 캠페인(http://bit.ly/othermill_kickstrtr)을 진행했지만, 여러 단계의 추가 목표도 함께 제시했다. 모금액이 10만 달러에 도달하면 기계 기사의 일자리를 하나 만들고, 25달러에 도달하면 소프트웨어 서비스를 예정보다 빨리 확장하겠다고 약속했다. 50만 달러에 도달하면 생산 라인을 하나 늘릴 수 있으므로, 밀링 머신을 모두 더 빨리 배송하겠다고 했다. 이 프로젝트는 결국 311,657달러를 모금했다.

창의성을 발휘해서 오만 가지 특전을 제공하고 싶더라도, 도를 지나치지는 말자. 킥스타터에서 성공한 프로젝트의 평균적인 특전 개수는 9개다. 특전 변경이 자유로운 플랫폼을 이용하고 있는데 후원자가 모이지 않는다면, 모금을 진행하는 동안에도 특전의 내용이나 가격을 조절할 수 있다. 창업자는 기능 구성과 가격 기준을 바꾸어 가며 여러 가지로 실험할 수 있으며, 따라서 크라우드펀딩 프로세스를 심층적인 시장 탐구에 활용할 수도 있다.

재무 모델 수립하기

보상 등급에 따른 가격을 책정하는 과정은 후원자들이 돈을 얼마나 쓰려 할지 파악하는 한편, 매출총이익(품목의 판매 가격에서 판매한 상품의 비용을 뺀 값)을 고려해야 하는 까다로운 작업이다. 특히 이 캠페인에서 받은 주문을 한동안 풀타임으로 처리해야 하는 경우에는 더욱 그렇다(여기에서는 성공적인 크라우드펀딩 캠페인 진행을 위해 고려해야 하는 가격 책정 요인만을 다룬다는 데 유의하자. 10장에서 회사 성장을 위해 고려해야 하는 요인을 추가적으로 살펴본다. 예를 들어, 어느 시점엔가 대형 할인점을 통해 제품을 유통할 계획이라면, 전 채널의 가격 일관성을 유지하면서도 수익성을 확보할 수 있을 만큼 마진을 넉넉히 붙여야 한다).

지금으로서는 당신이 개별 장치 제작에 드는 도매 비용을 안다고 가정하고, 크라우드펀딩 플랫폼모금을 위해 개당 매출원가(생산 비용, 화물 운송 비용, 인건비, 공장 간접비, 보관 비용 등을 포함하는 상품의 비용)를 산정할 때 고려해야 하는 경제적인 요인을 살펴볼 것이다. 제품이 아직 콘셉트 단계에 있다면, 크라우드펀딩 모금을 시작하기 전에 생산에 대해 철저하게 조사해야 한다(5장과 6장을 반드시 읽자).

당신이 모금의 목표를 생각해 두었다고 가정해 보자. 고정 캠페인의 경우 목표가 꼭 있어야 한다. 프로젝트를 진행시키려면 각 특전 등급의 모금액을 모두 합친 액수가 목표를 넘어야만 한다. 엑셀 등의 스프레드시트 프로그램을 열고, 소진 속도burn rate(스타트업이 매달 쓰는 돈)를 계산해 보자. 그림 8-3은 크라우드펀딩 특전 가격 책정 워크시트(이 책의 깃허브 저장소인 http://bit.ly/crowdfunding_perk 에서 다운로드해서 사용하면 된다)의 기본적인 예다.

	A	B	C	D	E	F	G
1			Number of employees	1	3	5	7
2			Economy-of-scale discount	0%	2%	5%	8%
3	Assumptions per unit:		Number of Units	100	1000	5000	10000
4			Production costs:				
5	product cost per unit:	$ 30.00	Product	$ 3,000	$ 29,400	$ 142,500	$ 276,000
6	packaging/inserts per unit:	$ 3.00	Packaging	$ 300	$ 3,000	$ 15,000	$ 30,000
7	shipment costs from mfg to you, per unit:	$ 5.00	Shipment (from factory)	$ 500	$ 5,000	$ 25,000	$ 50,000
8	certification fee (flat):	$ 5,000.00	Certification Fee	$ 5,000	$ 5,000	$ 5,000	$ 5,000
9	customs entry bond:	$ 300.00	Import Fees	$ 300	$ 300	$ 300	$ 300
10	HTS tariff rate:	3.50%	Tariffs	$ 116	$ 1,134	$ 5,513	$ 10,710
11	*please see notes for clarification		MPF & HMF Fees	$ 898	$ 4,535	$ 20,173	$ 38,735
12	cargo insurance rate:	0.30%	Cargo Insurance	$ 10	$ 97	$ 473	$ 918
13	other fees (all-in amount):	$ 5,000.00	Misc Expenses	$ 5,000	$ 5,000	$ 5,000	$ 5,000
14			Fulfillment costs:				
15	shipment cost to customer:	$ 4.95	Shipping to customer	$ 495	$ 4,950	$ 24,750	$ 49,500
16	handling fee per unit:	$ 0.50	Handling	$ 50	$ 500	$ 2,500	$ 5,000
17	monthly storage per unit:	$ 0.50	Storage	$ 50	$ 500	$ 2,500	$ 5,000
18	defective rate:	10%	Defectives (assumes refund + return shipping)	$ 1,050	$ 10,495	$ 52,475	$ 104,950
19	hourly wage:	$ 12.00	Customer Support	$ 1,200	$ 3,600	$ 6,000	$ 8,400
20	hours needed to fulfill (per employee):	100					
21			Crowdfunding economics:				
22	perk cost to customer (incl s&h):	$ 100.00	Cash from Perk Sales	$ 10,000	$ 100,000	$ 500,000	$ 1,000,000
23	crowdfunding fee:	5%	Crowdfunding Platform fees	$ 500	$ 5,000	$ 25,000	$ 50,000
24	card processing fee:	5%	Payment Processing fees	$ 500	$ 5,000	$ 25,000	$ 50,000
25			Gross Margin	$ (8,967)	$ 16,489	$ 142,818	$ 310,487

그림 8-3 크라우드펀딩 가격 책정 모델 워크시트 예시

상품 제조 비용과 직원 인건비 외에도, 특전별로 다음의 잠재적인 비용을 고려해야 한다.

- 제품 패키지 제작 비용
- 인증 수수료
- 창고 보관 비용
- 포장 및 배송 비용(인건비 포함)
- 결함 처리 비용(반품 배송비와 교환 비용)
- 고객 지원 비용(인건비 포함)
- 수입/수출 비용(관세 등)
- 수수료(크라우드펀딩 플랫폼, 결제 대행업체에 지불하는 수수료)

하드웨어 회사라면 목록의 항목에 이미 익숙하겠지만, 크라우드펀딩 모금을 할 때는 특히 수수료를 신중하게 고려해야 한다. 크라우드펀딩 플랫폼에서 수수료를 부과하기 때문이다. 대개는 총 모금액의 3~10%를 떼어 간다. 앞서 이야기했듯이 킥스타터의 수수료는 5%다. 인디고고는 고정 액수 캠페인의 경우 4%, 유연 액수의 경우 9%. 대부분의 플랫폼에서는 신용카드 결제 대행에 따르는 처리 및 거래 수수료 명목으로 3~5%를 추가로 청구한다.

신용카드 처리 수수료는 구매자의 거주지에 따라 조금씩 달라서, 정확히 예상하기가 힘들다. 따라서 각 장치의 최저 가격을 정할 때는 장치 자체의 제조 비용과 플랫폼에서 부과하는 수수료를 모두 고려해야 한다. 계좌의 유형에 따라서는 은행에서 지불 수수료를 받기도 하니 주의하자.

캠페인 시작 후의 수요를 예측하기가 어려우므로, 여러 가지 시나리오를 따져 보아야 한다. 사물인터넷 구축을 위한 오픈소스 마이크로컨트롤러인 피노키오 Pinoccio는 인디고고에서 105,200달러를 모금했다. 팀은 엑셀 템플릿을 사용해서, 후원자의 호응이 별로인 경우부터 비현실적인 경우까지를 각각 상정하여 크라우드펀딩의 잠재적인 수입과 비용을 계산했다(http://bit.ly/pinoccio_projection). 피노키오의 엑셀 템플릿(http://bit.ly/pinoccio_sprdsheet)을 내려받아서 재무 모델 수립의 출발점으로 사용하는 것도 좋다.

각 등급의 특전을 한정 수량만 제작할지, 아니면 시장의 반응에 따라 수량을 결정할지 정하는 것도 중요하다. 특전의 개수를 제한하고 싶지 않다면 제조 및 배송 시나리오를 여러 가지로 상정해 보아야 한다. 장치의 수량을 늘리면 자재명세서의 단가는 낮아지겠지만, 주문 처리에 드는 추가적인 보관 및 인력 비용을 반드시 가격에 반영해야 한다. 시험 삼아 제품을 소량만 생산하고 직접 주문을 처리할 계획이라면, 특전의 수량을 제한하는 것이 바람직하다. 캠페인이 공전의 대성공을 거둘 경우, 다 만들어서 차고에 보관하기가 불가능할 만큼 많은 수량을 생산해야 할지도 모르기 때문이다

제조 일정 조율하기

크라우드펀딩 모금 일정은 제조 일정과 잘 맞아떨어지게 수립해야 한다. 보통 크라우드펀딩 캠페인이 끝나고 플랫폼에서 돈을 받기까지 14일이 걸린다. 따라서 어딘가에 돈을 지불하기 전에 은행 계좌에 돈이 들어오도록 캠페인 종료 일자를 지정해야 한다.

캠페인을 시작하기 전에 제조 파트너를 확보해 두어야 한다. 후원자들에게 특전의 배송 일자를 어느 정도 정확하게 안내해야 하는데, 누가 제품을 제작할지 전혀 모른다면 그것이 불가능하기 때문이다. 미스핏 웨어러블스의 소니 뷰는 이렇게 설명한다.

사람들이 크라우드펀딩 프로젝트의 배송 일정을 지키지 못하는 이유는 초보 메이커이기 때문입니다. 제품을 하나 만드는 것과 만들어질 수 있는 제품을 만드는 건 전혀 다른 기술이죠. 자기가 만들려고 하는 물건을 대량으로도 만들 수 있는지 처음부터 파악해야 합니다. 저희는 초도생산을 할 때 늘 한 번에 100개 가량을 하루 이틀 만에 만듭니다. 그 정도 일정을 지키지 못한다면 만들 수가 없는 물건이죠. 특전 하나하나에 대해 현실적으로 제조가 가능한지, 확장이 가능한지를 처음부터 생각해야 합니다.

크라우드펀딩 모금에는 준비 기간이 몇 달 필요하다. 아무리 흥미로운 특전을 제시하고, 철저하게 마케팅 활동을 계획한다 해도, 캠페인이 끝난 후 가장 중요한 건 결국 약속을 지키는 것이다. 잠재 고객이 당신의 제품을 검색했을 때, 배송 지연이 잦고 후원자 불만이 많다는 이야기가 뜨기를 바라지는 않을 것이다. 캠페인을 시작하기 전에 공급 사슬과 충분히 대화를 해서, 그들의 역량을 정확하게 파악하도록 하자.

크라우드펀딩 사이트 중에는 캠페인을 진행하면서 특전을 추가할 수 있는 곳도 많다. 폭발적인 수요에 대처하는 요령 중 하나는 특전의 배송 일자를 각각 다르게 지정하는 것이다. 공장에서 1월에 당신의 제품을 5,000개만 생산할 수 있다면, 1월 배송을 약속하는 특전을 만들고 수량을 5,000개로 지정하자. 이 특전이 다 팔리면 배송 일자를 그 후로 지정하여 특전을 하나 더 추가하면 된다.

자체 하드웨어 크라우드펀딩 플랫폼을 운영하는 제조 서비스 회사 드래곤 이노베이션은 최근, 창업자들의 제조 및 공급 사슬 심사를 도와주는 상품을 출시했다. 드래곤 서티파이드Dragon Certified라는 이 프로그램은 상세한 DFM(제조를 고려한 설계) 및 조립 검토, 매출원가 분석, 제조 전략 수립을 아우른다. 드래곤 팀은 크라우드펀딩 자료 작성도 지원하며 보상(특전의 가격이 적절한지 검토하는 과정을 포함한다)과 네트워크, 캠페인 자료를 검토해 준다. 이 서비스의 기본 수수료는 5,000달러이고, 캠페인 성공 시 모금액의 2%를 추가로 받는다(캠페인은 외부 크라우드펀딩 플랫폼에서 진행해도 상관없다). 제품 인증 서비스를 이용하는 창업자는 보통, 크라우드펀딩 후에도 드래곤과 계속 협력하며 제조의 확장성을 확보하고 사업을 성장시킨다.

03 캠페인 페이지의 마케팅 자료

보상을 선택하고 가격 책정을 마쳤으니, 홍보 자료를 만들 차례다. 기부 방식의 크라우드펀딩 모금이 성공하려면 최고의 마케팅 자료(문구, 동영상, 사진)를 제작하여 페이지에 게시하고, 캠페인에 트래픽을 끌어들이기 위한 홍보 전략을 계획해야 한다. 즉, 재미있는 이야기를 준비하고 사람들이 그 이야기를 듣도록 만들어야 한다는 뜻이다.

이때 끊임없이 되뇌어야 하는 주문이 있다면 "말하지 말고 보여 주라"는 것이다. 한 장의 그림이 천 마디의 말보다 효과적이고, 한 편의 동영상은 그보다 더 효과적이다. 대부분의 후원자가 당신의 프로필 문구를 읽는다고는 해도, 후원자의 눈길을 처음 사로잡는 것은 사진과 동영상이다. 프로토타입의 고품질 사진은 필수다. 디자인 프로토타입이 없는 경우, 전문가 수준의 스케치 또는 CAD 도면을 제시하면 사람들이 후원 제품을 시각화할 수 있다.

킥스타터의 FAQ에 따르면 동영상이 있는 프로젝트는 없는 프로젝트보다 성공률이 훨씬 높으며(50% 대 30%) 모금액도 많다고 한다(http://bit.ly/kickstrtr_faq). 인디고고에서는 캠페인의 64%가 동영상을 포함한다. 그러나 양질의 동영상은 만들기가 쉽지 않다. 동영상이 너무 짧으면 이야기를 담아내기가 어렵고, 너무 길면 시청자가 끝까지 보지 않는다. 2012년 인디고고 캠페인 동영상의 평균 길이는 3분 27초였는데, 인디고고의 데이터 사이언티스트에 따르면 최적의 길이는 2.5분에서 3분이라고 한다(인디고고 캠페인에서 가장 중요한 요소에 대한 조언은 185페이지의 '인디고고 활용 요령' 참조).

킥스타터의 제품 디자인 및 기술 부문 프로젝트 스페셜리스트인 존 디마토스 John Dimatos도 2분에서 3분이 최적이라는 데 동의한다. 그는 "3분은 사람들의 관심을 사로잡고 제품을 소개하기에 적당한 시간이죠."라고 말한다.

이상적인 동영상은 명확하고 간결하며, 캠페인의 분위기를 조성하고, 개인의 정서에 호소한다. 제품을 보여 주는 것도 중요하지만, 동영상의 처음부터 끝까지 제품의 기능만 늘어놓지는 말자. 대신 자신의 이야기를 해야 한다. "하지만 주요 내용이 묻혀서는 안 됩니다. 자기가 누구고 어디 출신이며 왜 이걸 만드는지 구구절절 설명하고 나서야 제품으로 넘어가는 사람이 많습니다. 하지만 처음부터 무엇을 만들었는지를 보여 줘도 됩니다. 일단 제품부터 내놓고, 돌아가서 세부를 채우세요." 존의 설명이다.

사람들이 기부를 통해 당신의 팀을 후원하는 셈이므로, 제품을 소개한 후에는 반드시 팀을 등장시키자. 크라우드펀딩의 협력적인 성격을 강조하고, 사람들에게 모험을 함께해 달라고 부탁하자(행동 유도 문구도 삽입하자!). 크라우드펀딩 캠페인에 특히 재미있는 특전이 있는 경우에는 그것도 언급하자. 마지막에는 제품 또는 회사의 URL을 띄워서, 추가적인 정보를 찾는 사람들을 그곳으로 보내자.

보기 좋은 사진과 동영상을 통해 사람들의 소유 욕구를 자극하는 한편으로, 효과적인 문구를 통해 당신이 누구이며 당신을 후원해야 하는 이유가 무엇인지 설명해야 한다. 이것이 바로 모든 요소를 한데 묶는 이야기다. 이 이야기는 프로젝트에 대한 당신의 열정, 당신이 이루고자 하는 목표, 이 장치로 인해 후원자의 삶이 나아지리라 생각하는 이유를 전달해야 한다. 이야기는 솔직하고 투명해야 한다. 포화 시장에서 제품을 출시하는 경우에는 기존 제품과의 차이점도 설명하는 것이 좋다.

여백의 힘을 활용하자. 독자의 눈앞에 **빽빽**하고 긴 글을 들이대지는 말자. 좋은 캠페인 기사는 텍스트와 이미지의 균형을 잘 잡는다. 이때 상단에서 만들고자 하는 제품에 대해 먼저 설명하는 것이 중요하다. 존은 이렇게 말한다. "독자의 특성을 고려해야 합니다. 기술에 관심이 많은 얼리어답터라면 보통 긴 설명이 필요 없으므로 글을 읽다 말고 특전을 확인하러 갈 가능성이 높습니다." 중요 정보를 상단에 배치하는 것이 중요한 이유는, 소비자들은 보통 일반적이어서 글을 계속 읽으면서 기능 설명을 하나하나 살필 가능성이 높기 때문이다. 이때 작성하는 프로필 콘텐츠의 상당 부분은 회사의 랜딩 페이지에도 쓸 수 있다.

최고의 캠페인 마케팅 자료를 작성하는 법에 대해서는 좋은 참고 자료가 많다. 글쓰기에 소질이 없다면, 초안을 작성한 다음 오데스크oDesk나 이랜스Elance 등의 프리랜스 사이트를 통해 전문 편집자나 카피라이터를 쓰는 것도 방법이다. 돈을 많이 들일 필요는 없다. 좀 둘러보면 합리적인 가격의 편집 프리랜서를 구할 수 있을 것이다. 더 워드 스파The Word Spa(http://wordspa.com/)와 같은 편집 서비스를 이용하면 윤문을 거쳐 산뜻하고 반짝반짝하는 홍보 문구를 완성할 수 있다.

사진 촬영 또는 동영상 제작 전문가를 구할 때는 캠페인 동영상을 이것저것 살펴보며 마음에 드는 것을 찾아보자. 동영상에는 대개 제작진 정보가 남아 있으니 참고하기 좋다. 샌드위치 비디오Sandwich Video(http://sandwichvideo.com/)(클라이언트로 코인Coin, 조본, 스퀘어Square 등 유수의 기술 회사가 있다)와 같은 동영상 마케팅 전문가들은 수많은 스타트업과 협력했고, 크라우드펀딩 캠페인 동영상을 수도 없이 제작했다. 샌드위치 비디오의 경우, '작업 방식' 페이지(http://sandwichvideo.com/how-it-works/)에서 자신들의 창작 프로세스와 제작 기간을 소개하고 있다. 보통 고품질 동영상을 제작하는 데는 6~8주가 걸리고, 최고 수준의 작업은 공짜가 아니다.

예산 때문에 도저히 사람을 쓸 여유가 없더라도 걱정할 필요는 없다. 존은 이렇게 말한다. "직접 만든 동영상도 전문가가 만든 동영상만큼 효과적입니다. 정해진 답은 없죠." 매끄럽고 세련된 동영상을 통해 선보이는 것이 바람직한 제품이라면 (예컨대 사치품이라면), 잘 다듬어진 동영상을 만들어야 할 것이다. DIY 감성으로 메이커에게 호소하는 제품이라면, 영상의 품질이 낮을수록 공감을 일으킬지도 모른다. 존의 말에 따르면 "동영상은 제품의 성격을 드러내야" 한다.

전문가의 도움 없이 양질의 동영상을 제작하는 방법에 대해서는 공짜 자료가 많다. 인디고고는 좋은 블로그 게시물(http://bit.ly/pitch_vid_tips)에서 유용한 도움말을 제공하고 있고, 킥스타터도 이 주제에 대한 글(http://bit.ly/kickstrtr_awesome_vid)을 썼다. 초기 스타트업과 주로 작업하는 홍보 및 광고 회사는 제품이 마음에 들면 수수료를 할인해 주기도 하고, 지분이나 수익 분배를 받는 조건으로 작업을 하기도 한다.

04 트래픽 유도하기

이제 플랫폼을 정하고 일정을 수립하고 마케팅 자료까지 만들었으니, 사람들을 캠페인 페이지로 끌어들일 전략을 개발할 차례다. 어느 크라우드펀딩 사이트를 선택하든 트래픽을 유입시키는 것은 대부분 당신의 책임이다. 대부분의 창업자에게는 소문을 퍼뜨리는 것이 크라우드펀딩 과정에서 가장 힘든 부분이다.

소셜 미디어 및 이메일 리스트 활용하기

소셜 미디어 활용은 성공적인 크라우드펀딩 캠페인의 핵심이다. 무료기도 하지만, 대부분의 크라우드펀딩 플랫폼이 소셜 채널과 연동되므로 쉽게 프로젝트를 홍보하고 최신 소식을 전할 수 있기 때문이다. 이미 소셜 미디어에서 활동하고 있지 않다면 캠페인을 개시하기 몇 주 또는 몇 달 전부터 활동을 시작하자. 중요한 소셜 사이트를 파악하고 회사 계정을 생성하자(불편하지 않다면 개인 계정도 생성하는 것이 좋다). 트위터, 페이스북, 구글 플러스가 가장 중요하지만 이미지와 동영상을 게시할 때는 핀터레스트Pinterest, 유튜브, 인스타그램도 효과적이다.

처음에는 회사의 소셜 활동을 친구나 가족과 공유하는 데서 출발하자. 다음으로 이들에게 각자 다섯 사람에게 캠페인을 소문내 달라고 부탁하자. 이 사람들을 대상으로(그리고 이 사람들을 통해) 홍보하기가 꺼림칙할 수도 있겠지만, 그들은 당신의 성공 역량을 믿을 가능성이 가장 높은 사람들이다. 캠페인을 세상에 내보내기 전에, 개인적인 인맥 내의 사람들에게 피드백을 요청하자. 인디고고의 링겔만은 이렇게 말한다.

저희의 관찰에 따르면 가장 성공적인 캠페인은 우선 목표 금액의 20~30퍼센트를 가장 친한 사람들에게서 모금합니다. 저희는 플랫폼 소셜 미디어를 연동하여 2차, 3차 인맥에도 캠페인을 홍보할 수 있도록 하고 있습니다. 창업자가 사용자들의 관심을 사로잡는 데 성공하면, 저희는 자체 채널에서 그 캠페인을 홍보하기 시작하죠. 저희는 캠페인이 우선 친구나 기존 고객처럼 그 회사의 성공 실적을 아는 사람에게 최초 검증을 받아야 한다고 생각합니다. 우선 친구에서 친구의 친구로 범위를 넓힌 다음, 타인으로 넘어가는 거죠.

성공적인 크라우드펀딩 캠페인을 위해서는 몇 달 전부터 이메일 목록 구축을 시작해야 한다. 캠페인을 시작하기 전에 웹사이트나 랜딩 페이지를 마련해야 한다 (모금이 끝난 후에도 여세를 이어 가려면 트래픽을 자체 사이트로 유입시켜야 하기 때문이다. 여기에 대해서는 뒤에서 자세히 살펴본다). 사이트를 빨리 완성할수록, 잠재 고객의 이메일 주소를 빨리 수집할 수 있다. 이메일 목록이 있다면 타워데이터 TowerData 등의 서비스로 인구통계 데이터를 추출하여 표적 고객을 파악할 수 있다.

킥스타터에서 1,000만 달러를 모금한 커넥티드 시계인 페블은 캠페인을 시작하면서 이메일 목록에 있던 600명에게 캠페인을 홍보했다(202페이지의 '사례 연구: 페블 워치'에서 페블의 크라우드펀딩 전략을 자세히 설명한다). 이 이메일 목록은 페블이 몇 년에 걸쳐 구축한 것이었다. 페블이 어마어마한 성공을 거둔 데는 여러 요인이 있겠지만, 페블을 후원하기 전부터 킥스타터 회원이었던 사람은 전체 후원자의 25%에 지나지 않았다는 점은 특기할 만하다. 나머지 75%는 팀이 처음에 유입시킨 트래픽, 그리고 프로젝트에 대한 입소문이 퍼지면서 자연스럽게 발생한 트래픽에서 비롯되었다. 만약 스폰서나 파트너를 구한 상태라면, 각자의 이메일 목록으로 캠페인을 홍보해 달라고 부탁해 보자.

MEMO **사례 연구: 페블 워치**

페블 창업자 에릭 미지코프스키는 킥스타터 캠페인으로 1,000만 달러가 넘는 돈을 모금했으며, 그중 100만 달러는 단 하루만에 모금했다. 에릭은 모금에 성공한 비결을 "꾸준히 네트워크를 구축하고 (아무리 조잡하더라도) 제품을 최대한 빨리 제작하여 피드백을 받는 것이 중요합니다."라고 말한다.

에릭이 페블 워치의 아이디어를 처음 떠올린 것은 2008년이었다. 열정적인 사이클리스트인 에릭은 자전거를 타는 동안 중요한 메시지와 단절되는 것이 지긋지긋했던 것이다. 그래서 그는 아두이노와 중고 휴대전화 디스플레이, 스파크펀에서 산 부품으로 작은 장치를 만들었다. 최초 설계는 웨어러블이 아니었다. 당시만 하더라도 에릭은 자전거용 컴퓨터를 만들 생각이었다.

페블 워치의 최초 제품명은 '인펄스'였다. 이 제품에는 스마트폰과 통신하며 이메일과 텍스트 메시지를 받는 블루투스 칩이 내장되어 있었다. 에릭은 이 기계를 블루베리와 페어링했다. 여기에 관심을 가진 그의 친구들이 회사를 차리라고 에릭을 설득하기 시작했다. 페블은 그렇게 태어났다. 에릭은 수정을 거듭하며 폼 팩터를 웨어러블 시계로 변경했다. 팀은 하드웨어를 개발하는 한편, 정보 페이지를 운영하며 관심을 보이는 잠재 고객의 이메일 주소를 수집하기 시작했다.

최초 프로토타입을 만든 지 2년 뒤, 마침내 인펄스 시계가 출시되었다. 판매는 회사의 공식 사이트에서 처리했다. 에릭은 제품이 베타 상태라는 사실을 솔직하게 공개했다. 그들은 주소를 남겨 관심을 표한 사람들에게 메일을 보내서 베타 버전 출시를 알렸다. 베타 단계였는데도 제품을 사고 싶어 하는 사람이 많았다. 팀은 에릭의 부모님에게 돈을 빌리고, 100개가 조금 넘는 소량을 생산하여 최초의 고객에게 배송했다.

"저는 사람들에게 작게 시작하라고 말하곤 합니다. 처음에는 10개, 50개, 100개 만드는 방법을 고민하세요. 일단 그만큼 만들고 피드백을 받은 다음… 더 만드는 방법을 고민하는 겁니다." 페블은 소량 생산을 통해 문제 발생 소지가 있는 부분을 파악했다. 에릭은 열정적인 얼리어답터에게 제품을 배송함으로써 사용자가 무엇을 원하는지 파악할 수 있었다.

베타 버전을 출시한 지 네 달이 지난 뒤, 에릭은 실리콘밸리 최고의 인큐베이터인 Y 컴비네이터에 지원했다. 당시 에릭은 스타트업 운영에 대해 아무것도 몰랐고, Y 컴비네이터는 하드웨어 회사를 거의 받지 않았다. 그런데도 페블은 합격했다. 이 경험은 팀에게 아주 소중했다. 갑자기 회사 운영의 온갖 측면에 대해 조언을 줄 500명의 창업자 네트워크에 들어간 것이었다. 안타깝게도 에릭은 프로그램 수료 후에 벤처 투자를 유치하는 데 실패했고, 그래서 킥스타터로 눈을 돌렸다.

페블 팀은 6주 동안 킥스타터 캠페인을 준비했다. 회사 웹사이트를 새로 단장하고 정보를 추가해서, 시계의 최신 버전이 베타 버전에 비해 얼마나 좋은지를 명확하게 설명했다. 사용자들이 가장 흥미로워할 만한 기능(알림 기능, 스포츠 및 피트니스 기능, 워치 페이스의 사용자 지정 기능)을 파악하고, 이런 기능을 강조하는 킥스타터 동영상을 기획했다. 동영상은 직접 제작했는데, 자기들이 제품을 누구보다도 잘 안다고 생각했기 때문이다. 그들은 작업을 간단하게 하기 위해 특전을 시계 자체로만 한정했다. 그리고 2012년 4월 11일, 마침내 캠페인을 시작했다.

캠페인에 트래픽을 유입시킬 필요성을 느낀 에릭은 우선 지난 5년 동안 구축한 고객 이메일 목록을 이용했다. 캠페인 첫날 6,000명 모두에게 이메일을 보내서, 마침내 페블을 후원하고 시계 예약 구매에 참여할 기회가 왔다는 사실을 알렸다. 에릭은 또한, 전에 회사에 대한 기사를 쓴 적이 있는 엔가젯^{Engadget}의 선임 모바일 에디터에게 독점 보도 권한을 부여했다. 이 에디터는 모금에 대한 기사를 써서 캠페인 개시일 아침에 게재했다.

에릭은 다른 기자들과도 캠페인의 이런저런 측면에 대해 인터뷰를 하기로 약속했다. 당시에는 킥스타터 자체가 화제를 불러일으키고 있었기에, 인터뷰 중에는 크라우드펀딩이라는 개념 자체에 초점을 맞춘 것도 많았다. 페블 캠페인은 입소문을 탔고, 첫날에만 거의 100만 달러가 모였다. 후원자의 75%가 킥스타터를 처음 접한 사용자였다. 사흘 후에 에릭은 높은 관심에 대처하기 위해 PR 대행사와 계약해야 했다.

킥스타터 캠페인이 성공하자 페블 팀은 제조 기반을 중국으로 옮기기로 했다. 처음에는 1,000대 판매를 예상했는데 85,000대를 판매했다. 예상 밖의 대성공을 거두는 바람에 제조와 배송에 곤란을 겪기는 했지만, 팀은 이때 이미 몇 년의 제조 경험을 보유하고 있었다.

"제조 기법에 따라 차이는 있지만, 대체로 3,000~5,000개 가량을 만들어야 하는 경우에는 해외로 가는 것이 효율적입니다. 제조는 쉽지 않습니다. 저는 하드웨어 제품을 생산하여 출시해 본 다음에 킥스타터에서 하드웨어 제품을 판매하는 것이 가장 바람직하다고 생각합니다." 에릭의 설명이다.

이번에도 페블 팀은 인맥을 활용하여 친구와 동료가 추천하는 외주 제조업체에 문의했다. 그중 가장 큰 도움을 준 곳이 중국의 제조 생태계에 빠삭한 드래곤 이노베이션이었다.

페블은 한 달을 남긴 상태로 킥스타터의 기존 최고 기록인 330만 달러를 돌파했고, 최종적으로는 68,929명의 후원자를 대상으로 10,267,845달러를 모금하는 데 성공했다. 2012년 12월에는 벤처 투자 유치에 성공하여 1,030만 달러 규모의 라운드를 마감했다. 회사는 지금도 계속 성장하고 있다. 현재 이 시계는 페블 사이트, 아마존, 베스트바이 등에서 판매 중이다.

매체를 통해 홍보하기

타인으로 넘어가는 단계에서는 발행 채널과 온라인 커뮤니티를 대상으로 홍보를 하게 된다. 제품 개발에 앞서 이미 표적 시장을 조사했다. 이제 직접 시장으로 찾아 갈 차례다. 당신의 고객은 육아 블로그에 있는가, 요리 사이트에 있는가, 자동차 동호회에 있는가? 틈새 고객이 모이는 게시판이나 포럼, 온라인 커뮤니티에서 자신의 크라우드펀딩 캠페인을 소문내자. 프리미엄 라이프스타일 제품을 생산하는 경우에는, 패션 및 라이프스타일 분야의 블로그와 잡지에 연락을 취하자. 블로그와 온라인 전용 매체를 통한 미디어 소비가 점점 늘어나고 있긴 하지만, 독자층의 성격만 맞다면 신문이나 잡지에서 특집으로 다루거나 언급하는 것도 효과적이다.

커뮤니티를 주도하는 사람 또는 커뮤니티 내에서 영향력을 많이 행사하는 사람에게도 연락을 취하자. 커뮤니티에 직접 글을 게시하는 게 가능하다면 이를 활용하자. 단, 제품 홍보에 관한 커뮤니티의 문화와 규칙은 커뮤니티마다 다르므로 미리 파악해야 한다. 레딧은 적극적인 사용자가 많지만, 공공연한 자기 홍보는 용납하지 않는 온라인 커뮤니티의 한 예다. 인디고고는 레딧에서의 콘텐츠 공유 및 홍보 활동에 대해 좋은 팁(http://bit.ly/engaging_reddit)을 제시한다.

업계 간행물 또는 커뮤니티 블로그를 통해서도 트래픽을 유입시킬 수 있다. 이런 사이트에 글을 쓰는 기자와 블로거는 대부분, 홍보 문구가 솔직하고 진실하며 자기 독자에게 흥미로울 만한 이야깃거리가 있다면 얼마든지 기사 소재로 받아들인다. 예전에 당신의 분야에 대한 기사를 쓴 적이 있는 사람을 찾아서 연락하자.

하드웨어 스타트업의 예약 주문 접수를 지원하는 스타트업인 셀러리Celery (https://www.trycelery.com)에서는 스타트업과 크라우드펀딩 캠페인을 위한 PR 지침(https://legacy.trycelery.com/shop/pr-ebook)을 무료로 공개하고 있다. 「뉴욕 타임즈」의 기자였던 크리스 니콜슨Chris Nicholson이 쓴 이 지침에서는 기자에게 동기를 부여하며 기자와 생산적인 관계를 구축하는 데 유용한 '3I', 즉 정보information, 소개introduction, 아이디어idea에 대해 이야기한다.

기자들은 언제나 자신의 관심 주제에 대한 쓸모 있는 정보를 찾아 헤맨다. 기자에게 그런 정보를 제공하는 방법으로는 최신 데이터를 제공하는 것, 질문에 답하는 것, 첨단 기술을 알려 주는 것 등이 있다. 인맥을 뒤져서 기자에게 기삿거리를 줄 만한 사람을 소개해 주겠다고 제안해도 좋다. 또는 기사의 소재, 업계 사이의 관계에 대한 사고방식, 시장의 최신 동향에 대한 정보를 주겠다고 제안하는 방법도 있다.

사업의 전 분야가 그렇지만 PR 활동에서도 관계가 중요하다. 가능하다면 지인을 통해서 직접 소개를 받아서 작가에게 연락을 취하자. 당신을 도울 수 있는 사람과 연락이 닿기까지는 시간이 걸릴 수도 있다. 그러나 제품을 출시하고 회사를 창업하고 싶다면, 어차피 언젠가는 언론이나 온라인 마케팅 채널과 관계를 구축해야 한다. 크라우드펀딩 캠페인을 최초 공개 기회라고 생각하고, 사전에 관계 구축을 시작하자.

이제는 "우리 크라우드펀딩 캠페인을 해요!"만으로는 재미있는 이야기가 나오지 않는다는 데 유의해야 한다. 크라우드펀딩 자체는 이제 새로운 개념이 아니고, 킥스타터와 인디고고의 등장 이후로 이미 수십만 개의 캠페인이 스쳐 갔다. 그것보다는 흥미로운 이야기를 만들어야 한다. 제품에 대한 이야기나 당신의 여정에 대한 이야기라도 좋고, 중대한 문제의 해결책에 대한 이야기라도 좋다. 독자의 정서적인 반응을 불러일으킨다면 무엇이든 좋지만, 그저 모금을 한다는 사실에 대한 이야기는 아니어야 한다.

크리스 니콜슨은 '크라우드펀딩 캠페인을 위한 PR 지침'에서 다음과 같이 정서적인 공감의 중요성을 강조한 바 있다.

유의미한 이야기는 모두 감정에 영향을 미치고, 그 감정이 독자를 끌어들인다. 감정이 없으면 독자도 없다. 당신의 이야기에서 감정을 불러일으키는 부분, 누군가가 읽다가 놀라서 잠시 멈출 만한 부분을 찾아서, 그 부분을 홍보 문구에 포함해라. 그렇게 하면 기자에게 당신의 이야기를 기사화할 가치가 있다는 확신을 줄 수 있다. 공유하고 싶은 마음이 절로 솟을 만큼 사람들을 감동시키는 이야기여야 한다.

　긍정적인 보도는 많을수록 좋다. 샤인 액티비티 트래커의 제작사 미스핏 웨어러블스는 기사를 내보내려 하는 일류 기자들에게 미리 이야기해 기사가 같은 날에 나가도록 안배했다. 수많은 글이 한꺼번에 쏟아지는 '기습 공격' 전법을 쓰면 주목받을 가능성이 높아지고, 따라서 여타 블로그의 관련 기사도 많아지고 자연적인 소셜 공유도 늘어날 것이라 생각했다(자세한 내용은 188페이지의 '사례 연구: 미스핏 웨어러블스'를 참고하자).

홍보 자료 정리하기

어느 매체를 선택하든, 모금을 시작하기 전에 다음 자료를 준비해야 한다.

홍보 이메일 기자의 관심을 끄는 이메일 제목을 선택하자. 개인적으로 모르는 사람에게 무작정 이메일을 보낼 때는 이 제품에 대한 기사를 써야 하는 이유를 (간략하게!) 설명해야 한다. 또한 그의 전문 분야를 알고 있으며 하필 그를 선택한 데는 이유가 있다는 걸 보여 줘야 한다. 당신이 홍보해야 하는 것은 크라우드펀딩 캠페인이 아니라 제품 출시라는 점을 명심해야 한다. 제품 출시에 사용하는 수단은 중요하지 않다. 기자의 업무는 당신의 모금을 도와주는 것이 아니라 독자에게 흥미로운 제품을 소개하는 것이다. 그러므로 기자(또는 블로거)에게 보내는 이메일에는 절대로 모금을 도와 달라는 내용이 있어서는 안 된다.

미디어 공개 일정 미디어 공개 일정은 언론에 연락을 취할 시기를 결정할 때, 그리고 여러 가지 기사가 나타나기를 바랄 때 유용하다. 일정은 미리 계획해야 한다. 기자가 당신의 제품에 대해 기사를 쓸 시간을 내기까지 몇 주가 걸릴 수 있기 때문이다. 발표에 엠바고(특정 일자까지 보도를 유예해 달라는 요청)를 걸고 싶은 경우, 기자에게 미리 명확하게 이야기해야 한다. 소셜 미디어 활동과 콘텐츠 게시 역시 미디어 공개 일정에 따라 이루어져야 한다. 훗스위트Hootsuite, 버퍼Buffer 등의 도구는 트윗과 게시물의 일정을 정할 때 아주 편리하다.

보도 자료 보도 자료는 조금 형식적이지만, 여러 명의 기자에게 한 번에 연락하기 좋은 수단이다. 보도 자료에는 당신이 무엇을 만들고 있으며 그것이 왜 흥미로운지에 대한 설명이 있어야 하며, 직접 인터뷰를 할 시간이 없을 경우 기자들이 사용할 수 있도록 인용문도 포함해야 한다(보도 자료를 받는 기자들이 당신의 회사에 대해 전혀 모른다면, 보도 자료를 이메일로 뿌리는 것만으로는 효과가 없을 수도 있다).

해외 시장도 간과하지 말자! 보도 자료가 뉴스 배포 서비스에 올라가기 전에 외국어로 번역하자. 페블의 주문 중 거의 45%가 미국 외의 국가에서 들어왔고, 미스핏 웨어러블스의 경우 32%였다. 배송 절차가 무지막지하게 까다롭고 비싸거나 제품이 특정 지역의 인증을 거쳐야 하는 경우가 아니라면, 해외에서 화제를 일으키는 수단으로 크라우드펀딩 캠페인을 활용해도 좋다.

홍보 이메일과 보도 자료를 작성할 때는 좀 더 넓은 독자층을 생각해야 한다. 다음은 셀러리의 크리스 니콜슨이 '크라우드펀딩 캠페인을 위한 PR 지침'에서 조언한 내용이다.

언론을 상대할 때는 절대로 마케팅 용어나 비즈니스 전문 용어를 사용해서는 안 된다. (중략) 문장을 하나하나 끝낼 때마다 다시 읽어 보고 스스로에게 질문을 던지자. 정상적인 인간이라면 처음 보는 사람과 대화할 때 이렇게 말할까? 대답이 '아니요'라면 문장을 다시 써야 한다.

초보 창업자들 중에는 PR 전문가를 고용해야 하는지 궁금해 하는 사람이 많다. 이 질문에는 정답이 없다. 최고의 홍보 대행사는 클라이언트를 위해 정서적인 공감을 일으키는 이야기를 만들어 매체 보도를 유도하는 데 전문가다. 전문가를 고용하느냐 마느냐의 결정은 예산과 팀의 인맥에 따라 달라진다. 수수료는 업계 내에서도 천차만별이라, 2천 달러 내외인 경우가 있는가 하면 10만 달러를 넘는 경우도 있다.

하지만 PR이 기적을 일으키는 건 아니다. 근본적으로는 제품의 품질이 좋고 수요가 많아야 한다. 프로젝트가 고객의 공감을 일으키게 하려면, 개발 단계에 잠재고객과 철저하게 대화하는 것이 최고의 방법이다. 킥스타터의 존 티마토스는 이렇게 말한다.

성공하기 위해 꼭 PR을 고용해야 하는 건 아닙니다. 당신이 누구이며, 무엇이 당신에게 적합한지에 따라 다르죠. 모든 기술 프로젝트가 따라가야 하는 하나의 길은 존재하지 않습니다. 그럼에도 창업자가 관심을 끌기 위해 반드시 해야 하는 일이 있다면, 그건 좋은 제품을 만드는 겁니다. 지나치게 단순하게 들릴 수도 있겠지만, 제품이 왜 대단한지를 전달하는 데 진심을 다하는 것이 언제나 꼼수와 속임수보다 효과적입니다.

창업 경험이 있었던 미스핏 웨어러블스의 소니 뷰는 PR 전문가를 고용하지 않고 자신의 인맥을 활용하여 기자에게 연락을 했고, 친구들에게도 기자에게 연락해 달라고 부탁했다. 창업이 처음이고 인맥도 별로 없어서 전문가를 쓰는 것이 더 편하다면, PR 회사에 매달 약 10,000달러에서 20,000달러를 낸다고 생각하면 된다. 여기에는 보통 메시지를 개발하고 캠페인 시작을 홍보하는 비용이 포함된다.

코인, 링리, 타일Tile의 출발을 도왔던 웨어니스Wareness(http://www.wareness.io/)는 컨설팅을 맡길 수 있는 PR 회사의 한 예다. 하드웨어 스타트업에 중점을 두는 웨어니스는 전통적인 PR에서 한 걸음 나아가, 시장 진입 과정 전반에서 컨설턴트 역할을 한다. 이 과정은 크라우드펀딩 캠페인 기획, 포지셔닝, 출시 전략 수립, 미디어/애널리스트 관리를 포함한다.

웨어니스는 문의하는 클라이언트 중 약 2%만 받아들인다. 그리고 캠페인 개시 목표일로부터 약 3개월 전에 창업 팀과 관계를 시작한다. 웨어니스는 캠페인을 기획하고 매체 홍보 활동과 전략적인 포지셔닝을 구축하는 데 그만큼의 시간이 필요하다고 생각하기 때문이다. 웨어니스의 엔조 응주Enzo Njoo는 이렇게 조언한다.

팀은 PR 대행사에 연락하기 전에, 캠페인을 개시하고 동영상 프로듀서 및 웹 디자이너와 협력 관계를 구축하는 데 충분한 자금을 조달해야 합니다. 이런 마케팅 자산은 개발하는 데 시간이 아주 오래 걸리기 때문이죠.

웨어니스는 크라우드펀딩을 고려하는 회사들을 대상으로, PR 회사에 연락하기에 앞서 캠페인 운영을 위한 자금을 충분히 조달하라고 조언한다. 이상적인 경우라면 약 150만 달러 정도이며, 이는 약 30만 달러의 마케팅 예산을 포함하는 금액이다.

> **TIP**
>
> 이 프로세스(첫째로 자금을 조달하고 둘째로 크라우드펀딩을 하는 것)는 크라우드펀딩을 시장 진입 전략으로 사용하고자 하는 팀이 가장 흔히 선택하는 방법이다. 9장에서 이 방법에 대해 자세히 살펴본다.

매체 보도 외에 크라우드펀딩 캠페인에 트래픽을 유입시키는 또 하나의 방법은 돈을 내고 사는 것, 즉 광고를 하는 것이다. 구글 애드워즈를 구매하거나, 프로모션 트윗을 고려하거나, 돈을 내고 페이스북 뉴스피드에 광고를 띄우는 방법 등이 있다. 광고는 공짜가 아니므로, 예산에 한계가 있는 경우에는 적합하지 않은 방법일 수도 있다(디지털 마케팅 전략에 대해서는 10장에서 논의한다).

05 캠페인 진행 중 해야 할 일

축하한다! 이로써 크라우드펀딩 모금을 시작하기 위한 종합적인 계획을 검토하고 '시작' 버튼을 눌렀다! 이제 관리 단계로 넘어갈 차례다. 즉, 커뮤니티와 소통하고 캠페인을 미세하게 조정하고 여세를 몰아 가는 일이 남아 있다.

인디고고 블로그에서는 캠페인 기간의 1/4 내에 모금 목표의 1/3을 달성하는 것을 목표로 하라고 조언한다. 따라서 캠페인 초반에 매체 전략을 성공적으로 실천하는 것이 매우 중요하다. 그러나 처음의 흥분이 잦아든 후에도, 돈이 계속 들어오게 하는 여러 가지 전략이 있다.

데이터 기반의 크라우드펀딩과 실시간 수정

대형 크라우드펀딩 플랫폼에는 대개 분석 도구가 있어서, 트래픽이 어디서 들어오는지를 쉽게 파악할 수 있다. 인디고고와 킥스타터에서는 대시보드(그림 8-4에서 킥스타터의 대시보드를 확인하자)를 통해서 어느 블로그, 소셜 미디어 플랫폼, 개인 사이트에서 추천 트래픽을 가장 많이 발생시키는지 파악할 수 있다.

그림 8-4 대시보드

예를 들어, 킥스타터 대시보드에서는 그림 8-5에서처럼 킥스타터 내부(킥스타터에서 여러 프로젝트를 둘러보는 사용자)와 외부에서 들어온 트래픽이 몇 퍼센트인지 보여 준다. 사용자가 당신의 프로젝트를 보려고 킥스타터를 방문했다면, 그 사용자를 보낸 사이트(엔가젯, 매셔블Mashable 등)를 보여 준다. 각각의 사이트를 통해 후원자가 얼마나 들어왔는지, 프로젝트의 모금액이 얼마인지, 가장 인기가 많은 보상이 무엇인지(그림 8-6) 등을 확인할 수 있다.

Referrer	Type	# of Pledges ▾	% of Dollars	Dollars Pledged ▾
Direct traffic *(no referrer information)*	External	216	20.85%	$30,826.50
Twitter	External	86	7.45%	$11,007
Engadget.com	External	83	8.09%	$11,952
Search	Kickstarter	79	7.49%	$11,086
Techcrunch.com	External	75	6.65%	$9,830
Technology Category Page	Kickstarter	70	6.43%	$9,504
Embedded Project Video	Kickstarter	52	4.74%	$7,000.11
Supermechanical.com	External	46	4.13%	$6,111.01
Facebook	External	46	3.74%	$5,521
Google.com	External	40	3.85%	$5,684.99
News.ycombinator.com	External	32	3.42%	$5,055
Theverge.com	External	29	3.09%	$4,563

그림 8-5 트래픽 소스

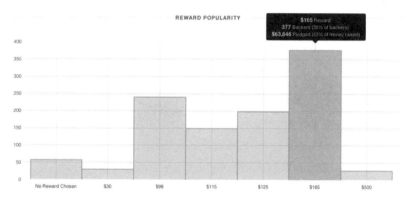

그림 8-6 보상의 인기

킥스타터의 존 디마토스는 대시보드의 정보를 활용하여 트래픽을 더 많이 유입시키는 방법을 다음과 같이 설명한다.

때로는 당신이 연락을 하지 않은 사이트에서 트래픽이 들어오기도 합니다. 그 사이트에 연락을 하세요! 그 사이트와 대화를 하세요. 그들이 누구인지, 당신의 제품을 어떻게 알았는지, 왜 독자에게 당신의 제품을 추천하는지 알아보세요. 또 이야기해야 할 사람이 있으면 알려 달라고 하

분석 도구를 활용하면 동영상이 얼마나 효과적인지, 사람들이 어디까지 보고 이탈하는지, 사람들이 동영상을 캠페인 페이지에서 보는지, 타 사이트에서 보는지도 알 수 있다. 유튜브에 동영상을 공유한 경우에는 유튜브 분석도 살펴보자. 회사 페이지에는 구글 웹로그 분석을 연결하자. 캠페인 조회수와 캠페인 후원자 수를 비교하여 전환율을 파악하고, 마케팅 자료를 수정하거나 홍보 범위를 확대해야 할 필요가 있는지 판단하자.

이메일을 보낼 때는 확인 비율을 추적하는 메일침프 등의 프로그램을 사용하면 좋다. 이메일을 미리 작성하고 하루의 특정 시각, 아니면 일주일의 특정 요일에 발송되도록 예약할 수 있다. 주말은 바람직하지 않다. 인디고고는 대부분의 참가자들이 평일에 캠페인을 후원한다는 사실을 밝혀냈다.

소셜 미디어 게시물(또는 이메일)에 링크를 삽입하는 경우에는, 링크에 반드시 분석 기능을 연결해야 한다. 이때 비틀리Bitly(https://bitly.com/)가 아주 유용한데, 사람들이 어느 링크를 클릭하고 어디서 재공유를 하는지 알려 주기 때문이다.

미스핏 웨어러블스는 인바운드 트래픽을 추적하면 협력 매체에 추가 정보를 제공하기에 가장 좋은 시점을 판단하는 데 도움이 된다는 사실을 발견했다. 이 회사는 특전 데이터 또한 꼼꼼히 살펴보며, 효과적인 특전은 무엇이고 그렇지 않은 특전은 무엇인가, 어느 색상이 가장 인기가 많은가, '한정판' 가격을 기꺼이 지불하는 사람은 어떤 사람인가 등을 파악했다. 인디고고와 킥스타터의 대시보드에서 보상의 종류에 따른 참여도를 확인할 수 있다.

크라우드펀딩 모금을 보완하는 도구를 제공하는 스타트업도 점점 많아지고 있다. 예를 들어, 배커키트BackerKit(https://backerkit.com/)는 고객 관계 관리를 돕는다. 킥스타터 현황판 크롬 플러그인은 프로젝트 대시보드의 실시간 정보를 깔끔하게 정리하여 보여 준다. 킥트랙Kicktraq(http://www.kicktraq.com/)은 자칭 '킥스타터를 위한 구글 웹로그 분석'으로, 알고리즘을 통해 성패를 예측하기도 한다.

학계도 크라우드펀딩에 관심을 보이고 있다. 스위스의 한 연구 팀은 최근, 프로젝트의 성공 확률을 예측하는 사이드킥Sidekick(http://sidekick.epfl.ch/)이라는 사이트를 개설했다. 이 팀은 2013년 10월 「열심히 안 할 거면 집에 가!Launch Hard or Go Home!」(http://bit.ly/predict_kickstrtr_success)라는 논문을 발표하고, 크라우드펀딩 캠페인 개시 4시간 내에 캠페인의 성패를 76%의 정확도로 예측할 수 있다고 주장하는 모델을 제시했다. 2012년 9월과 2013년 5월 사이의 킥스타터 캠페인으로 모델을 훈련했다. 이들은 16,042개의 캠페인을 크롤링하고, 킥스타터 사이트의 모금 액수와 트위터에서의 프로젝트 언급 횟수(사회적 통화)에 대한 시계열 분석을 사용하여 각 캠페인의 현황을 추적했다. 또한, 연구원들은 각 프로젝트의 후원자 목록도 크롤링했다. 그리고 예측 모델링 기법을 사용하여 캠페인으로 자금이 들어오는 속도를 분석했다. 그리고 이 논문의 발표에 이어 사이드킥을 개설했다.

크라우드펀딩 모금을 시작하려 한다면, 구글 검색으로 각종 최신 도구를 살펴보는 것이 좋다.

커뮤니티를 위한 업데이트 게시하기

돈이 굴러 들어오기를 기다리는 동안에는 업데이트를 통해 새로 생긴 커뮤니티에 진행 상황을 꾸준히 알리자. 이 얼리어답터와 소통하여 이들을 전도사로 바꾸어야 한다. 물론 모금이 끝나기 전에 하는 것이 좋다! 이 사람들의 정서적인 투자는 캠페인 기간에는 트래픽을 끌어들이는 데 이바지하고, 캠페인 종료 후에는 회사를 성장시키는 데 이바지할 것이다.

개발 현황, 첫 프로토타입, 사무 공간 등을 보여 주는 업데이트 동영상을 꾸준히 게시하자. 뉴스 기사의 링크를 게시하고, 모금 목표 달성 소식("여러분 덕분에 목표의 50%에 도달했습니다!")이나 새로운 특전을 공지하고, 새로운 추가 목표를 발표하자.

킥스타터의 존은 업데이트를 캠페인에 활력을 불어넣는 행동 유도 수단으로 사용하라고 조언하며, 미리 전략을 계획하라고 권장한다. 예를 들면, 캠페인 종료가 다가오는 시점에 후원자들에게 마지막으로 소문을 퍼뜨려 달라고 부탁하는 방법 등이 있다. 창업자에 따라서는 추천을 통해 매출을 촉진하는 후원자에게 특별한 특전을 약속하기도 하고, 설문 조사를 보내거나 제품 아이디어에 대한 피드백을 부탁하기도 한다.

인디고고의 다나에가 여기에 한마디 덧붙인다.

우리가 목격하는 안타까운 실수 중 하나는, 인디고고를 단순히 모금 수단으로만 사용하고 연구 개발 플랫폼으로는 사용하지 않는 것입니다. 이런 사람들은 커뮤니티를 참여시켜 피드백을 받을 기회를 제대로 이용하지 못합니다. 캠페인에서는 사람들이 돈으로 투표를 하는 거나 마찬가지입니다. 포커스 그룹이나 '좋아요' 버튼을 통해 얻는 피드백과는 질적으로 다른 진짜 피드백이죠. 모금을 더 똑똑해질 기회로 사용하세요.

커뮤니티를 성장시키는 데는 아주 오랜 시간이 걸린다. 사전 대응(업데이트 게시)과 사후 대응(특히 우려를 담은 이메일일 경우, 즉각 응답하는 것)이 모두 필요하다. 커뮤니티를 그대로 이어 가는 것이 중요하다. 프로젝트 배송이 끝난 후에도 계속 소식을 전할 수 있도록, 후원자들을 메일링 리스트에 등록시키거나 커뮤니티 블로그로 초대하자.

모금이 끝난 후에도 계속 업데이트를 하는 것이 좋다. 후원자들에게 제조 및 배송 현황도 꾸준히 알려 주자.

06 크라우드 펀딩 너머: 회사를 위한 자금 조달

초보 창업자는 크라우드펀딩을 회사를 위한 자금을 조달하는 수단으로 생각하는 경향이 있지만, 이 플랫폼의 진짜 가치는 시장 조사, 수요 확보, 커뮤니티 구축을 지원한다는 데 있다. 여기서 모금하는 자금은 분명하게 정해진 프로젝트를 위한 것이다. 즉, 분명하게 표현한 목적이 있고, 시작 일자와 배송 일자가 있다.

크라우드펀딩은 주로 운전자본 확보에 유용하다. 또한 보상 등급에 기본적으로 마진을 붙이기는 하지만(그 결과 초도 생산에서 수익을 올리기는 하지만), 그로 인해 발생하는 잉여 자금은 프로젝트를 회사로 발전시키기에는 대개 부족하다. 직원 월급, 마케팅, 연구개발, 기타 경비를 모두 충당해야 하기 때문이다.

하드웨어 스타트업의 확장성을 확보하는 데는 대규모의 자본이 필요하다. 9장에서는 크라우드펀딩이나 자력 조달로 출발시킨 프로젝트를 본격적인 회사로 발전시키기 위한 자금 조달에 대해 알아본다.

chapter 09 자금 조달

하드웨어 스타트업은 자본 집약적인 사업이다. 10장에서 살펴보겠지만, 크라우드 펀딩 모금은 대체로 회사 창업 자본을 마련하는 데는 적합하지 않다. 크라우드펀딩으로 들어온 현금으로 창업자가 풀타임으로 제품을 만들고 내놓을 수는 있지만, 들어온 자금의 대부분이 생산 비용으로 다시 흘러 나가기 때문이다.

그러나 지금은 하드웨어 스타트업 창업자로서 자금 조달을 하기에 좋은 시기다. 자본을 가진 투자자가 아주 많고도 다양하기 때문이다. 이 장에서는 적절한 투자 파트너를 찾고 관계를 구축하는 방법, 비전을 전달하고 투자자를 설득하는 방법, 자금 조달 프로세스를 관리하고 효율을 향상시키는 방법을 알아본다.

누구나 프로젝트를 큰 사업으로 발전시키려 하는 건 아니다. 자본 조달을 시작하기 전에, 어떤 회사로 성장하고 싶은지에 대해 분명한 생각이 있어야 한다. 이 책을 읽는 목적이 프로젝트 하나를 직접 유통으로 시장에 내놓는 것이라면, 이 장의 내용은 아예 건너뛰어도 된다.

외부 현금을 끌어들이지 않고 수익을 올리는 방법도 있다. 예를 들어 쇼피파이 Shopify 등의 플랫폼으로 가게를 차렸다면, 크라우드펀딩 후에도 주문을 계속 받을 수 있다. 또한 크라우드펀딩 캠페인에 대한 언론 보도가 활발하게 이루어졌다면, 바로 소매업체의 관심을 끌 수 있을지도 모른다. 그러나 대개의 경우에는 어느 시점엔가 외부 투자자를 구해야 한다. 하드웨어 회사를 성장시키려면 월급 지급, 공장 대금 지급, 마케팅, 보관, 주문 처리, 고객 지원 등에 자금이 필요하기 때문이다.

소규모(생계형) 회사가 목표라면, 기관투자자의 벤처 캐피털을 유치하는 것은 권장하고 싶지 않다. 빠르게 성장하며 상품을 확장하라고 압박을 가하는 투자자와 계속 충돌할 수도 있기 때문이다. 특히 틈새 제품을 생산하는 소규모 회사는 수익을 재투자하거나 공급업체 또는 파트너에게 소액 투자를 받아 서서히, 꾸준히 성장할 수 있다. 하지만 이미 자리 잡은 회사 또는 대규모 회사와 경쟁해야 한다면, 상품 생산뿐만 아니라 브랜드 구축에도 자본이 필요하다. 마케팅에도 돈을 써야 하고, 영업 인력과 소매 협력업체 등이 필요할지도 모른다. 게다가 다채로운 상품을 생산하는 대규모 회사로 성장하기 위해서는 기존 제품을 양산하며 판매하는 한편, 신제품을 설계하고 시험하기 위한 연구개발 자금도 필요하다.

01 일에는 순서가 있다

액셀러레이터 프로그램 참여(7장), 크라우드펀딩 캠페인 실시(8장), 라운드 유치 사이에서 고민하고 있다면 무엇부터 해야 할지 판단하기 어려울 것이다. 진로 결정에 가장 중요한 요인은 창업 팀의 경력이다. 비판적인 자가 진단을 하며 '꿈만으로 자금을 조달'할 수 있을 만큼 자신의 창업 경험이 풍부한지 생각해 보자. 회사 창업이나 하드웨어에 경험이 없는 경우에는 보통 비전만으로 투자자를 설득하기는 어렵고, 크라우드펀딩 모금에 성공하거나 액셀러레이터에 참여하기 전에는 라운드 투자 유치에 성공할 가능성이 낮다. 따라서 투자자에게 자신의 실행력에 대한 신뢰를 심어 주어야만 한다.

흥미로운 경력이 있다 하더라도, 대규모 투자자(벤처 캐피털리스트, 전략적 제휴 파트너, 또는 여섯 자리 숫자의 수표를 끊어 주는 '슈퍼 엔젤 투자자' 등)는 보통 제품에 대한 시장 수요의 증거를 보고 싶어 한다. 아직 아무것도 판매한 적이 없다면, 크라우드펀딩 캠페인을 성공시켜서 시장 수요의 존재를 증명하고 자본 조달을 용이하게 하는 방법도 있다. 프로젝트가 어마어마한 성공을 거두었다면, 투자자 쪽에서 먼저 연락을 취할 것이다.

하지만 이미 성공 실적이 있는 창업자이거나 하드웨어 전문가라면, 크라우드펀딩 캠페인을 진행하기 전에 투자자를 찾아보는 것도 좋다. 은행에 현금이 있으면 생산, 채용, 추가 마케팅에 완충 장치가 있는 셈이므로, 크라우드펀딩 캠페인의 성공 후에 주문을 처리할 때 걱정을 하나 덜 수 있기 때문이다. 몇 주에 걸쳐 몇 번 회의를 해 보면 투자자들의 관심이 어느 정도인지 감을 잡을 수 있다. 수요나 팀에 대한 우려가 끊임없이 제기된다면 대안을 선택해서 진행하면 된다.

액셀러레이터 프로그램 참여를 통해 투자 유치에 도움을 받은 초보 하드웨어 스타트업 창업자가 많다. 선발 과정 자체가 일종의 검증이며, 세 달에서 여섯 달 동안 지원과 멘토링을 받으며 개발하는 과정에서 창업자의 실행력이 높아지기 때문이다.

02 자력 조달, 부채, 지원금

자력 조달은 말 그대로 자기 자금으로 회사를 운영하는 것이다. 창업자들이 법인을 창업하기는 하지만, 외부의 투자를 받지 않고 개인 저축으로 초기 개발 자금을 마련한다. 대부분의 사람들이 MVP 제작 자금을 이 방법으로 마련한다. 종이에 적은 아이디어로 외부 자금을 끌어들이기란 쉬운 일이 아니기 때문이다.

하드웨어 스타트업을 자력 조달로 운영하는 것은 극히 어려운데, 물리적인 제품을 만드는 데는 자본과 시간이 많이 들기 때문이다. 하드웨어 개발 주기에서는 저렴하게 반복 수정을 하기가 어렵다. 현금이 넉넉하지 않은 경우에는 제조상의 문제, 설계 결함, 자재 낭비, 리콜 위험 등이 특히 부담스럽다. 동시에, 디자인 또는 프로토타입 단계에서도 에인절 또는 기관투자자의 자금을 받기가 굉장히 어렵다. 따라서 창업자가 자기 저축을 끌어 와서 스타트업 자금을 마련하는 경우가 많다.

언젠가는 수익을 낼 거라는 확신이 있는 창업자는 빚을 지기도 한다. 스타트업에게는 대출을 허가하지 않는 은행이 많으므로, 빚은 보통 신용카드 부채나 개인대출의 형태를 띤다. 회사에 개인 자본을 어느 정도 투자하는 미국 창업자는 미국 중소기업청(SBA)의 대출 자격을 충족할지도 모른다. SBA.gov(http://www.sba.

gov/) 사이트에서 다양한 프로그램을 소개하고 있으므로, 자격 기준 중에 충족하는 것이 있는지 살펴보는 것이 좋다. 대출 및 지원금 검색 도구(http://bit.ly/loan_n_grant_search)도 유용한 프로그램을 찾는 데 도움을 준다. 그러나 추후 지분 투자 라운드를 유치해야 할 경우 투자자들이 장부상 부채를 부정적으로 보는 경향이 있으므로, 부채를 발판 삼아 회사를 성장시키고 그 결과 발생하는 수익으로 부채를 빠르게 상환할 수 있다는 확신이 없으면 최대한 피하는 것이 바람직하다.

연방 기금을 사용하는 중소기업 혁신 연구(SBIR)(http://www.sbir.gov) 프로그램을 활용하는 방법도 있다. 이것은 미국 기반의 중소기업에 지원금을 주는 프로그램으로, 그 목적은 초기 단계의 기술 혁신 또는 연구개발 활동을 지원하는 것이다. 시만텍Symantec, 퀄컴Qualcomm, 아이로봇iRobot 등의 유명 기술 회사가 초창기 SBIR 자금을 지원받은 바 있다.

SBIR 프로그램은 다음 세 단계로 나뉘며, 일정 기준에 따라 아이디어의 기술적 실현 가능성과 회사의 발전 상태를 평가하여 단계를 결정한다('SBIR 프로세스 헤쳐 나가기'에 수록된 토드 허프먼Todd Huffman의 조언 참조).

1단계 일종의 실현 가능성 연구인 첫 단계는 아이디어나 신기술에 기술적, 상업적 가능성이 있는지, 팀에 실행력이 있는지를 판단하는 단계다. 1단계에서는 보통 6개월에 걸쳐 최대 15만 달러의 지원금이 주어지지만, 정확한 액수는 해당 팀을 후원하는 연방 정부 기관의 예산에 따라 다르다.

2단계 이 단계에서는 1단계에서 심사를 거친 기술과 기법을 더욱 정제하여 프로토타입을 개발한다. 2단계의 보상은 1단계에서의 성공 지표 충족 여부에 따라 달라진다. 1백만 달러의 자금 한도 내에서 최대 2년에 걸쳐 지원금을 제공한다.

3단계 이 단계는 상업화 단계다. 이 단계에서는 SBIR 지원금은 주어지지 않지만, 참가자가 여타 연방 자금 지원 프로그램의 자격을 충족하는 경우가 많으며, 미 정부와의 직접 계약 자격을 충족하는 경우도 있다. 1단계에서 바로 3단계로 가는 것도 가능하다.

중소기업 기술이전(STTR, 마찬가지로 http://www.sbir.gov에서 확인 가능) 프로그램도 SBIR과 비슷하게 지원금을 제공한다. 이 프로그램의 목적은 민관 협력을 촉진하는 것이다. 회사는 미국 내의 비영리 연구 기관 또는 대학과 형식적인 협력 관계를 유지해야 한다. 지원금 프로그램에 지원하는 데는 시간이 오래 걸릴 수 있지만, 회사의 지분을 넘기지 않고 초기 자금을 마련하는 데 좋은 방법이다. 지원을 시도하기 전에 프로젝트 제안서 작성 전략에 대한 블로그(예. SBIR 코치(http://www. sbircoach.blogspot.com/) 또는 SIBR-STTR 지원금 도움말(http://www.sbir-sttrgrantshelp.com/)을 읽어 보자.

MEMO **SBIR 프로세스 헤쳐 나가기**

토드 허프먼은 칼날 스캐닝 현미경(KESM)으로 병리학을 자동화하는 것을 목표로 하는 3스캔[3Scan]의 창업자다. 그는 내핍 환경과 분쟁 후 상황을 위한 기술을 개발하는 IST 리서치[IST Research]의 부사장이기도 하다. 그는 두 역할을 겸임하며 SBIR 지원금에 여러 차례 지원해서 합격했다. 여기에서는 토드가 자신의 사례를 통해 몇 가지 요령을 공유한다.

SBIR 프로그램을 고려할 때 처음 해야 하는 일은 SBIR 게이트웨이[SBIR Gateway](http://www.zyn.com/sbir/)를 방문하는 것이다. 주제가 정부 기관별로 정리되어 있고, 소프트웨어, 하드웨어, 생명공학 등을 포함한다. 공모는 단계별로 발표되고, 게이트웨이는 특정 시점에 진행 중인 모든 SBIR을 찾는 검색 엔진이면서 동시에 정부 기관의 공모 일정을 수록하는 달력이기도 하다.

각 공모에는 프로그램 관리자의 이름이 명시되어 있다. 또한 지난 공모를 확인하며, 어느 정부 기관이 잠재적인 클라이언트인지 파악할 수 있다. 토드는 이렇게 설명한다. "특정 프로그램 관리자 또는 정부 기관의 과거 SBIR 이력을 살펴보면 유익합니다. 어떤 기술에 관심을 보이는지 파악할 수 있으니까요." 게이트웨이는 메일링 리스트를 운영하며, 프로젝트 공모가 올라오면 관심 있는 사람에게 메일로 알려 주기도 한다.

그렇다면 지원서의 성공 확률을 높이려면 어떻게 해야 할까? 가장 중요한 요인은 프로그램 관리자의 요구를 이해하는 것이다. 프로그램 관리자는 운영 경험을 바탕으로 선정되며, 매니저가 공모를 실시하는 것은 해결해야 하는 실질적인 문제가 있는데 기존의 상업 시장에서는 해결책을 찾지 못했기 때문이다.

그 문제를 이해하고 나면 영리하게 문의를 해서, 자기가 만들고자 하는 제품이 프로그램에 적합한지 판단할 수 있다. 토드는 이렇게 설명한다. "보통 일정 기간 동안 프로그램 관리자가 이메일로 문의를 받습니다. 대답도 곧잘 하죠. '이런 사업에 관심이 있습니까?'라는 질문도 얼마든지 해도 좋습니다. 설령 응답을 받지 못하더라도 관리자의 머릿속에 아이디어의 씨앗을 심어 두는 셈이죠."

이메일 문의를 할 때는 "이런 사업에 자금을 지원해 주시겠습니까?"라고 묻지만 않으면 된다. 당신의 스타트업을 홍보하는 것이 아니라 상대의 고충점을 찾는 것이 목표다.

처음 지원하는 사람은 보통 SBIR 구조가 다소 유연하며, 프로그램 관리자에게 어느 정도 재량이 있다는 사실을 잘 모른다. IST 리서치는 역학적 분석을 위한 안드로이드 스마트폰 응용 프로그램을 요청하는 해군 SBIR에 지원서를 제출했다. 1단계는 보통 실현 가능성 연구에 그치지만, 팀은 5만 달러의 추가 자금을 지원받는 조건으로 연구를 하고 성능 프로토타입을 제작하여 시연까지 하겠다고 제안했다.

팀은 이 지원서에서 요청 내용에 대한 대안도 제시했다. 공모에서는 스마트폰 앱을 요구했지만, 팀은 '피처 폰' 방식이 근본적인 문제 해결에 오히려 효과적일 수도 있다고 건의했다. 프로그램 관리자(해군 군의관)가 그 제안과 건의를 받아들였고, 팀은 1단계 지원금을 받았다.

스타트업은 이런 상호작용 과정을 통해, 전통적으로 대응이 느린 정부와 협력하면서도 계속 빠르게 움직일 수 있다. DARPA가 그렇듯이 경우에 따라서는 바로 2단계에 지원하는 것도 가능하다. 단, 이때는 1단계의 실현 가능성 연구를 갈음하는 자료를 제출해야 한다.

SBIR 프로그램의 혜택 중 하나는 정부 기관이 계속 서로에게서 프로젝트를 넘겨받는다는 점이다. 역학적 분석 앱 프로젝트를 진행하던 중에 해군 군의관은 2단계에서는 스마트폰만으로 프로젝트를 진행하겠다고 결정했고, 그래서 IST 리서치는 프로젝트를 중단했다. 그런데 그 후 DARPA가 팀에 연락을 취해 비슷한 기술을 요청했다. DARPA는 2단계 공모를 실시하여, 팀의 1단계 작업 결과물을 접수하고 백만 달러의 지원금을 제공했다. 얼마 후 비슷한 문제를 겪은 해군사관학교에서 2단계 공모와 3단계 공모를 동시에 시작했고, 그 결과 팀은 또 50만 달러의 지원금을 받고 전체 정부를 대상으로 연구 결과를 판매하는 무기 계약을 맺었다.

토드는 SBIR 프로세스가 스타트업이 정부 계약을 가장 쉽게 따는 방법 중 하나라는 점을 강조한다.

"정부가 잠재 고객인 경우에는 SBIR 프로그램이 정말 좋습니다. 정부에서 중소기업의 제품을 사용하고 싶다 해도 그냥 구매만 하면 되는 게 아니거든요. 중소기업이 정부 계약 절차를 거쳐야 하고, 그러려면 까다로운 연방 계약 규칙을 준수해야 합니다. 그런데 한 정부 기관과 3단계 SBIR 프로그램을 진행 중이라면, 이미 계약 수단contract vehicle을 확보한 셈이라 계약 절차를 처음부터 거치지 않아도 다른 정부 기관에 판매할 수 있습니다. 프로그램 관리자도 초짜와 작업하는 데 익숙해서 제법 참을성이 많죠."

1단계 또는 2단계 프로젝트를 진행하는 도중에 3단계가 다가오면, 1단계 또는 2단계 공모를 올린 관리자가 관심을 보일 만한 다른 정부 기관을 소개해 주기도 한다.

SBIR/STTR 프로그램에도 약점은 있다. "중소기업에게는 행정 절차에 따르는 간접비가 조금 부담스러울 수 있습니다. 원칙적으로는 절차가 간단해야 하고 프로그램 관리자의 대응도 빨라야 하지만, 실제로는 시간이 좀 걸립니다." 토드의 말에 따르면, 지원서를 제출하고 합격해서 지원금을 받기까지 약 5~6개월이 걸린다고 한다.

그래도 토드는 B2B 또는 B2G(기업과 정부의 거래) 분야의 하드웨어 회사라면 SBIR을 고려해 볼 만하다고 강조한다. "지분 희석이 발생하지 않는 데다, 회사 전체의 운영 자금을 대기에는 부족하더라도 제법 도움이 되는 건 사실이니까요." 그렇지만 정부가 큰 잠재 고객이 아니거나 제품이 SBIR가 지정하는 문제의 범위에 들어가지 않는 경우에는, 공을 들일 가치가 없을 수도 있다.

정리하자면, 1단계는 아이디어에 살을 붙이는 과정을 지원하고 2단계는 아이디어를 바탕으로 제품을 만드는 과정을 지원하며, 3단계는 판매 수단을 제공한다.

지원 절차나 제안서 작성 요령을 더 자세히 알고 싶다면, 이 프로세스의 전문가가 강의하는 대학 과정을 찾아보자.

위에서 이야기한 연방 프로그램 외에도, 각 주와 대도시의 경제 개발 위원회(EDC)가 지역 창업자를 지원하기도 한다. 예를 들어, 뉴욕 시티의 NYEDC는 자금 조달 프로그램, 사업 계획 경진 대회, 미니 인큐베이터, 중소기업 창업에 도움을 주는 무료 강좌를 운영하고 있다. 이들은 또한 자력 조달 창업자의 린 운영에 도움을 주는 부동산세 공제 혜택, 기업 인센티브 비율, 공과금 등의 자료도 제공한다.

미국 외의 지역에서 창업을 하는 경우, 또는 창업 팀의 국적이 미국이 아닌 경우에는 자국에서 비슷한 프로그램과 자료를 찾아보자. 예를 들어 캐나다, 칠레, 싱가포르와 브라질은 스타트업에 지원금, 자금, 비자 발급 지원, 세금 감면 등의 혜택을 제공한다.

03 친구와 가족

자력으로 조달한 자금이 다 떨어졌고 지원금을 받을 자격도 없다면, 손을 벌리기에 가장 부담 없는 사람들은 친구와 가족이다. 이 사람들은 당신을 알고 있고, 또 신뢰한다. 아마도 이 사람들에게는 당신이 믿을 만한 사람이고, 마음먹은 일은 해내는 사람이라는 걸 증명했을 것이며, 이 아이디어에 대해 들떠서 이야기한 적도 있을 것이다.

그러나 대부분의 사람들은 이 방법으로 큰돈을 모으지는 못한다. 많아 봐야 여섯 자릿수 초반 정도를 조달하는 데 그친다. 개인 인맥을 활용하는 데는 단점도 있다. 사업 세계에서는 소액(10,000~25,000달러)인 수표도 그걸 쓴 가족에게는 거액일 수도 있다. 또한 상대가 회사에 투자한 적이 없다면, 아이디어 단계의 투자는 매우 위험하다는 점과 당신의 회사에 투자하는 돈을 잃을 가능성이 실제로 있다는 점을 잘 이해시켜야 한다.

대규모의 생산 작업이나 특수 보관 또는 물류가 필요한 제품을 만드는 경우, 10만 달러는 새 발의 피다. 그래도 다음 단계로 넘어가기 전에 프로토타입을 만들 자금을 찾는 초보 창업자에게는 자력 조달과 친구 및 가족의 투자를 조합하는 것이 그나마 가장 확실한 방법이다.

04 엔젤 투자자

엔젤 투자자란 자기 자신의 자본을 초기 스타트업에 투자하는 이를 가리킨다. 때로는 개인이 엔젤 신디케이트라는 집단을 이루어 공동 투자를 하기도 하지만, 대개는 기술 또는 스타트업 분야의 경력이 있고 성공적인 투자 회수 경험이 있거나, 그냥 개인적으로 돈이 많은 독립 투자자다.

엔젤 투자자는 보통 25,000~100,000달러 사이의 수표를 써 주는데, 일부('슈퍼 엔젤'이라고 불린다)는 250,000달러에서 1백만 달러 사이까지 가기도 한다. 엔젤 투자자는 보통 개인적인 전문 지식이나 넓은 인맥을 보유한 분야에 투자한다. '그냥 수표'일 수도 있지만, 상당수는 투자를 하는 한편으로 적극적으로 회사의 성장을 지원한다.

지난 10년 동안 엔젤 투자자와 엔젤 신디케이트의 수는 빠르게 증가해 왔다. 2002년에는 약 20만 명의 엔젤 투자자가 약 157억 달러의 투자금을 운용하고 있었다. 최근의 엔젤 시장 분석 보고서에 따르면, 2013년에 활동 중인 엔젤의 수는 298,800명이었다. 이들이 투자한 자본은 248억 달러로 늘어났고, 투자를 받은 사업체는 70,720개였다. 이는 2012년에 비해 5.5% 성장한 수치다. 2013년, 엔젤 계약의 평균 규모는 350,830달러였고, 투자의 대가로 주어진 평균 지분은 12.5%, 계약의 평균 평가 가치는 280억 달러였다. 골든 시즈Golden Seeds나 테크 코스트 엔젤스Tech Coast Angels 등의 네트워크를 통해 투자하는 엔젤 투자자도 많다. 연간인 헤일로 보고서Halo Report(http://bit.ly/halo_report)는 어느 그룹의 투자가 가장 활발한지 조사하며, 자기 부문 또는 분야의 투자자를 찾아볼 때 좋은 참고 자료다.

스타트업 투자는 위험 자산군으로 간주되므로, 미국 증권거래위원회(SEC) 규정상 엔젤 투자자는 개인을 위한 법적 인가 기준(https://www.sec.gov/answers/accred.htm)을 충족해야 한다. 현재 개인 투자자가 이 기준을 충족하는 방법은 두 가지로, 최근 2년 동안 매년 순 재산(주 거주 주택의 가치 제외)이 백만 달러를 초과했거나 소득이 20만 달러를 초과했어야(배우자의 수입과 합칠 경우 30만 달러)하며, '합리적으로 예상'한 당해의 소득 수준이 그와 비슷해야 한다.

법

최근 제정된 창업기업지원법(JOBS)에서는 비공개 회사에 투자하려면 공인 투자자여야 하는 제도를 변경하고자 한다. 이 법에 따라, 공인 투자자가 아닌 개인도 정부의 등록 절차를 마친 펀딩 포털을 통해 '신생 성장 기업'에 투자할 수 있게 된다.[1] 여기서의 포털이란 '지분 크라우드펀딩 사이트'로, 이 사이트는 킥스타터와 같은 프로젝트 단위의 기부 방식 크라우드펀딩 플랫폼과는 다르다. 투자의 대가가 '특전'이나 예약 주문 상품이 아니라 지분이기 때문이다.

예전에는 비공개 회사는 장부상의 주주가 500명(공인 투자자)을 넘어가면 SEC의 정보 공개 의무를 준수해야 했다. JOBS 법은 이 제한을 2,000명으로 올렸고, 그중 500명은 비공인 투자자일 수 있다. 크라우드펀딩 사이트를 통해 투자하는 비공인 개인에게는 투자 한도가 있는데, 연간 소득이 10만 달러 이하인 경우 2,000달러와 소득의 5% 중 높은 액수이고, 연간 소득이 10만 달러 초과인 경우 소득의 10%와 10만 달러 중 낮은 액수다. 이 방식으로 자금을 조달하려는 회사에게도 투자자의 재무 상태를 확인하기 위한 '합리적인 절차'를 밟을 의무가 있다.

엔젤리스트

창업이 처음인 창업자라면, 어떻게 엔젤 투자자를 찾아서 관계를 맺어야 할지 막막할 것이다. 엔젤 투자자 커뮤니티와 소통하는 데 가장 좋은 장소 중 하나가 엔젤리

---

1 역자주_ 이 내용은 이 책의 저자가 집필하던 당시를 기준으로 한 것이다. 이 법안은 2015년 10월부로 모두 발효되었다(참조: https://en.wikipedia.org/wiki/Jumpstart_Our_Business_Startups_Act).

스트AngelList(http://angel.co/)다. 2010년에 나발 라비칸트Naval Ravikant와 바바크 니비Babak Nivi가 만든 이 사이트는, 초반에는 이메일 리스트를 모아 둔 사이트로 시작하였으나(그래서 이런 이름이 붙었다), 이후 창업자와 엔젤 또는 초기 기관 투자자의 관계 형성을 지원하는 종합 플랫폼으로 성장했다. 엔젤리스트는 점점 인기를 얻으면서, 이제 투자자가 투자 기회를 찾고 싶거나 특정 부문 또는 분야의 현황을 파악하고 싶을 때 가장 먼저 찾는 곳으로 자리 잡았다.

이 사이트는 일종의 네트워크로서, 투자자와 창업자에게 홍보의 장을 마련해 준다. 창업자는 제품 동영상 또는 프레젠테이션 자료, 언론 보도, 시장 반응, 참여 경험이 있는 인큐베이터, 자문 · 투자자 · 고객의 추천사 등의 정보를 담은 회사 프로필을 작성할 수 있다. 투자자도 프로필을 작성하여, 투자 부문과 투자 액수를 표시하고 투자 중인 회사의 페이지에 자기 프로필을 링크할 수 있다.

엔젤리스트는 대상 투자자에게 추천 회사의 프로필을 이메일로 보내고, 메일을 받은 투자자는 연락해서 창업자를 소개받을 수 있다. 사용자들도 서로의 프로필을 살펴보거나 서로의 활동 내역을 받아보며 인재나 지원 인력(예. 변호사)을 구할 수 있다. 이곳은 아주 활발한 커뮤니티이며 소중한 자료다.

여기에서는 회사 프로필에 공을 들이는 것이 중요하다. 프로필이 훌륭하면 엔젤리스트 팀이 보고 추천 스타트업으로 선정해 줄지도 모른다. 또한 사람들의 관심을 많이 끌면 실시간 트렌드에 올라갈 수도 있다. 둘 중 어느 경우든 수백 명의 투자자에게 스타트업의 정보가 이메일로 전송되며, 운이 좋으면 사이트의 첫 페이지에 소개될지도 모른다.

엔젤리스트는 JOB 법(226페이지의 '법' 참조) 시행에 대비하여 플랫폼에서 직접 자금을 조달할 수 있게 만들었다. 대표 엔젤(최소 10만 달러의 투자를 약속한 사람)이 있는 스타트업은 자체 신디케이트를 통해 라운드를 마저 마무리할 수 있다. 즉, 모금을 플랫폼 자체에 게시하는 것이다.

엔젤 투자자도 신디케이트를 형성할 수 있다. 이들은 매년 맺을 계약의 건수와 투자할 자본의 액수를 미리 지정한다. 그러면 다른 공인 투자자('후원자')들이 신디케이트에 가입해서, 대표 엔젤과 함께 투자하겠다고 약속한다. 이를 통해 창업자들은 한 명의 엔젤 투자자에게 투자를 받는 것보다 훨씬 큰 액수를 지원받을 수 있다. 신디케이트 활용 방법에 대한 자세한 내용은 엔젤리스트의 도움말 페이지(http://bit.ly/syndicates_angellist)를 참고하자.

이 플랫폼을 최대한 활용하는 방법에 대해서는 '엔젤리스트 활용 요령'을 참조한다.

MEMO 엔젤리스트 활용 요령

많은 초보 창업자들이 부담스러워하는 일 하나가 자금 조달에 앞서 투자자에게 연락을 취하고 인맥을 구축하는 것이다. 엔젤리스트는 2010년의 출범 후로 이 과정을 용이하게 하기 위해 힘써 왔다. 엔젤리스트의 프로덕트 매니저 애시 폰타나Ash Fontana가 이 플랫폼을 활용하는 방법에 대한 몇 가지 요령을 공유한다.

엔젤리스트를 효과적으로 활용하려면 여러 가지 측면에서 최대한 적극적이어야 한다.

시장에 최대한 많은 정보를 제공하라. 프로필을 상세하게 작성하고, 프로필을 통해 스타트업을 가장 효과적으로 소개하려면 어떻게 해야 할지 생각해 보자. 회사의 랜딩 페이지라고 생각해도 좋다. 태깅 시스템을 활용해서, 특정 부문이나 지역을 대상으로 검색을 할 때 당신의 회사가 결과에 뜨도록 만들자. 특히 하드웨어 제품의 경우에는 제품을 사용하는 사람들의 이미지를 프로필에 추가하자. 이미 생산 중인 제품이 있다면 동영상을 넣는 것도 좋다. 동영상은 제품이 진짜라는 느낌을 주기 때문이다. 엔젤리스트는 최고의 프로필을 추천 스타트업으로 선정하여 게시하고 투자자에게 이메일로 알리는 데 적극적이다. 추천 스타트업으로 뽑히려면, 풍부한 정보를 담은 회사 페이지를 마련하는 것이 필수적이다.

엔젤리스트를 소셜 네트워크처럼 사용하라. 엔젤리스트는 애초에 소셜 네트워크로 만들어졌기 때문이다. 링크드인과 트위터에서 서서히 친구를 늘리고 관계를 구축하듯, 엔젤리스트에서도 인맥을 구축하는 데 공을 들여야 한다. 매일 들어가서 피드를 확인하면서 사람들이 무엇을 하는지, 어디에 투자하는지 살펴보자. 투자자와 자문이 생기면 회사 프로필에 추가하자. 중요 소식을 꾸준히 업데이트하자. 친구와 팔로워가 그 소식을 공유하면, 그들의 지인에게 보이는 뉴스피드에도 소식이 나타나기 때문이다.

먼저 행동하라! 직접 연락하든 온라인으로 연락하든, 투자자에게 연락을 하려고 하면 초조한 게 당연하다. 하지만 그 사람들도 회사에 투자하기 위해서 엔젤리스트에 등록한 것이다. 그러니까 적극적으로 소개를 요청하고, 창업자와 투자자를 팔로우하고, 메시지를 보낼 수 있는 모든 사람에게 메시지를 보내자. 물론 그 사람들이 당신의 분야에 관심이 있을 거라 판단하는 근거는 있어야 한다(투자자도 자기 프로필에 관심 분야를 태그로 입력한다).

엔젤리스트에 가입하기 적당한 시기는 자금 조달을 시작하기 직전만이 아니다. 회사의 존재를 공개적으로 발표하는 데 거리끼는 것이 없는 시점이면 된다. 그러니까 회사 창업을 공개적으로 인정할 준비가 되는 대로 어서 엔젤리스트에 가입해서, 멋진 프로필을 작성하고 관계를 형성하기 시작하자. 그 후 자금 조달을 시작할 때가 오면 프로필의 '자금 조달' 스위치를 켜면 된다.

자금 조달을 진행하는 중에는 투자자가 품을 법한 의문에 초점을 맞춘 정보를 프로필에 추가하는 것이 좋다. 소액의 시드 라운드가 아니라면, 제조 과정과 협력 관계에 대한 정보를 추가하자. 투자자들은 당신이 자기 사업에 빠삭하다는 확신을 갖고 싶어 한다. 사전 판매 관련 수치, 긍정적인 반응의 징후, 이미 확보한 고객 관계를 공유하자.

라운드를 성공으로 이끌기 위해서는 많은 투자자에게 연락을 취해야 한다. 이때 최선의 방법은 진정성을 보여 주는 것이다. 소개말은 간결하게 쓰되, 그 투자자가 하필 당신의 스타트업과 잘 맞는다고 생각하는 이유를 반드시 밝히자.

당신에게 수표를 써 주겠다는 투자자를 한 명이라도 만나면, 그것을 기점으로 투자자가 줄을 잇는 경우가 많다. 엔젤리스트의 서비스인 인베스트 온라인Invest Online은 플랫폼 자체에서 이 과정을 지원한다. 즉, 엔젤리스트 투자자에게 10만 달러의 투자를 약속받은 회사는 온라인으로 자금을 조달할 수 있다. 이 프로그램에 참여하는 회사들의 정보가 더 넓은 엔젤리스트 커뮤니티에 이메일로 발송된다. 이것은 자기 인맥 밖에서 자본의 원천을 찾기에 아주 효과적인 방법이며, 보통 투자를 위한 홍보 노력도 아낄 수 있는 방법이다.

엔젤리스트 신디케이트AngelList Syndicate 역시 라운드 투자금을 모으는, 비교적 새로운 방법이다. 유명 엔젤 투자자와 시드 투자자가 이 플랫폼에서 신디케이트를 형성한다. 말하자면 자기 자본을 종잣돈으로 삼고 여러 소액 투자자의 돈으로 나머지를 채우는 미니 펀드라 할 수 있다. 즉, 혼자라면 평소에 25,000달러의 자금을 투자했을 개인 엔젤 투자자가 단체의 힘을 빌어 수십만 달러에 달하는 큰돈도 투자할 수 있다는 말이다. 이런 투자자에게 투자를 요청하는 것은 펀드에 접근하는 것과 비슷하다.

엔젤리스트 플랫폼을 사용하는 투자자의 1/3 이상이 벤처 캐피털리스트나 시드 펀드 등의 기관투자자인데, 이런 곳은 그저 첫 10만 달러를 투자받는 곳 이상이다. 엔젤리스트 자체도 스타트업이므로, 관계 형성과 자본 확보를 용이하게 하는 새로운 기능을 끊임없이 내놓고 있다. 엔젤리스트 블로그에서 투자자에게 회사를 홍보하고 자금을 조달하는 데 도움을 주는 최신 도구를 확인하자.

하드웨어는 엔젤리스트에서 특히 인기가 많은 카테고리로, 투자자의 관심이 많이 몰린다. 애시는 이렇게 설명한다. "킥스타터 등을 통해 사전 판매를 진행한 다음 엔젤리스트에서 지분 투자 라운드를 유치하는 것도 좋은 방법입니다. 일반적이고 성공적인 전략이죠. 투자자들이 수요가 검증되었다고 생각하거든요. 하지만 엔젤 투자 단계에서는 결국 사람과 제품이 가장 중요합니다."

05 벤처 캐피털

벤처 캐피털리스트(VC)는 성장 잠재력이 높은 신생 기업에 투자하는 전문 투자자다. 자본의 대부분은 외부 투자자(유한 책임 파트너, LP)에게서 비롯하며, 펀드라는 투자 수단에 들어 있다. 펀드의 수명 주기는 보통 10년이므로, 벤처 캐피털리스트는 이 기간 내에 수익을 낼 수 있는 투자를 목표로 한다. 벤처 캐피털리스트는 일반적으로, 주어진 펀드 안의 투자처 대부분에서 손해를 보거나 본전치기를 하고 극히 일부에서만 거액의 수익을 거두리라 기대한다.

특히 하드웨어 회사의 경우, 벤처 캐피털 라운드를 유치하기가 어렵다. 역사적으로 많은 벤처 투자자들이 하드웨어를 기피했는데, 제품 개발에 비용이 많이 들고 빠른 반복 수정이 어려우며 제품 출시에 앞서 시장 수요를 가늠하기가 까다롭기 때문이다.

이 책의 앞부분에서 논의했듯이, 최근 이런 문제가 완화되면서 하드웨어 스타트업에 투자하는 기관투자자가 늘고 있다. 하드웨어 스타트업으로 흘러드는 자금에 대한 정확한 통계를 구하기는 어렵지만, DJX 벤처소스DJX VentureSource의 데이터(http://bit.ly/hardware_trends)에 따르면 이 부문의 투자금이 증가하는 추세다. 2012년에는 하드웨어 스타트업에 4억 4,200만 달러가 투자되었고 2013년에는 그 액수가 8억 4,800만 달러로 거의 두 배 올랐다고 한다.

투자금이 증가했다고는 해도 자금 조달은 지지부진한 싸움일 수 있다. 하드웨어 및 소프트웨어 분야의 많은 창업자들이 라운드를 마무리하기까지 몇 달 동안은 오로지 자금 조달에만 매달려야 한다고 말할 것이다. 창업자라면 누구나 이 단계를 최대한 단축하고 제품 개발에 돌입하고 싶을 테니, 기관투자자와 성공적으로 계약을 맺기 위한 요령을 살펴보겠다.

표적 투자자 선정하기

표적 투자자를 신중하게 선정하는 것의 중요성은 아무리 강조해도 지나치지 않다. 그러려면 이상적인 투자자에게 제공받고 싶은 부가 가치가 무엇인지 알아야 한다.

벤처 투자는 장기적인 협력 관계이므로, 회사의 성장에 도움을 줄 사람들을 찾는 것이 중요하다. 처음으로 조달하는 벤처 캐피털은 확장성을 확보하고 제품/시장 적합성을 찾는 데 사용해야 한다. 단기적으로는 자금 조달을 통해 이루고자 하는 목표에 도달하는 데 도움을 줄 파트너를 찾아야 한다. 예를 들어 아직 제품을 생산하지 않은 경우, 포트폴리오의 다른 회사들이 제조 공정을 헤쳐 나가는 데 도움을 준 경험이 있는 투자자를 찾는 것이 좋다. 틈새 채널(예. 의료 기술 장치)에 제품을 판매하는 경우, 병원에 인맥에 있거나 FDA 승인 절차를 경험한 투자자를 찾는 것이 좋다. 돈은 돈일 뿐이며, 투자자의 부가 가치는 회사의 성장에 얼마나 도움을 주느냐에 있다.

자금 조달 과정은 영업과 비슷하다. 상품이 아니라 비전을 팔 뿐이다. 우선 자금 조달 파이프라인을 구축하자. 표적으로 하고 싶은 투자자를 정한 다음, 스프레드시트나 고객 관계 관리(CRM) 시스템으로 연락 날짜, 반응, 후속 작업 요청, 또는 기타 추가 정보를 관리하자.

파이프라인에 넣을 투자자는 어떻게 선정해야 할까? 열심히 조사하고 까다롭게 선정하는 방법밖에 없다. 자신에게 맞는 투자자를 찾으려면 자기 부문을 전문으로 다루는 뉴스 기사, 업계 간행물, 블로그를 읽으며 그 분야에서 활동하는 투자자를 파악해야 한다. 엔젤리스트 투자자 프로필을 확인하자. 이 플랫폼을 사용하는 VC는 대부분 자사의 투자 성향에 맞는 부문 또는 지역을 프로필에 표시하고 있다.

크런치베이스(http://www.crunchbase.com)와 쿠오라(http://www.quora.com)도 좋은 자료다. 크런치베이스는 매월 데이터베이스 덤프를 엑셀 파일로 공개한다. 이 파일을 부문과 날짜에 따라 정렬해서, 하드웨어 분야에서 자금 조달과 관련하여 무슨 일이 일어나고 있으며 누가 참여하고 있는지 확인하자. 특정 투자자가 어떤 프로세스를 따르며 함께 일하기는 어떤지 알고 싶다면, 그 투자자의 포트폴리오에 있는 지인에게 연락을 해 보자.

벤처 캐피털 펀드라고 모두 똑같지는 않다. 하드웨어에는 아예 투자를 하지 않는 펀드도 있다. 특히 규모가 작은 펀드는 초기 자본 투자가 많거나 위험이 큰 부문(예. FDA 승인이 필요한 의료 장치)은 건드리지 않는다.

VC는 대부분 기존의 투자처와 경쟁할 가능성이 있는 회사에는 자금을 대지 않는다. 이해관계의 충돌이 일어날 수 있기 때문이다. 다행히도 VC 회사의 웹사이트에는 대개 포트폴리오 페이지가 있으므로, 그 회사의 투자 성향을 알 수 있다.

상대에게 맞춰 회사 소개하기

회사와 가장 잘 맞는 투자자를 찾았다면, 이제 연락을 해서 회의 시간 약속을 잡아야 한다. 이때 가장 이상적인 방법은 투자자에게 당신을 소개해 줄 공통의 지인을 찾는 것이다. 링크드인을 사용하면 특정 투자자가 당신의 인맥과 어떻게 연결되어 있는지 쉽게 알 수 있다. 해당 VC의 포트폴리오 회사에 창업자나 직원으로 근무하는 친구에게 연락하는 것도 좋은 방법이다.

아직 인맥이 탄탄하지 않더라도 지레 실망하지는 말자. 투자자에게 직접 다가가는 것도 보통 창업자들이 생각하는 것보다는 훨씬 쉽다. 특정 투자자에게서 자금을 조달하고 싶은 이유가 확실하다면, 아마 그 투자자의 돈뿐만 아니라 자문에도 관심이 있을 것이다. 그러니 일단 자문을 구해 보자. 이메일이나 트위터로 연락을 해서, 커피를 마시거나 잠깐 통화를 하자고 부탁하자. 특정 문제 또는 분야에 대한 의견을 듣고 싶다고 말하되, 요청 내용을 구체적으로 밝혀야 한다. 그냥 "이야기를 나누고 싶다."라고만 말하면, 투자자는 당신이 자금 조달 이야기를 꺼내려고 변죽을 울린다는 인상을 받을 수도 있다.

이 작업은 자금 조달을 시작하기 몇 달 전에 하는 것이 좋다. 자문을 받은 다음 시간이 흐르며 발전하는 모습을 보여 줄 수 있기 때문이다. 마크 서스터Mark Suster 의 블로그 '테이블의 양쪽Both Sides of the Table'에 관계 구축에 대한 좋은 글이 있는데, 점이 아니라 선에 투자하라는 내용(http://bit.ly/invest_in_lines)이다. '점'이란 하나의 상호작용이다. 즉, 그 순간에 당신의 회사는 하나의 지점에 있는 것이다. 관계가 발전하면서 회의, 통화, 이메일 연락이 잦아진다. 즉, 점이 더 생겨난다. 그러다 보면 투자자가 이 점들을 연결하는 선을 그려서, 회사가 지금까지 지나온 길을 살펴보고 앞으로 나아갈 방향도 예상할 수 있다. 사실 투자자가 방금 만난 창업자나 개인 인맥을 통해 검증 없이 접근하는 창업자에게 선뜻 투자하는 경우는 많지 않다.

기관투자자와 관계를 맺을 때는 해당 펀드의 임원이 아닌 사람에게 다가가는 편이 더 쉽다. 대리 이하의 직급은 직접 수표를 쓸 권한은 없지만 흥미로운 창업자들을 만나는 것이 주 업무이므로, 임원보다는 커피 한잔하며 상담을 할 시간 여유가 있을 가능성이 높다.

실리콘밸리에서는 직급이 낮은 투자자에게 시간을 낭비하지 말아야 한다는 것이 상식으로 통하지만, 그 사람들은 당신과 동기가 일치한다. 당신이 VC에서 프레젠테이션을 하고 싶은 만큼, 그 사람들은 좋은 회사를 VC로 불러들여 프레젠테이션을 시키고 싶어 한다. 대리급 투자자는 보통 이 과정에서 창업자에게 지침을 제시하고 VC의 주간 회의에서 자기가 좋아하는 스타트업을 옹호해 준다. 하지만 임원 앞에서 프레젠테이션을 하기까지 몇 번의 회의를 더 거쳐야 할지도 모르니, 정말 시간이 부족하거나 라운드 마감이 다가오고 있다면 그 점을 분명히 해도 무례하게 여겨지지는 않는다.

관계를 구축하는 데는 여러 가지 방법이 있지만, 공식 사이트의 대표 이메일 주소(예. plans@vcfirm.com)로 30페이지짜리 프레젠테이션 자료를 보내는 건 방법이 아니다. 투자자들은 자신의 '진짜' 이메일 계정으로 하루에만 수백 통의 메일을 받으므로, 그 계정은 실제로 거의 확인하지 않는다.

이야기를 나누고 싶은 투자자와 통하는 인맥이 전혀 없다면(그리고 인맥을 만들 방법도 없다면) 최소한 그 사람에게 직접 연락하는 방법을 알아내야 한다. 기관 투자자 중에도 엔젤리스트를 사용하는 사람이 많으니, 플랫폼의 메시지 서비스를 통해 연락을 취할 수 있다.

이야기 들려주기

회의를 잡았다면, 이제 이야기를 들려줄 차례다. 좋은 프레젠테이션은 문제와 해결책에 대한 하나의 이야기다. 현재의 진행 상태와 미래의 비전을 한데 엮는 내러티브다. 프로토타입이나 데모가 있다면 시연을 중심으로 이야기의 흐름을 짜자. 보여주는 것이 언제나 들려주는 것보다 낫다.

최고의 프레젠테이션은 다음 요소를 갖추고 있다.

문제 당신이 해결하려 하는 고객의 고충점은 무엇인가? 구체적으로 이야기하자. 그것을 해결하는 데 인생의 상당 부분을 쏟겠다고 마음먹을 만큼 그 문제가 당신에게 깊은 영향을 미친 이유는 무엇인가?

해결책 당신은 방금 투자자에게 말한 고충점을 어떻게 해결하려 하는가? 해결책이 반드시 혁신적이어야 할 필요는 없다. 자기 쥐덫이 나은 이유를 구체적으로 설명할 수만 있다면, 더 나은 쥐덫을 만들어도 상관없다. 가격으로 경쟁할 것인가, 기능으로 경쟁할 것인가, 아니면 전혀 다른 요소로 경쟁할 것인가? (힌트: 우리는 3장에서 이미 차별화 요소를 파악했다!)

팀 이 문제를 해결하는 데 당신의 팀이 가장 적격인 이유는 무엇인가? 이 분야에 경력이나 개인적인 경험이 있는가? 창업 팀을 으뜸가는 기준으로 생각하는 VC가 많다. 아이디어는 변하기도 하므로, 투자자들은 확신을 주는 확실한 사람에게 투자하는 것이다.

회사를 창업하거나 성공적으로 제품을 출시한 경험이 있다면 그것도 강조하자. 설령 현재 활동 중인 분야와 관계가 없다 하더라도, VC는 실행력을 증명한 적이 있는 창업자를 선호한다. 초보 창업자라면, 투자를 받으려는 제품에서 지금까지 이룬 성과와 직업적인 성취에 중점을 두면 된다.

전체 시장 당신의 장치가 해결하는 문제를 겪는 사람은 누구인가? 그런 사람이 몇 명이나 있는가? 그중 당신의 제품을 살 만한 사람의 비율은 얼마인가? 이에 대한 대답을 수치로 나타내기란 쉬운 일이 아니지만, 판매를 하려 하는 영역의 경제적인 환경을 파악하는 것은 중요하다.

당신의 시장이 투자자가 매력을 느낄 만큼 크다는 근거를 설득력 있게 제시할 수 있어야 한다. 열심히 조사를 하고 솔직하게 말하자. 전체 시장(예. 국내의 모든 교사)과 유효 시장(예. 당신의 새로운 교육 보조 장치를 구매할 예산이 있는 학군에 근무하는 교사)에는 차이가 있다(TAM/SAM/SOM의 차이는 43페이지의 '시장 규모' 참조).

하드웨어든 소프트웨어든, 설계가 훌륭하고 특정 집단에게 각광받는 제품은 많다. 하지만 잠재적인 구매자가 많지 않으면(즉, SOM이 작으면) VC는 회사에 투자하기를 망설일 것이고, "생계형 사업이다." 또는 "벤처 투자와는 맞지 않는다."라는 소견을 말할지도 모른다. 즉, 제품을 사겠다는 사람이 있을 만큼 아이디어가 좋고 당신의 생활비 정도는 벌고 남을지도 모르지만, 수십억 달러 가치의 기업으로 성장하여 벤처 투자자가 추구하는 수익을 가져다 줄 가능성은 낮다는 뜻이다.

"이건 제품입니까, 플랫폼입니까?"라는 질문을 받을 수도 있다. 투자자의 입장에서 당신이 현재 제작 중인 장치 하나에 투자하는 것인지, 안정적인 제품군에 대한 비전이 있는지를 묻는 질문이다. 커넥티드 캔 오프너 하나를 만드는 데 만족할 것인가, 차세대 옥소Oxo를 꿈꿀 것인가? 이 문제는 소프트웨어 요소가 없는 스타트업의 경우 특히 중요하다.

하나의 물리적인 제품만으로 커뮤니티의 열정을 자극하고 브랜드 충성도를 구축하기란 쉽지 않다. 오로지 그 제품을 만드는 데만 관심이 있다면야 그것도 괜찮다. 하지만 오직 하나의 쥐덫으로만 이루어진 제품군이 벤처 수준의 수익을 낼 만큼 팔릴 거라고 기관투자자를 설득하기는 쉽지 않다. 차세대 옥소로 자리매김하기 위한 전략을 차근차근 설명하는 것이 훨씬 설득력 있다.

시장의 반응과 매출 이미 어느 정도 시장의 반응을 얻고 있다면 당당하게 소개하자. 투자자들은 시장의 반응을 좋아한다. 소프트웨어 요소가 있는 하드웨어 회사라면, 사용자 관련 수치와 소프트웨어 지표를 공개하자. 사전 주문 또는 매출 데이터도 좋고, 메일링 리스트 등록 인원도 좋다. 킥스타터 또는 인디고고의 후원자 수와 총 모금 액수, 대기업과의 가계약서도 좋다. 투자자에게 제품의 수요가 존재한다는 사실을 보여 줄 수 있는 데이터라면 무엇이든 상관없다. 초기 단계의 투자자는 대부분 주문 수나 매출액의 규모를 따지는 게 아니라, 시간에 따른 추이에 관심을 보인다.

투자 요청 이 투자자에게 3백만 달러를 요청하는 이유는 무엇인가? 그 3백만 달러로 무엇을 할 것인가? 구체적으로 밝혀야 한다. 채용에 쓸 것인가, 마케팅에 쓸 것인가, 아니면 양산에 쓸 것인가? 시드 단계 투자자는 대개 초창기 소프트웨어 회사의 재무 계획을 무시하지만, 하드웨어는 이야기가 다르다. 급여, 제조, 보관, 운송 등 지불해야 하는 일이 많다. 임대료와 법무 비용, 인증 비용, 마케팅도 잊지 말자.

특히 처음으로 제품을 출시하기 위해 자금을 조달하는 경우, 대략적인 비용을 명확하게 추정해서 제시해야 한다. 거창한 자료를 준비할 필요는 없지만, 요청하는 자금이 들어오면 A 지점에서 B 지점으로 갈 수 있다는 사실을 전달해야 한다는 것이다. 투자자에게는 현실적으로 약 18개월의 '활주로'를 마련해 줄 수 있는 액수를 요청하는 편이 바람직하다.

경쟁업체 경쟁업체가 없는 스타트업은 없다. 당신의 장치 같은 물건은 이제껏 세상에 없었다고 주장하고 싶겠지만, 새로운 문제는 거의 존재하지 않으며, 따라서 그 문제를 현재 해결하려 하는 사람들이 곧 경쟁 상대다. 그런 사람이 없다면, 당신의 해결책에 굳이 돈을 쓸 만큼 그 문제가 중요하지 않다고 생각하는 사람들이 곧 경쟁 상대다.

경쟁업체를 솔직하게 밝혀야 한다. 투자자도 어차피 직접 경쟁업체 조사를 할 것이기 때문이다. 가장 가까운 경쟁업체를 언급하지 않으면, 부정직해 보이거나 시장을 잘 모르는 것처럼 보일 것이다. 기능으로 경쟁하는 경우에는 흔히 기능 비교표를 제시하고, 여러 요인으로 경쟁하는 경우에는 사분면 시각화(그림 9-1 참조)를 사용한다.

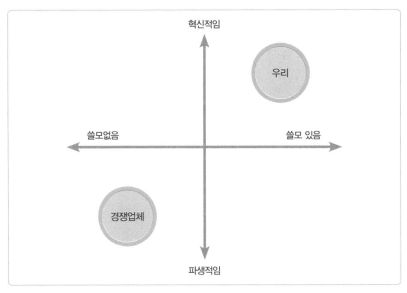

그림 9-1 사분면 시각화

보통 앞에서 이야기한 각 항목에 슬라이드를 한두 장씩 할애한다. 최적의 슬라이드를 작성하는 방법을 소개하는 블로그 게시물이 많다. 우리가 가장 좋아하는 게시물 중 하나는 가이 가와사키Guy Kawasaki의 '파워포인트의 10/20/30 규칙' (http://bit.ly/102030_rule, 슬라이드 10장, 프레젠테이션 길이 20분, 글꼴 크기 30 포인트 이상을 뜻함). 또 많은 스타트업이 프레젠테이션을 공유하는 슬라이드셰어 Slideshare를 둘러보는 것도 방법이다.

> **TIP**
>
> 이메일로 보내는 프레젠테이션 자료는 직접 발표하는 자료와는 달라야 한다. VC를 직접 만나는 자리에서 슬라이드를 줄줄 읽을 수는 없고, 슬라이드 한 장에 딱 한 단어씩만 있는 자료를 투자자에게 이메일로 보낼 수도 없다.

혁신적인 신기술과 같이 진짜 새로운 것을 개발한다면, 투자자가 당신이 무슨 일을 하는지 이해하지 못하는 경우도 각오해야 한다. VC는 여러 분야의 지식을 골고루 갖추고 있지만, 당신의 영역에 전문적인 경력이 있는 사람은 거의 없다.

비전문가에게 자기가 하는 일을 잘 설명하는 것은 귀한 역량이다. 지금은 VC에게 아이디어를 팔고 있지만, 언젠가는 고객에게 제품을 판매하거나 언론에 설명해야 하기 때문이다. 프레젠테이션에 시각 자료나 비기술적인 도표를 넣는 것도 이해를 도울 수 있는 좋은 방법이다. 부록을 활용하면, 10/20/30 규칙을 지키면서도 흔히 하는 질문에 대답하기 위한 정보를 모두 준비할 수 있다.

기업 실사

프레젠테이션이 순조롭게 진행되고 VC 회사가 적극적으로 호응하면, 대개는 기업 실사 프로세스를 시작한다. 이 과정에는 며칠(VC가 이미 시장을 잘 아는 경우)에서 몇 주(투자자가 심층 연구나 고객 면담을 진행하고 싶어 하는 경우)까지 걸릴 수 있다.

기업 실사의 목적은 특정 투자 기회에 대해 '누가, 언제, 어디서, 무엇을, 왜'에 답하는 것이다. 초창기 스타트업에 투자하는 펀드의 경우, 기업 실사 과정에서 시장 조사, 경쟁업체 조사, 창업자의 평판 조회 등을 실시한다. 즉, 투자자가 표적 시장을 움직이는 요인들을 파악하는 것이다. 의료 기기를 개발하는 경우에는 보통 규제 환경 조사도 실시한다.

경쟁업체 조사는 대개 시장에 자리 잡은 주요 업체를 파악하고 해당 분야의 스타트업 현황을 조사해서 당신의 상품과 비교해 보는 과정이다. 창업자의 평판 조회는 당신이 VC에 알려 주는 지인들에게서 출발하지만, 당신과 투자자가 공통적으로 아는 사람이나 당신의 지인이 알려 주는 다른 사람을 통한 '뒷문' 조회도 병행하는 경우가 많다. 특히 B2B 회사인 경우에는 고객에게 확인 전화를 하는 경우도 흔하다. 또한 VC는 주주구성표를 보여 달라고 할 것이다.

마지막으로 이미 매출이 발생하고 있는 상태에서 벤처 자금 조달을 하는 경우에는 기업 실사 과정에서 재무 상태에 대한 철저한 조사도 이루어진다.

그렇다면 VC가 승인 또는 거절을 판단하는 기준은 무엇일까? VC가 계약을 체결하는 경우는 대체로, 팀이 마음에 들고 그 문제를 중요하게 생각하기 때문이다. 크고 의미 있는 문제를 해결하는 제품을 개발하면, 고객은 자연스레 그 해결책에 끌리게 마련이다(또는 적어도 그 해결책에 돈을 쓰기 마련이다).

투자자가 거절하는 이유는 다양하다. 의료 관련 하드웨어 회사의 경우, 투자자가 510(k) 승인 절차 때문에 지레 겁을 먹기도 한다. 소비자 장치의 경우, 위에서 이야기한 '제품이냐 플랫폼이냐'의 문제 때문에 스타트업이 VC가 매력을 느낄 만큼 크게 성장하지 못할 것처럼 보이기도 한다. 때로는 회사의 현재 단계와 투자자가 선호하는 단계가 일치하지 않아서 투자를 거절당하기도 한다(이런 경우에는 연락을 유지하면서 다음 라운드에 다시 투자를 요청하는 방법도 있다).

"아니요."가 훨씬 흔한 응답이므로, 회의가 몇 차례 실패로 돌아가더라도 실망하지는 말자. 투자를 받지 못한다면 이유를 알려 달라고 요청해도 괜찮다.

06 전략적 투자자

전략적 투자자는 따로 이야기할 만한 가치가 있는 전문 투자자의 한 유형이다. 전략적 투자자는 보통 기업의 벤처 캐피털 또는 대기업의 투자 부문(예. 타임 워너 인베스트먼츠Time Warner Investments 또는 델 벤처스Dell Ventures)이다. 이런 펀드가 투자하는 이유는 대개, 대기업과 스타트업 사이에 호혜적인 관계를 구축하기 위한 것이다.

때때로 이런 투자는 전략적 투자자가 자사의 제품군을 향상시키는 데 도움을 줄 보완적인 제품 또는 실험적인 기술을 지원하는 형태로 이루어진다. 물론 재무적인 동기가 있는 경우도 많다. 이런 회사는 대다수가 전문성을 지닌 영역을 중심으로 투자하고, 따라서 성공하는 회사를 선택할 가능성이 평균보다 높다. 전통적인 VC와 공동 투자를 하기도 한다.

기업의 벤처 펀드에서 돈을 받는 데는 장단점이 있다. 전략적 제휴사는 업계에 대한 기술적 또는 사업적 전문성을 통해 부가 가치를 제공하기도 한다. 마케팅 채널 또는 경영과 관련하여 소개를 해 주거나 자문을 제공하는 경우도 있다. 또한 대형 브랜드가 공개적으로 관심을 표명한다는 것 자체가 신생 기업에는 PR 효과를 가져다 준다. 마지막으로 그냥 수동적인 투자자로서 자본을 공급하고 추후 라운드에도 참여하는 경우도 있다.

반면, 기업 벤처 펀드는 담당자가 비교적 자주 바뀌기 때문에 내부의 동료를 잃고 새로운 관계를 다지느라 고생해야 하는 경우도 있다. 또한 전략적 제휴사의 경쟁업체가 당신의 고객이 되기를 꺼릴 수도 있다. 전략적 투자자가 명시적인 조항을 통해 제품을 경쟁업체의 유통 채널이나 소매점에 판매하지 못하게 하는 경우도 있고, 진짜 지분 투자보다는 기술 이전에 가깝게 계약을 맺으려고 하는 경우도 있다.

더 나중을 바라본다면 인수 합병과 관련한 우려도 있다. 투자자 중에 전략적 경쟁업체가 있는 경우, 인수 후보군이 좁아질 수도 있다. 인수하는 회사가 사업 현황 정보를 공개하는 것을 꺼릴 수도 있기 때문이다.

지분이 높은 전략적 투자자는 그 권한을 이용해 판매를 차단할 수도 있다. 따라서 기업 벤처 캐피털을 받아들이기 전에는 장기적인 전략적 협력 관계를 맺는 목적과 동기가 서로 일치하는지 반드시 확인해야 한다.

07 투자 라운드 구성하기

라운드 구성의 원리와 세부 사항을 중점적으로 다루는 좋은 블로그와 책이 많으므로, 여기에서는 간략하게만 설명한다. 이 외의 다른 서적으로는 『벤처 계약: 변호사와 VC보다 똑똑해지는 법Venture Deals: Be Smarter Than Your Lawyer And Venture Capitalist』(Wiley, 2012)을 추천한다.

엔젤 또는 기관투자자에게 라운드를 유치하려면, 전환 사채와 지분 금융 중 어느 방법을 택할지 정해야 한다. 전환 사채의 경우, 투자자가 지분으로 전환할 수 있는 채권을 통해 투자한다. 보통 추후 지분 라운드를 유치할 때 전환이 일어난다. 전환 사채에는 대개 기간이 정해져 있어서, 이 기간까지 지분으로 전환하거나 대출을 상환해야 한다.

전환 사채 투자 요청은 보통 다음과 같은 형태로 이루어진다. "75만 달러를 6백만 달러의 한도, 20%의 할인율로 투자받고 싶습니다." 첫 번째 액수는 스타트업이 조달하고자 하는 액수다. 보통 추후 자금 조달에 적용되는 전환 조건이 존재한다. 예를 들면, 총 1백만 달러를 조달했을 때 사채가 지분으로 전환되는 식이다. 그렇지 않은 경우에는 정해진 가격으로 지분 라운드를 유치할 때 전환이 일어난다. 할인율(이 예시에서는 20%)은 이론적인 다음 라운드에 지분을 얼마나 싸게 살 수 있느냐를 나타내며, 초기 투자자에게 동기를 부여하기 위해 존재한다.

예의 회사가 기업 가치를 1천만 달러로 상정하여 시리즈 A 지분 라운드를 유치하는 경우, 전환 사채를 보유한 투자자는 20% 싼 가격에 지분을 받는다. 따라서 시리즈 A 라운드 당시 주가가 1주당 1달러였다면, 이 투자자의 75만 달러짜리 사채는 1주 80센트의 가격에 준하여 935,700주로 전환된다. 즉, 가격을 20퍼센트 할인받은 셈이다. A 라운드에 들어오는 투자자는 750,000주를 받을 것이다.

전환 사채 요청 시 지정하는 또 하나의 조건은 한도로서, 지분 전환 시의 기업 가치를 제한한다. 이는 창업자와 투자자의 동기를 일치시키고 초창기 투자자에게 보상을 주기 위한 마련이다. 앞의 예를 다시 생각해 보자. 한도가 6백만 달러인데, 시리즈 A 협상 중에 합의한 기업 가치가 1주당 1달러로 총 1천만 달러였다. 그러나 전환 사채 보유자의 투자금 75만 달러는 회사의 가치가 6백만 달러라는 가정 하에 전환된다. 즉, 1주당 60센트(6백만/1천만)의 가격으로 1,250,000주를 받게 된다.

일반적으로 사채를 전환할 때는 한도에 의한 주당 가격과 할인율에 의한 주당 가격 중에 더 낮은 가격을 적용한다. 우리의 예시에서는 (할인율을 적용하여 산정한 80센트가 아니라) 한도를 적용하여 산정한 60센트의 가격이 투자자에게 더 유리하다. 그 외에도 전환 사채 계약에는 금리와 청산 우선권 등 여러 가지 요인이 작용하니, 투자자에게 제안하는 조건을 정확히 이해해야 한다.

전환 사채 발행과 지분 라운드의 가장 큰 차이는 전자의 경우 기업 가치를 설정하지 않는다는 점이다. 지분 라운드의 계산은 조금 더 간단하다. 라운드에 대해서 흔히 "Y달러의 투자 전 기업 가치를 기준으로 X달러를 투자했다."라고 이야기한다 (예. 6백만 달러의 투자 전 기업 가치를 기준으로 75만 달러를 투자했다). 지분 투자 마감 후의 기업 가치를 나타내는 투자 후 기업 가치는 투자 전 기업 가치와 투자 금액을 합한 값이다. 따라서 우리의 예시에서 투자 후 기업 가치는 675만 달러다.

대부분의 기관투자자는 투자 후 기업 가치에 대비하여 자사의 지분 소유 비율을 극대화하려고 하며, 흔히 10~20% 사이의 지분을 보유하는 것을 목표로 한다. 우리의 예시를 사용하자면, 이 VC의 75만 달러짜리 투자는 최종적인 기업 가치인 675만 달러의 11.11%다. 기업 가치는 보통 비슷비슷한 기업을 기반으로 평가한다. 역사적으로 이 협상에는 VC가 유리한 편인데, 매일 계약 성사를 보는 만큼 다른 계약의 체결 가격이 어느 정도인지 잘 알기 때문이다.

그러나 업계의 투명성은 증가하고 있다. 당신의 VC 담당자가 비슷비슷한 계약의 목록을 제시할 가능성이 높고, 엔젤리스트에서도 최근 창업자가 직접 유사 업체를 비교하게 해 주는 기업 가치 평가 도구(https://angel.co/valuation)를 공개했다. 법률 회사 펜윅 앤드 웨스트Fenwick & West에서도 시장 동향 파악에 도움을 주는 시드 금융 설문 조사Seed Financing Survey(http://www.fenwick.com/seedsurvey)를 매년 공개한다.

하드웨어 회사는 보통 소프트웨어 회사보다 자본 집약적이므로, 대부분이 데이터 포인트(예. 매출)를 더 확보하기까지 기업 가치 평가를 회피하기 위해 전환 사채를 발행하는 편이다. 보통 전환 사채를 통한 자금 조달이 더 빠른데, 수시 마감이 가능하고(즉, 자본 전체를 한꺼번에 받아들일 필요가 없고) 법무 비용이 저렴하며 공식적인 이사회 소집이 필요 없기 때문이다.

그러나 전환 사채 발행 시 투자자와 창업자의 동기가 일치하지 않는다는 느낌을 받는 벤처 캐피털리스트가 많다. 특히 한도가 없을 경우에 이런 일이 일어나기 쉽다. 기관투자자는 대부분 자신들의 투자가 그저 수표 이상이라고 생각하며, 이사로서 포트폴리오 회사의 성장에 적극적인 역할을 하고 싶어 한다. 투자자에게 접근할 때는 늘 협상의 여지를 열어 두는 것이 좋다. 장기적으로 좋은 파트너가 되리라 믿는 투자자의 경우에는 이것이 더욱 중요하다.

성장 단계의 기업이라면(예. 시리즈 A 라운드를 유치했고 꾸준한 수익 흐름이 있다면) 벤처 융자(http://bit.ly/venture_debt) 이용 자격을 충족할지도 모른다. 특정 은행에서는 벤처 투자를 받는 회사를 대상으로, 운전자본이나 특정 프로젝트의 비용을 충당하기 위한 대출을 허용한다. 그 대가는 보통 금리와 담보다.

은행에서도 가끔 미래의 지분 투자 라운드 참여 기회를 요구하기도 한다. 벤처 금융으로 생산 비용을 조달하는 데 관심이 있다면, 온라인의 금융 모델(http://bit.ly/venture_debt_blog)을 참고하여 현금 흐름을 파악하고 이 방법이 자기 회사에 적합한지 판단할 수 있다.

시장으로 가져가기

지금까지는 아이디어를 바탕으로 제품을 만드는 방법과 회사의 종잣돈을 마련하기 위한 자금을 조달하는 방법을 알아보았다. 이제 사업에 대해, 즉 사업 모델, 가격 책정, 마케팅 채널, 유통, 물류 등에 대해 이야기할 차례다. 제품을 시장으로 가져가는 것은 복잡한 과정이다. 이 장에서는 제품을 고객의 손에 전달하는 과정에서 가장 흔히 부딪히는 문제에 초점을 맞출 것이다. 여기서 답할 질문은 다음과 같다.

사업 모델이 무엇인가? 초보 하드웨어 창업자들은 대개 자신의 사업 모델이 뻔하다고 생각한다. 장치를 판매하는 것 아니겠는가! 하지만 수익과 고객 충성도 양면에서 더 적당할지도 모르는 여러 가지 모델이 있다.

제품에 비용이 얼마나 드는가? 어느 사업 모델을 선택하든, 장치 또는 장치 경험에 대해 고객에게 얼마를 청구할지 결정해야 한다.

제품을 어디서 판매할 것인가? 여기서는 각종 유통 방식의 비용과 장단점을 살펴볼 것이다. 또한 여기에서 인지도 제고, 광고, 마케팅에 대해서도 살펴볼 것인데, 유통 채널에 따라 전략이 달라지기 때문이다.

고객 주문을 어떻게 처리할 것인가? 창고를 임대하고 직원을 고용해서 제품을 배송할 것인가, 아니면 타 공급업체의 서비스를 이용할 것인가? 여러 가지 주문 처리 방식에 따르는 비용에 대해 알아볼 것이다.

　이 장의 목표는 당신이 표적 시장과 고객에 도달하여 성공적으로 제품을 판매하는 과정을 돕는 것이다.

01 하드웨어 스타트업의 사업 모델

우선 사업 모델을 파악하는 데서 출발하자. 하드웨어 스타트업과 소프트웨어 스타트업의 차이는 물리적인 물건을 판다는 점이다. 그리고 대부분의 사람들은 물리적인 물건에 돈을 내는 것을 당연하게 생각한다. 그런 면에서는 하드웨어 스타트업이 유리하다고 할 수 있다. 사람들이 소프트웨어, 앱, 콘텐츠에 돈을 낼 때 맞닥뜨리는 심리적인 장벽(무료로 배포되는 것이 너무 많기 때문에)을 극복할 필요가 없기 때문이다. 그러나 '제품 판매'라는 뻔한 사업 모델이 항상 하드웨어 스타트업에 있어 최고의 선택인 것은 아니다. 반복성 수입을 끌어들일 수 있는 모델을 찾는 것이 더 바람직하다. 특히 장치를 추가로 출시하거나 플랫폼을 구축할 계획이며, 제품 출시 사이에 시간 간격이 있는 경우라면 더욱 그렇다.

1장에서 우리는 하드웨어 스타트업의 생태계를 로봇, 커넥티드 장치, 개인 센서/웨어러블 기술, 디자인 제품의 네 부분으로 나누었다. 만약 당신의 제품이 소프트웨어 또는 커넥티드 기술이 없는 '디자인 제품'에 속한다면, 수입이 '순수' 판매(제품 판매)에서 비롯될 가능성이 높다. 그럴 경우, 이 내용을 건너뛰고 255페이지의 '가격 책정'으로 넘어가도 좋다.

나머지 세 부분의 경우, 이 모델은 수익성이 좋은 회사를 구축하는 최고의 방법이 아닐 수도 있다. 그 이유 중 하나는 '방어'다. 이 책 앞부분에서 설명했듯이 장치 생산 비용은 계속 떨어지고 있다. 이것은 창업자에게는 바람직한 일이지만, 당신 뒤에 시장에 진입하는 경쟁자나 모조품을 찍어 내는 비양심적인 부류(해외 공장과 거래할 때는 우려의 소지가 있다)에게도 바람직한 일이다. 하드웨어만으로 시장 점유율과 고객 충성도를 확보하려고 경쟁하는 상황에서는 이처럼 값싼 제품이 시장에 풀리면 마진을 점점 낮추어야 할지도 모른다.

이 문제를 해결하는 방법은 하드웨어와 함께 무언가를 파는 것이다. 이 무언가는 물론 방어가 용이한 것이어야 한다. 이상적으로는, 품질이 좋다는 브랜드 평판을 쌓는 동시에 매력적인 가치 제안(훌륭한 사용자 경험을 제공하는 소프트웨어, 또는 열정적인 커뮤니티)을 해서 사용자들이 계속 장치를 구매하게 만들어야 한다. 벤처 캐피털리스트 브래드 펠드Brad Feld는 자신이 투자하는 하드웨어 제품을 '플라스틱으로 포장한 소프트웨어'(http://bit.ly/feld_plastic)라고 부른다. 하드웨어 자체의 수준과 품질도 중요하지만, 장치는 전체적인 제품 스택의 한 부분일 뿐이다. VC인 크리스 딕슨Chris Dixon은 '하드웨어가 수입을 가져다주고 소프트웨어/서비스가 마진을 가져다준다고 생각하라'는 글(http://bit.ly/hardware_startups)을 쓰기도 했다.

킨들 파이어와 아이패드를 떠올려 보자. 둘 다 아주 좋은 하드웨어로, 앱, 도서, 영화, 음악 등과 같은 콘텐츠를 판매할 수 있는 수단이기도 하다. 시장 및 업계를 전문적으로 분석하는 비전 모바일Vision Mobile 사에서는 아이패드, 킨들 파이어, 안드로이드 태블릿의 차이에 주목하는 글(http://bit.ly/vision_mobile)을 썼다. 비전 모바일은 안드로이드 태블릿이 구체적인 사용 사례에 의해 차별화할 수 있는 장치가 아님을 강조한다. "안드로이드 태블릿은 거의 구상 단계부터 소비재다. 경쟁의 기반이 가격에 있기 때문이다." 비전 모바일의 설명이다.

반면, 킨들 파이어도 안드로이드 OS를 탑재하고 있지만, 포지셔닝이 분명하고 확실하다. 킨들 파이어는 아마존에서 구매한 미디어 콘텐츠를 소비하기 위한 '미디어 소비 도구'인 것이다. 아마존은 킨들이 아닌 콘텐츠로 돈을 번다(http://bit.ly/kindle_profit). CEO인 제프 베조스Jeff Bezos는 이에 대해 "저희는 사람들이 우리 장치를 살 때가 아니라 쓸 때 돈을 벌고 싶습니다."라고 말하기도 했다. 애플도 미디어 판매로 돈을 벌긴 하지만, 아이패드 자체가 핵심 사업이며 콘텐츠로는 손익분기점을 조금 넘긴다. 사람들이 아이패드를 사는 이유는 하드웨어의 품질과 사용자 경험의 질이 모두 매우 뛰어나기 때문이다. 애플은 강력한 라이프스타일 브랜드다. 하드웨어 자체에 중점을 두기로 하는 경우에는 브랜딩이 특히 중요하다.

방어도 중요하지만, 동적인 사업 모델을 통해 고객에게 끊임없이 기쁨과 놀라움을 선사할 수 있다는 점도 중요하다. 제품이 커넥티드 장치이거나 소프트웨어를 포함한다면, 신규 기능이나 맞춤 콘텐츠 구독 서비스 등을 통해 진화하는 사용자 경험을 제공할 수 있다.

요즘 하드웨어 스타트업들이 흔히 사용하는 사업 모델의 예는 다음과 같다.

(물리적인) 추가 제품 판매

첫 번째 사업 모델은 주요 장치를 보완하는 추가적인 제품을 제공하는 것이다. 이 사업 모델에는 여러 가지 형태가 있다.

장치 + (물리적인) 보조 액세서리

한 가지 방법은 액세서리를 판매하는 것이다. 예를 들어 카메라 제조업체는 렌즈, 케이스, 삼각대 등을 판매하고, 휴대전화 제조업체는 케이스, 이어폰, 기타 부가 제품을 판매한다. 시계 제조업체는 스트랩을 판매한다. 제품에 모듈의 성격이 있는 경우, 마진이 높은 액세서리 키트를 판매하면 사용자가 자기 요구에 따라 경험을 수정하는 한편, 당신에게 추가적인 수입을 가져다 줄 수 있다.

웨어러블 회사의 경우 액세서리를 판매하는 것이 가장 매력적인 방법이다. 개인의 스타일이나 계절에 따라 달라지는 다양한 패션 액세서리를 제공할 수 있기 때문이다. 가령, 루모 보디테크는 루모 리프트 제품에 사용할 수 있는 디자이너 클립을 제공하고 있으며, 미스핏 웨어러블스는 샤인 피트니스 트래커용으로 다양한 목걸이와 가죽 끈을 제작해 판매하고 있다. 만약 이러한 사업 모델을 선택할 경우 액세서리 생산 역량을 추가적으로 확보해야 하고, 액세서리 생산 때문에 주력 제품의 개발에 소홀해지지 않도록 주의해야 한다. 새로운 고객에게 다가가기 위해 타 브랜드와 협력 관계를 맺는 회사도 있다. 예를 들어, 미스핏은 최근 스와로브스키와 손잡고 샤인을 착용할 때 쓰는 반짝거리는 크리스털 팔찌와 목걸이를 선보였다. 토리 버치Tory Burch는 핏비트FitBit 착용을 위한 팔찌를 디자인하기도 했다. 여기에는 장점이 있다. 기존 제품과 함께 사용할 수 있는 부가 제품을 꾸준히 내놓으면 후속 버전을 준비하는 동안 기본 제품이 신선하게 느껴지도록 할 수 있다는 점이다. 타 브랜드와 협력하는 것은 새로운 인구 계층에 도달하고 시장 점유율을 높이는 방법이기도 하다.

장치 + 소모품: 질레트 모델

물리적인 추가 제품을 판매하는 사업 모델을 변형한 것 중에 고착lock-in 모델이 있다. 이 모델의 가장 대표적인 사례는 '면도기와 면도날'로서, 안전 면도기의 선구자 질레트Gilette의 이름을 따서 '질레트 모델'이라 부르기도 한다(http://bit.ly/razors_n_blades). 질레트의 면도기 손잡이 특허가 만료되면서, 갑자기 경쟁업체가 질레트의 면도기와 비슷한 손잡이를 만들기 시작했다. 질레트는 이에 대응하고자, 면도기 판매에서 일어나는 손해를 감수하는 대신 면도날을 판매하여 수익을 남기기로 결정했다고 한다. 질레트처럼 손해를 보면서까지 장치를 팔아야 하는 극단적인 상황이 아니라 하더라도, 호환되는 액세서리를 통해 고착 효과를 유발하는 것은 좋은 방법이다. 가령 메이커봇과 같은 3D 프린터 회사들은 흔히, 종이 프린터 회사가 잉크 카트리지를 팔았듯이 마진이 높은 필라멘트를 팔아 수익을 창출하고 있다.

다른 장치 판매를 위한 플랫폼으로서의 장치

이 사업 모델은 플랫폼으로 활용할 수 있다. 커넥티드 장치와 웨어러블 장치를 판매하는 데도 유용하지만, 일부 로봇 회사에도 적용할 수 있는 사업 모델이다. 여기서 말하는 플랫폼의 의미는 같은 브랜드의 제품끼리 통신이 가능할 경우 같은 브랜드의 제품을 두 개 이상 구입하면 각 제품의 기본 기능 외에도 추가적인 혜택이 따라온다는 개념이다. 예를 들면 웨어러블 장치의 경우, 사용 중인 피트니스 트래커가 욕실 저울과 통신할 수 있다. 로봇의 경우, 로봇 진공청소기가 로봇 물걸레 청소기와 통신하여 진공 청소가 끝난 후에 바로 물걸레 청소를 시작할 수 있다. 여러 로봇이 손발을 맞춰 여러 가지 작업을 순서대로 진행하는 것도 가능하다. 결과적으로, 두 개를 구매하는 것이 하나만 구매하는 것보다 실질적으로 이익인 셈이다. 커넥티드 장치의 경우에는 여러 제품이 센서를 통해 M2M(머신 투 머신) 커뮤니케이션을 하며 서로 상호작용한다.

이 사업 모델은 보통 몇 종 이상의 장치를 제작한 다음에야 적용할 수 있으므로, 하드웨어 스타트업이 처음부터 채택하기는 어렵지만(일부 스타트업은 다른 회사와 협력하기도 한다), 창업 팀이 장기적인 계획을 세울 때 고려해 볼 만한 모델이다. 이것은 대기업이 출시하는 커넥티드 하드웨어 제품에는 제법 흔한 모델이기도 하다. 한 예가 주택 개량 용품 매장인 로우스에서 내놓은 아이리스Iris 커넥티드 홈 시스템(http://bit.ly/iris_strtr_kit)이다. 이 시스템에는 동작 감지 센서, 접촉 감지 센서, 스마트 온도조절기 등 일련의 제품이 있다. 로우스는 이 제품들을 묶어서 특정한 고객의 문제를 해결하기 위한 키트를 구성했다. 예컨대 '보안 및 안전 키트'와 '안락 및 제어 키트' 등이다. 또한 로우스는 전략적 투자자로서, 제품을 아이리스와 호환되게 만들어야 한다는 조건 하에 커넥티드 홈 스타트업에 투자한다. 그럼으로써 로우스는 계속 플랫폼을 확장하는 것이다.

서비스 또는 콘텐츠 판매

또 하나의 사업 모델은 장치 자체를 지원하거나, 장치에서 구동 가능한 소프트웨어, 콘텐츠, 서비스를 판매하는 것이다. 하드웨어 장치의 사업 모델은 연결의 시대가 도래함에 따라 매우 다양해졌다. 소프트웨어 업데이트로 신규 기능을 손쉽게 추가할 수 있게 되었기 때문이다. 이런 업데이트를 통해 고객들은 자신의 장치가 항상 새롭다는 느낌을 받을 수 있다.

장치 + 정기 유료 서비스

정기 유료 서비스 사업 모델은 지속적인 요구를 충족하는 제품에 가장 효과적이다. 집에 인터넷 연결용 모뎀이 있다면, 장치 값은 내지 않았더라도 장치 공급업체에 월 사용료를 내고 있을 가능성이 높다. 마찬가지로 주택 방범 시스템이 있다면, 특정 개수의 경보기와 기타 센서로 이루어진 설치 패키지 값을 냈을지도 모르지만, 경보기 회사에서 패키지를 무료로 받고 사용 요금만 내고 있을 것이다. 초기 비용은 회사에 따라 다르지만, 장치 공급업체는 보통 관련 서비스의 월 사용료를 받아 돈을 번다. 『공짜: 급진적인 가격의 미래Free: The Future of a Radical Price』(Hatchette Books, 2009)에서 크리스 앤더슨은 이런 모델을 사용하는 회사의 여러 가지 시나리오를 소개한다. 한 예로, 컴캐스트Comcast는 설치비와 월 사용료(보통 10달러 이상), 추가 유료 서비스를 통해 18개월 내에 '공짜' DVR의 비용을 만회한다고 한다.

이 모델을 고려하는 하드웨어 스타트업이 극복해야 할 난관은 사용자가 당신이 제공하는 기능을 사용하기 위해 무기한으로 돈을 내려 할 것이냐를 판단하는 것이다. 커넥티드 홈 경보기의 경우 그런 방식이 이미 표준으로 자리 잡았다. 그러나 현재 사람들이 '스마트하지 않은' 제품에 일회성 지출을 해서 풀고 있는 문제를 해결하는 데 월 사용료를 부과하려 하는 경우에는(예를 들어 커넥티드 잠금장치로 빗장 방식의 잠금장치와 경쟁하려 경우에는) 고객의 예산에 매월 추가적인 부담을 지우는 방식으로는 고객을 끌어들이기 어려울 수도 있다. 긍정적인 사용자 경험을 창출하고, 일회성 지출 해결책보다 더욱 높은 가치를 제공하며, 철저한 가격 검증을 거치는 것이 성공적인 서비스 판매의 핵심이다. 그러나 당신의 장치가 이 모델에 적합하기만 하다면, 그만한 노력을 기울일 가치가 있다. 서비스 요소는 고객과 장기적인 관계를 구축하기에 가장 좋은 방법이다.

장치 + 디지털 콘텐츠

소프트웨어 요소가 있는 하드웨어 회사가 선택할 수 있는 또 하나의 모델은, 앞서 아이패드와 킨들 파이어의 사례에서 언급했던 앱스토어 모델이다. 태블릿 또는 휴대전화 제조업체라야만 매력적인 앱 생태계를 구축할 수 있는 것은 아니다. 예를 들어, (최근 3D 로보틱스에서 인수한) 시프티오Sifteo는 시프티오 큐브스Sifteo Cubes라는 커넥티드 장난감을 만드는 회사다. 이 장난감에는 기본적으로 4종의 게임이 설치되어 있는데, 사용자는 게임 하나당 8달러에서 12달러의 가격을 내고 추가 게임을 다운로드할 수 있다.

커넥티드 장치에는 콘텐츠를 가지고 놀 새로운 기회가 많다. 디지털 콘텐츠는 커넥티드 주방용품을 위한 조리법일 수도 있고, 피트니스 웨어러블을 위해 유명 트레이너가 만든 운동 프로그램일 수도 있으며, 가능성은 무궁무진하다. 커넥티드 제품으로 수집하는 분석 및 사용 데이터를 활용하면, 판매하고자 하는 콘텐츠의 표적을 효과적으로 설정할 수 있다.

경우에 따라서는 보조 콘텐츠를 사내에서 끊임없이 개발하여 내놓을 역량을 갖추고 있을 수도 있다. 그러나 생태계를 확장하려면 커뮤니티를 참여시켜야 하는 경우가 많다. 예를 들면, 외부 개발자 생태계를 활성화시키고 매출 배분 모델을 사용하여 보조 소프트웨어 또는 콘텐츠를 판매하는 방법이 있다. 게임 스타트업 우야 Ouya가 좋은 예다. 저렴한 게임기를 제조하고 무료 개발 키트를 제공하여, 개발자들과 70/30 비율로 매출을 나눠 갖는 것이다.

또한, 디지털 콘텐츠가 있는 하드웨어 장치는 커뮤니티에 들어가기 위한 관문으로서 판매되기도 한다. 즉, 고객이 장치를 구매하는 것이 어떤 네트워크에 들어가기 위한 입장료라고도 생각할 수 있는 것이다. 예컨대, 엑스박스를 구매하면 함께 게임을 즐길 사람들의 커뮤니티에 들어갈 수 있다.

데이터 판매

데이터의 가치가 점점 높아지는 상황에서 데이터를 판매하는 것도 짭짤한 수익원이 될 수 있다.

장치는 소비자에게, 데이터는 제3자에게 판매하는 모델

장치는 소비자에게 판매하고, 데이터는 제3자에게 판매하는 이 모델은 방대한 양의 데이터를 수집하는 센서 장치에 특히 적합하다. 예를 들어 피트니스 트래킹 장치는 개인의 활동량, 심장박동 수, 소모 열량에 대한 정보를 기록하는데, 이 정보는 보험 회사 등의 의료 서비스 회사에 유용하다.

다만, 데이터 판매 사업 모델은 초보 창업자들이 기대하는 만큼 수익성이 높은 경우는 별로 없다. '데이터'가 곧 '유의미한 정보'는 아니기 때문이다. 이러한 모델을 고려하기 전에 고객과 충분히 대화를 해서, 당신이 수집하는 데이터가 고객이 실제로 돈을 주고 살 용의가 있는 데이터인지 확인해야 한다.

B2C 장치 회사의 경우 이 모델을 적용하기가 특히 까다로울 수도 있다. 소비자들은 개인 정보 유출에 민감하기 때문에, 당신이 자신의 정보를 판매하고 있다는 걸 알면 부정적으로 반응하기 쉽기 때문이다(이 사실을 무기한 사용자 계약으로 숨기려고 하면 언론의 악평을 받기에 딱 좋다). 따라서 이 모델을 택하는 경우에는 변호사와 상의하여 정보 공개 정책, 데이터 처리 방식, 익명화 절차를 적절히 마련하는 것이 중요하다.

데이터만 판매하는 모델

하드웨어 스타트업 중에는 물리적인 제품을 전혀 판매하지 않는 회사도 있다. 고객이 장치가 수집하는 데이터만 필요로 하는 경우다. 수준 높은 분석 기능을 탑재한 기상 센서를 생산하는 하드웨어 스타트업인 언더스토리Understory는 고객에게 하드웨어를 판매하지 않는다. 그 대신, 특정 지역에 센서를 설치하고 데이터를 수집한 다음, 이 데이터를 도시, 보험 회사, 농업 회사 등에 판매한다.

오픈소스

당신은 오픈소스 하드웨어(OSHW) 사업 모델을 고려하고 있을지도 모른다. OSHW 프로젝트에서는 설계 사양, 문서 자료, 파일 등 하드웨어의 주요 데이터를 모두 커뮤니티에 무료로 공개한다. OSHW 라이선스(http://bit.ly/oshw_def_1_0)를 따르는 하드웨어는 설계 중 어느 부분이 오픈소스인지 규정하고, 개조 및 파생 제품을 '원래 제품의 라이선스와 동일한 조건 하에 유통'하는 것을 허용한다. 이에 따라 커뮤니티가 지속적인 개발 및 개량 과정에 참여하므로 시간과 비용이 감소한다. 이는 곧, 누구나 오픈소스 설계에 따라 하드웨어를 생산할 수 있다는 뜻이기도 하다. 2013년 현재(http://bit.ly/open_hardware_2013) 이런 프로젝트의 대다수가 전자 회로와 관련되어 있다. 엔지니어링 경력이 있는 창업자가 여가 시간에 단독으로 작업하며 커뮤니티 구성원들에게 의존하여 프로젝트를 진행하는 경우가 많다.

OSHW 분야에서 흔히 사용되는 사업 모델(http://bit.ly/oshw_models)은 다음과 같다.

이중 라이선스 소프트웨어가 오픈소스 라이선스와 상용 라이선스로 각각 배포되는 것을 말한다. 이 모델은 잠재적인 고객이 오픈소스 코드를 바탕으로 독점 제품을 개발할 가능성이 있는 경우에 적합하다. 이중 라이선스에 대한 자세한 정보는 OSS 워치OSS Watch에 올라온 엘레나 블랑코Elena Blanco의 글(http://bit.ly/dual_licensing_model)에서 확인할 수 있다.

제조 및 판매 오픈소스 하드웨어 장치를 생산하려면 공장을 가동해야 하는 경우가 많다. 그저 설계대로 제품을 생산하여 판매하는 것도 그 자체로 하나의 사업 모델이다. 메이커봇, 3D 로보틱스, 오픈ROV 등의 경우에는 같은 제품을 키트로도 판매하고 완제품으로도 판매한다.

기술 지원 또는 서비스 하드웨어의 설계 자체는 공개되어 있지만, 고객이 기술 지원과 전문 서비스를 이용하고 돈을 지불한다.

오픈소스 모델이 누구에게나 적합한 것은 아니지만, 아두이노, 스파코, 오픈ROV 등의 회사는 번창하고 있다. 자세한 내용이 궁금하다면 오픈소스 하드웨어 협회Open Source Hardware Association의 웹사이트(http://www.oshwa.org/)를 둘러보자.

02 가격 책정

어느 사업 모델을 선택하든, 상품의 가격을 책정하는 것은 매우 중요한 결정이다. 가격 책정 전문가 팀 스미스Tim Smith는 저서 『가격 책정 전략Pricing Strategy』(Cengage Learning, 2012)에서 이렇게 말한다. "가격을 생각할 때는 가격이 고객과의 호혜적인 교환 관계에서 회사가 얻는 가치라고 생각하면 좋다." 가격은 누구에게 다가가느냐, 어디서 판매하느냐, 마케팅을 어떻게 하느냐를 좌우한다. 가격 책정 전략은 초도 생산을 하기 한참 전에 개발하는 것이 좋다. 아무리 늦어도 설계 단계에서는 가격을 고려해야 하며, 아예 아이디어 검증 단계에서부터 일찌감치 고려하는 것이 가장 바람직하다. 고객을 상대로 아이디어를 검증하는 동안, 고객이 자기 문제에 대한 당신의 해결책에 돈을 얼마나 지불하려 할지도 파악해야 하기 때문이다. 특정 인구 계층이 표적인 경우에는 그 사람들의 구매력과 소비 습관을 함께 조사해야 한다.

2장에서 살펴보았듯이, 포지셔닝이란 당신의 브랜드가 시장에서 차지하는 자리를 가리킨다. 이것은 상대적인 개념이다. 그런 맥락에서 가격 포지셔닝이란, 경쟁업체에 대비되는 제품의 가격이 모종의 메시지를 전달한다는 개념이다. 가격은 브랜드 포지셔닝의 한 요소로서, 제품의 비용은 그 제품을 구매하는 고객의 인구 계층 구조에 영향을 미친다.

높은 가격은 제품이 고급스럽고 희귀하고 특별하다는 신호일 수도 있다. 예를 들어, 패션 브랜드 에르메스에서 만드는 버킨 백은 아주 우아하게 만들어진다. 최고급 가죽이나 고품질의 금속 장식을 사용하며 장인이 직접 손으로 제작하는 데다가 한정 수량만 출시한다. 이 가방의 가격은 9천 달러부터 시작하지만, 소재나 색상이 희귀하거나 특수한 경우에는 수십만 달러까지 가기도 한다. 이런 비싼 가격 때문에 대부분의 소비자는 쉽게 살 수 없다. 특권층의 사치품인 것이다. 이 브랜드는 잘 알려진 역사(에르메스 씨는 원래 왕족을 위한 안장을 만들었다)를 보유하고 있고, 현대의 유명인들이 가장 선호하는 브랜드다. 그러나 이러니저러니 해도 버킨 백은 결국 핸드백이고, 핸드백의 목적은 주인이 작은 개인 소지품을 A 지점에서 B 지점으로 옮길 수 있게 해 주는 것이다. 이 기능을 똑같이 효과적으로 수행하는 핸드백을 월마트에서는 20달러에 살 수 있다. 낮은 가격을 강조하는 월마트 역시, 가격 책정 정책을 통해 일정 비용을 의식하는 고객에게 인기 있는 쇼핑 공간이라는 점을 브랜드 포지셔닝 전략으로 내세우고 있는 것이다.

제품이 어떤 유형의 고객에게 영향을 미치느냐에는 (4장에서 이야기한) 브랜드 정체성도 영향을 미친다. 가격, 마케팅 메시지, 판매 채널의 일관성만 유지하면 고가 시장, 중가 시장 또는 대중 시장 중 무엇이든 선택할 수 있다. 브랜드 정체성에 대한 고객의 인식은 한번 정해지면 바꾸기가 어렵다. 따라서 대중 시장에 이미 자리 잡은 대기업들은 기존 제품의 인식이나 포지셔닝을 바꾸려고 하기보다는 고가의 유명 부티크 브랜드를 인수하는 방법을 택한다(재규어, 애스턴 마틴, 랜드로버를 각각 인수한 포드 모터 컴퍼니를 생각하면 된다).

그렇다면, 시장에서 어느 자리를 차지할지는 어떻게 결정해야 할까? 전략적 가격 책정(가격을 포지셔닝과 연결하는 것)과 가격 최적화(가격을 주어진 고객과 유통 채널에 적합하게 유지하는 것)에 대해 살펴보면 도움이 될 것이다(이와 관련된 책들이 시중에 많다). 만약 당신의 제품을 대량으로 제조하는 데 제법 많은 비용이 필요하면, 중가 또는 고가 제품을 목표로 해야 한다.

가격 책정은 까다로운 작업이지만, 처음부터 제대로 하는 것이 중요하다. 가격은 수익성을 증대시켜야만 한다. 가격을 너무 낮게 책정하면 수익을 내기가 어렵거나 불가능할 것이다. 심지어는 초도 생산을 완료하는 것조차 불가능할 수도 있고, 품질 인식 관점에서도 문제가 생길 가능성이 있다. 사람들이 50달러짜리 로봇에 기대하는 품질과 5,000달러 로봇에 기대하는 품질을 떠올리고 비교해 보자. 가격을 너무 높게 책정하면, 잠재적인 고객이 등을 돌릴 수도 있으며 낮은 마진을 감수하는 경쟁업체에게 기회를 주는 셈이 된다.

행동재무학에는 기준점 효과anchoring effect라는 개념이 있는데, 사람들이 최초의 정보를 기준으로 삼아 그 후의 결정을 평가한다는 개념이다. 이 개념을 가격 책정에 적용하면, 고객은 어떤 제품을 처음 접했을 때의 가격을 기준으로 그 제품의 정당한 가격이 얼마인지 판단한다고 할 수 있다. 사람들에게 일단 제품의 가격이 X달러라고 말했다면, 그 사람들을 대상으로 가격을 올리기는 매우 어렵다. 소비자는 X달러를 기준점으로 설정했기 때문에, 가격이 자꾸 오르면 바가지를 씌운다는 생각을 하게 된다. 소비자는 가격 상승의 고통을 할인의 쾌감보다 더 민감하게 받아들이는 경향이 있다(이것은 대니얼 카너먼과 아모스 트버스키가 연구한 행동경제학의 '손실 회피' 개념의 연장선에 있다). 따라서 고객의 분노를 자극하지 않고 가격을 올리기란 극히 어렵다.

하드웨어 스타트업의 생애에는 부정적인 고객 반응 없이 가격을 올릴 기회가 몇 번 찾아온다. 먼저 크라우드펀딩 모금을 했을 경우 다른 유통 채널의 마진을 충분히 가격에 반영하지 않았다는 사실을 알게 되었다면, 제품을 공식 사이트에 올리거나 전자 소매업체를 통해 판매하기 전에 가격을 올리면 된다. 마찬가지로 예약주문을 받을 경우에는 예약 주문 기간이 끝난 후에 가격을 올리면 된다. 두 가지 경우 모두 고객은 당신이 얼리어답터에게 할인 혜택을 부여하고 공식 출시 이후에 가격을 정상적인 소매 가격으로 올린 것이라고 인식할 것이다.

단, 회사의 공식 사이트에서 협력 소매업체의 매장 가격보다 낮은 가격에 제품을 파는 것은 불가능하다. 대부분의 소매업체는 이를 허용하지 않으므로, 소매를 고려하고 있다면 처음부터 소매업체의 마진을 가격에 반영해야 한다. 이에 대해서는 유통 채널에 따라 고려해야 할 다른 사항들과 함께 이 장의 뒷부분에서 살펴볼 것이다.

이 부분에서는 전통적인 가격 결정 기법인 원가 가산, 시장 중심, 가치 중심 기법을 훑어보고, 각각의 장단을 짚어 본다. 또한, 여기에서는 더 깊이 연구하고 싶은 독자를 위한 참고 자료를 제시할 것이다.

원가 가산 가격 결정: 상향식 접근

원가 가산 가격 결정이란, 제품 생산에 드는 비용을 빠짐없이 파악한 다음 마진을 원하는 만큼 추가하는 기법이다. 기본적인 상향식 가격 산정 방법은 이미 8장에서 다루었다. 사업 모델이 단순한 '장치 판매' 모델이라 가정하고, 특전 생산에 드는 비용을 제대로 반영하는 것을 우선으로 하는 방법이었다.

상향식 결정은 판매하는 상품의 총 비용(매출원가)을 계산하는 데서 시작한다. 계산 방법은 다음과 같다.

매출원가 = 자재 + 노동력 + 간접비 및 각종 경비

이 가격이 가격 하한이다. 즉, 손해를 보지 않는 가장 낮은 가격이다.

8장에서 이야기했듯이, 이 산정 방법은 이상하리만치 간단하다. 자재, 노동력, 간접비는 대량 주문 할인과 수요에 따라 변한다. 제품의 수량이 증가하면서 규모의 경제가 작용하겠지만, 최초의 가정치는 보수적으로 잡아야 한다. 공장의 인건비는 하청 제조업체의 견적서에 포함되지만, 제품이 공장을 나온 후에 드는 인건비도 고려해야 한다. 배송과 주문 처리를 직접 하는 경우에는 주문품을 포장해서 우체국으로 가져가는 사람들의 인건비가 여기에 해당한다. 상품이 소프트웨어 요소를 포함하는 경우에는 개발자의 인건비도 포함해야 한다. 혼자서 부엌 식탁에서 제품을 조립하고 포장한다 하더라도, 자기 시간에 대한 비용을 가격에 반영하는 것을 잊지 말자.

간접비와 경비에는 창고와 사무실의 임대료, 배송용 에어캡 비용, 유류비, 우편 요금 등이 포함된다. 온라인 매장을 구축하는 경우에는 온라인 플랫폼의 사용자 수수료와 결제 처리 수수료가 포함된다. 반품과 불량도 비용에 영향을 미치는데, 초창기에는 불량률이 대체로 높다(약 10~15%). 제품을 해외에서 제조하거나 해외로 배송하는 경우에는 수출입 수수료와 관세도 고려해야 한다.

상향식 모델에서는 매출원가를 계산한 후에 마진을 더한다.

제품 가격 = 매출원가 + 수익 마진

수익 마진은 부분적으로 유통 전략에 따라 달라진다. 자체 사이트에서 직접 판매하는 경우에는 매출원가 초과분을 대부분 가져올 수 있다. 소매업체를 통해 판매하는 경우에는 소매업체가 자사의 마진 요건을 충족하기 위해 (때로는 제법 큰) 일부를 떼어 간다. 하드웨어 사업을 주 수입원으로 운영하느냐, 보조 프로젝트로 운영하느냐에 따라 수익에 대한 관점이 달라질 수 있다.

B2B 회사라면 판매 주기가 수익 마진에 영향을 미친다. 조달 예산, 판매 주기, 의사 결정권자는 업계마다 다르다. 중소기업 소유주는 추가적인 승인을 기다리지 않고 구매 결정을 바로 내릴 수 있지만, 가격 기준은 훨씬 낮을 가능성이 높다. 따라서 수익성을 확보하려면 수량을 늘려서 낮은 가격을 충당해야 하고, 그러기 위해 여러 중소기업에 영업을 할 계획을 세워야 한다.

반대로, 대기업은 예산이 넉넉하지만 경영진의 승인을 여러 차례 거쳐야 한다. 그래서 각각의 계약 과정에 많은 노력과 영업 기술이 필요하고 시간도 오래 걸린다. 회사의 의사 결정권자를 파악하고 회의 일정을 확정하는 데만도 시간이 오래 걸릴 수 있다. 따라서 계약에 도달하는 데 필요한 숙련 인력의 시간 비용도 가격에 반영해야 한다(이 비용은 매출원가에 포함시켜야 한다). 수량을 극대화하기 어렵다면 수익 마진을 극대화해야 한다.

비용을 차근차근 검토하여 가격 하한을 설정하는 과정 자체는 중요하지만, 가격 책정 전문가들은 이것이 실제로 가격을 결정하는 데는 부적절한 방법이라고 말할 것이다. 원가 가산 가격 결정 기법은 현실을 무시하기 때문이다. 시장의 경쟁을 무시하고, 구매자의 심리도 무시한다. 이 기법을 사용해서 산정한 최종 가격을 시장이 받아들이지 않을 수도 있다. 규모의 경제에서 유리한 대규모 경쟁업체를 상대로 포화 시장에서 경쟁하는 경우라면 더욱 그렇다. 반면, 당신의 차별화 요소가 고객에게 더 큰 가치를 제공하는 경우에는, 가격을 경쟁업체보다 너무 낮게 책정하면 수익 기회를 놓칠 수도 있다.

시장 중심 가격 결정: 하향식 접근

원가를 파악하는 것은 매우 중요하지만, 가격을 책정할 때는 고객이 지불하려고 하는 가격 또한 고려해야 한다. 어떻게 보면 닭이 먼저냐 달걀이 먼저냐의 문제라고도 할 수 있다. 아직 제품을 출시하지 않았으니 고객이 실제로 얼마를 지불하려고 할지 알 수가 없기 때문이다.

회사를 운영하면서 수익도 올릴 수 있는 가격의 기준은 부분적으로 수량에 달려 있다. 제품을 실제로 출시하기까지는 판매 수량을 예측하기 어려운데, 판매 수량은 또 수요에 따라 달라지기 때문이다(이 수요에 대한 정보를 주는 것이 크라우드펀딩 캠페인의 장점 중 하나다). 안타깝게도 제품을 출시하기 전까지는 특정 가격대에서의 진짜 수요를 가늠하기가 어렵다. 기껏해야 고객 개발 연구를 실시하거나 이미 출시 중인 유사 제품을 관찰하여 감을 잡을 수 있을 뿐이다. 처음에는 수요를 아주 보수적으로 추정해야 한다.

시장 중심 가격 결정 기법은 경쟁업체가 고객에게 부과하는 가격을 조사하고, 당신이 시장에서 점유하고 싶은 위치에 따라서 가격을 선정하는 방법이다. 원가 가산 가격 결정이 상향식 접근이라면, 시장 중심 가격 결정은 하향식이다. 이미 시장에서 활동 중인 경쟁업체들을 파악하고, 그 가격을 조사해서 다른 상품들에 비해 경쟁력이 있는 가격을 선정하는 것이기 때문이다. 비교의 축은 여러 가지가 있을 수 있다. 예컨대, 기능이 가장 많은 제품에서 가장 적은 제품으로 가는 축, 또는 가장 강력한 제품에서 가장 덜 강력한 제품으로 가는 축 등이 있다. 중요한 점은 자기 회사와 경쟁 회사를 비교할 때, 구매를 고려하는 고객이 결정을 내릴 때와 같은 방식을 사용해야 한다는 점이다.

시장 중심 가격 결정 기법의 가장 큰 문제는 매출총이익이 충분히 나오지 않는 가격을 책정하게 되기 쉽다는 점이다. 당신은 공급 사슬을 확보해 둔 대기업만큼 큰 폭의 대량 주문 할인을 받지 못할 가능성이 높다. 예컨대 당신이 1달러를 들여 생산하는 장치를 대규모 경쟁업체는 25센트에 생산하고 있을지도 모른다. 경쟁업체가 이 장치의 가격을 1.50달러로 책정하고 있다면, 일반적인 시장 가격에 맞춰서는 수익을 올리기가 힘들다. 대체로, 소매 유통 채널이 있는 제품의 가격은 매출 원가의 2~4배여야 한다.

가치 중심 가격 결정: 시장 세분화와 차별화의 중간 지점

가격 책정 전략의 좋은 교과서인 『가격 책정 및 매출 최적화Pricing and Revenue Optimization』(Stanford Business Books, 2005)에서 로버트 필립스는 가격 확정을 둘러싸고 벌어지는 회사 내의 영업, 마케팅, 재무 부서 사이의 마찰에 대해 이야기한다. 재무 조직은 회사의 비용을 고려하는 상향식 분석을 선호한다. 영업 조직은 시장 중심 가격 결정을 선호하는데, 돈이 절약된다는 말로 고객을 설득할 수 있기 때문이다. 세 번째 기법인 가치 중심 가격 결정은 마케팅 부서가 가장 선호하는 방법이다. 가치 중심 가격 결정은 (하향식과 비슷하게) 가장 가까운 경쟁업체가 부과하는 가격을 살펴보고, 경쟁 상품과 자사 상품 사이의 차이에 따라 가격을 조절하는 것이다. 이때 조절 폭은 상대적인 가치 제안에 대한 표적 고객의 인식을 바탕으로 한다. 가치 중심 모델은 고객의 요구에 중점을 둔다. 제품이 고객의 고충점을 크게 완화한다면, 고객은 해결책의 품질에 비례하는 가격을 기꺼이 지불할 것이라는 발상이다. 가격 책정 전문가들은 가치에 따른 가격 책정을 가장 선호한다.

가치 중심 분석을 효과적으로 실시하려면, 당신의 제품이 특정 세분 시장에서 문제를 얼마나 효과적으로 해결하느냐를 기준으로 가격을 결정해야 한다. 즉, 자신의 차별화 요소(다른 시장 진입자들과 어떻게 다른지)가 무엇이며 제품을 살 사람이 누구인지 알아야 한다. 처음 창업을 했다면 과거의 고객 데이터가 없으므로, 고객에 대한 가설을 아주 정교하게 다듬고 자기 분야에서 활동하는 경쟁업체의 가격 현황에 대한 확실한 시장 데이터를 확보해야 한다. 다행히도 회사의 가치 제안과 브랜드 포지셔닝을 파악했을 때 이 작업을 대부분 해 두었다.

B2B와 B2C 사업 모델 중 어느 쪽을 추구하든, 가치 중심 가격은 당신이 고

객에게 제공하고자 하는 구체적인 가치를 반영하게 된다. 최종 사용자가 다른 기업 (B2B)이라면, 사용자가 현재 문제 해결을 위해 지불하고 있는 가격(즉 경쟁업체가 사용자에게 부과하는 가격)과, 그 문제로 인해 실제로 발생하는 비용을 모두 조사해야 한다. 문제로 인해 발생하는 비용을 알면 가격의 상한을 정할 수 있다. 고객은 제품을 소유함으로써 얻는 가치 이상의 가격을 지불하지 않기 때문이다. 가격 하한과 이 가격 상한이 현실적인 가격 범위 둘레에 일종의 제한선을 긋는 셈이다(258페이지의 '원가 가산 가격 결정: 상향식 접근' 참조). 이 데이터는 입수하기가 까다로울 수도 있는데, 경쟁업체의 사이트에 나오는 가격은 대부분 경쟁업체가 실제로 고객에게 청구하는 가격이 아니기 때문이다. 특히 대기업이라면 더욱, 계약을 개별적으로 협상하는 경우가 많다.

표적 고객이 개인 소비자(B2C)인 경우에는 당신이 제공할 가치를 수량화하려면 우선 고객이 누구인지 파악해야 한다. 성별, 소득 계층, 연령, 자녀 수, 위치 등을 참고하면 표적 고객이 특정 문제의 해결에 할애하는 예산에 대해 가설을 세울 수 있다. 심리묘사적 양상('행동 양상'이라 일컫기도 한다)을 분석하면 '누구'를 넘어 '왜'를 파악할 수 있다. 4장에서 살펴보았듯이 이런 시장 세분화는 가치, 관심사, 생활양식(예. 극성 엄마, 도시 거주 독신남 등)에 따라 사람들을 분류한다. 브랜드 포지셔닝은 표적 시장의 영향을 받고, 가격은 곧 그 포지셔닝을 숫자로 나타낸 것이다.

예를 들어 건강을 위한 웨어러블 장치를 생산한다고 하자. 먼저 이 장치의 표적 고객을 떠올려 보자. 전문 운동선수일 수도 있고, 취미로 운동을 하는 사람, 또는 그냥 소파에서 일어나고 싶은 일반인일 수도 있다. 이 사람들은 모두 하나의 제품 종류(예. 스포츠 손목시계)에 관심이 있을지도 모르지만, 고충점을 해결하는 데 쓰고자 하는 돈의 액수는 각자 다를 것이다. 운동선수라면 기능이 다양하고 정밀도가 높은 당신의 스포츠 손목시계를 필수품으로 생각하고 300달러를 기꺼이 쓸 것이다. 일반인라면 프로 수준의 기능이 마음에 든다 하더라도 가격이 너무 비싸다고 생각할 것이다.

시장 조사를 바탕으로 가설을 세웠다면, 이제 고객 조사를 통해 가설을 다듬어야 한다. 고객 조사 단계에서는 보통, 당신의 고객(기업 또는 소비자)이 가지고 있으리라 예상하는 여러 가지 특징에 들어맞는 개인을 대상으로 포커스 그룹 면담이나 개별 면담을 실시한다. 이런 대화의 목적은 특정 고객 집단의 고충점과 요구를 구체적으로 파악하는 것이다.

고객 개발 면담 과정에서 가격을 이야기할 때는 맞는 방법과 틀린 방법이 따로 있다. "이런 제품이 얼마라면 사겠습니까?"라든지 "가격이 X달러라면 사겠습니까? Y달러라면요?"와 같은 질문은 하지 말자. 이런 질문은 매우 주관적이며, 고객이 당신의 제품에서 얻는 가치에 가격을 연관 짓지 못한다. B2B 제품의 경우, 해당 기업이 현재 사용하고 있는 제품에 대비하여 당신의 제품이 가져다줄 수 있는 투자수익율(ROI)이 얼마인지 알아내는 데 중점을 두어야 한다. 예를 들어 당신의 로봇이 인간 노동자 두 명분의 일을 할 수 있다면, 잠재 고객이 기존의 해결책에 얼마를 지불하고 있는지 파악하자. 단, 기능을 바탕으로 하는 유형의 혜택만 고려하지는 말자. 오늘날 시장에는 다양한 휴대전화가 나와 있으며, 그중 대부분이 대체로 비슷비슷한 기능을 탑재하고 있다. 이때는 사용 편의와 매끄럽고 아름다운 경험이 상위 제품을 구별하는 요인이다.

B2C 제품의 경우 ROI가 그만큼 명백하지는 않을지 몰라도, 가치 제안을 분명하게 전달하면 편익과 가격을 연관 지을 수 있다. 잠재 고객에게 제품을 살 거라면 그 이유가 무엇인지 이야기해 달라고 하자. 당신의 제품이 무언가를 더 빠르게, 더 안전하게, 더 낫게 만드는가? 당신의 제품이 사회적인 지위를 상징하는가?

고객들이 스스로 무엇을 원하는지 잘 알지 못한다는 이유로, 직접적인 고객 조사를 신뢰하지 않는 창업자도 있다. 이들은 자신의 비전에 따라 제품을 만드는 것을 선호한다. 이런 경우에는 (고객 조사가 아닌) 시장 조사를 가격 책정에 활용할 수 있다. 기존의 경쟁업체가 현재 부과하고 있는 가격을 바탕으로, 고객이 얼마를 지불할지 가늠해 볼 수 잇다.

미스핏 웨어러블스의 창업자인 소니 뷰가 이런 방법을 썼다. 당시 피트니스 트래킹 용도로 출시된 개인 센서는 몇 년 전부터 존재했었고, 핏비트, 퓨얼밴드, 조본 업이 가장 인기가 많았다. 미스핏은 경쟁업체의 제품을 조사하여, 고객이 바라는 기능과 합리적인 가격 기준을 파악했다. 미스핏 팀은 이미 출시 중인 여러 제품의 아마존 리뷰를 수천 건씩 읽으며 기능에 대한 칭찬과 흔한 불만, "X 기능이 있으면 좋겠어요."라는 의견을 꼼꼼하게 기록했다. 이들은 자사 상품의 비교 대상이 될 가능성이 가장 높은 경쟁업체의 상품들을 파악하고, 대등한 위치에 설 수 있도록 가격을 맞추었다.

03 판매: 마케팅의 기본

사업 모델을 결정하고 시장에서의 위치를 찾고 적절한 가격 책정 전략 또한 수립했다면, 이제 고객과 소통하기 위한 마케팅 전략을 짤 차례다. 많은 초보 창업자가 하드웨어 창업의 기술적인 부분(장치 제작)에만 관심을 기울이고, 판매를 앞둔 장치가 나올 때까지는 영업 및 마케팅을 소홀히하는 실수를 한다. 이것은 돈과 시간을 모두 잃는 지름길이다.

이 책의 앞부분에서 우리는 한 장 전체(4장)를 브랜딩에 할애했다. 이 장은 '시장으로 가져가기'의 서막 격이었는데, 창업자는 회사의 발생 단계부터 브랜드 정체성에 대해 생각해야 하기 때문이다. 4장에서는 차별화 요소를 찾고 제품이 특정 세분 시장에 제공하는 가치를 파악하는 것의 중요성을 이야기했다. 여기서는 그 내용을 바탕으로, 고객에게 제품의 존재를 알리는 전략에 대해 이야기한다. 앞서 정의했던 브랜드 메시지를 마케팅 활동을 통해 홍보하는 것이다.

마케팅이란 회사가 제품의 가치를 잠재 고객에게 전달하는 과정이다. 제품의 존재를 알리고 제품을 갖고 싶게 만드는 기술이다. 마케팅 개론서라면 너나 할 것 없이 언급하는 내용이 E. 제롬 맥카시E. Jerome McCarthy(http://en.wikipedia.org/wiki/E._Jerome_McCarthy)의 '마케팅의 4P'다. 여기에서 4P란 제품product, 가격price, 유통 경로place, 판매 촉진promotion을 뜻하는 것이다. 이 개념은 1960년대에 맥카시가 만든 틀이다. 이니셜 E를 사용한 변형(경험experience, 적시적소 everyplace, 교환exchange, 전도evangelism, http://www.ogilvy.com/On-Our-Minds/Articles/the_4E_-are_in.aspx 참조)도 있고 간혹 C를 사용한 변형(소비자consumer, 비용cost, 커뮤니케이션communication, 편의convenience, http://en.wikipedia.org/wiki/Marketing_mix 참조)도 있지만, P 원칙은 아직도 일관적인 마케팅 전략의 기본적인 요소를 요약하는 데 효과적이다.

제품 판매하는 것

가격 상품을 구매하는 데 드는 비용이다. 앞에서 이야기했듯이 가격은 제품 설계, 수익 마진, 유통 채널, 고객의 인구 계층 구조에 영향을 미친다.

유통 경로 판매자가 제품을 구매자에게 제공하는 장소를 말한다(이에 대해서는 이 장 뒷부분의 '유통 채널과 관련 마케팅 전략'에서 살펴볼 것이다).

판매 촉진 브랜드 또는 제품의 가치를 표적 시장에 전달하기 위한 일련의 활동을 말한다. 소셜 미디어 캠페인, 회사 블로그를 위한 콘텐츠 생산, 검색 엔진 최적화, 홍보, 전략적인 제품 포장 디자인 등이 이런 활동에 속한다.

마케팅 활동은 흔히 인바운드 마케팅과 아웃바운드 마케팅의 두 분류로 나뉜다. 인바운드 마케팅이란 팟캐스트, 인포그래픽, 소셜 미디어 참여, 커뮤니티 구축 등의 흥미로운 콘텐츠를 통해 사람을 끌어들이는 것이다. 이상적으로는 이 콘텐츠가 오락적인 가치나 교육적인 가치를 제공해야 한다. 이 활동의 목표는 고객과 좀 더 장기적이고 쌍방적인 관계를 구축하는 것이다. 인바운드 마케팅을 마케팅 업계에서는 소유 미디어owned media라고 일컫기도 하는데, 회사가 유통 채널을 '소유'(통제)하기 때문이다. 고객이 진짜 팬이 되어 적극적으로 트위터, 인스타그램 등을 통해 제품을 공유하는 마케팅은 획득 미디어earned media라고 일컫는다.

이에 반해, 아웃바운드 마케팅은 텔레마케팅, 직접 우편, 광고판 등의 채널을 통해 잠재 고객에게 메시지를 보낸다. 아웃바운드 마케팅의 형태는 다양한데, 그중 하나가 광고다. 광고란 대체로 텔레비전, 라디오, 잡지, 신문 등의 미디어에 직접 돈을 지불한 다음 고객에게 제품을 구매하게 만드는 메시지를 내보내는 것을 말한다. 광고의 목표는 인지도를 사는 것이다. 시각 미디어의 경우 메시지가 대개 로고 또는 글꼴 같은 시각적인 브랜드 속성을 포함하며, 이를 통해 특정 제품과 브랜드 사이에 연상 관계를 만들어 낸다. 콘텐츠 마케팅(인바운드)이 제품 판매 너머의 가치를 창출하려는 의도로 이루어진다면, 광고(아웃바운드)는 매출을 위한 것이다. 즉, 돈을 주고 눈을 사는 셈이다. 아웃바운드 마케팅을 구매 미디어라 일컫기도 한다.

마케팅 전략 운영 방법에는 정답이 없다. 하드웨어 스타트업에 바람직한 인바운드 활동과 아운바운드 활동의 조합은 회사마다 다르다. 그러나 초창기 스타트업은 돈에 쪼들릴 가능성이 높으므로, 우리는 텔레비전 방송국에서 광고 시간을 구매하는 방법이 아니라 린 마케팅 전략에 초점을 맞추려 한다.

프로토타입 제작 전에 실시했던 시장 환경 조사가 판매를 준비하는 단계에서 마케팅 전략을 수립하는 데 바탕이 된다. 넓게 보면 시장은 크게 판매자 시장과 구매자 시장으로 나뉜다. 판매자 시장이란 판매자가 수요가 높거나 공급이 부족한 제품을 보유하고 있는 시장이다. 이 경우 제품을 구매하는 사람이 판매자를 찾아가야 한다. 판매자 시장은 보통 제품 중심 시장이라고 한다. 제품 중심 시장에서는 판매자가 전문가이자 선지자다. 제품이 (브랜드에 따른 차이가 거의 없는) 소비재가 아니므로, 판매자가 기능과 가격을 매우 유연하게 조절할 수 있다.

이것의 한 예가 아이패드다. 아이패드가 출시되자, 갑자기 수백만 명의 사람들이 500달러짜리 태블릿이 필요하다고 생각하기 시작했다. 진정 혁신적인 신기술을 보유한 하드웨어 스타트업은 바로 이 시장에 위치해 있다. 경쟁업체가 많지 않은 것은 좋지만, 아직 그 장치의 필요성을 깨닫지 못한 고객과 상호작용하기란 쉬운 일이 아니다. 제품 중심 시장을 대상으로 하는 마케팅 활동의 사업목표는 시장 점유율을 늘리고 시장 지배적 지위를 굳히는 것이다. 시장 점유율을 높이면 (규모의 경제가 제조 공정에 영향을 미친다는 가정 하에) 매출이 증가하고 비용이 감소한다. 그러면 자연히 수익성도 높아진다. 시장 점유율을 높이려면 광고는 제품 자체에 초점을 맞추어야 한다.

판매자 시장의 반대 개념이 바로 구매자 시장이다. 이것은 매력도가 동일한, 비슷비슷한 제품이 많은 시장을 가리킨다. 이런 포화 시장에서는 구매자에게 힘이 있다. 이것을 고객 중심 시장이라고 한다. 여기에서는 고객이 전문가이고, 판매자는 고객의 요구에 따라 제품을 설계하며 경쟁업체를 제치고자 노력한다. 제품은 무엇보다도 고객이 지닌 문제의 해결책이다. 앞서 실시한 조사에서 경쟁업체가 아주 많았다면, 당신은 이 시장에 있는 것이다. 따라서 마케팅 전략과 광고 활동의 초점은 고객과 소통하고, 고객의 요구에 호소하고, 충성도를 쌓는 데 둬야 한다. 고객에게 "저 브랜드는 날 정말 잘 알아."라는 말을 듣는 것이 목표다. 요구는 사람마다 크게 다르므로, 세부 고객을 파악하는 것이 구매자 시장에서는 특히 중요하다. 판매자가 모든 사람에게 모든 것을 줄 순 없으므로, 판매자가 표적으로 정한 부분집합의 요구를 효과적으로 충족시켜야 한다. 고객 중심 시장을 대상으로 하는 마케팅의 사업 목표는 고객 점유율(당신의 제품을 선택하는 표적 인구 계층의 비율)을 높이고 충성도를 확보하는 것이다. 고객 중심의 회사가 성장한 뒤에는 고객에 대한 심도 있는 지식을 활용하여 고객 요구를 충족하는 다른 제품을 생산하고, 이를 교차 판매하는 것도 가능하다.

여기까지 기본적인 사항을 짚어 보았다. 지금부터는 초창기 하드웨어 스타트업에서 린 마케팅 캠페인을 운영하는 요령을 단계별로 살펴보겠다.

1단계: 목표 정의하기

마케팅 캠페인의 목표를 한두 문장으로 표현해 보자. 인지도 제고인가? 제품 예약 판매인가? 소셜 미디어 활성화인가? 너무 넓지 않은 범위 내에서 분명하게 목표를 정의해야 한다. 일반적으로, 목표는 고객 획득 또는 고객 유지와 관련이 있다.

커뮤니티는 사용자 유지에 아주 소중하다. 꼭 하드웨어 스타트업이 아니더라도, 경쟁업체가 설계를 베끼거나 기술이 범용화되는 일은 자주 발생한다. 그러나 커뮤니티는 베낄 수가 없다. 즉, 충성스러운 사용자 집단과 탄탄한 브랜드 정체성이 있다면, 시장에서의 입지를 방어하기도 수월하다.

마케터들은 보통 SMART라는 약어(구체적일 것specific, 측정이 가능할 것measurable, 실천이 가능할 것actionable, 현실적일 것relevant, 시한이 있을 것time-bounded)를 사용하여 목표를 검증한다. 이 기준을 충족하는 목표의 예는 다음과 같다.

- 미국에 사는 21~30세 여성의 제품 인지도 높이기
- 크라우드펀딩 캠페인 종료 후 3개월 내에 회사 웹사이트를 통한 예약 판매로 20만 달러의 매출 달성하기
- 다음 한 달 동안 회사 웹사이트의 트래픽을 200% 증가시키기
- 다음 20일 동안 트위터의 소셜 미디어 기반을 성장시켜, 팔로어를 1,000명 늘리고 멘션 횟수를 20% 증가시키기

반면 목표를 '브랜드 인지도 제고하기'나 '사이트 트래픽 증가시키기'라고 정하는 것은 SMART 기준을 충족하지 않는다.

2단계: KPI 선택하기

KPI는 핵심 성과 지표를 가리키는 것으로, 의사 결정권자들이 목표(이 경우에는 방금 정한 목표일 것이다)를 향한 진도를 평가하기 위해 사용하는 수치다. 이것이 SMART 중 M의 요체다. 전환율이나 월간 순 방문자 등, 비교적 수량화하기 쉬운 KPI도 있다. 반면 양보다는 질을 나타내며, 수량화하려면 창의성이 필요한 KPI도 있다. 예를 들어, 고객 만족도 증가 폭을 측정하려면 제품 리뷰를 통해 고객 감성을 파악해야 한다. 중요한 점은 목표 달성을 향한 진도를 가장 정확하게 나타내는 KPI를 정하는 것이다. 크라우드펀딩 캠페인의 경우, 평균 기부 금액이나 일간 후원자 수에 관심이 있을지도 모른다. 예약 판매 캠페인의 경우 사이트 방문자 수, 매출, 또는 메일링 리스트 등록자 수 등을 추적할 수 있을 것이다.

KPI 개념이 생소하다면, 중소기업의 온라인 상점 구축을 도와주는 사이트인 쇼피파이(http://www.shopify.com/)에서 전자 상거래에서 가장 흔한 KPI 32종을 소개하고 있으니 참고하자(http://bit.ly/32_ecommerce_kpis). 이 목록은 판매, 마케팅, 고객 서비스와 관련된 지표로 분류되어 있다. 어느 지표를 선택하든, 목표를 달성하기 위해 어느 정도의 비용을 투자하고 있는지도 파악해야 한다. 이때 유용한 KPI로는 클릭당 비용cost per click(CPC), 투자수익률(ROI), 고객 생애 가치(LTV), 리드당 비용cost per lead[1], 트래픽-리드(또는 리드-고객) 전환율, 고객 획득 비용customer acquisition cost(CAC) 등이 있다. 마케팅에는 돈이 들며, 효과가 없는 캠페인에 돈을 쓰고 싶지는 않을 것이다.

3단계: 잠재 고객이 '누구'인지 파악하기

이번에도 앞서 실시했던 세분 시장 조사가 요긴하게 쓰인다. 구매자 시장에서는 당연히 잠재 고객이 누구인지를 파악하는 것이 매우 중요하다. 하지만 판매자 시장에서도, 예산에 한계가 있는 신생 기업은 마케팅 캠페인의 표적을 아주 신중하게 선정해야 한다. 마케팅 목표 상 여러 세분 시장에 도달해야 한다면, 각 시장을 위한 마케팅 자료를 따로 준비하는 것이 좋다. 그러기 위한 방법으로는 특정 블로그의 광고 공간을 구매하거나 특정 인구 계층에게 호소하는 콘텐츠를 작성하는 것 등이 있다. 8장 197페이지의 '캠페인 페이지의 마케팅 자료'에서 크라우드펀딩 모금을 하는 경우 이 과정을 어떻게 진행해야 하는지에 대해 자세히 설명한 바 있다. 여기에 소개한 일반적인 원칙은 인지도를 높이거나 매출을 발생시키기 위한 대부분의 캠페인에 적용 가능하다. 이때 각 고객 계층의 특성을 최대한 고려해서 메시지를 작성해야 한다.

실제 구매자와 사용자의 데이터는 포괄적인 인구통계적 추측보다 훨씬 가치 있다. 마케터들은 인구통계적 특성에 의한 세분화와 가치에 의한 세분화를 구별한다.

---

1 역자주_ 고객 한 명의 가입 또는 등록을 유도하는 데 드는 비용

가치에 의한 세분화란, 이미 제품을 구매한 특정 고객 집단의 생애 가치를 분석하는 것이다. 킥스타터에서 예약 주문을 한 고객에 대한 데이터를 이미 보유하고 있다면, 그 데이터를 파고들어 현재의 목표를 달성하는 데 도움을 줄 정보를 찾을 방법을 궁리해 보자. 특히 데이터를 수집하는 커넥티드 장치와 같은 특정 하드웨어를 개발하는 경우에는, 고객이 누구이며 요구가 무엇인지에 대한 이해를 끊임없이 발전시켜 나갈 수 있다.

4단계: 마케팅 채널 선정하기

표적 고객에 대해 알고 있는 사실을 바탕으로, 가장 반향이 클 법한 곳에서 가장 반향이 클 법한 방법으로 고객과 소통하자. 마케팅 채널은 수십 가지에 달한다. 이메일 리스트, 관련 사이트 광고, 구글 애드워즈, 페이스북 광고, 프로모션 트윗, 핀터레스트 보드, 유튜브 광고, 인스타그램 피드 등의 소셜 채널 인쇄 매체가 가장 일반적이다. 예산이 넉넉한 경우에는 TV 또는 라디오를 활용하기도 한다. 미국의 경우, 상업 TV 방송 업계 단체로 이루어진 TVB라는 협회가 있다. 이 협회에서는 TV 광고 비용의 동향을 추적하고 있으며, 이에 따르면 2014년에는 황금 시간대의 30초짜리 지상파 TV 광고가 평균 112,100달러였다.

마케팅 채널을 하나하나 상세히 논의하는 것은 이 책의 범위를 벗어나는 일이다. 그러나 페이스북 광고, 구글 애드워즈, 트위터의 광고 프로그램은 린 마케팅 전략에서 흔히 선택하는 방안이므로, 이에 대해 간단히 살펴보겠다.

페이스북

페이스북의 스트림 내 광고는 많은 회사들이 제품 홍보 수단으로 선택하는 메커니즘이다. 소프트웨어 스타트업은 앱 다운로드를 제안하기 위해 페이스북을 사용하고, 브랜드는 사용자를 페이지로 끌어들이기 위해 페이스북을 사용한다. 페이스북 광고를 효과적으로 활용하여 크라우드펀딩 캠페인과 예약 판매 페이지에 트래픽을 유입시킨 하드웨어 회사도 많다(277페이지의 '사례 연구: 타일' 참조)

페이스북에서 광고를 집행할 수 있는 위치는 세 군데다. 첫 번째는 사용자 페이지의 오른쪽 옆이다. 이곳에 나타나는 광고는 키워드를 바탕으로 타깃을 지정한다. 두 번째 위치는 스트림 안이다. 친구들의 게시물이 뜨는 뉴스피드 안에 광고가 나타난다. 세 번째 위치는 모바일 뉴스피드다. 페이스북의 광고 페이지에 따르면 페이스북 앱은 스마트폰 네 대 중 세 대에 설치되어 있어서 모바일의 도달 범위가 매우 높다고 한다. 위치가 더 좋고 타깃 지정 옵션도 더 우수하기 때문에 모바일 및 데스크톱의 뉴스피드 광고가 오른쪽 옆 광고보다 비싸다.

페이스북 사용자는 이 글을 집필하고 있는 시점에서 십억 명이 넘으며, 광고주는 일련의 기준을 선택하여 타깃을 지정하게 된다. 타깃 지정은 까다로울수록 좋다. 페이스북은 사용자에게 스팸을 띄우거나 광고를 엉뚱한 타깃에게 표시하여 기업 고객을 실망시키고 싶지 않으므로, 기업에게 아주 구체적인 타깃 프로필을 지정하라고 권장한다. 극단적으로 구체적인 타깃 지정이 가능한 페이스북의 '맞춤 타깃' 상품을 선택하면, 마케터는 이메일 리스트를 페이스북에 업로드하여 해당 사용자에게만 광고를 띄울 수도 있다. 회사의 공식 사이트에 이메일 주소를 입력하고 아직 제품을 주문하지 않은 사람들의 명단이 있다면, 이 방법으로 그 사람들을 끌어들일 수 있다. 페이스북은 또한 리스트 내의 이름(또는 당신의 페이스북 페이지를 '좋아요' 한 사용자)과 인구통계적 특성이 일치하는 '유사 타깃'도 생성해 준다.

페이스북 광고는 예산의 규모와 무관하게 이용할 수 있다. 페이스북의 성공 사례 페이지에서는 하루 5달러의 비용으로 커뮤니티를 구축한 창업자들을 소개한다. 매우 구체적인 타깃 기준으로 타깃 광고를 게재하는 것이 무작위로 광고를 내보내는 것보다 저렴하다. 대기업과 인기 전자 상거래 스타트업은 페이스북 광고에만 몇 십만 달러를 쓰기로 한다.

구글 애드워즈

애드워즈는 구글의 광고 상품이다. 키워드는 한 단어일 수도 있고 여러 단어일 수도 있으며, 사용자가 구글 검색 창에 입력하는 검색어에 따라 광고가 표시된다. 예를 들어, 피트니스 트래커를 생산하는 회사라면 '피트니스 트래킹' 또는 '달리기 거리 측정', '운동량 관리' 등의 키워드를 살 수 있다. 구글 검색 사용자가 이 키워드나 문구를 검색하면, 광고가 검색 결과의 위나 옆에 나타난다. 광고가 구글 쇼핑 기능 또는 지도 기능 내에, 또는 구글 파트너 사이트에 나타나도록 설정할 수도 있다.

애드워즈는 클릭당 비용을 지불하는 광고 플랫폼이다. 즉, 구글 사용자가 광고를 클릭한 경우에만 광고 캠페인을 운영하는 고객에게 요금이 청구된다. 구글에서는 클릭 1건에 대한 최대 예산(최대 CPC)과 하루치 클릭 수의 총 예산을 설정하는 기능을 제공하고, 예산에 따른 예측 트래픽을 제시한다. 만약 사이트에 트래픽을 끌어들이는 데는 관심이 없고 오직 브랜드 인지도만 높이고 싶다면, 구글의 디스플레이 네트워크를 이용하여 노출당 비용(CPM, 1,000회 노출당 비용) 방식으로 광고료를 지불할 수도 있다.

애드워즈에 대해 설명해 둔 책이나 블로그가 많기 때문에, 여기서는 간단히 짚고 넘어가겠다. 구글은 처음 사용자들이 막막함을 느낀다는 것을 알고 있기 때문에, 고객이 광고 플랫폼에 적응하는 데 도움을 주는 각종 자료를 제공한다. 그 도구 중 하나가 키워드 플래너(https://adwords.google.com/KeywordPlanner)다. 이 도구는 고려 중인 키워드에 대한 검색량을 보여 준다. 위의 예시를 사용하자면 'fitness tracker(피트니스 트래커)'는 2014년 2월과 2014년 8월 사이에 미국에서 월 평균 74,000건의 검색을 기록했다. 'track my run(달리기 거리 측정)'의 평균 검색 횟수는 9,900건이었고 'workout monitor(운동량 관리)'는 390건이었다. 키워드 플래너는 초창기에 수요를 예측하고(팔 물건이 없더라도 사람들을 랜딩 페이지로 보내면 된다) 각 지역의 시장을 파악하는 데 아주 좋은 방법이다.

수십만 명이 특정 키워드를 검색하는 경우에는 경쟁이 치열하다. 구글 검색 결과 페이지의 광고 게재 공간은 정해져 있기 때문이다. 구글은 광고 공간이 생길 때마다 경매를 통해 어느 광고를 게재할지 정한다. 그래서 입찰이 중요한 것이다. 누군가 광고에 클릭하는 경우에만 요금을 지불하긴 하지만, 청구되는 요금 자체는 광고 게재를 위해 입찰한 금액에 따라 결정된다. 수동으로 입찰가를 설정할 수도 있고, 애드워즈가 자동으로 입찰가를 최적화하도록 설정할 수도 있다.

한정된 예산으로 광고를 하려면, 광고 타깃을 좁게 설정하는 것이 가장 합리적이다. 구문 일치 또는 100% 일치 옵션을 선택하면 타깃을 최대한 정밀하게 지정할 수 있다. 꼭 제일 싼 키워드를 선택할 필요는 없다. 비싼 키워드에는 비싼 이유가 있다. 그 광고를 클릭하는 사람들이 고객으로 변할 가능성이 높기 때문에 경쟁이 치열한 것이다.

캠페인을 생성할 때는 일일 예산을 설정하고 타깃 위치(지도에 지역을 그려서 매우 세밀하게 지정할 수 있다)를 정한 다음 관련 키워드를 선택하게 된다. 부정적인 키워드를 포함시켜 광고가 관련 없는 맥락에 나타나는 사태(예. 키워드가 다의어일 경우)를 방지하는 것도 가능하고, 특정 장치를 위한 광고(예. 모바일 브라우저에 최적화한 광고)를 게재하는 것도 가능하다. 사용자가 광고를 클릭하면 그 사용자의 전환 여부도 추적할 수 있다. 전환이란 사이트 조회에서 제품 구매까지, 무엇으로든 정의할 수 있다.

애드워즈 캠페인 사용자들이 흔히 주시하는 지표로는 ROI(이 경우에는 광고 캠페인으로 발생한 수입을 캠페인에 투입한 비용에 대비하여 나타낸 수치), 클릭률 click-through rate(CTR, 키워드를 검색한 사용자 중 광고를 클릭한 사용자의 비율), 획득당 비용(CPA) 등이 있다. 광고 타깃이 성공적이었다고 판단할 수 있는 '좋은' CTR은 2%에서 30% 사이이다.

트위터

트위터에도 광고 프로그램이 있다. 트위터는 제품 판매에 도움을 주기도 하지만, 커뮤니티를 성장시키고 관리하는 도구이기도 하다. 따라서 고객 서비스를 제공하고 쌍방향 커뮤니케이션을 촉진하는 플랫폼으로 점점 인기를 끌고 있다. 트위터에는 전환(리트윗, 마음에 들어요, 응답) 기능을 통해 팔로어 커뮤니티를 성장시키고 브랜드 도달 범위를 확장하기 위한 광고 상품을 제공한다.

트위터는 브랜드 인지도를 제고하는 한편, 사이트로 트래픽을 유입시키는 데도 효과적이다. 회사가 (사람들을 외부 사이트로 보내지 않고) 트위터 자체에서 리드 이메일 주소를 수집할 수 있게 하는 광고 캠페인 유형도 있다.

트위터는 몇 가지 타깃 지정 전략을 제공한다. 키워드(사용자의 트윗에 있는 키워드 또는 사용자가 검색하는 키워드)나 관심사(사용자가 팔로우하는 계정 또는 리스트로 판단), 사용자가 시청하는 TV 프로그램을 바탕으로 신규 고객을 타깃으로 지정할 수 있다(이것 자체가 하나의 분류다. 트위터 사용자의 상당수가 TV 프로그램을 시청하며 두 번째 화면에 앱을 띄워 놓고 사용하기 때문이다. 예를 들어 인기 드라마 「왕좌의 게임」은 미국에서 823,000명의 사람들이 시청한다). '테일러드 오디언스' 옵션을 사용하면 기존 고객을 타깃으로 지정하는 것도 가능하다.

다른 플랫폼에서와 마찬가지로 지역별, 장치별로 범위를 좁힐 수도 있고, 캠페인 전체 예산, 일일 최대 예산, 개별 입찰가를 설정할 수도 있다.

5단계. 메시지 작성하기

이 단계의 목표는 표적 고객에게 공감을 얻을 수 있는 마케팅 메시지를 작성하는 것이다. 고객의 입장에 서 보자. 어떤 이야기가 그 사람의 관심을 사로잡을 것인가? 고객의 문제를 표현하고 당신의 해결책을 제시하는 것이 좋은 출발점이다. 이야기를 전달할 때는 어조와 표현에 유의하며, 고객이 당신에게 관심을 가져야 하는 이유를 분명하고 직접적으로 전달하자.

(81페이지의 '사례 연구: 컨투어와 모멘트의 네이밍'에 등장하는) 컨투어 카메라와 모멘트의 창업자인 마크 바로스도 컨투어의 메시지 전략을 수립하느라 고생했다. 이 팀은 평범한 사람도 간편하게 동영상을 촬영하고 공유할 수 있게 해 주는 카메라를 만들고 싶었다. "저희는 '조joe가 되자' 전략을 사용할지[2], '마이크가 되자'

---

2 역자주_ 조(Joe)란, 평범한 사람을 나타내는 대명사다.

전략을 사용할지를 놓고 고심했습니다. 우리는 최종 소비자의 동영상이 퍼지며 입소문을 일으킬 거라 생각했습니다. 사람들의 콘텐츠가 나선 효과를 일으키며 카메라 판매를 촉진하기를 기대했죠." 마크의 설명이다. 그들은 결국 제품의 '누구에게나 맞는' 측면을 강조하는 메시지 전략을 선택했다.

그러나 컴투어의 경쟁 제품 고프로는 '마이크가 되자'(마이클 조던이 등장하는 게토레이의 인기 광고를 가리키는 말) 전략을 채택했다. 고프로는 아주 철저하게 계획하고 완벽하게 편집한 콘텐츠를 마케팅 캠페인에 사용했다. 유명 운동선수와 모험가가 촬영한 이 동영상은 "이 제품을 사용하면 여러분도 비슷한 모험과 묘기를 해내고 촬영할 수 있습니다."라는 환상을 주입했다. "그 제품을 쓰면 누구나 쏜살같이 달리고, 벼랑에서 뛰어내리고, 풍부한 영상과 음향을 담을 수 있다는 인식을 심은 겁니다... 실제로는 평범한 사람은 절대 하지 못할 일이죠." 마크가 말한다. "하지만 '우와, 내 동영상도 저렇게 훌륭하고 내 모습도 저렇게 멋있겠지'라는 인식 때문에 제품이 팔린 겁니다."

6단계: 행동 유도 문구 넣기

이것은 목표 달성을 위해 고객이 해야 하는 구체적인 행동을 말한다. 이 문구는 "지금 전화하세요!", "새 지점을 찾아 주세요!", "오늘 구매하세요!" 등의 명확한 지시로 표현해야 한다. 디지털 세계에서는 "앱을 다운로드하세요!", "지금 가입하세요!", "지금 시작하세요!" 등이 일반적이다. 구체적이고 간결하게 표현하자. 애매한 '제출' 버튼을 삽입하는 것은 금물이다. 목표가 같더라도 행동 유도 문구는 채널에 따라 달라질 수 있다.

이때, 사용자가 최대한 쉽게 그 행동을 할 수 있도록 만들어야 한다. 예를 들어 "크라우드펀딩 캠페인을 찾아 주세요!"라고 말한다면 반드시 클릭할 수 있는 링크를 추가해야 한다. 또한 휴대전화나 태블릿 사용자에게 사이트를 최적화하는 것도 잊지 말자. 최적화 과정은 대개 직관적이지만, 고객의 행동을 유도하는 데 가장 효과적인 표현이나 기법을 찾으려면 약간의 A/B(분할) 테스트가 필요할지도 모른다. 예를 들어 고객이 예약 주문 페이지에서 제품을 구매하게 만드는 것이 목표라면, 원클릭 방식의 주문 시스템과 전통적인 주문 시스템을 함께 테스트하여, 각각의 경우에 따른 전환율을 비교해 볼 수 있다. 옵티마이즐리Optimizely(https://www.optimizely.com/)와 같은 제품을 사용하면 행동 유도 문구를 편리하게 테스트할 수 있다

7단계: 일정과 예산 수립하기

대부분의 창업자들은 마케팅 캠페인을 실시할 때 기한을 정하거나(예. 2달간의 예약 판매) 구체적인 목표를 설정한다(예. 주문량 1,500개 달성). SMART 체계는 전자가 바람직하다고 주장하며, SMART의 T를 통해 정해진 기한의 중요성을 강조한다. 단순히 '트위터 팔로어 1,000명 추가하기'를 목표로 잡는다면 그것을 달성하는 데 몇 달이 걸릴 수도 있다. 하지만 '한 달 내에 트위터 팔로어 1,000명 추가하기'라는 구체적인 목표를 잡으면 긴박감이 생긴다. 많은 창업자들이 마감일을 정하면 추진력을 유지하기 쉽다고 한다. 어느 쪽이든 마케팅 캠페인을 시작하기 전에 목표를 명확하게 정의해야 한다.

마찬가지로, 마케팅 캠페인을 시작하기 전에 예산도 명확하게 정의해야 한다. 물론 예산이 무제한이라면 인기 프로그램의 광고 시간을 독점하여 사람들을 사이트로 끌어들일 수 있을 것이다. 하지만 현실에서는 쓸 수 있는 돈이 아주 적을 가능성이 높다. 어떤 채널은 효과는 뛰어나지만 비용이 훨씬 많이 든다. 예산을 여러 마케팅 채널에 미리 할당하는 것이 계획의 핵심적인 부분이다.

8단계: 캠페인 가다듬기

마케팅에 있어서 스타트업이 대기업보다 유리한 영역이 하나 있다. 바로 시행착오를 통한 경로 수정이 자유롭다는 점이다. 대행사를 써서 마케팅 프로그램을 운영하는 대기업에게는 캠페인을 운영하는 동안 메시지를 수정하거나 예산을 조절할 기

회가 거의 없다. 반면 스타트업은 얼마든지 그럴 수 있다.

마케팅 활동을 시작하기 전에, 마케팅 실적에 대한 데이터를 수집하고 분석하기 위한 계획을 수립해 두자. KPI를 통해 목표를 향한 진도를 추적하고, 분석 플랫폼을 통해 각 채널이 KPI에 미치는 영향을 추적할 수 있다. 한 채널의 실적이 유독 뒤처지는 경우에는 타깃을 변경하거나 실적이 나은 채널로 자금을 돌리자. 트래픽이 어디서 들어오는지, 비용은 얼마나 드는지, 메시지가 어디서 퍼지고 있는지 파악하자.

구글 웹로그 분석은 강력한 무료 도구이며, 구글은 구글 웹로그 분석 아카데미(http://bit.ly/analytics_academy)에서 무료 온라인 과정을 제공하고 있다. 고객 인텔리전스 플랫폼인 키스메트릭스KISSmetrics(https://www.kissmetrics.com/)에는 구글 웹로그 분석에 대한 50여 가지 수준별 자료를 '전환율 최적화를 위한 웹로그 분석', '목표 관리', '각종 꼼수와 도구' 등의 주제로 분류하여 정리해 두었다(http://bit.ly/analytics_resources_2014).

이 섹션에서 설명한 모든 단계를 종합하여 살펴보기 위해, 성공적인 마케팅 캠페인을 만들어 낸 팀의 이야기를 '사례 연구: 타일'에서 소개하고자 한다.

MEMO 사례 연구: 타일

마이크 팔리Mike Farley와 닉 에번스Nick Evans는 물건을 잃어버려도 찾을 수 있도록 중요한 물건에 부착하는 장치인 타일Tile(https://www.thetileapp.com)을 개발했다. 타일에서는 셀프스타터 캠페인을 진행했는데 이것이 크게 성공하여 200,000개의 장치가 팔렸으며, 그 후로도 이 책을 집필하는 시점까지 총 500,000개가 팔렸다.

그들의 마케팅 방침과 '캐즘'을 건너 주류 고객에게 다가간 방법을 이야기하는 동안, 끊임없이 등장하는 단어가 있었다. 바로 '단순하다'라는 단어였다. "저희는 아주 단순하고 우아하며, 이해하기 쉬운 제품을 만들고 싶었습니다. 그게 목표였죠." 닉의 설명이다. 단순성에 대한 이런 강조가 제품 설계와 제품 마케팅의 기준점이 되었다. 타일을 사용하려면, 노트북 컴퓨터나 열쇠처럼 중요하게 여기는 물건에 장치를 부착하기만 하면 된다. 그러면 물건

을 잃어버렸을 때 타일이 신호기 역할을 한다. 추적 신호의 범위는 반경 30미터이고, 타일 앱을 구동하는 아무 휴대전화로나 잃어버린 물건을 찾을 수 있다. 물건에 가까워질수록 앱의 추적 신호가 강해진다.

그들은 셀프스타터를 통해 타일의 자체 사이트에서 예약 판매 캠페인을 호스팅하면서 마케팅 활동을 시작했다. 동영상을 포함하여 이 캠페인을 위해 개발한 자산을 지금까지도 사이트에서 주요 마케팅 자료로 쓰고 있다. "저희는 물건을 자꾸 잃어버린다는 문제에 해결책을 제시하기 위한 동영상을 만드는 데 집중했습니다. 타일이 무엇인지 일찌감치 이야기하고 바로 본론으로 들어갔죠." 마이크의 설명이다. 그들은 동영상에서 기술적인 사양을 보여 주지 않았다. 명료성이 핵심이었기 때문이다. "저희는 고객이 별로 신경 쓰지 않을 요소로 물을 흐리고 싶지 않았습니다. Wi-Fi를 사용하든, 블루투스나 GPS를 사용하든 대부분의 사람들은 신경 쓰지 않죠. 제품이 문제를 해결하느냐 아니냐에 신경을 쓸 뿐입니다." 마이크의 설명이다. 즉, 그들은 마케팅 메시지를 제품 자체만큼이나 간단하게 만들기로 결정했다.

출시 당시에도 팀의 규모는 여전히 작았다. 풀타임 직원이 넷뿐이었다. 그중에서도 마케팅 일을 하는 사람은 공동 창업자인 닉과 마이크 둘뿐이었다. "둘이서 할 수 있는 일에는 한계가 있었는데, 잡지에 실리는 게 정말 중요하다는 걸 알았죠. 이전의 크라우드펀딩 캠페인들을 조사해 보니, 중요한 간행물에 기사가 나가면 신뢰성이 크게 올라가더군요." 마이크의 말이다. 그들은 셀프스타터 캠페인을 성공적으로 마무리할 만큼 신뢰성을 구축하고 싶었다. 제품의 표적 시장(물건을 잃어버리는 사람들)이 아주 컸으므로, 넓은 고객 기반에 반향을 일으키는 평판과 브랜드를 구축하는 것이 중요했던 것이다.

신뢰성도 중요하지만, 긍정적인 언론 보도가 나가야만 소문을 널리 퍼뜨릴 수 있었다. 그들은 전문 PR 팀 VSC(현재의 웨어니스)를 고용하기로 결심했다. VSC는 그 후로 코인과 링리 등의 성공적인 프로젝트의 출시를 돕기도 했다. "저희는 한정된 자금을 일찌감치 활용했습니다. 탠덤(Tandem) 액셀러레이터 프로그램에서 제품 개발을 마치고 출시를 준비하라고 지원받은 200,000달러가 있었죠. 우리는 그 200,000달러를 한 푼도 빠짐없이 썼습니다." 마이크의 설명이다. VSC 팀은 가끔 마케팅 자문을 하기도 했지만, 대부분은 PR만 취급했다.

디지털 마케팅은 예산의 제약 내에서 최고의 결과를 이끌어 내는 데 가장 효과적인 방법이었다. 팀은 기본적인 마케팅 계획을 수립했다. 기본 KPI를 설정하고 스프레드시트로 목표 달성을 관리했다. "아주 원시적인 스프레드시트지만요." 닉의 말이다.

사람들을 사이트로 끌어들일 때는 페이스북 광고에 크게 의존했다. 제품의 단순하고 우아한 측면을 강조하는 광고를 페이스북에 게재했다. 사람들이 타일을 친구들과 공유하기 시작했다. 이에 대해 닉은 이렇게 말한다. "사람들은 제품이 워낙 단순하고, 워낙 보편적인 문제인 '소지품 분실'을 해결했기 때문에 타일을 공유한 겁니다. 물건을 잃어버렸을 때의 기분은 누구나 아니까요. 그 조합 덕분에 우리는 캐즘을 일찌감치 건널 수 있었습니다." 그들은 20,000개 생산을 예상하고 하청 제조업체를 구해 두었는데, 첫 캠페인 중에만 200,000개의 주문이 들어왔다.

그 추진력을 이어 가기 위해, 팀은 구글 애드워즈 전략도 강화했다. 2014년 10월 기준으로 50만 개가 넘는 제품이 판매되었으며, 이 책을 집필하고 있는 지금 두 번째 버전 출시를 준비하고 있다. 그들은 광고가 성공을 거둔 것이 제품과 가치 제안에 꾸준히 초점을 맞춰 온 덕택이라고 말한다. "광고는 하다 보면 요령이 생깁니다. 하지만 우리의 초기 디지털 광고에는 이렇다 할 비결이 없었죠. 그냥 빨리 본론으로 들어간 것뿐입니다. 이게 우리 제품입니다. 이게 우리 가치 제안입니다. 요즘은 사람들이 워낙 빨리 집중력을 잃기 때문에 정말 빨리 본론으로 들어가야 하죠." 마이크의 설명이다. 사용자들을 사이트로 끌어들이는 것은 전투의 절반에 지나지 않는다. 당신이 무슨 일을 하고, 무슨 문제를 해결하는지를 바로 분명하게 전달해야만 실제로 판매를 할 수 있다.

티일의 성공 비결은 광고 캠페인 아래에 훌륭한 제품이 있었기 때문이라는 점에는 유의해야 한다. "너무 기본적인 이야기지만, 우선은 사람들이 갖고 싶어 하는 제품이 있어야 합니다. 그에 대해 스스로에게 아주 솔직해야 하죠. 우리가 제품을 구상하고 제작하자, 실제 고객이 광고 캠페인을 이끌어 나간 겁니다." 마이크의 설명이다. 상품이 단순하면 사람들이 쉽게 이해할 수 있다. 디지털 마케팅과 효과적인 PR은 캐즘을 건너는 데 도움을 준다. 하지만 결국은 마케팅 전략과 광고 캠페인이 아무리 훌륭해도, 아무도 갖고 싶어 하지 않는 제품은 팔리지 않는다.

04 유통 채널과 관련 마케팅 전략

'마케팅의 4P' 중에서 가장 마지막으로 이야기할 요소는 유통이다. 유통이란 판매자가 고객이 제품을 구매할 수 있도록 만들 때 사용하는 통로다. 가격, 유통 전략, 포장, 메시지가 모두 일관적이어야 한다. 4개의 P가 모두 특정 표적 고객의 정체성에 적합해야 한다.

유통 경로는 곧, 표적 고객이 보통 어디서 쇼핑을 하느냐의 문제다. 고객이 고급 백화점을 자주 찾는가? 트렌디한 부티크를 자주 찾는가? 아니면 온라인 전자제품 사이트를 자주 찾는가?

유통을 가장 넓은 시각에서 보면, 우선 고객에게 온라인(전자 상거래)이나 오프라인(물리적인 상점)에서 제품을 판매할 수 있다. 전자 상거래는 회사의 자체 웹사이트를 통해 직접 판매로 이루어질 수도 있고, 에치나 그랜드 스트리트처럼 여러 브랜드의 상품을 모아 판매하는 사이트를 통해 이루어질 수도 있다. 물리적인 소매점은 동네의 소규모 잡화점에서 전국적인 유통망을 보유한 대형 할인점까지 각양각색이다. B2B 제품의 경우, 유통은 보통 직접 판매로 이루어진다.

온라인 직접 판매

하드웨어 스타트업이 제품 판매를 시작할 때 가장 흔히 선택하는 방법은 웹사이트를 통한 직접 판매다. 전자 상거래 사이트는 간편하고 저렴하게 구축할 수 있다. 재고, 가격 책정, 판매 전략을 모두 직접 책임지고, 마진을 떼어 주어야 하는 곳도 없다. 모두 당신 차지다!

거의 즉각적으로, 그리고 상대적으로 낮은 비용으로 전자 상거래를 시작할 수 있게 해 주는 소프트웨어 솔루션이 점점 늘어나고 있다. 재고 관리, 결제 처리, 주문 및 배송 조회 기능을 제공하고 판매할 제품을 등록하기 쉬운 솔루션이 이상적이다. 쇼피파이(http://www.shopify.com/), 볼루전Volusion(http://www.volusion.com/),

마젠토Magento(http://magento.com/)가 기본적인 상점을 빠르게 만들어 주는 솔루션으로 가장 인기가 많다(물론 다른 솔루션도 많다). 이 외에도 사이트에서의 사용자 행동에 대한 데이터를 수집하고 매출 KPI를 관리하는 기능을 제공하는 고품질의 분석 패키지도 필요하다. 판매를 고객 문의 및 반품 요청과 연결하는 기능도 중요하다(다른 채널로 넘어가기 전에 실제 반품 및 불량 비율을 파악해야 하기 때문이다). 사이트 프레임워크를 처음부터 개발하겠다고 마음먹었다면, 다양한 플러그 앤드 플레이 방식의 장바구니와 PCI 표준을 준수하는 결제 공급업체를 통해 주문 경험의 복잡한 부분을 처리할 수 있다.

직접 판매에서 가장 큰 난관은, 수요를 창출하려면 대대적인 마케팅을 펼쳐야 한다는 점이다. 웹은 시끄럽고 복잡한 공간이므로, 판매하는 제품의 특성에 따라서는 처음부터 검색 결과 상단에 노출되기가 어려울지도 모른다. 이는 최대한 빨리 커뮤니티를 구축해야 하는 이유기도 하다. 먼저 크라우드펀딩 모금부터 시작할 생각이라면, 크라우드펀딩 캠페인이 끝난 후에도 최초의 고객과 전도사들이 당신의 회사를 찾을 수 있도록 해야 한다. 크라우드펀딩 모금을 하지 않았다면, 즉시 열정적인 고객 기반을 구축하기 시작해야 한다.

많은 스타트업은 벤처 자금을 유치하기 전에 직접 판매를 시작한다. 자력으로 자금을 조달한 회사는 대개 마케팅 예산이 극도로 부족하다. 온라인 직접 판매의 경우, 전자 상거래 스타트업이 흔히 사용하는 그로스 해킹growth hacking 기법이 마케팅 전략으로 효과적이다. 전자 상거래를 위한 그로스 해킹을 전문적으로 다루는 블로그가 이미 많다. 제조 단계를 지나면, 신생 하드웨어 회사가 겪는 판매의 난관은 소규모 의류 브랜드가 겪는 난관과 제법 비슷하다.

고객이 주문 또는 예약 주문을 하면 이메일 주소를 수집하자. 정기 뉴스레터를 발행해서 이전 방문자에게 신상품 소식을 알리고, 정해진 일정에 정해진 순서대로 이메일을 발송하는 '물방울' 캠페인을 기획하자. 다음 제품에 반영할 색상이나 기능에 대한 설문조사를 하는 등 커뮤니티를 참여시킬 방법을 찾자. 여성 의류 스타트업 모드클로스ModCloth(http://www.modcloth.com/)의 '바이어가 되어 주세요' 기능은 신상품 후보에 대한 피드백을 요청하고 예약 주문을 받는 기능인데, 아주 인기가 많다.

고객을 전도사로 바꾸어 보자. 의류 스타트업 베타브랜드Betabrand(http://www.betabrand.com/)는 모델 시티즌이라는 기능을 통해 고객을 모델로 활용한다. 고객이 베타브랜드 옷을 입고 우스꽝스러운 사진을 찍어 사이트에 후기와 함께 업로드하면, 그 사진이 해당 품목의 제품 페이지에 뜬다. 물론 친구와 공유하기도 쉽다. 이와 같은 사진 후기는 '사회적 검증'의 한 형태로서, 참여를 촉진하고 신규 고객 획득을 용이하게 한다.

페이스북과 핀터레스트 등의 사이트를 활용하여 다가가기 쉬운 브랜드 정체성을 수립하고, 기술 커뮤니티 밖의 신규 시장에 진출하자. 표적 세분 시장을 대상으로 하는 전략적인 언론(온라인 또는 종이 매체) 보도도 중요하다. 예산이 있다면 전문 PR 팀을 고용하는 방안도 고려하자. 예산이 없다면 기자들과 관계를 구축하자. 사업이 전적으로 B2B라면, 제품이 여러 분야에서 사용자의 문제를 해결했던 경위를 구체적으로 조명하는 사례 연구를 작성하는 것도 좋다. 주요 고객에게 이용 후기를 써 달라고 부탁해서 사이트에 게시하자. 회사의 문제 영역에 대한 정보 및 통찰 콘텐츠를 만들고 게시해서 검색 트래픽을 유입시키자.

MEMO 중요 지표

작은 사업이나 생계형 사업이 목표라면 직접 판매에서 그칠 수도 있다. 그러나 자체 상점에서 발생하는 매출을 바탕으로 대형 소매업체나 투자자에게 수요를 증명하려 한다면, 처음부터 상대가 중요하게 여길 만한 지표를 추적해야 한다. 가령, 페이지 조회수는 '얼마나 많은 사람들이 사이트를 보고 있는가?'를 나타내는 중요한 지표다. '방문이 구매로 이어지는 비율은 얼마인가?'를 나타내는 전환율이나, 광고 채널의 클릭율도 측정해야 한다. 고객 획득 비용은 최종적인 손익에 영향을 미치기 때문이다.

많은 전자 상거래 플랫폼에는 분석 대시보드가 있어서, 고객의 유입 경로를 확인하거나 동향을 관찰하거나 매출 성장을 예측하고, 그에 따라 최적화를 진행할 수 있다. 일례로 키스

메트릭스는 전자 상거래 고객 인텔리전스에 특히 중점을 두며, 꾸준히 블로그와 사례 연구를 게시하여 성장의 모범 사례(http://bit.ly/growth_best_practices)를 자세히 소개하고 있다. 제품 메시지, 레이아웃과 교차 프로모션의 A/B 테스트도 최적화에 도움을 준다.

오프라인 지표 역시 중요하다. 그중 하나는 순 추천 지수[Net Promoter Score](NPS)로, 회사에 대한 고객 충성도나 특정 제품에 대한 만족도를 나타내는 지표다. 이 지표는 −100과 +100 사이의 숫자로 나타낸다. NPS는 "이 제품(또는 회사)을 친구에게 추천할 의향을 1~10의 척도로 나타낸다면 얼마인가요?"라는 간단한 질문 하나로 고객에게 설문 조사를 하여 계산한다. 충성도가 높은 고객은 꾸준히 제품을 구매하는 한편으로, 그 제품을 친구에게 추천할 가능성도 높을 것이라는 생각을 바탕으로 한다. 추천에 적극적인 고객은 보통 9 또는 10으로 응답하고, 소극적인 고객은 7이나 8로 응답한다. 7 미만은 부정적인 고객으로 간주한다. 이 수치 결과에서 −100~+100의 NPS 지수를 도출하려면, 적극적인 고객의 비율에서 부정적인 고객의 비율을 빼면 된다.

이 기법을 개발한 새트메트릭스[Satmetrix]는 업계별 NPS 지표를 추적하고 있다. 분야에 따라 차이는 있지만 +50이면 대체로 훌륭하다고 여겨진다. 2014년 노트북 컴퓨터 카테고리에서는 애플이 +72의 NPS로 1위를 차지했다. 이 점수는 회사 전체에 대한 평가가 아니라 노트북 카테고리에 한한 것으로, 태블릿 영역에서는 애플의 NPS가 +66이었고 스마트폰에서는 +67이었다. NPS는 업계 전체(예: 기술 또는 금융)에 대한 전반적인 인식, 업계 내의 특정 회사, 회사 내의 특정 제품에 대한 전반적인 인식을 파악하는 데 사용된다.

특히 초창기에는 선제적인 커뮤니티 관리를 통해 NPS를 대폭 향상시키는 것이 가능하다. 이와 관련된 것이, 소프트웨어 스타트업 마케팅에서 흔히 이야기하는 '바이럴 루프'라는 개념이다. 이것은 NPS의 바탕이 되는 원칙의 연장선에 있는 개념으로, 20명의 최초 사용자가 각자 20명의 새로운 사용자를 추천하게 할 수 있다면, 그 새로운 사용자가 또 각자 20명을 추천하며 선순환을 일으킨다는 발상이다. 친구들이 함께 사용하면 제품의 사용자 경험이 어떤 식으로든 나아지는 경우에 입소문이 자연적으로 나기가 가장 쉽다. 하드웨어의 경우 이 선순환을 일으키기가 비교적 어렵지만, 불가능하지는 않다. 하드웨어 액셀러레이터 렘노스 랩의 임원 에릭 클라인[Eric Klein]은 전에 대시 내비게이션[Dash Navigation]이라는 스타트업에 제품 마케팅 시니어 디렉터로 근무한 적이 있다. 그는 대시에서 제품이 DVT(설계 인증 테스트) 단계에 있을 때 NPS를 사용하기 시작했다. "새 DVT가 나올 때마다 NPS 분석을 실시했습니다. 지지자를 확보하고, 제품을 발전시키면서 NPS를 여러 차례 다시 측정했죠. PVT(제품 인증 테스트)로 넘어가기 전부터요." 에릭의 설명이다. 이로써 팀은 제품이 출시되기 한참 전부터 소비자가 친구에게 대시를 추천할 가능성이 얼마인지 감을 잡을 수 있었다.

이 부분이 목차상 유통 채널 아래의 '온라인 직접 판매' 섹션에 들어가긴 하지만, 사용하는 모든 유통 채널에서 핵심 지표를 추적해야 한다. 회사가 성장하면서 무슨 일이 일어나는지 이해하기 위해서는 처음부터 지표를 세밀하게 추적하는 것이 중요하다. 에릭은 이렇게 설명한다. "NPS는 개념적으로 유통 채널과 무관하지만, 채널이 다르면 고객 경험도 다를 수 있습니다. 따라서 점수를 서로 구별해야 하죠. 직접 판매의 NPS가 +72인데 대중 시장 소매의 NPS는 +55라면, 두 유통 채널의 고객 기대가 잘못 설정되고 있다는 걸 알 수 있죠." 유통 채널에 따라 NPS를 추적하는 한 가지 방법은 고객이 제품을 등록할 때 표지 기능을 하는 식별자를 생성하는 것이다. 이 식별자를 통해 어느 배치를 직접 판매했고, 어느 배치를 소매업체에 납품했는지를 알 수 있기 때문이다.

온라인 소매 전문점과 온라인 장터 플랫폼

전자 소매업체는 기존 플랫폼의 잠재 고객을 활용하여 브랜드의 인지도를 높이고 비교적 고객 접촉이 적은 방식으로 제품을 판매하기에 좋은 수단이다. 이 부분에서는 타깃닷컴(Target.com)이나 월마트닷컴(Walmart.com) 같은 초대형 전자 상거래 사이트가 아니라, 온라인 전용의 전문점, 즉 하드웨어 덕후, 얼리어답터, 전자 제품 광을 대상으로 하는 틈새 사이트에 대해 이야기할 것이다.

그중 뉴에그Newegg, 애더프루트, 스파크펀 등의 일부 사이트는 소매업체와 마찬가지로 재고를 도매가로 사들여 재판매한다. 한편, 틴디나 그랜드 스트리트 등의 사이트는 제품을 모아 보여 주는 장터 역할을 한다. 메이커 제품으로 인기가 높은 틴디의 경우, 이베이와 마찬가지로 누구나 들어와서 품목을 등록해서 판매할 수 있다. 최근에 에치에 인수된 그랜드 스트리트는 며칠마다 신상품을 등록하고 '추천 예약 주문'과 '추천 베타' 채널을 통해 신생 기업이 잠재 고객을 만나도록 도와준다('사례 연구: 그랜드 스트리트'에서 창업자 어맨다 페이튼Amada Peyton이 전자 소매업체의 잠재 고객을 활용하는 방법을 소개한다). 마지막으로 길트Gilt나 줄릴리Zulily 와 같은 반짝세일 사이트 역시 전자 상거래 수단으로 고려할 만하다. 고객 인구 계 층에 가장 어울리는 곳으로 선택하자.

MEMO 사례 연구: 그랜드 스트리트

유통 채널을 확립하는 것은 하드웨어 프로젝트를 진짜 회사로 변모시키는 과정에서 필수 적인 부분이다. 스타트업이 크라우드펀딩 모금으로 반향을 일으키고 초도 물량을 판매했 다 하더라도, 판매를 지속하기 위해서는 유통 전략을 분명하게 정의해야 한다. 이번 사례 연구에서는 그랜드 스트리트의 창업자 어맨다 페이튼이 신생 기업의 유통과 주요 데이터 에 대해 이야기한다.

"저희는 소규모로 생산하거나 독립적으로 만든 전자제품을 발견하고 구매할 곳이 마땅히 없다는 사실을 알고 그랜드 스트리트를 구상했습니다." 어맨다의 말이다. 전국적인 대형 소매업체에서 제품을 유통하려면 보통 수십만 개의 제품을 생산해야 하는데, 소규모 하드 웨어 스타트업은 대부분 그럴 여력이 없다. 제품을 수천 개 단위로 생산하며 제품/시장 적 합성을 찾는 데 급급하게 마련이다. 이들은 동시에 판매 전략도 수립해야 한다. 판매는 보 통 전자 상거래 플랫폼과 직접 판매를 통해 이루어지는데, 이 모델에서는 잠재 고객이 제 품을 발견하게 만들기가 쉽지 않다.

그랜드 스트리트의 비전은 기술을 사랑하는 얼리어답터에게 반향을 일으키는 제품을 주로 판매하는 온라인 허브를 만든다는 것이었다. "저희는 커뮤니티 중심의 재미있는 장터를 만 들고 싶었습니다. 사람들이 직접 만든 물건을 판매하는 공간, 신생 하드웨어 회사에게 아 주 편한 공간을 만들고 싶었죠." 어맨다의 설명이다. 그랜드 스트리트는 기간 한정 판매를 통해 품질 좋고 특색 있는 제품을 판매하는 데서 출발해서, 창업자가 자기 상점을 직접 만 들 수 있는 전자 상거래 허브로 서서히 확장해 나갔다. 이 사이트는 아직도 프로모션 세일 을 통해 제품을 위탁으로 판매하지만, 창업자가 커뮤니티와 잠재 고객을 활용하여 직접 제 품을 판매하는 것을 점점 권장하고 있다.

그랜드 스트리트의 목표는 하드웨어 창업자들에게 이상적인 최초의 외부 판매 채널이 되 어 주는 것이었다. 이 사이트에서 스타트업은 그랜드 스트리트의 자체 마케팅을 통해 새로 운 잠재 고객에게 노출된다. 팀은 사이트에 추천으로 게재하는 제품의 마케팅 문구를 쓰 고, 제품이 고객의 생활에 어울리는 이유를 설명한다(많은 창업자들이 이 부분을 게을리한다는 걸 경험을 통해 알았기 때문이다). 그들은 소셜 미디어 채널과 뉴스 사이트에서 추천 제품을 홍보한다. 또한 이벤트와 팝업 스토어에서 직접 마케팅을 하기도 한다.

어맨다는 마케팅 전략을 가다듬는 데는 데이터가 매우 중요하다고 강조한다. 팀은 고객으로부터 수집하는 데이터를 철저하게 분석하여, 마케팅 자료에서 가격 기준에 이르기까지 온갖 주제에 대한 피드백을 창업자에게 제공한다. "저희는 창업자에게 제품이 어떤 고객층에 가장 잘 통할지를 이야기해 줄 수 있습니다. 그 고객층이 어느 사이트에서 유입되고, 성별 구성은 어떠하며, 이들이 고려하는 다른 제품 카테고리는 무엇이며 가격 기준은 어느 정도인지 이야기해 줄 수 있죠. 때로는 그것이 창업자의 생각과는 전혀 다른 경우도 있습니다." 어맨다의 말이다. 스타트업은 이 데이터를 참고하여 현재 제품을 더욱 효율적으로 판매하고, 다음 버전을 개발할 수 있다.

제품을 자체 사이트에서만 판매할지 그랜드 스트리트와 같은 플랫폼에서 판매할지 결정할 때는 마진이 중요한 요인으로 작용한다. 그러나 트래픽을 매장으로 끌어들이려면 많은 시간과 인력을 투입해야 한다는 점도 기억해야 한다. 그랜드 스트리트와 같은 입점 방식의 전자 상거래 유통 채널은, 창업 초기에 잠재 고객을 확보하는 효과적인 수단이 될 수 있다.

전자 소매업체는 무료가 아니다. 월 수수료 또는 건당 수수료, 매출의 일정 비율, 또는 기타 규정에 따라 요금을 내야 한다. 그러므로 각 사이트에서 제품을 판매하고도 수익을 남길 수 있는 수준으로 가격을 책정해야 한다. 또한 사이트 디자인, 마케팅, 고객 만족을 타인이 책임지는 만큼, 구매 경험에 대한 통제력도 떨어진다. 주문 처리 절차에 대해서도 고민해야 한다. 어떤 소매업체는 자체 창고에 재고를 보유하고 있지만, 어떤 소매업체는 대신 주문만 받기 때문에 직접 고객에게 배송을 해야 한다.

소매업체가 재고를 직접 관리하는 경우에는 '셀스루sell-through' 관계에 있는 셈이다. 우선 '셀인sell-in'과 '셀스루'를 정의해 보자. '셀인' 거래에서는 소매업체가 당신에게 할인가로 상품을 구매하여 소비자에게 판매한다. 당신은 상품을 소매업체에 인도할 때 송장을 발급하고, 소매업체는 미판매 재고품을 반품하고 현금이나 적립금으로 환불을 받을 권리를 보유한다. '셀스루'는 소비자가 소매업체에 제품 가격을 지불할 때 이루어진다. 즉, 당신은 소매업체를 통해 최종 소비자에게 제품을 판매하는 셈이다.

셀인 수치와 셀스루 수치를 모두 관리하는 것도 중요하다. 셀인 데이터는 당신이 유통 채널에 내보낸 제품의 수를 나타내며, 셀스루 데이터는 고객이 실제로 구매한 제품의 수를 나타낸다. 광고 캠페인과 매장 광고지를 통한 광고, 이메일 캠페인은 모두 셀스루 촉진을 위한 것이다. 이런 관계에서는 대개, 제품이 팔리지 않으면 다시 당신에게 돌아온다.

아마존닷컴은 가장 인기가 많은 온라인 소매점 중 하나다. 아마존은 입점 상점을 위한 장터 역할과 소매업체 역할을 모두 한다. 아마존 마켓플레이스Amazon Marketplace에서 판매하려면, 물리적인 상품을 취급하는 프로 등급 판매자(매달 물품을 40개 넘게 판매하는 판매자)의 경우 39.99달러의 월 이용료를 내야 한다. 또한 카테고리에 따라 제품 가격의 6퍼센트에서 25퍼센트에 달하는 판매 수수료(http://bit.ly/amazon_selling_fees)가 붙고, 다운로드 방식의 소프트웨어(또는 기타 미디어)를 판매하는 경우 1.35달러의 건당 수수료가 붙는다. 아마존은 추가 수수료를 받고 마켓플레이스 판매자에게 주문 처리 대행Fulfilled by Amazon 서비스를 제공하는데, 아마존이 포장, 배송, 반품을 대행하는 서비스다. 여기에 대해서는 303페이지의 '보관 및 주문 처리'에서 더 이야기할 것이다.

대다수의 온라인 장터는 플랫폼에서 발생하는 매출의 일정 비율을 떼어 가거나 정액 월 수수료를 청구한다. 그러나 그 온라인 회사가 소매업체의 역할을 하는 경우에는 수수료 구조가 달라진다. 아마존의 벤더Vendor 프로그램을 통해 아마존이 직접 소매업체의 역할을 하게 한다는 계약을 맺을 경우, 수수료 구조가 바뀐다. 아마존의 매출총이익률은 부문에 따라 25%에서 50% 사이다. 아마존에서는 또한 프로모션 페이지, 브랜드 사이트, 쿠폰 등을 통한 합동 마케팅 프로그램을 제공한다(이런 서비스의 비용은 290페이지의 '대형 할인점'에서 살펴볼 대형 할인점의 시장 개발 기금 비용과 비슷하다). 아마존닷컴에 직접 판매하는 품목에는 '아마존 직접 배송 및 판매'라는 표시가 붙는다.

이익가산율과 매출총이익률의 차이에 대해 잠시 살펴보자. 이익가산액이란 장치 생산 비용과 소매업체에서 받은 가격(도매가)의 차이다. 제품을 생산하는 데 10달러가 들었는데 아마존이 제품을 25달러에 산다면, 이익가산액은 15달러이고 이익가산율은 150%(15달러/10달러)이다. 매출총이익률은 이익가산액을 소매업체에서 받은 가격으로 나눈 값으로, 이 경우에는 15달러/25달러, 즉 60퍼센트가 된다.

아마존도 매출총이익률을 관리한다. 아마존이 25달러의 도매가를 지불하고 사들인 제품을 40달러에 판매하면, 이익가산액은 15달러이고 매출총이익률은 37.5%(15달러/40달러)이다. 매출총이익률 목표는 소매업체의 유형에 따라 다르다. '가격 책정' 절에서 언급했듯이, 고려하고 있는 유통 전략에 따른 요건을 파악하는 것이 중요하다. 특정 채널에 제품을 공급하기 위해 유통업체(당신에게 제품을 사서 소매업체에 판매하는 중개업자)를 끼는 경우에는 마진이 한 번 더 붙을 것이다.

자체 온라인 상점을 열기 전에 온라인 장터나 전자 소매업체를 이용하기로 했다면, 고객에 대한 데이터를 확보하고 고객과 소통하는 방법이 있는지 반드시 확인해야 한다. 언젠가는 직접 판매를 하고 싶을 것이므로, 소매 플랫폼 소유의 판매 및 마케팅 엔진에 지나치게 의존하지는 말자. 자체적인 판매 및 마케팅 팀을 구축하기 위한 일정을 수립해 두는 것이 중요하다.

소매업체와 처음 관계를 맺을 때는 충분히 조사하는 것이 중요하다. 소매업체의 요구에 맞는 재고 수준을 유지하고 시장 개발 기금(MDF) 예산을 마련하기 위해서는, 바이어의 사고방식을 이해해야 하기 때문이다.

소규모 소매업체와 전문점

온라인에서 현실 세계의 판매로 넘어가기 위한 다리 역할을 하는 유통 채널이다. "전자 소매업체와 대중 시장 대형 할인점 사이에는 두 단계가 있습니다." 에릭 클라인의 설명이다. "첫 번째 단계는 대중 시장과 비슷하지만 규모가 작은 지역 판매입니다. 두 번째는 전문점이죠." 대시 내비게이션은 제품을 수십만 개 생산하지 않고 대중 시장을 경험하기 위해, 지역 전자제품 매장인 프라이스Fry's를 선택했다. "그래도 매장의 수많은 SKU 중 하나일 뿐이고 물량도 많이 공급해야 하긴 하지만, 그래도 매장 수는 더 적기 때문이죠." 에릭의 말이다. "[대형 할인점의 경우만큼] 채널에 많은 물량을 투입할 필요는 없지만, 시장 발전 기금이나 엔드캡 등은 비슷비슷합니다."

소규모의 전문 소매업체는 보통 고객 기반이 분명하게 정해져 있으므로, 틈새 시장에 계속 제품을 판매하면서 소매 프로세스에 대해 배울 수 있다. 대규모 상점에 비해 소매점의 진열대에서는 제품이 묻힐 가능성이 낮다. 또한 고객에게 제품을 설명해 줄 판매 사원이나 웹사이트의 마케팅 문구가 없는 '보조 없는 판매'를 시험하기에도 좋은 기회다.

브랜드의 고객 경험에 대한 피드백을 주고 제품을 개량하는 데 도움이 되는 정보를 줄 수 있는 파트너와 오프라인 소매를 시작하는 것이 중요하다. "하드웨어 창업에서 가장 무서운 부분은 처음으로 유통 채널에 재고를 대량으로 투입하는 순간이죠." 에릭의 말이다. 대형 할인점에 납품을 하는데 포장이 잘못됐거나 마케팅이 부실하거나 제품이 안 팔린다면, 소매업체는 미판매 제품을 반품하고 다시는 당신의 제품을 납품받지 않기 때문이다. 소규모 매장에서는 바이어와 매니저가 같은 사람일 수도 있다. 이 사람은 고객이 제품의 용도를 이해하는지 말해 주고, 고객이 묻는 질문을 전해 주고, 마케팅 또는 포장이 얼마나 효과적인지도 이야기해 줄 수 있다.

아직 오프라인에 본격적으로 뛰어들고 싶지 않다면, 팝업 스토어에서 시험해 보는 방법도 있다. 특히 연휴를 전후로 해서, 사용하지 않는 소매 공간을 상업 지역에 임대 계약을 하는 비용보다 훨씬 싸게 임대할 수 있다. '소매업계의 에어비앤비'를 자처하는 스토어프런트(storefront.com)에서 임시 또는 공유 공간을 찾아보는 것도 좋은 방법이다.

대형 할인점

전국적인 유통망을 보유한 대형 할인점은 초창기 스타트업 창업자에게는 유통의 성지처럼 보인다. 이런 소매업체는 물리적인 지점에도 발길이 끊이지 않지만, 브랜드 인지도 덕택에 웹사이트에도 직접 트래픽이 몰린다. 대규모 소매업체는 브랜드 노출에 도움을 주고, 이론적으로 온라인, 오프라인을 막론하고 대규모의 매출을 발생시킬 수 있다. 그러나 조심해야 하는 함정도 많다. 대형 소매업체의 진열대에 오르려면, 제품이 완벽해야 한다. 소매 고객은 킥스타터 후원자가 아니라서 매끄러운 경험을 기대하며, 제품을 반품하느라 시간을 낭비하게 되면 실망하거나 짜증을 내거나 화를 낸다. 소매업체는 반품 이력을 관리한다. 교환 비용이나 수리 비용 때문에 곤란해질 뿐만 아니라, 반품 비율이 너무 높아지면 소매업체에서 제품을 납품받지 않을 것이다.

슬램 브랜즈Slam Brands의 제이슨 레멜슨Jason Lemelson('사례 연구: 슬램 브랜즈' 참조)은 대형 할인점 경험이 얼마나 다른지를 다음과 같이 표현한다.

온라인으로 판매하는 것, 소규모 소매업체에 판매하는 것, 그리고 전국적인 체인에 판매하는 것 사이에는 아무런 관계가 없습니다. 프로세스 자체가 각각 다르고, 각 유통 채널에 필요한 역량이 서로 겹치지도 않습니다. 즉, 전문점 사이트에서 몇 종의 SKU를 관리해 보았다고 해서, 월마트에 지속적으로 납품하는 일이 수월해지지는 않습니다. 복잡성의 정도와 사업의 범위 자체가 차원이 다릅니다. 소매업체마다 제품 테스트 요건과 인증 기준, 제조 및 물류 규정이 제각각이죠. 제가 알기로, 전국적인 체인에 납품하는 회사치고 중국에 활동 기반이 없는 회사는 없습니다.

제품을 대형 할인점에 진열하기까지는 시간이 매우 오래 걸리고, 그 길은 보통 불투명하다. 슬램 브랜즈(게임 장비 및 가구 브랜드)의 창업자 제이슨 레멜슨은 그 함정을 피하느라 10년이 넘게 고생했다. 그는 슬램 브랜즈 제품을 월마트, 타깃, 베스트바이, 코스트코^{Costco} 등의 소매업체에 납품하고 있고, 해외 유통망까지 확보하여 15,000개가 넘는 지점에서 수백만 개의 제품을 판매하고 있다. 그는 이에 대해 "대형 할인점에 들어가고 싶다면, 그 후에 어떤 상황이 펼쳐질지 잘 알아야 합니다."라고 말한다.

2000년에 창업된 슬램 브랜즈는 처음에는 조립식 가구의 제조, 설계 및 유통에 주력했다. 회사가 점차 게임 액세서리와 목재 가구 분야로 확장함에 따라, 제이슨은 여러 유형의 소매업체와 관계를 형성하게 되었다. 처음에는 이 과정이 어마어마하게 힘들었다. 일단 스타트업이나 소기업과는 이야기도 하지 않으려는 바이어가 많았다. 제품이 어딘지 어설프거나, 소기업은 소매업체의 수요를 미처 충족하지 못할 거라 생각하기 때문이었다. 그래도 제이슨은 포기하지 않았다. "전국적인 유통망을 확보하는 것은 사업 확장을 위해 필수적입니다. 상위 10개의 소매업체가 어마어마한 돈을 벌어들이니까요."

소기업은 보통 영업 그룹^{rep group}을 통해 전국적인 체인과 관계를 튼다. 좋은 영업 그룹은 창업자에게 다른 방법으로는 만나기 어려운 바이어와 이야기할 기회를 만들어 준다. 그러면 논의를 거쳐 커미션을 정하는데, 전국적인 체인의 경우 수수료는 제품의 카테고리에 따라 2~10%다. 영업자의 의욕을 자극하기 위해, 보상은 보통 영업 물량에 따라 달라진다.

영업 그룹은 스타트업이 특정 파트너의 구매 주기를 이해하는 데도 도움을 준다. 구매 주기는 극히 복잡해서, 외부에서는 이해하기가 어렵다. 대형 체인마다 머천다이징 프로세스가 다르고, 프로세스 진행은 보통 아주 느리다. 제이슨은 이렇게 설명한다. "구매 주기마다 특성이 다르기 때문에, 우리는 규모를 확장하면서 체인 하나의 구매 주기를 전담하여 관리하는 어카운트 매니저를 체인마다 하나씩 배치해야 했습니다."

슬램 브랜즈는 내부에 산업 디자인 팀과 엔지니어링 팀이 있었는데, 이들은 대상 체인에 따라 설계 주기를 나누었다. 최대 18개월 후에 납품하는 일정으로 제품을 설계하는 경우도 많았다. "신생 업체는 흔히, 일단 제품부터 만든 다음 설계 주기의 끝에 가서야 판로를 고민하기 시작합니다. 그건 거꾸로죠. 이 소매업체에 납품하는 회사는 각각의 업체에 맞게 SKU를 설계하거든요." 제이슨의 설명이다. 예컨대 타깃을 위해 SKU를 만들 때는 타깃 고객의 인구통계적 특성, 평균 소득, 적정 가격을 염두에 두고 개발했다. 코스트코와 월마트를 위해 개발한 SKU와는 전혀 별개이고 전혀 달랐다. 각 회사가 다른 곳에는 없는 상품을 원했기 때문이다.

따라서 가격 기준과 설계를 논의할 때도 도매 고객과 소매 고객을 모두 염두에 두어야 했다. 슬램 브랜즈 팀은 끊임없이 이런 질문을 던졌다. "월마트가 이걸 취급할 만한 이유는 무엇인가?" 이들은 관심 제품군에서 전략적인 머천다이징 분석을 실시하고 경쟁업체의 가격 기준을 조사했다. 제품이 어디에 들어맞고 어느 가격이 적당한지 감을 잡은 다음에는, 거기서 소매업체의 마진을 빼고 자재비(BOM)가 얼마여야 하는지 역산했다. 대형 할인점을 위한 포장 역시 제품 디자인 프로세스에서 매우 중요하다. 제이슨은 이렇게 말한다. "진열대에 놓였을 때 보기 좋으면서, 아이를 둘이나 데리고 온 어머니가 포장을 보고 제품의 기능을 파악하여 구매 결정을 내릴 수 있도록 상자를 디자인해야 하죠. 그건 쉬운 일이 아닙니다." 소매점의 진열대는 한 치 한 치 신중하게 계획된다.

물량과 노출의 균형을 맞추는 문제도 있다. 대형 소매업체는 수십만, 수백만 개 단위로 주문을 한다. 슬램 브랜즈는 여러 전자 상거래 사이트에서 들어오는 소량 주문을 관리하는 데 시간이 훨씬 오래 걸리는데, 그로 인해 발생하는 매출은 훨씬 적다는 사실을 깨달았다. 제이슨은 이렇게 말한다. "우리는 전자 상거래로 신제품을 시험해 본다는 발상이 마음에 들어지만, 일단 월마트나 베스트바이 납품이 가능하도록 사업의 구조를 조정하고 나면 규모가 작은 업체의 요구에 응답하기가 어려워집니다."

대규모 소매업체 납품을 결정하는 것은 큰일이다. 결과적으로 소규모 파트너와 거래할 여력이 없어질지도 모른다.

진지하게 소매를 고려하기 전에, 비용에 대해 제대로 이해하는 것이 핵심이다('사례 연구: 네스트와 유통 채널' 참조). 소매는 자본 투입이 크고 현금 흐름도 복잡하며, 이 두 가지가 어우러지면 스타트업을 죽일 수도 있다. 반드시 인식해야 할 비용 관련 문제는 다음의 세 가지다.

- 소매의 매출총이익률은 보통 30~50%이며, 하나의 소매업체에서도 분야별로 차이가 있을 수 있다. 수익을 올리려면 제품의 가격에 이 마진과 당신의 마진을 모두 반영해야 한다.
- 소매업체에서는 보통 수십만 개에 이르는 대량의 재고를 입고하라고 요구할 것이다. 수십만, 수백만 개의 제품을 제조하여 소매업체의 물류 센터로 운송하는 데 드는 비용은 당신이 감당해야 한다.

• 소매업체의 결제 조건은 좋아 봐야 흔히 '네트 30$^{Net 30}$'이라고 하는 조건에 그친다. 당신이 재고를 보내면서 송장을 발급하면, 소매업체에서는 송장을 받은 날로부터 30일 내에 대금을 결제하는 조건이다. 납품 후에 결제를 받으므로, 생산 비용을 직접 감당해야 한다. 그 결과 자본이 묶여, 확장하기가 극히 어려워질 수 있다.

MEMO **사례 연구: 네스트와 유통 채널**

88페이지의 '사례 연구: 네스트 브랜딩'에서 네스트의 맷 로저스는 브랜드 구축에 대한 회사의 철학을 이야기했다. 즉, 일찍부터 브랜드 구축을 생각하고 우선시하라는 것이었다. 네스트의 창업자들은 소매 유통 전략에도 처음부터 주목했다. 첫 제품을 출시하기 한참 전부터 잠재적인 소매 파트너의 담당자들을 만났고, 소매업체의 마진을 고려해서 가격을 책정했다.

신생 스타트업에게 소매업체의 수요를 충족하는 것은 부담스러운 일일 수 있다. 특히 이미 수요가 많은 인기 신제품이라면 더욱 그렇다. 소매업체는 판매할 수 있는 제품의 수량을 추측해서 주문하는데, 그 추측이 빗나가는 경우가 많다. 문제는 '어느 방향으로 틀리냐'이다. 소매업체는 아주 많은 수량을 팔 수 있다 생각하더라도 그에 따른 위험은 전혀 부담하지 않는다. 소매업체는 물건이 팔리지 않으면 당신에게 반품한다. 맷은 이렇게 경고한다. "한 달에 백만 개를 납품했는데 팔리지 않으면, 재고를 고스란히 우리가 짊어져야 하죠." 반대로, 소매업체가 수요를 과소평가하여 다음 차수의 생산품이 나오기까지 이월 주문 상태로 두는 경우도 있다.

네스트는 운전자본을 벤처 라운드에서 유치했으므로, 초창기에는 보수적으로 제품을 생산하고 여러 소매 파트너에게 보수적으로 물량을 할당했다. "처음 두 달 동안은 물량이 부족했지만, 개의치 않았습니다. 회사를 굴릴 돈도 없을 만큼 자본을 써 버리는 것보다는, 보수적인 태도로 자본을 남기는 편이 나으니까요." 맷의 설명이다. 팀이 베스트바이에서 처음 제품을 출시했던 당시, 처음에는 세 지점에서 시작해서 점차 확장을 결정했다. 네스트와 베스트바이가 함께 선정한 지점은 베이 에어리어, 시카고, 오스틴 지점이었다. 분석 도구를 사용해서 도시의 인구통계적 특성을 표적 시장에 비교한 후 내린 결정이었다.

두 번째 제품인 네스트 프로텍트를 출시했을 때, 그들은 출시를 한 달 남기고 소매 파트너에게 알렸다. 네스트 서모스탯을 이미 판매 중인 소매업체에도 계획을 비밀로 한 것이었다. 네스트 팀은 진열 공간에 대한 대화를 시작해야 할 때가 닥쳐서야 소매업체에 연락을 취해서, 프로텍트를 취급해 달라고 하고 진열 위치까지 제안했다. "저희는 미리 철저하게 계획했기 때문에 결정 자체는 쉬웠습니다. 결국은 협상과 배치의 문제입니다. 소매업체에서 매장 레이아웃을 정할 때 그 과정에 참여하세요." 맷의 설명이다. 소매업체에서는 팔리겠다 싶은 제품을 눈에 띄는 위치에 진열하고 싶어 한다. 엔드캡(상품 진열 통로 양쪽 끝의 전시대)을 차지하면 제품 홍보에 유리하므로, 협상해 볼 가치가 있다.

진열대에 올라가는 것은 시작일 뿐이다. 네스트는 배치, 프로모션, 마케팅 프로그램, 판매 실적에 대해 소매업체와 끊임없이 소통했다. 네스트는 시장 개발 기금(MDF)으로 소매 유통을 지원한다. 네스트는 실적에 따라 요금을 지불하거나 마케팅 실비를 지불하는 방식을 선호한다. 맷이 말한다. "전 '판매하는 제품의 수익을 3% 더 떼어 주세요'라는 식의 MDF를 좋아하지 않습니다." 네스트는 대신 MDF를 구체적인 마케팅 프로그램에 사용한다.

최고의 조건으로 공급 계약을 맺으려면, 소매업체 납품 경력이 있는 사람을 고용하는 것이 중요하다. "소매업체와의 관계에서는 상대에게 끌려다니지 마세요. 자기 운명은 자기가 만들어야 하니까요. 소매업체를 상대하는 요령 자체가 일종의 전문 지식입니다. 하드웨어를 만드는 데 평범한 소프트웨어 엔지니어를 고용하지는 않을 테니까요. 하드웨어를 만드는 법을 아는 사람을 고용하죠." 맷의 설명이다. 소매업체와의 협상에 대한 전문성은 중요한 역량이다. 전문가는 협상이 가능한 것과 불가능한 것이 무엇인지 알기 때문이다.

결론적으로 소매업체과 계약을 고려할 때는 계약의 제반 사항을 완전히 이해하는 것이 중요하다. 맷은 이렇게 말한다. "옳은 일을 해야 하는 책임, 회사의 재무적인 성공을 계획하는 책임은 결국 우리 회사에게 있으니까요." 대형 할인점에 판매할 생각이라면, 현금을 신중하게 관리하면서 서서히 확장하고, 인재를 적절하게 고용하자.

재무적인 장애물을 헤쳐 나가는 데 성공한다 하더라도, 진열대에 물건을 올리기는 쉽지 않다. 큰반향을 일으키고 있는 스타트업에는 소매업체의 바이어가 직접 연락을 하기도 한다. 그런 경우가 아니라면 당신이 소매업체에 연락을 해야 하는데, 보통 무작정 이메일을 보내거나 전화를 해야 한다. 소비자 가전 전시회(CES)와 같은 무역 박람회를 기회로 삼을 수도 있다. 당신의 표적 고객에게 맞는 바이어와 연을 맺는 데 도움이 되는 분야별 무역 박람회도 많다. 그러나 투자자와 마찬가지로 바이어와의 관계를 구축하는 데 시간이 꽤 걸린다. 소매업체 바이어는 대부분 제품이 아주 독특하지 않은 한, SKU가 하나뿐인 회사와 관계를 형성하지 않으려고 한다. 이미 시장을 지배하는 대형 브랜드들이 진열대 공간을 차지하고 있는 부문에서 제품을 납품하기란 특히 어렵다.

바이어는 신제품 매입에 대한 문의를 하루에도 수백 건씩 받으므로, 영업 그룹을 통하는 것이 보통은 소매업체와 거래를 트는 데 가장 쉬운 방법이다('영업 그룹 활용 요령' 참조). 영업 그룹은 신생 하드웨어 스타트업이 직접 바이어를 상대할 때 겪는 마찰을 완화해 준다. 스타트업에는 대개 바이어와 여러 차례 만나 제품을 이해시킬 여유가 있는 전담 영업 부서가 없으므로, 영업 그룹이 그 영업 부서의 역할을 하는 것이다. 영업 그룹은 바이어와 친하고, 소매업체가 무엇을 원하는지에 빠삭하다. 다양한 제품을 취급하는 영업자라면, 자신이 판매하는 제품 카테고리에 어떤 제품이 있는지 잘 알고 있다.

MEMO 영업 그룹 활용 요령

여기에서는 인텔리전트 프로덕츠 마케팅(IPM, http://www.ipmrep.com/services)의 창업자인 크리스 메이슨[Chris Mason]과 넥스트 레벨 세일즈 앤드 마케팅(http://nextlevelsales.com/)의 창업자인 스티븐 리바인[Steven Levine]이 공유한 요령들을 소개한다.

영업 그룹이 하는 일은 무엇인가?

영업 그룹이란 제품을 소매 시장에 출시하는 데 도움을 주는 독립적인 전문 영업자로 이루어진 집단이다. 영업자는 카테고리별 시장 조사와 판매 동향 데이터를 제공하거나, 진열 공간과 시연 공간을 마련하거나, 소매 직원에게 제품 사용법을 가르치는 등의 서비스를 추가로 제공하여 부가 가치를 높이기도 한다. 영업 그룹은 사내의 영업 팀과 함께 일하기도 하지만, 중소기업이나 신생 기업의 경우에는 사내 팀을 대신하는 역할을 한다. 영업 그룹은 개별 소매업체의 특성과 계약 조건을 속속들이 알고 있기 때문에, 회사는 흔히 영업 그룹을 고용하여 가격 책정과 패키지 디자인에 도움을 받기도 한다. 포장에 대한 구체적인 규정이 있는 소매업체도 많기 때문이다.

영업 그룹을 이용해야 하는 이유는 무엇인가?

"무엇보다도 빠른 출시를 위해서겠지요." 크리스 메이슨의 말이다. 영업자들은 대형 소매업체와 사업을 하는 요령을 안다. 온라인, 오프라인, 소규모, 대규모를 막론하고 온갖 매장의 바이어와 관계를 맺고 있다. 예를 들어 IPM은 아마존, 애플, 코스트코, 월마트 등, 웨스트 코스트 지역과 온라인의 소매 고객을 상대로 하는 영업에 주력한다.

스티븐 리바인은 전문적인 다제품 영업자가 제공할 수 있는 시장 전문 지식을 강조한다. 넥스트 레벨 세일즈는 전자제품 및 가정용품 공급업체가 뉴에그, 프라이스, 홈구즈^{HomeGoods} 등의 소매업체에 납품하도록 도와준다. "영업자들은 판매 대상 채널 내의 여러 카테고리의 제품을 많이 알고 있습니다. 자기 영업 분야의 눈과 귀라고 할 수 있죠." 스티븐의 설명이다. 영업자들은 보통 자기 전문 분야의 소매 기회에 대해 깊이 알고 있다. 이들은 전국은 물론 전 세계의 영업자들과 탄탄한 네트워크를 형성하고, 그 관계를 활용하여 유통의 폭을 넓히거나 특수 채널(군 기지 등)을 열어 준다.

단, 영업자들이 아무 제품이나 받아들이지는 않는다는 점은 알아 두어야 한다. 영업자는 바이어에게 질 좋고 가치 있는 상품을 소개하는 데서 자부심을 느끼며, 자기 명성을 손상시킬 위험을 감수하면서까지 발상이 저급하거나 적합성이 떨어지는 제품을 연결해 주지는 않는다. 영업자는 보통 자기 전문 영역 내에 머무르며, 그 영역을 벗어나는 제품은 거절하는 경향이 있다. 모든 채널에서 고도의 시장 지식과 인맥을 유지하기는 너무 어렵기 때문이다. 전문화가 핵심이다.

영업 그룹에는 언제 의뢰하는 것이 좋은가?
영업자들은 출시를 준비하는 단계에 공급업체(이 경우에는 하드웨어 스타트업)와 일을 시작하는 것을 선호한다. 출시를 4개월에서 6개월 남긴 시점이 가장 적절하다. 영업 그룹이 프로토타입 단계부터 개입하는 경우도 있긴 하지만, 그런 경우는 드물다.

영업 그룹에 의뢰를 하기 전에 이상적인 소매 파트너, 처리할 수 있는 주문의 규모, 제품의 셀스루 가능성에 대해 충분히 생각해 보아야 한다. 프로모션 및 광고 예산을 아는 것도 중요하다. 고객을 매장으로 끌어들여서 제품을 구매하게 만들 전략도 생각해 두어야 한다.

영업 그룹과 일할 때는 보통 어떤 절차를 거치는가?
공급업체는 보통 형태 및 성능 프로토타입이나 아티스트 렌더링을 가지고 영업 그룹을 찾아온다. 공급업체가 관심이 있는 소매업체를 몇 군데 언급하면, 영업자는 그 소매업체의 마진과 납품 요건, 결제 조건을 설명하고 해당 공급업체와 소매업체가 얼마나 잘 맞을지 이야기해 준다.

공급업체가 영업 그룹과 계약을 맺으면 영업자는 소매업체의 바이어에게 연락한다. 우선 바이어의 흥미를 자극할 '티저'를 준비해서 제품을 간략하게 소개한다. 보통 이 티저에는 제품 콘셉트와 회사 소개가 들어간다. 바이어와 회의를 잡고 나면 영업자가 정식으로 프레젠테이션을 하고, 제품의 기능을 시연하거나 샘플을 보여 주고, 공급업체의 시장 진입 전략을 설명한다. 제품의 개발 단계에 따라서는 영업자가 소매업체에 계속 연락을 하며, 제품의 진화 과정과 패키지 디자인을 보여 주거나 납품 가능 일자를 통지한다.

소매업체가 제품을 취급하기로 결정하면 영업자가 공급 계약을 협상한다. 대개의 경우 소매업체에 정해진 공급 계약 양식이 있어서 협상의 여지가 거의 없지만, 특히 인기 있는 회사라면 협상으로 계약 조건을 변경하는 것도 불가능하지는 않다.

제조가 완료되면 공급업체가 제품을 소매업체에 입고하고, 영업자가 돈을 받는다.

영업자의 수수료 구조는 어떤가?

영업 그룹은 대부분 성과에 따라 돈을 받는다. 공급업체가 제품을 소매업체에 입고하면 영업 그룹이 돈을 받는 것이다. 커미션은 협상으로 결정하지만, 제품군과 제품 가격에 따라 다르다. "영업자도 업무에 비용을 씁니다." 스티븐의 말이다. 예를 들어, 소매업체를 찾아가기 위한 항공권 값이 300달러라고 하자. 제품의 가격이 10달러이고 공급업체가 커미션을 3퍼센트만 주겠다고 하면, 이 영업자는 업무 비용의 작은 일부조차 충당하기 어렵다. "커미션으로 지불하는 비율은 제품 가격과 잠재적인 판매 수량에 따라 달라집니다." 스티븐의 말이다. 공급업체가 주문을 받을 때마다 제품을 10,000개 판매한다면, 또는 재고 보충 주기가 짧다면 커미션의 비율이 낮아도 괜찮다. 그러나 대부분의 스타트업은 그렇지 않다.

영업 그룹을 선택할 때 고려해야 할 요소는 무엇인가?

대상 소매업체와의 관계가 가장 중요하다. 이것을 판단하는 요령은 그 영업 그룹이 해당 소매업체에 상품을 얼마나 팔았는지 물어보는 것이다. 영업 그룹이 취급하는 기존의 제품군과 현재 매장에서 판매 중인 제품의 수를 살펴보자. 협력하는 체인에서 수십 종의 SKU를 판매 중인 영업 그룹이 가장 이상적이다. 판매 중인 제품이 별로 많지 않다면, 일을 제대로 하지 못한다는 적신호일 수도 있다. 한편 영업 그룹의 고객 중에 굵직굵직한 일류 브랜드가 많다면, 계정이 작은 스타트업은 바라는 만큼 관심을 받지 못할 수도 있다. 판매해야 하는 신규 제품군에 할애할 시간과 인력이 있는 그룹을 선택하는 것이 가장 좋다.

납품 지역도 중요하다. 제품을 전국의 진열대에 놓아 주는 바이어가 있는 매장도 있지만, 중소 규모의 소매업체는 특정 지역에 주력하는 경우가 많다. 그에 따라 많은 영업 그룹이 특정 지역에 초점을 맞춘다. "한 제조업체가 미국 전역에 납품하기 위해 10여 개의 영업 그룹과 협력하기도 합니다." 크리스의 말이다. 영업자들은 흔히 개인 인맥을 활용해 고객의 제품을 전국으로 내보내는 것을 도와 준다. 경험이 많은 영업자는 다른 영업자들에게 연락해서 커미션을 나눠 갖는 조건으로 당신의 제품을 맡으라고 권하여, 전국적인 유통망을 확보하기도 한다.

영업 그룹을 잘 선택하는 것이 중요하다. 영업 그룹을 찾을 때쯤이면, 회사에 영업 전담 직원이 몇 명은 있을 것이다. 좋은 영업 담당 부사장이 있다면 영업 그룹을 두루 알고 있을 것이고, 기존에 거래하던 곳이 있을 것이다. 부사장이 영업 그룹에 인맥이 없다면, 소매업체의 구매 부서에 전화해서 바이어에게 추천을 부탁하는 것도 방법이다.

일류 영업 그룹들은 보통 여러 소매업체와 거래하므로, 당신의 제품을 취급하겠다고 할 가능성이 가장 높은 곳이 어디인지에 대해 지침을 줄 수 있다. 영업 그룹은 소매업체의 구매 주기도 알고 있다. 진열대에 제품이 올라가기까지 몇 달, 길게는 일 년이 넘게 걸릴 수 있다. 영업자들은 연락해야 하는 시점을 알고, 제품이 이 프로세스를 무사히 통과하도록 관리해 줄 것이다. 또한 여러 유통 채널을 관리할 때 흔히 발생하는 문제에 대해서도 잘 알고 있다. 예를 들어 애플, 아마존, 소규모 전문 소매업체에 제품을 납품하는 경우, 가격 일관성 문제를 겪을 수 있다. 아마존은 엄격한 최저 가격 보장 제도를 운영하고 있으므로, 아마존 마켓플레이스의 판매자가 당신의 제품을 할인 가격에 판매하면 (소매업체 역할일 경우) 아마존도 가격을 내린다. 그러면 애플만 더 비싼 가격에 판매하는 셈이 되고, 그 결과 판매량이 감소하면서 관계가 껄끄러워질 수 있다. 영업 그룹은 이런 경우에 대비하여 여러 매장의 가격과 재고를 관리해 준다. 아니면 특정 소매업체에 맞춘 상품을 공급하는 방안을 제안할 수도 있다. 영업 그룹의 대안은 사내에 전담 영업 인력을 두고 각자가 특정 소매업체 관계를 전담하도록 하는 것이다.

많은 창업자들이 의외라고 생각하는 사실이 하나 있는데, 하나의 소매업체에서 온라인 구매 팀을 매장 구매 팀과 전혀 별개로 운영하는 경우가 많다는 것이다. 슬램 브랜드의 제이슨 레멜슨은 이렇게 설명한다.

온라인 프로그램은 온라인 구매 팀이 담당합니다. 대부분의 경우, 소매업체는 매장마다 재고가 다릅니다. 그러나 온라인으로는 카테고리별로 수백 종의 SKU를 판매할 수 있죠. 그렇기 때문에 월마트닷컴, 타깃닷컴, 코스트코닷컴에 납품하기가 보통 더 쉽습니다. 온라인 매장에서는 재고의 부담을 질 필요가 없기 때문이죠.

온라인 바이어는 공급업체에 보관, 재고 확보, 포장 및 배송을 할 역량이 있는지 확인한다. 그러나 한 카테고리에서 최대 여섯 종의 제품밖에 진열하지 않는 물리적인 매장에 납품하기 위한 기준은 보통 훨씬 엄격하다. 그럼에도 물리적인 매장이 보통 훨씬 수익성이 좋다. "매장의 바이어가 당신을 닷컴 바이어에게 소개하면서 온라인에 제품을 올리자고 하는 경우도 많습니다. 그 결과를 보고 매장에서도 진열하고 싶은 제품인지를 판단하겠다는 거죠." 제이슨의 설명이다. "소매업체 입장에서는 윈윈 제안입니다. 위험을 전혀 감수하지 않고 매출을 올릴 수 있으니까요. 온라인으로 가면 당신이 거의 모든 과정을 책임져야 합니다."

소매업체의 주문 처리 시스템과 연동하는 과정에서 물류상의 문제가 생길 수도 있다. 스타트업이 온라인으로 직접 판매하는 경우보다 분석용 데이터가 적고, (대량 발주가 아닌) 소량 주문도 많이 처리해야 하기 때문이다. 커머스허브 CommerceHub 같은 풀스택 전자 상거래 솔루션을 이용하면 이런 고충점을 완화할 수 있지만, 그래도 신생 기업에게는 부담스러운 일일 수 있다.

타깃과 로우스처럼 규모가 비교적 큰 소매업체에는 스타트업과의 협력을 위해 특별히 구성한 '혁신' 부서가 있다. 혁신 부서의 업무는 이 소매업체가 기술적으로 앞서 가는 것처럼 보이도록 첨단 제품을 찾아 사들이는 것이다. 웨어러블과 커넥티드 홈 장치가 특히 인기가 많다. 인기 분야의 창업자는 혁신 부서의 도움을 받으면 전통적인 구매 프로세스를 건너뛸 수 있다. 혁신 부서는 보통 제품을 매장 하나에 진열하여 시험 판매를 할 권한을 가지고 있으며, 스타트업이 재무적인 난관을 해결하는 데 도움을 주기도 한다.

파일럿 프로그램의 일환으로 몇몇 매장에서만 시험적으로 판매하는 것은 소매 환경에 진입할 때 흔히 쓰는 방법이다. 예를 들어, 베스트바이는 핏비트가 제품을 출시하고 얼마 지나지 않아 핏비트에 연락했다. 핏비트는 4개 매장에서 파일럿(http://bit.ly/fitibt_hardware_startup)을 진행한 다음 40개로 확장했고, 결국은 베스트바이의 650개 지점에서 팔리기에 이르렀다.

제품이 진열대에 올라가면 다른 난관이 기다리고 있다. 주위에 수십 종의 경쟁제품이 있기 때문이다. 직접적인 경쟁 제품이 아니더라도, 고객의 관심과 쇼핑 예산을 놓고 경쟁하는 셈이다. 소매업체의 진열대에서는 일반적으로 '보조 없는' 판매가 이루어진다. 온라인에서는 제품의 사진과 함께 마케팅 문구를 게재하여, 고객의 구매 결정을 도울 수 있다. 그러나 진열대에서는 오로지 패키징에 의존해야 한다.

소매업체의 직원들과 친해지면, 고객이 당신의 제품을 선택하게 만드는 데 유리하다. 에릭 클라인은 '파란색 셔츠'(베스트바이 직원들이 입는 파란색 셔츠를 가리킨다)와 친해지는 것의 중요성을 강조한다. "그분들이 당신의 제품을 좋아하지 않으면 제품이 팔리지 않습니다." 예컨대 진열대에 유사 제품이 세 개 있다고 하자. 그중 둘은 대형 브랜드의 제품이고 하나는 당신의 제품이다. 고객은 어느 제품을 살지 결정할 때 흔히 판매 직원에게 도움을 청한다. 이때 판매 직원이 당신의 제품을 모르거나 좋아하지 않는다면, 매우 불리한 위치에 놓이게 된다. "대시에서는 QA 엔지니어에서 CEO까지, 전 직원이 주말에 현장에 나가서 진열대 옆에 앉아 제품에 대해 이야기하고 판매 직원을 만나도록 하는 데 예산을 할당했습니다." 에릭의 설명이다.

판매 직원의 지지를 얻는 것 외에 또 하나의 전략은 매장 관리 대행사를 쓰는 것이다. 그들은 진열대의 제품 위치를 확인하고, 제품이 깔끔하게 정리되어 있고 상자가 손상되지 않았는지 확인하는 작업을 대신 해 준다. 경우에 따라서는 매장 관리 대행사에서 중요한 주말에 엔드캡에 직원을 배치하여 지나가는 고객에게 제품을 설명해 주기도 하고, 시연 테이블을 설치해 주기도 한다. 매장 관리 대행사를 쓰는 데는 비용이 매우 많이 들 수도 있기 때문에, 이런 전략은 보통 대형 브랜드에서 사용한다.

대형 할인점에서 판매하는 회사는 대부분 더 나은 대우를 받고 더 나은 위치를 차지하기 위해 MDF 예산을 따로 책정한다. MDF란 엔드캡이나 배너 등의 특별 판촉 활동을 위해 소매업체에 추가로 지불하는 돈을 말한다. 쿠폰, 프로모션, 광고지 자면도 모두 이 예산을 사용한다. 회사(이 경우 당신의 스타트업)가 프로모션의 비용을 대부분 감당한다. 소매업체에 따라서는 명절이나 개학철 등의 특정 시기에 진행되는 프로모션에 반드시 참여해야 하는 경우도 있다.

이론적으로는 매출 상승이 할인을 벌충하고 남아야 하지만, 항상 그렇지만은 않다. 제이슨 레멜슨은 이렇게 말한다. "광고지에 제품이 나가고 나면 20배씩 매출이 상승하기도 합니다. 토이저러스Toys R Us의 명절 광고지처럼, 효과가 너무 엄청나서 소매업체에서 수수료를 받고 제품을 실어 주는 광고지도 있죠." 코스트코 커넥션의 광고 공간은 9만 달러까지 나가기도 한다. 일부 소매업체는 SKU 취급에 동의하기 전에 쿠폰 일정을 협상한다. 제이슨은 이렇게 덧붙인다. "광고에도 수만 달러가 들지만, 30달러 할인 쿠폰의 부담은 수백만 달러에 이를 수도 있죠." MDF 예산은 경우에 따라 다르지만, 제품 가격의 일정 비율을 MDF로 책정하는 회사가 많다. 예컨대 소매업체 마진으로 45퍼센트를 책정한다면, 소매 MDF로 3~7%를 책정하는 식이다.

소매 유통 전략에서 마지막으로 극복해야 하는 재무적 장애물은 30일, 60일, 90일의 결제 조건을 제시하는 소매업체의 재고 요건을 충족하는 동시에 회사를 운영하는 것이다. 규모가 큰 회사들은 흔히 팩터링이라는 금융 상품을 사용한다.

팩터링을 사용하면 송장 결제 예정일로부터 몇 달 전에 현금을 융통할 수 있다. 이것은 대출 상품이 아니며, 회사가 미래의 현금 흐름을 제3자에게 할인가에 판매하는 조건으로 필요할 때 자본을 융통하는 개념이다. 당신이 대형 소매업체에서 주문서를 받았다고 가정하자. 이런 주문은 보통 대량 주문이므로, 주문을 처리하려면 거액의 자본 지출이 필요하다. 이때 제3자인 금융 회사(팩터라고 한다)가 대개 액면가에서 몇 퍼센트 낮은 가격으로 그 외상매출채권을 구매한다. 그리고 그 대가로 당신에게 현금의 일부를 즉시 지급하는데, 비율은 보통 주문서 가치의 최대 85%

다. 예를 들어 타깃에서 받은 1백만 달러 가치의 주문을 팩터에게 판매하는 경우, 팩터가 85만 달러를 선지급하고 당신이 외상매출채권을 팩터에 넘긴다. 팩터는 타깃에 송장을 자기가 보유하고 있다고 통보하고, 타깃은 팩터에게 대금을 지급한다. 타깃이 1백만 달러를 지급하면, 팩터가 수수료를 제한 잔액을 당신에게 송금한다.

팩터링 수수료는 회사가 얼마나 자리 잡았는지, 사업이 얼마나 탄탄해 보이는지, 고객의 신용도가 어느 정도인지 등의 요인에 따라 결정된다. 팩터링 서비스를 제공하는 대형 금융 회사로는 CIT와 웰스 파고Wells Fargo 등이 있다. 스타트업이 수십만 달러의 외상매출채권을 받는 경우는 드물기 때문에, CIT와 웰스 파고는 스타트업과는 잘 거래하지 않는다. 실리콘밸리 뱅크Silicon Valley Bank 등의 소규모 은행이 좀 더 접근하기 쉬울 것이다. 무역 금융을 제공하는 회사는 그 외에도 있지만, 소규모 은행의 팩터링 수수료는 처음에는 은행 대출보다 비쌀지도 모른다. 하지만 대출을 승인받는 데보다는 팩터링을 받는 데 시간이 대체로 덜 걸리고, (대출은 금리가 고정되어 있는 데 반해) 팩터링 금융 수수료는 시간이 지나면서 낮아지며, 고객의 신용도가 확실하다면 신생 기업도 낮은 수수료로 이용할 수 있다. 모든 방안을 신중하게 검토하는 것이 중요하다.

소매의 세계는 극히 복잡하므로, 이 길을 선택하기 전에 장단을 신중하게 따져 보아야 한다. 컨투어 카메라스와 모멘트의 창업자 마크 바로스는 '소비자 하드웨어 스타트업이 실패하는 이유'라는 블로그 게시물(http://www.inc.com/barros/why-consumer-hardware-start-ups-fail.html)에서 소매 유통의 전략적인 위치를 잘 정해야 한다고 강조한다.

대형 매장에서 제품을 판매한다는 것의 유혹이 너무 강했기에, 우리[컨투어]는 판매할 제품이 나오기도 전에 유통을 준비하기 시작했다. 한정된 자원을 제품과 유통에 다 써 버리자, 브랜드의 우위를 확보하는 데 쓸 자원이 없었다. 경쟁업체는 반대의 전략을 택했다. 제품의 50퍼센트를 소비자에게 직접 판매했기 때문에, 높은 마진으로 올린 수익을 다시 마케팅에 투입할 수 있었던 것이다. 경쟁 브랜드는 신규 고객에게 다가가는 능력을 점점 키워 갔고, 브랜드를 보호하는 인지도의 우산도 우리가 절대 뚫을 수 없는 수준으로 성장했다.

소매의 길을 가기로 선택한다면, 무작정 뛰어들기 전에 앞으로 펼쳐질 상황을 정확하게 알고 소매 전략을 성공시키기 위한 자본과 인력을 준비해야 한다. 제품이 대형 할인점 진열대에 놓이기만 하면 저절로 팔릴 거라 착각하지 말자. 마크는 이렇게 말한다. "유통이 고객 인지도를 높여 주지는 않는다. 유통은 주문을 처리해 줄 뿐이고, 그 주문을 발생시키는 수요는 당신이 창출해야 합니다."

보관 및 주문 처리

지금까지 유통 채널에 대해 이야기했으니, 이제부터는 유통과 관련한 물류에 대해 살펴보겠다. 직접 판매하는 경우의 주문 처리 방법에는 세 가지가 있다. 첫 번째는 상품을 자체 창고에 보관하고 그곳에서 배송을 하는 방법이고, 두 번째는 보관과 배송을 대행하는 제3자의 공급업체를 고용하는 방법이다. 이때 공장에서 직접 배송을 처리하게 할 수도 있다. 전자 소매업체에 셀인을 하는 경우에는 두 가지 방법을 모두 사용할 수 있다.

마지막 세 번째 방법은 전자 소매업체가 재고를 인수하여 배송하게 하는 방법이다. 이 모델은 전자 소매업체가 그냥 온라인 플랫폼을 제공하는 것이 아니라 제품을 직접 소매하는 경우에 일반적이다. 아마존 마켓플레이스는 눈에 띄는 예외로서 '풀필드 바이 아마존Fulfilled by Amazon'이라는 주문 처리 대행 프로그램을 제공하고 있다(이에 대해서는 이 장의 뒷부분에서 자세히 살펴볼 것이다).

주문 처리를 직접 관리하든 아웃소싱을 하든, 주문 처리 시스템(OMS)이 필수적이다. 쇼피파이(http://www.shopify.com/)와 볼루전(http://www.volusion.com/) 같은 전자 상거래 솔루션은 주문 현황 관리, 고객 결제 처리, 택배 운송장 인쇄, 재고 관리 기능을 제공한다. 더 전문적인 OMS 플랫폼에서 제공하는 수요 예측과 공급업체 관리 등의 기능은 각 차수에 제조해야 하는 수량을 계획하는 데 유용하다. 재고 관리는 결국 최적화의 문제다. 대량 주문 할인을 받을 만큼 많은 수량을 생산하고, 고객 수요 충족에 필요한 재고를 유지하면서도, 보관 비용을 최소화하고 돈이 묶이지 않게 해야 하기 때문이다. 크라우드펀딩 캠페인을 진행하는 경우에는 순

차적인 배송 일정을 설정하는 방법도 있다. 보상 등급 중 하나는 12월에 배송하는 초도 생산품으로 하고, 하나는 2월에 배송하는 추가 생산품으로 하되 가격을 조금 낮추는 것이다. 그렇게 하면 언제 무엇이 필요한지를 정확하게 알 수 있다. 그러나 좀 더 정기적인 생산을 계획하고 있다면 상황이 훨씬 복잡하다. 이때는 레터스 Lettuce(http://bit.ly/lettuce_tool)와 같은 도구가 제공하는 예측 모델이 유용할 수도 있다.

보관 및 배송을 직접 처리하기로 했다면, 위치가 매우 중요하다. PCH 인터내셔널의 CEO인 리암 케이시Liam Casey는 제조 및 주문 처리를 원활하게 진행하기 위해서는 회사와 공장의 거리가 세 시간을 넘지 않고, 상품과 대다수 고객의 거리가 사흘을 넘지 않는 것이 이상적이라고 생각한다. 회사가 샌프란시스코의 베이 에어리어나 뉴욕 시티와 같은 도시 지역에 있다면(대부분의 하드웨어 스타트업이 그렇다), 임대료가 매우 비싸고 공간을 찾기도 어렵다. 트럭으로 접근하기 쉽고 팰릿을 받아서 보관하기에 적당한 최적의 공간을 찾는 데만 몇 달이 걸릴 수도 있다.

젤리피시 아트Jellyfish Art의 창업자 앨릭스 앤던Alex Andon은 이렇게 말한다(자세한 내용은 '사례 연구: 젤리피시 아트'를 참조한다. 여기에서는 앨릭스가 살아 있는 해파리를 보관하고 번식시키기 위한 보관 체계를 구축하기 위해 어떤 방법을 썼는지 알아본다). "2,500제곱피트 미만의 공간이 필요하다면 재임차를 해야 할 가능성이 높습니다. 샌프란시스코 베이 에어리어의 월 임대료는 1제곱피트당 1달러가 넘죠." 예산을 책정할 때는 폐기물 처리, 보험, 방범, Wi-Fi, 전화, 수도, 전기 비용도 고려해야 한다. 또한 상자를 옮기고 포장하고 배송하는 사람들의 급료도 지불해야 한다. 앨릭스는 주문 처리에서는 미리 계획하고 체계를 확립하는 것이 가장 중요하다고 강조한다. "비용, 통제, 편의의 균형을 맞추는 게 중요하죠."

앨릭스 앤던은 젤리피시 아트의 창업자다. 이 회사에서는 아름다운 해파리 수조를 만든다. 해파리는 표준 여과기를 장착한 가정용 어항에서는 키우기가 어렵기로 악명이 높다. 그런데 젤리피시 아트는 수조를 판매하는 한편 살아 있는 해파리를 번식시키고 배송해야 한다. 이 때문에 앨릭스는 보관 및 주문 처리 단계에서 특히 까다로운 난관에 직면하게 되었다.

앨릭스가 차고에서 직접 수조를 만들기 시작한 것은 수족관의 해파리 전시에 마음을 빼앗긴 이후였다. 가족과 친구들이 이 작업에 관심을 보이자, 앨릭스는 수조를 온라인으로 판매하기 시작했다. 수요가 점차 늘어났고, 앨릭스는 수조를 킥스타터에 올려서 시장의 수요를 가늠해 보기로 했다. 이 킥스타터 캠페인의 모금 목표는 3000달러였다. 그런데 캠페인이 끝날 때는 모금액이 163,000달러에 달했다. 앨릭스의 프로젝트는 블로그, TV, 라디오 방송국에서 보도할 정도로 인기가 많았다. 앨릭스는 매출을 조금 늘려 볼까 해서 캠페인을 시작했다가, 이 프로젝트를 사업으로 바꿀 수도 있겠다는 사실을 깨달았다.

그는 제조의 확장성을 확보하는 일반적인 방법을 택했다. 직접 중국에 가서 수조를 생산하겠다는 공장을 찾은 것이다. 여기까지는 좋았지만 고민거리가 생겼다. 그 수조(그리고 살아 있는 해파리)를 고객에게 배송하는 방법을 생각해야 했던 것이다. 당시 앨릭스는 풀타임으로 젤리피시 아트에 매달리고 있었기 때문에, 확장성이 있는 해결책이 필요했다. 앨릭스는 그때를 이렇게 회상한다.

"킥스타터 캠페인 전에는 저와 사촌 둘이서 차고에서 웹사이트 주문을 처리하는 수준이었죠. 해파리는 공급업체에서 사들여서 직접 만든 수조 몇 개에 보관하고 있었습니다. 그런데 갑자기 대형 창고를 임대하고, 직원을 고용하고, 팰릿 선반을 구하고, 수천 리터 용량의 보관용 수조를 마련해야 했죠. 그 모든 인프라를 구축하는 동시에 중국의 공장에서는 수조를 생산해야 했습니다."

젤리피시 아트는 공급업체에 들어가는 비용을 낮추고 고객에게 선택의 여지를 넓혀 주기 위해 해파리를 직접 번식시키기로 했다. 그러려면 수조가 들어갈 만큼 넓으면서 전기로 온도 조절이 가능한 공간이 필요했다. 1,500제곱피트 미만의 창고 공간은 구하기 어렵다. 그 정도로 작은 면적이면 대개는 재임차를 해야 한다. 젤리피시 아트는 재임차를 피하고 싶었기 때문에 근처에 5,000제곱피트의 공간이 나오자 덥석 물고, 아직 필요 없는 부분은 재임대를 주었다.

회사는 동시에 중국에서 수조를 공수하는 데는 돈이 너무 많이 든다는 결론에 이르고 있었다. 주문이 매일같이 들어오고 있었고, 수조 하나는 무게가 9킬로그램에 달했다. 항공 운송은 비용이 너무 비쌌다. 그래서 회사는 포장과 배송을 모두 자체 창고에서 처리하는 것이 낫겠다는 결정을 내렸다. 이들은 1년치 재고를 대략적으로 계산해서, 더욱 대량으로 주문을 넣기 시작했다. 그만한 물량을 제조하는 데는 3개월이 걸렸다. 앨릭스는 이렇게 설명한다.

"제품에는 각각 다른 공장에서 생산하는 부품이 10개 가량 들어가는데, 아크릴 수조를 생산하는 공장이 중국 쪽 업무를 대신 처리하고 있습니다. 이 공장이 다른 공장 다섯 군데에서 부품을 가져와서 조립합니다. 이 공장은 중국의 운송 회사로 수조를 보내는 것도 담당하고 있어서, 조립을 마친 수조를 트럭에 싣죠. 수조가 공장을 출발해서 [선전에] 도착하면, 거기부터는 페덱스^{FedEx}가 맡습니다. 페덱스가 화물을 배에 실어 샌프란시스코로 보내고, 거기서 우리 창고로 보냅니다. 해상 운송은 도착까지 한 달 정도 걸립니다."

중국 내 운송은 저렴하기 때문에, 배송비의 대부분은 미국으로 컨테이너 운송을 하는 데 들어간다. 앨릭스는 비용을 절감하기 위해 수조를 컨테이너 적재량 단위로 주문한다. 그는 재고의 위험을 알기 때문에 반드시 1년에 팔릴 것으로 예상하는 수량만 주문한다. 그는 또 통관사를 써서, 수조를 배에 싣기 전에 필요한 서류 작업을 모두 처리한다.

"페덱스는 당신이 통관 과정을 잘 안다고 가정하지만, 대부분의 초보 창업자는 잘 모릅니다. 통관사를 쓰면 좋은 점은 중간에서 연락을 도맡아 해 준다는 점이죠. 수수료도 비교적 저렴하고 일이 훨씬 편해집니다." 앨릭스의 설명이다.

현재 젤리피시 아트의 창고 선반에는 수조가 팰릿 단위로 쌓여 있고, 바닥에는 해파리가 사는 번식용 수조가 가득하다. 주문이 들어오면 팀은 그냥 수조 하나를 팰릿에서 꺼내 운송장을 부착해서 배송한다. 고객은 수조를 받아서 설치한 다음 젤리피시 아트 사이트로 돌아와서 해파리 배송을 받기 위한 코드를 입력한다. 그러면 팀은 투명한 해파리를 공들여 포장해서 새로운 집으로 떠나 보낸다.

아웃소싱 모델에서는 주문 처리 회사에서 보관, 포장, 배송 서비스를 제공한다. '풀필드 바이 아마존'이 아웃소싱 주문 처리 분야에서는 가장 큰 업체다. 십와이어 Shipwire(https://www.shipwire.com/)나 윕래시 로지스틱스Whiplash Logistics(https://www.whiplashmerch.com/)와 같은 중소기업과 스타트업도 있다.

주문 처리 회사는 보통 보관료에 주문 건당 수수료를 합친 월 이용료를 받는다. 주문 수수료에는 선별 수수료, 포장 수수료, 우편료가 포함된다. 십와이어와 웝래시는 고객이 보관 및 취급 수수료를 이해하기 쉽도록 사이트에 계산기를 마련해 두었다.

제품의 수량과 상자의 크기가 필요 공간을 결정하고, SKU 개수가 늘어나면 포장 프로세스가 복잡해지므로 비용도 증가한다. 예를 들어 SKU가 2개이고 월별 주문이 100건, 상자 1개당 품목 개수가 평균 1.4개이며 로스앤젤레스에 팰릿 2개 분량의 재고를 보관해야 하는 회사가 십와이어를 이용할 경우, 매월 353.95달러의 보관료에 주문 건당 2.89달러(우편료 제외)의 수수료를 내야 한다.

아마존의 주문 처리 서비스는 요금이 더 저렴하다. 고객 주문 건당 1.00달러, 전자제품 분야의 제품 건당 선별 및 포장 수수료 1.02달러에 중량별 취급 비용과 보관 비용이 붙는다. 소규모 물류 공급업체의 고객이 아마존을 선택하지 않은 이유로 주로 꼽는 것은 개별화와 브랜딩이다. 풀필드 바이 아마존은 제품을 아마존 상자에 넣고 아마존 포장지로 싸서 배송한다. 규모가 작은 회사는 좀 더 개별적인 고객 서비스를 제공할 수 있고, 당신이 선택하는 방식으로 제품을 포장해 준다.

웝래시 로지스틱스의 창업자인 제임스 마크스James Marks는 DIY 주문 처리에서 외부 서비스로 넘어가는 단계에는 프로세스의 공식화가 필요하다고 말한다. "일주일에 주문을 5개나 10개 배송한다면, 배송은 해결해야 할 문제가 아닙니다." 집에서 소량만 배송하는 경우에는 체계가 별로 없어도 괜찮다. 내부에서 제품 배송 방식을 잘 알고 있기 때문이다. "하지만 외부 물류 센터로 가면 모든 요소를 하나하나 지정해야 합니다. SKU가 있어야 하고, 바코드 부착도 고려해야 하고, 체계를 훨씬 확실하게 갖추어야 하죠."

어느 서비스를 사용할지 결정할 때는 위치를 중요하게 고려해야 한다. 고객의 지역적 특성이 강한 경우에는 고객에게, 아니면 공장 또는 사무실에 가까이 있어야 한다. "직접 가서 볼 수 있다고 생각하면 마음이 훨씬 편합니다." 제임스 마크스의 설명이다. 기술적인 소양이 있는 파트너가 있는 것도 좋다. "옛날 방식을 고수하는 회사는 아직도 온라인 장바구니를 쓰지 않거든요."

우체국에 쓰여 있는 배송비는 대량 배송 시 지불하는 요금과는 다르다. 페덱스, UPS, DHL, USPS 중 어느 회사를 이용하든 대량 배송 할인에 대해 협상이 가능하다. "영업자를 구해서 일찌감치 요금을 확정하세요. 국제 배송을 할 때 가장 경제적인 곳은 DHL입니다. USPS는 소형 화물이 가장 저렴하고요. 페덱스와 UPS는 범용이죠. 어디든, 한 회사를 선택해서 계속 거래하는 것이 제일 좋습니다." 앨릭스 앤던의 설명이다. 시포Shippo(https://goshippo.com)나 이지포스트EasyPost(https://www.easypost.com/) 같은 배송 서비스 API를 사용해서 할인 요금을 이용하고 운송사별 가격을 비교하는 방법도 있다. 윕래시와 같은 외부 서비스를 사용하는 경우에는 주문 처리 회사가 받는 대량 운송 할인을 함께 적용받을 수 있다.

소매업체, 전자 소매업체, 아웃소싱 주문 처리 회사와 거래하는 경우, 제품을 공장에서 창고 또는 물류 센터까지 운송하는 것은 당신의 책임이다. 물리적인 매장에서 제품을 판매한다면 매장에서 재고를 보유한다. 재고가 창고 또는 물류 센터에 입고되면 그 후의 과정은 소매업체가 책임지고, 배송과 반품, 해당 고객 접점에 대한 고객 서비스도 처리한다.

주문을 직접 처리하는 경우에는 고객 서비스를 직접 처리해야 한다. 기본적인 고객 서비스로는 고객에게 주문 상태를 알려 주는 것, 주문 확인 메일과 운송장 번호를 발송하는 것, 찾기 쉬운 고객 서비스 이메일 주소와 전화번호를 게시하는 것 등이 있다. 팀의 규모가 작다면 처음에는 이 이상의 서비스를 제공하기가 어렵다.

앨릭스 앤던은 한정된 자원으로 훌륭한 고객 서비스를 제공하고 싶은 소규모 팀에게, 고객을 위한 설명 동영상을 포함하는 온라인 지식 베이스를 구축하라고 권한다. 이는 제품의 최초 사용 방법이나 구성 방법 등, 흔한 문의를 해결하는 데 특히 효과적이다. 이런 자산에 분석 도구를 연결하면, 사람들이 무엇을 보고 무엇을 검색하는지 확인하여 고객들이 겪는 일반적인 문제가 무엇인지 파악할 수 있다. 이 정보는 다음 제품을 개발하는 데도 참고가 된다. 결과적으로 이 방법은 초기 고객에게 만족을 준다.

참고로, 가격 책정, 포지셔닝, 마케팅, 유통은 모두 극히 복잡하다. 그래서 지금까지는 창업자가 문제 대처 방법에 대해 감을 잡을 수 있을 정도로만 각 개념을 살펴보았다. 시중에 이 장에서 간단하게 다룬 개념들을 주제로 삼은 책이 많이 나와 있으니, 좀 더 알고 싶다면 따로 찾아보기 바란다.

chapter 11 법무

이 장에서는 하드웨어 스타트업이 직면하기 쉬운 법적 사항을 개략적으로 훑어 볼 것이다. 법적 문제에 대해 글을 쓰기란 쉽지 않다. 모든 하드웨어 스타트업에 적용되는 만능 전략은 없기 때문이다. 그러나 규제 준수, 특허, 산업 인증 등의 문제는 회사를 구축하고 제품을 판매하는 과정에서 마주칠 가능성이 매우 높다. 이곳에서 제시하는 자료는 창업자가 꼭 알아야 하는 굵직굵직한 주제를 개략적으로만 다룬다. 참고로 이것은 정식 법적 자문이 아니며, 회사의 구체적인 상황에 대해 전문 변호사와 상담하는 것을 대신할 수도 없다.

거의 모든 하드웨어 회사가 마주치는 법적 문제는 다음의 여섯 가지로 나눌 수 있다.

- 회사 구성과 법인 창업
- 지적 재산 보호
- 계약(조달, 제조, 완제품 판매 시)
- 책임 문제
- 규제 관련 사항
- 산업 인증

변호사 한 명이 모든 영역에 전문성을 지니고 있기란 어렵기 때문에 하드웨어 스타트업 창업자들은 여러 변호사와 일하는 경우가 많다. 초창기에는 기업 전문 변호사가 법인 창업과 계약을 도와주고, 제품에 얽힌 잠재적인 책임 문제를 처리하는 방법에 대해 자문을 제공한다. 그러나 대부분의 기업 전문 변호사는 특허에는 폭넓은 경험이 없으므로 변리사가 필요하다. 변리사는 복잡한 지적 재산 문제를 헤쳐 나가는 데 도움을 준다. 또한 의료 기기처럼 규제가 엄격한 업계에 종사한다면, 그런 기기의 승인 과정을 여러 차례 거친 변호사나 컨설턴트를 고용하는 것이 좋다.

01 회사 구성

이 과정은 하드웨어 회사나 소프트웨어 회사나 마찬가지다. 이 단계에서 내려야 하는 결정은 어느 유형의 법인을 선택하느냐와 어디서 법인을 창업하느냐다. 어떤 창업자들은 고객 조사를 통해 아이디어의 가능성을 검증하고 나서야 법인을 창업하기도 한다. 그러나 보통은 프로토타입 제작과 양산에 들어가기 전에 법인을 창업하는 것이 가장 바람직하며, 특히 공동 창업자가 있다면 더욱 그렇다. 직원을 채용하거나(특히 스톡 옵션을 부여하는 경우) 외부 자금을 조달하기 전에는 반드시 법인을 창업해야 한다.

법인 창업 전에는 중요한 계약을 맺는 데 신중해야 한다. 베이 에어리어 회사인 피셔 법률사무소Fisher Law Offices(http://jfisherlaw.com/)의 조시 피셔Josh Fisher에 따르면 "계약이 법인의 이름으로 이루어지더라도, 법인이 실제로 창업되어 계약을 인계받고 계약 당사자 전원이 창업자의 책임을 면제하기 전까지는 계약 관련 의무가 창업자 개인에게 있다."라고 설명한다.

참고로, 미국의 스타트업은 대개 다음의 세 법인 유형 중 하나로 창업된다.

C 주식회사 C 주식회사는 연방 소득세 납부 의무를 지는 법적 실체다. 이 구조는 대부분의 사람들이 '주식회사'라고 하면 떠올리는 형태다. 증권거래소에 상장된 회사는 대부분 C 주식회사다. 개인 주주도 배당금을 지급받을 때는 세금을 내야 하지만, C 주식회사는 도관 과세 대상이 아니므로 세금을 기본적으로 회사 자격으로 납부한다. 일반적으로 회사를 대기업으로 성장시키고 외부 투자자에게서 자금을 조달하고 싶다면 이것이 최선의 선택이다. C 주식회사의 주주는 회사의 의무에 대해 (주식을 매입하기 위해 투자한 금액의 한도를 초과하는) 법적 책임을 지지 않는다.

이것을 유한 책임이라고 한다. 주주의 수에는 제한이 없고, C 주식회사의 경우 시민권 또는 영주권의 보유 여부에 따른 제약이 없다.

LLC LLC란 유한책임회사limited liability company를 뜻한다. 외부 자금을 조달할 계획이 없는 소기업이 흔히 선택하는 구조다. LLC는 소유 구조와 조세에 있어서 유연성이 높다. LLC는 개인 사업자(또는 개인 사업자로 간주되는 부부)가 소유할 수 있다. C 주식회사 기준으로 세금을 납부하기로 하지 않는 한, LLC는 도관으로 간주된다. 즉, 회사의 수익과 손실을 개인사업자의 개인 소득세로 신고한다는 뜻이다. 이것을 도관 과세라 하는데, 수익에 대한 과세가 LLC 자격으로 이루어지지 않고 소유주의 소득세 신고서로 넘어가기 때문이다. LLC를 조합이 소유하는 경우, 회사가 별도의 소득세 신고서를 작성하지만 세금은 여전히 소유주의 소득세를 통해 납부하게 된다. 이 과정이 경우에 따라서는 복잡해지기도 한다. 사업체가 여러 주에서 활동하는 경우, 구성원들이 그 주에 살지 않더라도 해당 주에 납세 의무를 질 수도 있다. LLC 역시 소유주에게 유한 책임을 부여한다.

S 주식회사 S 주식회사는 주주가 유한 책임과 도관 과세의 혜택을 누린다는 점에서 유한 회사와 비슷하다. 그러나 S 주식회사에서는 소유주가 자신에게 사업 경영의 대가로 급여를 지불해야 한다. S 주식회사는 주식의 종류가 1종, 주주의 수가 100명으로 제한되며 주주는 모두 미국 시민권자 또는 영주권자여야 하며 자연인(조합 또는 법인이 아닌 진짜 사람)이어야 한다. 직원들에게 주식이나 스톡 옵션을 보상으로 지급하려는 경우, 주주 수의 한도가 걸림돌이 될 수 있다.

벤처 캐피털을 조달하거나 외부 투자를 유치하는 것을 고려 중이라면, 투자자는 대부분 C 주식회사 구조를 선호한다는 점을 알아 두자. 기관 벤처 펀드는 대부분, 자체의 법적 구조와 유한 책임 동업자의 납세 문제 때문에 LLC에 쉽게 투자하지 못한다(구체적인 이유가 궁금하면 라이언 로버츠Ryan Roberts의 블로그 게시물을 참조하자). 또한 VC 회사는 대개 우선주를 원하므로, 주식의 종류에 제한이 있고 자연인만 투자할 수 있는 S 주식회사는 투자를 받기 어렵다. 회사를 LLC에서 C 주식회사로 바꾸는 것도 가능하지만, 그 과정에는 비용과 시간이 많이 든다.

법인 유형을 선택했다면, 이제 법인을 어디에 창업할지 정해야 한다. 창업 지역은 대체로 영업 활동이 주로 어디서 이루어지느냐에 좌우된다. 대부분의 법률 상담 사이트에서, 특정 주에서 대부분의 영업 활동을 하는 경우 그 주에서 법인을 창업해야 한다고 말할 것이다. 이 조언은 보통 현지 지역사회를 대상으로 하는 회사나 영세 점포를 차리고자 하는 사람들에게 해당하는 것이다. 미국 전역의 고객을 대상으로 제품을 판매하는 하드웨어 스타트업을 시작하는 경우에는 델라웨어 주에서 법인을 창업하는 방안을 고려하자(http://bit.ly/where_2_incorporate).

법인 창업 지역을 결정할 때는 영업 활동이 주로 이루어지는 지역뿐만 아니라, 다음과 같은 요소도 고려해야 한다.

- 세율(법인영업세)
- 해당 주의 법인 창업 비용과 주외(州外) 법인[1] 등록 비용의 차이
- 채권자의 권리에 관한 해당 주의 회사/기업 법
- 경영자와 주주의 권리와 책임에 관한 해당 주의 법

대부분의 초창기 스타트업에게 마지막 두 항목은 별로 의미가 없다. 미래에 지분 투자 라운드를 유치하는 시점이나 기업 공개(IPO)가 다가오는 시점에나 의미가 있다. 델라웨어에서는 대표소송(주주가 회사를 대신하여 제기하는 소송으로, 주로 법인의 경영진을 대상으로 함, http://bit.ly/incorporate_in_ca_or_de)에 대한 보호도 강력하다. 이것은 뉴욕 증권거래소 상장 법인의 약 절반이 영업 활동을 다른 지역에서 하면서도 델라웨어에서 법인을 창업한 이유이기도 하다.

스타트업도 델라웨어에 회사를 창업하는 데서 여러 가지 혜택을 입는다. 델라웨어는 창업 수수료가 저렴하고, 델라웨어에 등록되어 있더라도 델라웨어에서 영업하지 않는 회사에는 법인 소득세를 징수하지 않는다. 회사가 물리적으로 델라웨어에 존재해야 한다는 조건도 없고, 최초 이사회의 이름이나 주소를 공개해야 한다

---

[1] 주외 법인이란 법인 창업 주와 다른 주에서 영업 활동을 하는 법인을 말한다.

는 조건도 없다(단, 델라웨어에 물리적인 지부가 없는 경우 델라웨어에 거주하는 송달 대리인을 써야 한다). 델라웨어에서 법인 등록을 하는 사업체가 너무 많다 보니, 법인 창업 과정도 빠른 편이고 주에서 여러 형태의 속행 서비스를 제공하기도 한다. 델라웨어에는 또한 형평법원이라는 법정 제도가 있어, 복잡한 사업 분쟁을 해결하는 데 전문성을 지닌 (배심원이 아닌) 판사들이 판결을 내린다.

당신이 대부분의 하드웨어 스타트업처럼 캘리포니아에 있다면(http://bit.ly/de_corp_in_ca), 델라웨어에 법인을 창업하면 델라웨어의 송달 대리인에게 수수료를 지불해야 하고 양쪽 주에 법인영업세를 납부해야 한다. 또한, 앞서 언급했듯이 캘리포니아에 주외 법인으로 등록해야 한다.

일부 VC 회사와 액셀러레이터 프로그램(예. Y 컴비네이터)은 회사가 델라웨어 C 주식회사여야 한다는 조건을 제시하기도 한다. Y 컴비네이터 회사들은 대부분 샌프란시스코 베이 에어리어에서 프로그램에 참여하는 동안 법인 창업 서류를 제출하지만, 이 액셀러레이터(를 비롯한 많은 VC 회사)는 앞에서 이야기한 보호 때문에 델라웨어를 선호한다. 또한 인수 합병을 둘러싼 법적 문제(http://bit.ly/incorporate_what_state)도 고려해야 한다. 캘리포니아에서는 모든 주식 종류를 아우르는 발행 주식의 과반수가 인수를 승인해야 하는 반면, 델라웨어에서는 의결권이 있는 발행 주식의 과반수만 승인하면 된다.

법인 창업의 세세한 부분을 다루는 자료는 많고 다양하다. 블로그를 아무리 읽어도 기업 전문 변호사와 직접 상담하는 것만 못하지만, 법인 구조와 스타트업을 위한 법인 창업 요령을 쉽게 설명하는 사이트 두 군데를 소개하자면 (이름이 비슷한) 스타트업 기업 변호사Startup Company Lawyer(http://bit.ly/incorporation_reqs)와 스타트업 변호사Startup Lawyer(http://startuplawyer.com/)가 있다.

자력으로 법인 창업 서류를 제출하고자 하는 창업자는 해당 주에 관련 문서를 팩스로 보내면 된다. 이 과정을 더 편리하고 저렴하게 만들어 주는 스타트업도 있는데, 리걸줌LegalZoom(http://www.legalzoom.com/), 도크러시Docracy(https://www.docracy.com/), 클러키Clerky(https://www.clerky.com/)가 대표적이다.

벤처 캐피털 모금에 앞서 법인 창업 관련 서류 업무를 무료로 처리해 주는 변호사도 있다. 이것은 법률 회사가 흔히 스타트업과 함께 일하는 실리콘밸리에서 특히 흔하다. 오릭Orrick(http://www.orrick.com/)과 펜윅 앤드 웨스트(http://bit.ly/fenwick_and_west)와 같은 법률 회사에서는 투자자 소개, 강의, 교육, 창업자 인맥 형성 지원 등의 부가 서비스를 제공하기도 한다. 뉴욕에서는 쿨리Cooley가 하드웨어 창업자를 위한 프로그램을 운영하고 있다.

> **TIP**
>
> 잠시 변호사 이야기에서 벗어나자면 법인 은행 계좌도 개설해야 한다. 이때에도 방금 이야기한 법률 회사와 마찬가지로 부가 가치 프로그램을 제공하는 은행들이 있다. 베이 에어리어에서는 실리콘밸리 뱅크(http://www.svb.com/accelerator/)와 퍼스트 리퍼블릭 뱅크First Republic Bank(https://www.firstrepublic.com/business)가 대표적이다.

좋은 변호사를 찾으려면 엄두가 나지 않을지도 모르지만, 쿠오라의 관련 글을 찾아보면 도시별로 구체적인 내용을 언급하는 글이 많다. 글에 자꾸 등장하는 회사의 예로는 굿윈 프록터Goodwin Procter(http://www.goodwinprocter.com), 건더슨 데트머Gunderson Dettmer(http://www.gunder.com/), 로웬스타인 샌들러Lowenstein Sandler(http://www.lowenstein.com/), WSGR(http://bit.ly/wsgr_firm) 등이 있다.

한 번 더 강조하자면, 법인 창업과 납세 문제를 책에서 읽는 것은 전문 변호사 또는 공인 회계사(CPA)와 상담하는 것을 대체할 수 없다. 특유의 환경 때문에 대부분의 창업자와는 달리 특정 유형의 법인이 당신에게는 더 유리할지도 모르는 일이기 때문이다.

02 상표

상표(http://bit.ly/tm_basics)란 특정 상품 또는 서비스의 판매자 또는 공급자를 식별하는 데 사용되는 기호, 단어, 표장(소리/색상/냄새) 또는 이름이다. 상표는 당신의 제품을 경쟁업체의 제품과 구별하는 데 도움을 주므로, 브랜드 정체성의 중요 요소다. 미국 국내에서 상표는 특허상표청Patent and Trademark Office 또는 각 주의 상표권 사무소에서 등록할 수 있다. 미국 체계는 선사용 주의(http://bit.ly/foreign_ip_strategies)를 따르므로, 특정 상표를 상업에 먼저 사용하는 사람이 일반적으로 그 상표에 대해 우선적인 권리를 가진다.

그러나 중국을 포함하여 여러 나라에서 상표에 대해 선출원 주의를 채택하고 있다.[2] PCH의 법인 개발 및 법무 담당 부사장인 데이빗 펜더가스트David Pendergast 는 스타트업에게, 브랜드를 공개하거나 크라우드펀딩 캠페인을 시작하기에 앞서 중국에서 상표를 출원하라고 권한다. 그는 이렇게 설명한다.

중국은 지적 재산권을 점점 엄격하게 집행하고 있습니다. 바람직한 일이죠. 중국에서는 상표를 출원하기 전에는 아무런 보호를 받을 수 없습니다. 무조건 먼저 출원하는 사람이 이기는 거죠. 예컨대 어떤 스타트업이 언론의 조명을 받거나, 크라우드펀딩 캠페인을 실시하거나, 악명을 얻거나 성공을 거두면, 중국에서 누군가가 그걸 보고 먼저 상표를 출원해서 권리를 선점할 가능성이 높습니다. 이런 경우 수입 당국이 제품 패키지에 찍힌 상표를 중국 상표등록부의 소유자와 비교해 보면 문제가 생기죠. 이름이 일치하지 않으면 배송이 차단당할 수 있으니까요. 이 문제를 해결하고 중국에서 그 상표를 판매하는 방법은 상표 선점자에게 돈을 주는 것뿐입니다. 그래서 저희는 언론과 관계를 맺거나 크라우드펀딩을 하거나 홍보 활동을 시작하기 전에, 중국에서 상표를 확보할 것을 강력하게 권장합니다.

해외에서 제품을 제조하거나 판매할 계획이 없더라도, 국내외에서 상표를 출원하여 보호하는 것은 중요하다. 여러 가지 혜택과 보호가 주어지지만, 그중에서도 미국 국토안보부 산하의 관세국경보호청에서는 모조품과 회색시장 상품이 연방 등록 상표를 위반할 경우 해당 물품이 미국으로 수입되는 것을 막아 준다. 상표는 고

----

2 역자주_ 한국에서도 마찬가지로 선출원 주의를 채택하고 있다.

객과 소통할 때 아주 중요한 자산이다. 애초에 선점을 막는 것이 선점자와 싸우는 것보다 훨씬 쉽다. 미국의 상표 보호에 대한 자세한 정보가 궁금하다면, 미 특허상표청의 지침(http://bit.ly/tm_squatters)을 확인하자.

03 영업 비밀

영업 비밀이란, 회사에게 경제적인 가치가 있고, 공개적으로 알려져 있지 않고, 짐작하기 쉽지 않으며, 기밀로 유지하기 위해 합리적인 노력을 기울인 정보를 통칭한다. 영업 비밀은 제3자에 의한 절도 및 도용으로부터 법적인 보호를 받는다. 조시 피셔는 이렇게 말한다. "영업 비밀을 보호하는 데는 여러 가지 조치가 필요합니다. 하지만 제일 기본적인 조치는 창업자와 직원, 독립 계약자 전원이 회사의 기밀 정보를 대상으로 하는 기밀 유지 협약에 서명하도록 하는 것입니다."

04 특허

특허란 주어진 영역(예. 미 정부가 허가하는 특허의 경우 미국)에서 '타인에 의한 발명품의 제작, 사용, 판매의 청약, 판매를 배제하기 위해' 발명가에게 주어지는 지적 재산권이다.

특허를 출원하느냐 마느냐를 결정하는 것은 하드웨어 스타트업 창업자들 사이에서 논란이 되고 있는 문제다. 디자인 전문가 필 베이커Phil Baker는 저서 『콘셉트에서 소비자까지』에서, 폴라로이드에 제품 개발자로 근무하면서 시작된 특허 출원 경험을 소개한다. 폴라로이드에서는 회사가 사용하는 프로세스를 특허로 등록하는 것은 물론, 보류해 둔 아이디어까지 방어 목적으로 특허를 출원하는 것이 권장되었다. 후자의 특허도, 코닥 등의 경쟁업체가 폴라로이드가 지배하던 즉석 사진 현상 시장을 침해하지 못하도록 막는 데 쓸모가 있었기 때문이다.

이 전략은 폴라로이드에게 유용했지만, 필은 소비자 제품 출시를 경험하고 특허에 대한 관점을 바꾸었다. "오늘날의 소비자 세계에서는 상황이 많이 달라졌다. 제품 개발 기간이 몇 년이 아니라 몇 달이고, 판매 기간도 몇 년이 아니라 일 년 미만이기 때문이다." 제품 개발 속도는 점점 빨라지고 있는데, 특허를 승인받는 데는 몇 년이 걸린다. 필은 이런 간극 때문에 특허권 획득을 추구하다 보면 팀의 초점이 흐려지고 불필요하게 돈을 낭비하게 된다고 생각한다.

개발 기간이 짧아지면서, 다른 회사가 몇 달이면 특허권이 채 나오기 전에 경쟁 제품을 출시할 수 있게 되었다. 특허권이 나올 때가 되면 당신과 경쟁업체의 제품이 모두 이미 시장에 존재하지 않을 가능성이 높다.

특허를 승인받는다고 해도, 특허권 침해 회사의 제품 판매를 실제로 중단시키는 경우는 드물다. 상대 회사와 법정 싸움을 벌이자면 몇 년이 걸리고 몇십만 달러가 들 수 있기 때문이다. 유일한 방법은 해당 회사에 판매 중지를 지시하는 법원 명령을 받아 내는 것인데, 법원 명령은 받기가 쉽지 않다.

한편, 특허를 출원하면 대기업(또는 특허 괴물)에게 스타트업을 우습게 보지 말라는 신호를 보낼 수 있다. 네스트가 스마트 온도조절기 시장에 뛰어들자, 2012년에 대기업 허니웰Honeywell이 네스트를 고소했다. 네스트가 온도조절기 작동과 설정에 관한 일곱 건의 특허를 침해했다는 내용이었다. 허니웰은 베스트바이가 네스트 제품 판매를 중지할 것을 요구했다. 다음은 허니웰이 소송 사실을 발표하며 낸 보도 자료(http://bit.ly/honeywell_nest_suit)다.

해당 특허는 자연 언어 사용, 프로그래밍 및 에너지 절약에 유리한 사용자 인터페이스, 온도조절기 내부 설계, 사용자의 가정 전력 계통에서 전력을 끌어와 온도조절기에 공급하기 위한 전기 회로, 원격 위치의 정보를 이용한 온도조절기 제어 등을 비롯하여, 온도조절기의 작동 및 프로그래밍을 위한 간소화한 기법에 관계한다.

당시에 특허 전략을 고려하지 않은 신생 스타트업이었던 네스트는 허니웰이 경쟁을 방해하고 부정직한 목적으로 특허 일부에 대한 자사의 선행 기술을 공개하지 않았다는 이유로 맞고소에 나섰다(http://bit.ly/nest_honeywell_counter). 일 년 후에, 네스트는 인텔렉추얼 벤처스Intellectual Ventures와 특허 라이선스 계약을 맺었다. 많은 사람들이 '특허 괴물'로 간주하는 인텔렉추얼 벤처스는 발명가에게 사들인 특허를 40,000건 가까이 보유하고 있으며, 이 특허의 라이선스나 소유권을 여러 회사에 판매한다. 네스트처럼 특허 분쟁에 말리는 회사는 고소인이 침해하고 있을 가능성이 있는 특허를 사들여서 스스로를 보호하는 것이다.

샌프란시스코의 변리사 제프리 쇽스Jeffery Schox는 이런 전략을 '상호 확증 파괴'라고 부른다('전문가에게 배우는 특허 출원 기초' 참조). 그의 소규모 회사인 쇽스 특허 그룹Schox Patent Group(http://www.schox.com/)은 특허 전략을 개발하는 하드웨어 스타트업을 지원한다. 제프에 따르면 "스타트업이 특허 출원을 고려해야 하는 이유는 세 가지이며, 이것은 대기업이 특허 출원을 선호하는 이유와는 다르다."라고 설명한다. 대기업에는 특허 침해 소송을 제기하여 특허권을 집행할 수 있는 자원이 충분하지만, 중소기업이 그런 전략을 추구하기에는 자원이 부족하기 때문이다. 따라서 스타트업은 (자금 조달 라운드 또는 인수에 대비하여) 기업 가치를 높이고, 대규모 경쟁업체의 특허 소송을 저지하고, 전략적 제휴사와의 협상에서 활용하기 위해 특허 포트폴리오를 구축해야 한다.

MEMO 전문가에게 배우는 특허 출원 기초

특허 출원 과정에 대해 살펴보기 위해, 샌프란시스코의 변리사 제프리 쇽스와의 질의응답 내용을 정리하였다.

하드웨어 스타트업이 특허를 출원하기에 적절한 시기는 언제인가요?

타이밍을 잘 맞추지 못하는 창업자가 많습니다. 출원 시기를 정할 때는 무엇이 특별한지 파악하는 것과 출원 일자를 최대한 앞당기는 것 사이에서 선택을 해야 합니다. 창업자들은 정말 독특하다고 생각하는 자산을 보호하고 싶어 하죠. 그 자산은 보통 하드웨어이며, 창업자들은 특허와 하드웨어에는 밀접한 관련이 있음을 알고 있습니다. 그러나 회사가 너무 많기 때문에 하드웨어가 독특하기란 쉽지 않죠. 우리는 창업자들이 인내심을 발휘하여 자사 상품에서 정말 특별한 점이 무엇인지 파악하기를 바랍니다. 진짜 차별화 요소는 무엇이며, 그 차별화 요소를 뒷받침하는 기술은 무엇인지 생각해 보라는 거죠. 물론 선출원 주의의 특허 제도 하에서는 인내심을 발휘하기가 힘듭니다. 남들보다 먼저 특허권 사무소에 가서 출원 일자를 받아야 하기 때문이죠. 저희는 고객에게 무엇이 정말 특별한지 파악하는 것이 중요하지만, 출시 전에 특허를 출원하는 것 역시 중요하다고 말합니다.

그렇다면 창업자가 특허 그룹에 처음 연락해야 하는 시기는 언제인가요?
특허 청원 절차를 밟기 전에 준비가 필요하기 때문에, 저희는 이야기를 일찌감치 듣는 편을 선호합니다. 저희는 클라이언트 등록 절차를 통해 신규 클라이언트를 파악합니다. 창업자가 출시 일주일 전에 문의를 한다면, 저희가 할 수 있는 일이 거의 없습니다. 특허 회사에는 두 달치 업무가 밀려 있는 경우가 대부분이거든요.

물리적인 장치를 제작하고자 하는 회사라면 무조건 일종의 특허를 소유해야 하나요?
특허를 소유하지 않은 회사도 있고 특허가 아예 필요하지 않은 회사도 있습니다. 답은 경쟁 환경, 즉 상대가 누구냐에 따라 다르다고 생각합니다. 특허 침해 소송을 막는 것이 특히 중요하기 때문이죠. 작금의 안타까운 현실은, 다른 회사들이 특허 포트폴리오를 소유하고 구축하는 상황에서 소송을 예방하는 데 가장 효과적인 방법은 스스로 특허를 소유하는 것이라는 점입니다. 그럼으로써 특허 소송을 막을 수 있습니다. 중소기업이 보유하고 있는 특허를 대기업이 침해하고 있을 가능성이 있다면, 그 대기업은 해당 중소기업을 고소하는 것을 기피하기 때문입니다. 작은 스타트업을 저격하여 얻는 것보다는 그 소송에서 잃는 것이 많을 테니까요.

저희는 그것이 특허를 출원해야 하는 세 가지 이유 중 하나라고 생각합니다. 경쟁업체의 특허 침해 소송을 미연에 방지하는 것이죠. 나머지 이유는 장단기적인 기업 가치를 구축하고 전략적 제휴사와 협상하는 데 유리하다는 점입니다. 즉, 회사의 장기적인 성공에 중요하죠. 또한 특허권을 실제로 받으려면 일찌감치 특허를 출원하는 것이 거의 유일한 방법입니다.

창업자가 제품 개발에 착수하기 전에 특허 검색을 해 보아야 할까요?
직관에 어긋나는 것처럼 들리겠지만, 해당 분야의 전문가이고 무언가에 대해 흥미로운 아이디어가 있다면 그냥 개발을 시작하세요. 최근 18개월 동안의 특허 출원 정보는 어차피 검색이 불가능하기 때문에, 특허 검색을 철저하게 실시하는 건 보통 시간과 돈의 낭비입니다.

중요 소프트웨어 요소가 있는 사물 인터넷 또는 웨어러블 회사가 특허를 출원하려면 어떻게 해야 하나요?

그런 경우에는 특허를 두 건 출원하기도 합니다. 보통 하드웨어에서 클라우드에 이르는 생태계 전체, 즉 빅데이터, 분석, 알고리즘 측면을 다루는 특허를 하나 출원합니다. 이 특허의 경우 소프트웨어에 중점이 있다고 할 수 있죠. 그리고 센서 또는 하드웨어 자체에 특히 흥미로운 점이 있는 경우에는, 센서에 중점을 두는 특허를 추가로 출원합니다.

포화 시장에서 경쟁하는 스타트업에 조언을 한다면요? 기술은 새롭지 않지만 가격으로 경쟁하는 하는 경우, 또는 특정 유형의 소비자를 표적으로 하여 브랜드를 구축하는 경우가 있겠네요.

우선, 디자인 특허 출원이 가능합니다. 출원 절차가 저렴하고 간편하죠. "우리가 이 디자인에 투자를 많이 했으니까 베끼지 마"라고 세상에 선언하는 셈입니다. 그러려면 제품에 고유의 특징이 있어야 합니다. 절삭 방식이 독특하다거나, 각도가 독특하다거나 해야 하죠. 제품이 너무 단순하고 우아하면 특허 출원이 까다롭습니다.

저희를 찾아오는 스타트업과 한 시간 동안 브레인스토밍을 하고도, 결국에는 "이 제품에는 특허를 출원할 만한 요소가 전혀 없네요."라며 포기 선언을 하는 경우도 많습니다.

디자인 특허 출원 시와 실용신안 특허 출원 시에 비용은 각각 얼마로 예상해야 하나요?

디자인 특허의 경우 제도(製圖) 수수료, 정부 수수료, 저희 업무를 모두 포함해도 수천 달러 수준이고, 등록 절차 후에 이틀이면 끝납니다. 실용신안 특허의 임시 출원은 조금 더 비싸지만, 마찬가지로 수천 달러 수준입니다. 저희는 5,500달러를 청구하는데, 이것은 법무 수수료, 제도 수수료, 정부 수수료가 모두 포함하는 요금입니다. 실용신안 특허 정규 출원은 12,000달러에서 20,000달러의 범위 내입니다.

스타트업이 특허와 관련하여 흔히 저지르는 실수는 무엇인가요?

임시 출원 절차를 건너뛰는 창업자가 많습니다. 누군가에게 임시 출원은 쓸모가 없다거나, 개나 소나 받는 거라거나 하는 이야기를 들은 경우죠. 특허 회사에 20페이지 분량의 임시 출원서를 써 달라고 의뢰하면, 그 날짜를 받을 가능성이 매우 높습니다. 정규 실용신안 출원을 하는 경우에 비해 비용도 아주 저렴하죠.

임시 출원을 하고 나면, 그 기술을 발전시키고 구현할 시간이 12개월 주어집니다. 정규 출원서에는 대개 임시 출원서보다 두세 배 많은 정보를 기재하죠. 이처럼 구현에 대한 심도 있는 정보를 기재하면, 특허를 승인받고 특허권 사무소를 나설 확률이 크게 높아집니다.

예컨대 외주 제조업체에 문의하기 전에 해외에서 특허를 출원하면 이점이 있나요?

저희는 실제로 중국에서 많은 특허를 출원합니다. 가장 큰 목적은 제조업체가 제품을 몰래 따로 생산하는 사태를 방지하는 것이죠. 과연 얼마나 효과적인지는 아직 두고 보아야 합니다. [중국에서는] 전 세계의 어느 특허 체계에서보다 많은 특허 출원이 이루어지고 있으며, 지적 재산권을 점점 공격적으로 보호하고 있죠. 이건 정책의 문제입니다. 저는 중국이 세계의 다른 지역에서 더 이상 기술을 베낄 필요가 없다고 판단하는 순간 정책이 바뀔 거라 생각합니다. 저희도 앞으로는 중국 특허 출원 업무가 점점 늘어나리라 예상합니다. 유럽에서 특허를 출원하는 데도 의미가 있다고 봅니다.

특허 출원을 하든 말든, 어느 부분에 대해 특허 출원이 가능한지 아는 것이 중요하다. 실용신안 특허(http://www.uspto.gov/patents/process/)는 장치, 소재, 또는 공정을 대상으로 한다. 또한 제품의 장식적인 특징에 대해 디자인 특허를 출원하는 것도 가능하다. 특허권 사무소에서는 특허 대상 발명품이 새롭고 뻔하지 않아야 한다는 조건을 제시한다. 구체적인 정보를 기재하기만 하면, 장치나 기법에 대해 얼마든지 특허를 받을 수 있지만 그런 특허는 가치가 없을 수도 있다. 응용 범위가 너무 좁으면 창업자가 시간과 돈을 빼앗길 뿐만 아니라, 경쟁업체에 발명품의 원리를 알려 주는 효과만 가져올 수도 있다.

제프는 핵심 기술과 그에 바탕한 기능, 즉 특허 출원이 가능하고 가치도 있는 것에 특허를 출원하는 것을 권장한다.

특허 출원을 결심했다면, 절차는 보통 변리사와 협력하여 임시 출원을 낸 다음 정규 출원을 내고, 마지막으로 특허 조사관의 문의에 응답하는 순서로 진행된다. 임시 출원의 목적은 유효 출원 일자를 일찌감치 확보하고 특허 가능성을 보존하는 것이다. 미 특허상표청은 (2015년 4월 기준으로) 출원에 130달러의 수수료를 부과한다. 제프는 임시 출원에 대한 법무 수수료를 3,000달러에서 6,000달러 사이로 추정한다.

임시 출원은 1년 내에 정규 출원으로 전환해야 한다. 전환 시점에 발명가는 발명품을 설명하는 상세한 사양, 도면, 기타 자료를 제출하고, 공식적인 특허 청구를 작성하고, 자신이 최초 발명가라고 믿는다는 선서를 제출한다. 미 특허상표청은 이 절차에 대한 요건(http://www.uspto.gov/patents/resources/types/utility.jsp)과 순서도를 제공하고, 출원 수수료로 800달러를 청구한다. 제프의 추정에 따르면, 변리사는 이 과정에 6주에서 8주 정도 개입하고(투입 시간은 30~40시간) 비용은 9,000달러에서 18,000달러 사이라고 한다.

미 특허상표청의 조사관이 특허를 심사하는 데는 보통 2~3년이 걸린다. 추가 수수료를 내면 우선 심사 제도(트랙 1이라고 한다)를 이용할 수도 있다. 조사관이 출원 내용을 심사하면, 몇 차례에 걸친 조사관의 반려(흔히 선행 기술로 인한 사유)와 발명가의 응답이 이어진다. 한 차례 반려하고 응답할 때마다 시간이 몇 개월씩 걸리고 법무 수수료도 붙지만, 이 작업은 보통 변리사가 처리하므로 창업자의 시간을 많이 뺏지는 않는다. 제프 숔스는 수수료와 경비를 모두 포함하여, 절차가 끝날 때까지 2~5년에 걸쳐 20,000달러에서 40,000달러의 비용이 든다고 추정한다.

특허법과 출원 절차는 모두 극히 복잡하다. 더 자세히 알고 싶다면 제프가 저서『뻔하지 않아: 특허법 및 특허 전략 개론Not So Obvious: An Introduction to Patent Law and Strategy』(CreateSpace, 2013)(http://bit.ly/not_so_obvious)에서 창업자를 위해 특허 절차를 쉽게 설명하고 있으니 참고하자.

05 제조 관련 문제

공장이나 공급업체와 처음 함께 일하자면 여러 가지로 불안하다. 돈을 낸 만큼의 대가를 받지 못하거나, 일정 지연으로 시간과 돈을 낭비하게 되거나, 지적 재산을 도둑맞을까 봐 걱정하는 창업자가 많다. 여기서는 창업자가 알아 두어야 할 몇 가지 법적 문제를 살펴보겠다.

책임

책임 보호는 하드웨어 창업자에게 매우 중요한 문제다. 제품에 문제가 생겨서 사람이 다치거나 재산상의 피해가 발생하는 경우의 재무적인 충격을 최소화하기 위해, 보호 장치를 충분히 마련해 두어야 한다. 생산물 배상책임보험은 제조·설계·표시(합리적인 설명 또는 경고를 표시하지 않은 경우)상의 결함과 관계 있는 손해배상 청구로부터 회사를 보호한다. 일반 기업 보험도 이런 손해배상 청구에 대해 어느 정도의 보호를 제공하지만, 보험 전문가와 상담하여 충분한 보호 장치를 마련하는 것이 중요하다. PCH의 데이빗 펜더가스트는 제조업체와 외부 설계업체에서도 적절한 면책 조항을 받으라고 조언한다.

주식회사나 유한책임회사로 법인을 창업하면, 거의 모든 상황에서 창업자와 주주의 개인 자산을 지킬 수 있다. 이 장에 담은 정보를 참고하는 한편으로, 반드시 변호사에게 자기 회사의 상황을 확인하자. 보통 주마다 기업 보험 요건이 다르다.

제조 계약

제조 계약이란, 제조업체가 제공하는 제품 및 서비스의 내용을 지정하는 법적 합의다. 구체적인 조항은 제품, 주문 규모, 계약하는 회사의 규모에 따라 다르다. 대기업은 보통 스타트업보다 많은 조항을 넣는다. 제조 계약에는 다음 사항이 포함된다.

· 공구 가공
· 엔지니어링 또는 디자인 서비스
· 최소 주문 수량
· 지적 재산 소유권과 기밀 정보 보호권
· 자재명세서 비용(부품에 따른 비용 명세, 패키지 포함 가능)
· 품질 사양
· 불량품 취급 관련 조항(공장 출하 전, 구매 후 포함)
· 제품 검사 관련 조항

- 리콜 시의 대응
- 결제 일자 및 조건
- 지적 재산권 침해, 신체상·재산상 손해에 대한 면책 조항

　　일부 대기업은 불량품이 일정 비율을 초과하면 계약을 해지하거나 운송품을 거절할 권리를 포함하기도 한다. 또한 대부분의 경우 공장의 생산 능력에도 주의하지만, 이것은 하드웨어 스타트업에게는 보통 문제가 되지 않는다. 여러 가지 계약서 샘플을 온라인에서 찾을 수 있다(http://bit.ly/contract_mfg_agreemnt).

　　계약서를 철저하게 준비하는 것도 중요하지만, 제조 파트너와의 관계도 중요하다. PCH의 데이빗 펜더가스트는 창업자에게 다음과 같은 경고를 한다.

제조 파트너와의 관계가 계약서의 내용보다 중요합니다. 제가 보기에는 계약서에 넣을 필요가 없는 운영 세부 사항을 넣느라 시간을 너무 많이 낭비합니다. 제조업체와 관계가 확실하다면, 상대는 계약서의 시시콜콜한 내용이 아니라 결과에 초점을 맞춥니다. 문제가 생기더라도, 관계가 좋으면 제조업체와 상의해서 해결책을 찾아낼 수 있죠. 계약서 내용을 지나치게 걱정하거나 '갑의 사전 승인 없이' 조건을 너무 많이 넣으면, 일 진행이 늘어지고 진짜 문제를 해결하는 데는 오히려 방해가 될 수밖에 없습니다.

　　회사의 초창기에는 문제가 생기면 바로잡기 위해 노력해 줄 믿음직한 제조업체를 찾는 것이 가장 중요하다. 계약서에서 생길 수 있는 문제를 일일이 예측하거나 예방할 수는 없다.

06 수입/수출 관련 사항

이미 6장에서 수입 문제에 대해 간단히 살펴보았다. 외국에서 상품이나 물자를 수입하는 경우, 통관 요건, 관세, 수수료에 대해 알아야 한다. 물자를 수출하는 경우, 현재 미국 국무부와 상무부, 재무부에서 집행하고 있는 수출 통제 제도를 잘 알아

야 한다(자세한 내용은 export.gov에서 확인하자).

고용하는 운송 전문가가 통관 요건, 관세, 수수료를 알아서 처리해 주기도 한다. 그렇지 않은 경우에는 자신의 제조 국가와 제품 유형에 해당하는 내용에 대해 알아야 한다. 일부 수입 수수료는 특정 운송 수단(항공, 해상)이나 특정 상품 종류에만 적용되므로, 이 부분에서는 그중 가장 일반적인 것만 알아보겠다. 이 목록은 완전하지 않으며, 수수료와 관세는 변할 수도 있다.

수입업자는 다음과 같은 통관 보증금과 관세를 고려해야 한다.

통관 보증금 미국 내에서 판매할 상품을 2,500달러어치가 넘게 수입하는 경우 '연방 정부에 대해 납부 의무가 있는 관세, 세금, 수수료를 모두 지불할 것을 보증하기 위해' 통관 보증금을 납부해야 한다(http://bit.ly/customs_bonds). 보증금에는 일회 통관 보증금과 연속 통관 보증금(연간 보증금이라고도 한다)의 두 가지 유형이 있다. 보증금의 액수는 화물의 가격과 관세를 합한 액수를 기준으로 산정한다. 일회 통관 보증금은 수입 화물 1건에만 적용된다. 연속 통관 보증금은 50,000달러어치(최저 액수)일 경우 연간 약 250달러이고, 통관 횟수와 무관하게 1년 동안 적용된다. 1년에 3회 이상 화물을 수입하는 경우 대개 연속 통관 보증금을 사용하는 편이 경제적이다. 전문 통관사에게 자기 상황에 맞는 자문을 구하자. 통관사는 통관 보증금을 제공하는 한편, 화물을 미 세관에 신고하여 통과시키는 통관 서비스도 제공한다.

관세 관세는 수입하는 상품의 유형과 화물의 가격에 따라 산정된다. 국제통일상품분류Harmonized System(HS)라는 국제적인 코드 체계가 있다. 수입하는 제품에는 반드시 HS 코드가 있어야 한다. HS 체계(http://hts.usitc.gov/)에는 22개부와 99개류가 있으며 극히 상세하다. 예를 들어 '시계'를 검색하면 자동 기계식인 것, 무브먼트 내의 보석이 17개가 넘는 것, 무브먼트 내의 보석이 1개가 넘지만 7개는 넘지 않는 것, 직물 소재인 것, 금속 소재인 것 등이 나온다. 시계를 구성하는 특성 하나하나마다 개별적인 HS 코드가 부여되는 것이다.

각국이 HS 체계에 따라 각각 관세율을 책정하므로(미국에서는 이것을 통합관세율표라고 한다), 나라마다 화물의 유형과 가격에 따른 관세율이 다르다. 따라서 수입하는 제품을 제대로 분류하는 것이 중요하다. 제품을 어디서 수입하느냐도 관세에 영향을 미치는데, 특정 HS 코드의 관세율은 제품의 생산 국가에 따라서 다르기 때문이다. 이 체계는 극히 복잡하고, 실수라도 하면 많은 비용이 발생할 수 있다. 분류에 깔끔하게 들어맞지 않는 혁신적인 장치를 수입하는 경우에는 HS 코드를 선택하기가 까다로울 수 있다. 기존 분류에 맞지 않는 신제품에 대해서는 수입업자가 미 세관에서 사전 심사(http://bit.ly/binding_ruling_filing)를 받을 수 있다.

또 일반적인 수입 수수료로는 화물 가격의 0.3464%에 해당하는 물품취급수수료(MPF, 최소 25달러, 최대 485달러)와, 화물 가격의 0.125%에 해당하는 항만유지비(HMF)가 있다. 항만유지비는 해상 운송에만 적용된다.

마지막으로 생산 지원 비용(http://learn.flexport.com/customs-assists/)이 있다. 생산 지원이란, 구매자가 공급하는 물품 및 용역으로, 제조자의 최종 물품 생산에 유형(有形)의 가치를 추가하는 것을 뜻한다. 운송 주선 및 통관 대행 스타트업인 플렉스포트Flexport(https://www.flexport.com/)의 창업자인 라이언 피터슨Ryan Peterson은 이렇게 이야기한다. "회사가 제품의 설계를 지원했거나 시장 가치보다 낮은 가격으로 도구 또는 용역을 제공했다면, 그 비용을 물품의 가치에 더해야 합니다." 즉, 생산 지원 비용이 화물의 과세 가격을 산정하는 데 매우 중요하다. 하드웨어의 경우, 국외에서 진행한 제품 제조 엔지니어링 또는 디자인 서비스를 화물 가격에 합산해야 한다(의류 생산 시의 도안도 마찬가지다). 소프트웨어 개발 작업은 제품에 물리적으로 영향을 미치지 않으므로 무형의 가치로 간주한다.

궁극적으로 서류를 제출하고 관세를 납부하는 것은 수입업자의 책임이다. 실수를 하면 상품이 부두에 묶이거나 벌금이 나오거나 감사를 받거나 추후 화물 검사가 엄격해질 수도 있다(따라서 통관 지연 등의 골칫거리를 낳을 수 있다). 예를 들어, 수입업자 보안 정보 제출(ISF, 10+2라고도 한다)이 늦어지면 5,000~10,000달러의 벌금이 부과될 수도 있다. 이런 복잡성 때문에 수입업자는 서류 작업을 대행하는 통관사를 고용하는 경우가 많다.

어느 제품을 어느 나라에서 수입하느냐에 따라서, 10개 정부 기관에 최대 120여 종의 양식을 제출해야 합니다.

플렉스포트의 웹사이트에 있는 문구다. 수입에 익숙하지 않은 창업자들은 이 사이트에서 제공하는 용어 목록(http://learn.flexport.com/glossary/)을 통해, 관련 용어를 배우고 수수료 구조를 파악할 수 있다.

07 규제 관련 문제와 인증

'하드웨어' 전체는 너무 넓은 분류이므로, 장치와 관련이 있는 규제 문제를 모두 한 군데서 다루기는 불가능하다. 건강 관련 웨어러블 또는 의료 기기를 개발하는 경우에는 FDA 규제를 적용받을 가능성이 높다. 드론 기술은 FAA의 규제 대상이다.

(국내외에서) 제품을 판매하려면 부문별 규제를 준수하는 것은 물론, 해당 업계의 인증과 규정 준수 확인을 거쳐야 할 수도 있다. 이 부분에서는 그중 비교적 일반적인 것을 살펴보겠다. 인증 절차에서는 고려해야 하는 기술적인 요인이 아주 많다. 인증 절차를 거치는 동안 엔지니어들이 신경 써야 하는 요소에 대해서는 153페이지의 '인증' 절을 참조하기 바란다.

의료 기기와 FDA

FDA는 공중 보건을 책임지는 규제 기관으로, 백신에서 제약, 수혈 등의 의료 절차에서 의료 기기 자체까지 모든 것을 규제한다. 의료기기·방사선보건센터Center for Devices and Radiological Health(http://bit.ly/about_cdrh)는 FDA의 산하 기관으로, 의료 기기(칫솔에서 심장박동조율기까지)와 방사선을 방출하는 일반 가전제품(휴대전화 및 전자레인지 등)을 관리한다. 의료 기기의 정의(http://bit.ly/fda_med_

device)는 '인간 또는 기타 동물의 질병 또는 기타 상태의 진단, 치료, 처치, 경감, 또는 예방이 목적이나 화학 반응 또는 신진 대사 작용으로 목적을 이루지 않는' 모든 제품을 아우른다. FDA는 의료 기기를 제품의 잠재적인 위험도에 따라 세 가지로 분류(http://bit.ly/med_device_class)한다.

1등급 위험도가 가장 낮고 최소한의 규제를 받는 의료 기기다. 치실과 반창고가 이 분류에 속한다.

2등급 위험도가 조금 더 높고, FDA가 안전성과 효능을 입증하기 위해 규제하는 의료 기기다. 소프트 콘택트렌즈가 2급 기기에 해당한다.

3등급 위험도가 가장 높다. 오용 시 심각한 위해를 초래할 수 있으므로 FDA에서 공식적인 검사를 의무화하고 있다. 심장박동조율기와 스텐트가 3등급 의료 기기의 예다.

기기 제조업체는 FDA에서 관리하는 분류 데이터베이스(http://bit.ly/fda_classification)를 통해 기기가 어느 등급을 받을지 판단할 수 있다.

FDA의 검사가 필요한 경우, 기기는 두 가지 절차 중 한 가지를 거쳐야 한다. 첫 번째는 '통과clearance'로, FDA가 '시판 전 신고'라고도 하는 510(k)라는 이름의 서류를 검토하는 절차다. 510(k) 제출은 곧, 해당 기기가 '현재 같은 용도로 법적으로 시판 중인 기기와 실질적으로 동등하다'고 주장하는 것이다. 이 서류는 최소한 제품 시판 90일 전에 제출해야 한다. 위험도가 낮은 일부 분류는 510(k)를 면제받는다(http://bit.ly/501k_exempt_device). 즉, 패키지와 라벨이 일정 요건을 충족하고 제품이 FDA 기준에 맞게 제조되었다면 서류를 제출하지 않아도 시판이 가능하다. 510(k) 면제 기기의 경우에도 FDA 등록 양식은 제출해야 하며, 마케팅 문구와 같은 영역에서 다른 FEA 규제를 적용받을 수도 있다('사례 연구: 셀스코프' 참조).

셀스코프^{Cellscope}는 원격 진단 능력을 개선하는 스마트폰 기반 진단 기구를 개발하기 위해 노력하고 있다. 환자가 어디에서나 급한 건강 관련 문의에 대답을 들을 수 있게 하는 것이 목표다. 환자들은 집에서 셀스코프의 스마트폰 부속 장치를 사용해 진단 수준의 데이터를 수집하여 의사에게 전송한다. 셀스코프의 첫 제품은 셀스코프 오토$^{Cellscope\ Oto}$로, 귀의 고화질 사진과 동영상을 촬영하는 디지털 검이경이었다. 여기서는 셀스코프의 창업자 에이미 셩$^{Amy\ Sheng}$의 사례를 통해 의료 분야의 하드웨어 스타트업이 직면하기 쉬운 특유의 법률 및 규제상의 난관을 소개한다.

셀스코프의 아이디어는 공동 창업자 에릭 더글러스$^{Eric\ Douglas}$가 UC 버클리의 모바일 현미경 검사 연구소에서 박사후 연구를 하던 중에 태어났다. 이 연구소는 일반 휴대전화를 현미경으로 바꾸어 세계의 빈곤하고 외진 지역에서 휴대용 진단 기기로 사용하는 데 관심이 있었다. 연구소는 육안 검사를 통한 결핵과 말라리아의 원격 진단을 연구하던 중이었다.

에이미와 에릭은 이 스마트폰 기술에 또 하나의 큰 시장이 있다고 생각했는데, 아동기의 각종 질병으로 인해 아이들을 소아과에 데려가야 하는 초보 부모들이었다. 진료를 예약하고 이동하는 과정이 번거로운 것은 물론, 면역 체계가 미성숙한 아이들이 대기실에서 기다리는 동안 다른 질병에 걸릴 수도 있다. 두 사람은 부모가 집을 나설 필요 없이 의사에게 데이터를 전송하여, 병원에 직접 가야 할 만큼 상태가 심각한지 판단할 수 있게 해 주는 가정용 기구를 구상했다. 시장 검증을 거친 후, 이들은 의사들이 귀 염증을 진단하기 위해 내이(內耳) 육안 검사를 할 때 사용하는 기구인 검이경을 만들기로 했다. 그런 다음 버클리의 기술이전사무소를 통해 기술 사용권을 확보하고 회사를 창업했다.

셀스코프의 비전은 처음부터 소비자에게 힘을 주는 것이었다. 에이미는 이렇게 회상한다. "저희는 부모에게 현재 병원에만 존재하는 도구를 제공하여, 자녀의 건강에 좀 더 선제적으로 대처하는 능력을 주고 싶었습니다." 그러나 개발을 진행하던 셀스코프는 소비자 시장에 직접 진단 제품을 출시하는 데 복잡한 규제상의 문제가 따른다는 사실을 금세 알게 되었다. 셀스코프는 자기 소유의 의원에서 기구를 사용하고 셀스코프 팀에게 피드백을 주겠다는 의사들을 대상으로 파일럿 프로그램을 실시하기로 했다.

"저희 하드웨어가 아주 자랑스럽습니다. 귀라는 깊고 어두운 구멍 속에서 진단이 가능한 화질의 사진과 동영상을 촬영하는 기기를 제작하기 위해, 아주 까다롭고 힘든 문제를 해결해야 했기 때문이죠." 에이미의 말이다. 셀스코프는 이 하드웨어를 데이터 수집 도구로 보고, 진단 보조 소프트웨어와 기타 분석 도구의 가능성에 큰 기대를 걸고 있다. 셀스코프 오토가 수집한 데이터로, 팀은 세계에서 가장 방대한 귀 사진 및 동영상의 데이터베이스를 구축했다. 셀스코프는 그 데이터를 분석하고 이를 바탕으로 진단 기능을 개선하고 있다.

셀스코프 소프트웨어 플랫폼은 여러 가지 구성 요소로 이루어져 있다. 우선 스마트폰에 설치하는 모바일 앱으로 사용자가 사진과 동영상을 촬영한다. 앱이 수집한 데이터는 웹 백엔드로 전송된다. 이 백엔드에는 의사와 환자라는 사용자 분류가 있다. 의사는 환자가 보낸 이미지를 검토할 수 있고, 환자는 자신(또는 자녀)의 귀 이미지 이력을 확인할 수 있다. 데이터 분석 기능은 끊임없이 개량되고 있다. 셀스코프는 기계 학습 기법을 활용하여 비슷한 이미지를 찾는 기술에 기대를 걸고 있다.

진단 기기의 민감한 특성 때문에 셀스코프 팀은 일찌감치 FDA 규제 컨설턴트와 일하기 시작했다. FDA는 위해(危害) 초래 가능성에 따라 의료 기기를 3개 등급으로 분류한다. 이 등급에 따라 규제의 정도, 서류의 유형과 양, 제출, FDA 신고 내용이 달라진다. 1등급은 위험도가 가장 낮은 등급으로, 환자용 변기와 반창고, 그리고 동영상 검이경 등이 여기 속한다. 이 등급은 저위험 의료 기기이지만, 경우에 따라서는 FDA에 510(k)를 제출해야 한다. 이 서류를 제출하는 목적은 시판 예정 기기가 이미 인증을 거쳐 시판 중인 장치와 충분히 비슷하며(FDA의 용어로는 '실질적 동등성'이라고 한다) 따라서 안전하고 효과적이라는 사실을 증명하는 것이다. 동영상 검안경은 이미 1등급으로 분류되어 있고, 검이경은 510(k) 절차의 면제 대상이다(http://bit.ly/501k_exempt_notes). 셀스코프의 오토는 외이(外耳) 삽입식 검이경의 기준을 충족했기 때문에 510(k) 절차를 거칠 필요가 없었다.

셀스코프 팀은 510(k) 서류는 면제받았지만, 그래도 FDA의 규제 방침을 따라야 했다. "1등급 장치라 해도, 의료 기기 회사라면 무조건 FDA에 등록을 해야 합니다. 일반 규제General Controls라는 것을 준수해야 하죠." 에이미의 설명이다. 일반 규제란 의료 기기 회사가 갖추어야 하는 요건의 목록으로, 표준작업지침서Standard Operating Procedures라는 문서를 포함한다. 이 문서는 설계 관리의 원칙을 제시하고, 현장에서 마케팅 피드백을 수집하고 해석하여 하드웨어 및 소프트웨어의 사양에 반영하는 과정에 대한 규정을 지정한다. 마케팅 활동(터무니없는 주장은 금지된다)과 기기의 하드웨어 및 소프트웨어 요소의 사양에 대한 규정도 있다. 확인 및 검증 문서에 대한 요건도 있다. 에이미는 이렇게 설명한다. "규제를 적용 받는 의료 기기 회사의 지상 과제는, 최종 제품이 소비자와 일반 대중, 의사에게 안전하도록 하는 것입니다. 서류 작업의 목적도 결국, 뭔가 잘못되면 서류를 재검토하며 문제가 어디서 발생했는지 파악하기 위한 거죠."

셀스코프 팀은 제품에 적용되는 온갖 규정을 이해하기 위해 규제 컨설턴트를 썼다. 또한 풀타임 품질 엔지니어도 고용했다. 엔지니어의 업무는 품질 보증 시스템을 원활하게 운영하고 의료 기기 스타트업 특유의 서류 및 절차 요건을 신입 사원에게 교육하는 것이다. "초창기에 기계 엔지니어나 품질 엔지니어와 같은 직원을 채용할 때는 경험[의료 기기 회사 근무 경험]이 있는 사람을 뽑으라고 권하겠습니다. 그래야만 회사가 일을 제대로 하고 있는지 알 수 있으니까요." 컨설턴트가 귀한 전문 지식을 제공하기는 하지만, 창업자도 컨설턴트에게 무슨 질문을 해야 할지 알아야만 한다. 의료 기기에 전문성이 있는 사람을 채용하면, 사내에 지식 기반을 확보하고 처음부터 모든 절차에 적용할 수 있다.

의료 기기 회사를 창업하려면 전통적인 소비자 전자제품 회사를 창업하는 경우보다 훨씬 번거로운 절차를 거쳐야 하지만, 그럼에도 사람들의 건강에 큰 영향을 미치는 기기를 개발한다는 보람 때문에 뛰어드는 창업자가 많다. 에이미처럼 경험이 많은 의료 분야 창업자라면, 처음에는 막막해 보이더라도 금방 적응할 거라고 말한다.

두 번째 절차는 시판 전 승인(PMA)으로, 이 절차를 거치면 (통과와는 다른) FDA 인증approval을 획득할 수 있다. 의료 기기에 '실질적 동등성'이 없어서 과학적인 증거를 통해 안전성과 효능을 증명해야 하는 경우다. 주로 고위험 의료 기기에 적용되는 절차로, 시간도 훨씬 오래 걸리고 비용도 훨씬 많이 든다.

FDA가 하드웨어만 규제하는 것은 아니다. 커넥티드 장치가 사용하는 앱(http://bit.ly/fda_regulates_mmas)과 소프트웨어도 규제한다. 통과 및 인증 절차는 각 사례의 구체적인 내용에 따라 달라지므로, 전문가를 쓰는 것을 권장하며 이 섹션을 마무리하겠다. FDA 컨설턴트가 당신의 기기에 맞는 구체적인 요건을 파악하고 충족하는 과정을 도와줄 것이다.

하드웨어와 FCC

FCC(연방통신위원회)는 라디오, TV, 위성, 와이어, 케이블을 통한 국내외의 통신을 규제하는 미 정부 기관이다. FCC는 전자파를 방출하는 장치를 규제하여 '방송 공해'(http://fcc.gov)를 막는다.

FCC는 일부 제품을 의도적인 전파 발생 장치로 분류한다. 이는 휴대전화, 블루투스 장치, 라디오처럼 핵심적인 기능의 일부로서 전파 에너지를 내보내는 장치를 가리킨다. 의도적인 전파 발생 장치에는 FCC 인증이 필요하다. TV, 디지털 카메라, 게임기와 같은 비의도적인 전파 발생 장치는 부수적인 효과로서 전파 에너지를 방출한다. 이런 장치는 FCC 검증(인증보다 덜 까다로운 절차) 대상이거나 면제 대상이다. FCC의 제품인증 분과Office of Engineering and Technology Equipment Authorization(http://bit.ly/fcc_oetea) 사이트에서 구분에 대한 정보와 인증 및 시험 대행 시설의 목록을 확인할 수 있다.

FCC 승인 절차에는 몇 주가 걸릴지 몇 달이 걸릴지 알 수 없고, 수십만 달러가 들 수 있다. 마지막 순간에 이 절차를 생각하거나 뒤늦게 예산을 책정하는 우를 범하지 말자.

하드웨어 스타트업은 법률, 규제, 세금과 관련하여 소프트웨어 스타트업은 흔히 겪지 않는 문제에 직면하게 마련이다. 따라서 여기에서 언급한 각종 문제를 반드시 일찍부터 고려해야 한다. 장치를 개발하는 과정 자체가 너무 복잡하므로, 규제나 수출입의 문제로 뜻밖의 지연과 비용이 발생하는 사태는 피해야 한다. 이 장의 가장 큰 교훈은, 출시 과정에서 온갖 난관을 함께 이겨 나갈 경험 많은 변호사들과 미리 관계를 맺어 두는 것이 중요하다는 점이다.

에필로그: 제3차 산업혁명

세계화와 경제적 변화 덕분에, 메이커 운동은 전 세계적 규모의 중요 동향으로 자리 잡았다. 1760년과 1830년 사이 제1차 산업혁명이 기계를 통한 제조를 도입하여, 인력에 의존하던 생산 환경에 변화의 불꽃을 일으켰다. 제2차 산업혁명의 시기를 헨리 포드가 조립 라인과 대량 생산을 도입했을 때로 보든, 개인용 컴퓨터가 일반화하고 인터넷이 탄생했을 때('디지털 혁명'이라고도 한다)로 보든, 이 세 시기는 모두 일자리는 물론 경제 전체에 막대한 영향을 미쳤다.

제3차 산업혁명에서는 웹의 힘이 현대 제조 기법과 맞물린다. 실제로 디지털 제조는 경제에 큰 영향을 미치고 있다. 생산의 지리적인 제약을 깨고 근대적인 공장에 변혁을 일으켜 노동자의 수를 더욱 줄였다. 미래의 공장에 근무하는 노동자에게는 지금과는 전혀 다른 기술적 역량이 필요할 것이다. 라인에서 직접 일하는 것이 아니라, 로봇과 기계를 관리하고 운용하게 될 것이기 때문이다.

정치 지도자들도 관심을 기울이고 있다. 오바마 대통령은 2013년의 국정 연설에서 제조의 미래를 언급하며, 미국 내에 새로운 제조의 허브와 첨단 기술 분야의 일자리를 만들어 나가겠다고 발표했다. 공장의 성격은 변하겠지만, 제3차 산업혁명의 도래로 전혀 새로운 유형의 회사가 등장하기 위한 길이 열린 것이다.

Index
찾아보기

Index
찾아보기

Index
찾아보기

Index
찾아보기

Index
찾아보기

Index
찾아보기

Make: Projects 시리즈에서 더 많은 DIY 프로젝트와 How-to 방법을 찾으실 수 있습니다.

메이커 운동 선언

마크 해치 지음 / 정향 옮김 / 14,000원

수많은 혁신적인 프로젝트가 나온 창작 공간 네트워크인 '테크숍(TechShop)'의 공동 설립자 마크 해치가 미래를 이끌어 나갈 새로운 흐름인 '메이커 운동'에 대해 소개한다. 메이커 그리고 메이커 운동은 어떤 의미이며, 앞으로 어떤 영향을 끼치게 될까? 마크 해치의 현실적인 가이드를 따라가며 미래를 지배할 혁신의 원칙을 확인해보자.

제로 투 메이커

데이비드 랭 지음 / 장재웅 옮김 / 14,000원

어느 날 갑자기 직장에서 해고당한 데이비드 랭의 메이커 도전기. 망치를 쥐는 법조차 몰랐던 그가 자신의 프로젝트를 구상하고 실현시키며 메이커로 성장하는 과정을 한 권의 에세이로 담아냈다.

메이커 프로

존 베이첼 엮음 / 정향 옮김 / 15,000원

현재 해외 메이크 업계에서 활발히 활동하고 있는 프로 메이커들의 에세이와 인터뷰를 엮은 책이다. 단순히 취미로 만들기 활동을 하던 그들이 과연 어떻게 해서 프로 메이커가 될 수 있었을까? 그들의 노하우와 경험에서 답을 찾아보자!